安全生产新技术丛书

企业内机动车辆安全技术

燕来荣　陆　刚　主编

肖永清　主审

中国劳动社会保障出版社

图书在版编目(CIP)数据

企业内机动车辆安全技术/燕来荣，陆刚主编. —北京：中国劳动社会保障出版社，2010
安全生产新技术丛书
ISBN 978 – 7 – 5045 – 8723 – 7

Ⅰ.①企… Ⅱ.①燕…②陆… Ⅲ.①机动车–驾驶员–安全技术②机动车–安全检查 Ⅳ.①U467

中国版本图书馆 CIP 数据核字(2010)第 237086 号

中国劳动社会保障出版社出版发行

(北京市惠新东街 1 号 邮政编码：100029)
出 版 人：张梦欣

*

中国铁道出版社印刷厂印刷装订 新华书店经销
850 毫米×1168 毫米 32 开本 13.375 印张 330 千字
2010 年 12 月第 1 版 2010 年 12 月第 1 次印刷

定价：35.00 元

读者服务部电话：010 – 64929211/64921644/84643933
发行部电话：010 – 64961894
出版社网址：http://www.class.com.cn
版权专有 侵权必究
举报电话：010 – 64954652
如有印装差错，请与本社联系调换：010 – 80497374

内 容 提 要

本书以国家相关部门现有的考核大纲、标准为依据,以现有各地教材为参考,广泛吸收培训和复训工作中的经验,突出以"安全"为主线和培训特点,着重介绍了企业内机动车辆驾驶员培训中所必须掌握的基本常识、要领、规范及企业内机动车辆安全驾修技术。全书共分七章,其中包括车辆、道路、驾驶的基本常识,企业内机动车辆驾驶与使用操作安全技术、维护与故障排除。此外,还对企业内机动车辆的防火、安全管理、事故分析以及防范措施作了阐述。

本书文字通俗易懂、图文并茂、实用性强,可作为企业内机动车辆驾驶人员的技术培训取证、复审教材;也可供从事相关工作的人员学习参考。

前　言

　　企业内机动车辆（也称工业车辆）驾修作业容易发生伤亡事故，无论是对操作者本人、他人及周围设施和设备的安全，都会造成重大危害。依法加强对直接从事这些操作的作业人员（即特种作业人员）进行安全技术培训和考核，并定期进行复审是非常重要的。为保障人民生命财产的安全，促进安全生产，国家《安全生产法》等有关法律法规做出了一系列规定，要求特种作业人员必须经过专门的安全技术培训，持证上岗。企业内机动车辆驾驶作业人员也属特种作业人员，必须经专门的安全技术培训，取得操作证才能上岗。

　　随着现代社会文明的发展，企业内机动车辆使用的普及率越来越高，它已从过去的港口码头和基建工地，进入了整个社会，成为当今社会生产和人们生活中不可缺少的工具，企业内机动车辆在我国有一定的市场需求，并越来越显示出它的作用。随着我国企业内机动车辆的应用日渐普及，企业内机动车辆驾驶及维修队伍逐步扩大，为了适应企业内机动车辆发展的需要，更好地开展企业内机动车辆驾驶作业人员的培训、考核取证和复审工作，培养具有一定专业技术水平和安全意识的驾驶员，根据作者多年从事企业内机动车辆驾驶作业人员的培训、复审和考核的实践经验，特编写了本书。

　　本书以国家相关部门现有的考核大纲、标准为依据，以现有各地教材为参考，广泛吸收培训和复训工作中的经验，突出"安全"为主线和培训特点，着重介绍了企业内机动车辆驾驶员培训中所必须掌握的基本常识、要领、规范及其安全技术。全书共分七章，主要针对国内使用较多的企业内机动车辆（如货车、拖拉机、内燃叉车、起重机、电瓶叉车、装载机、挖掘机、前置翻斗车等），包括企业内机动车辆的性能参数、构造原理、驾驶操作、维护检修；以及使用、安全、管理、培训与事故分析和防范措施等，都作了全面阐述；还有典型的事故案例分析，便于加强警示。

在编写过程中，力求基本理论与实践相结合，突出重点、准确、简练。本书文字通俗易懂、图文并茂、实用性强，可作为企业内机动车辆驾驶人员的技术培训取证、复审教材；也可供从事相关的工作人员学习参考。

参加本书编写和提供帮助的还有刘道春、肖艳、陆文、杨忠敏、朱则刚、程家早、陆坚、邵莉、陆荣庭、刘波、朱俊、燕烈恺、钟晓俊、李婷等；本书还参考了大量文献资料，借鉴了部分数据和图表，在此向这些同志和原书作者谨表衷心感谢。由于编者水平有限，书中难免有不妥之处，恳请读者赐教。

目 录

第一章　企业内机动车辆的概述 ……………………………（ 1 ）
　　第一节　企业内机动车辆的分类、组成和技术特性
　　　　　　………………………………………………（ 1 ）
　　第二节　企业内道路的运行环境和交通标志 ………（ 21 ）
第二章　企业内机动车辆动力装置的基本常识 …………（ 27 ）
　　第一节　企业内机动车辆的动力装置 ………………（ 27 ）
　　第二节　内燃机的结构原理 …………………………（ 32 ）
第三章　企业内机动车辆底盘的基本常识 ………………（ 95 ）
　　第一节　企业内机动车辆的传动系统 ………………（ 95 ）
　　第二节　企业内机动车辆的行驶系统 ………………（120）
　　第三节　企业内机动车辆的转向系统 ………………（128）
　　第四节　企业内机动车辆的制动系统 ………………（136）
　　第五节　履带式工业车辆底盘 ………………………（147）
　　第六节　企业内机动车辆的液压系统及元件 ………（160）
　　第七节　企业内机动车辆的工作装置 ………………（181）
第四章　企业内机动车辆的电气系统 ……………………（197）
　　第一节　企业内机动车辆的电气系统与电气元件 …（197）
　　第二节　电动车辆 ……………………………………（213）
第五章　企业内机动车辆的安全驾驶和使用 ……………（223）
　　第一节　企业内机动车辆的结构特点及安全使用常识
　　　　　　………………………………………………（223）
　　第二节　企业内机动车辆的安全驾驶操作规程 ……（262）

· I ·

第三节　企业内机动车辆的防火安全与自我防护 … (275)
第六章　企业内机动车辆的维护与故障检修 ……… (293)
　　第一节　企业内机动车辆的维护 ………………… (293)
　　第二节　企业内机动车辆的常见故障诊断及排除 … (321)
第七章　企业内机动车辆事故预防及安全管理 …… (365)
　　第一节　企业内机动车辆典型事故案例分析与防范
　　　　　　……………………………………………… (366)
　　第二节　企业内机动车辆和驾驶员的安全管理 …… (389)
　　第三节　企业内机动车辆驾驶员的安全技术培训 … (397)
　　第四节　企业内机动车辆的技术检验 ……………… (402)
　参考文献 ……………………………………………… (420)

第一章　企业内机动车辆的概述

随着企业生产的发展，生产所需要的原料、材料、设备和工具等的供应量以及生产成品的运输量也随之不断增加，这就迫切需要大量的现代化装卸、搬运设备，以满足生产的需要。目前，在各企业内部不同程度地配备、使用了各种企业内机动搬运设备，这些设备不仅大大降低了职工体力劳动强度，而且在加速生产发展、完成各项生产任务、保证安全生产中发挥了重要作用。在许多经济发达国家的大型企业中，十分重视企业内机动车辆在经济效益方面的作用，他们设计并制造了许多适合各种工况的装卸、搬运设备，在很大程度上解决了企业中的装卸、搬运问题。合理地装备和运用企业内机动设备，已成为企业一项重大的技术经济课题。

第一节　企业内机动车辆的分类、组成和技术特性

一、企业内机动车辆的范围和特点

1. 企业内运输的概念

在企业生产区域内，根据生产需要，按照产品的生产路线、工艺流程，经常将原材料、半成品、零部件、成品、废弃物以及职工生活福利物资等，运往储运地点的所有装卸、堆垛、搬运、输送等运输作业称为企业内运输。

2. 企业内运输作业方式

企业内运输的作业方式有四种，即有轨运输（包含铁路车辆或其他专用装卸机械运输），无轨运输（如电瓶车、履带移动机械和轮胎式起重机等），连续机械运输以及人力搬运。

3. 企业内机动车辆的概念

在国家标准中将"厂矿企业内"简称为"企业内"，"厂矿企业内机动车辆"简称为"企业内机动车辆"，它是指在厂矿企业内使用及行驶的各类机动车辆。

在《特种设备安全监察条例》颁布后，根据国家有关管理部门的解释，"企业内"包含"场内"。因此，企业内机动车辆是指仅限于工矿企业内、机关、团体、学校、生产作业区、工程施工现场、企业内火车专用线货场等，相对固定、范围有限的企业内行驶及作业的机动车辆。

4. 企业内机动车辆与特种设备的划分范围

国家标准《厂矿企业内机动车辆驾驶员安全技术考核标准》（GB/T 11342—89）中将在企业内行驶的机动车辆（企业内机动车辆）具体分为大型汽车、小型汽车、大型转向盘式拖拉机、小型转向盘式拖拉机、专用机械车辆、手扶式拖拉机、手把式三轮机动车、履带式机动车、蓄电池车以及用于企业内生产运输的其他机动车辆，这些类型的车辆只要是在厂矿企业内行驶，都归类为企业内机动车辆。

国家标准《厂内机动车辆安全检验技术要求》（GB/T 16178—1996）中将机动车辆分为14类，即大型汽车、小型汽车、专用汽车、大型轮式自行专用机械、小型轮式自行专用机械、履带式自行专用机械、筑路专用机械、大型转向盘轮式拖拉机、小型转向盘轮式拖拉机、手扶拖拉机、手把式三轮摩托车、手把式两轮摩托车、有轨机车、电瓶车。这些类型的机动车辆只要在企业内从事运输作业，都属于企业内机动车辆。但对于这些车辆中已纳入公安部门或农机部门管理的机动车辆，应按照公安部门或农机部门的要求进行管理。

原国家质量技术监督局 2001 年发布实施的《特种设备注册登记与使用管理规则》中的特种设备分类目录所列的企业内机动车辆设备类型包含：轮式自行专用机械、履带式自行专用机械、蓄电池车、客车类、汽车类、转向盘轮式拖拉机、手扶拖拉机、手把式三轮摩托车及其他机动车辆。

目前，对企业内机动车辆所含设备类型、产品种类规定最为明确的是《机电类特种设备制造许可规则（试行）》，其规定的特种设备制造许可目录将目前属于企业内机动车辆的设备类型及对应的设备形式进行了明确界定，这是对企业内机动车辆管理的依据。

原国家质量技术监督局 2000 年颁布的《特种设备质量监督与安全监察规定》中将企业内机动车辆纳入到特种设备管理，而国务院 2003 年批准颁布、于 2003 年 6 月 1 日实施的《特种设备安全监察条例》却没有将企业内机动车辆纳入到特种设备中，但根据国家质量监督检验检疫总局的解释是：在中央机构编制委员会办公室未对厂（场）内机动车辆的监督管理部门做出新的规定以前，地方质检部门可以按照"三定方案"（即定主要职责、内设机构、人员编制），依据《特种设备质量监督与安全监察规定》和有关地方性法规、规章的规定，对厂（场）内机动车辆实施安全监督管理。所以，企业内机动车辆仍然属于特种设备范畴。随后颁布实施的《机电类特种设备制造许可规则（试行）》又将企业内机动车辆明确归入特种设备，该文件制定的依据为《特种设备质量监督与安全监察规定》和《特种设备安全监察条例》。所以说企业内机动车辆一直是被纳入到特种设备管理范围的。

关于装载机是否属于企业内机动车辆，应该说在有关的国家标准和相关法律、规章上有较为明确的规定，即装载机属于企业内机动车辆。根据国家标准《厂内机动车辆安全检验技术要求》（GB/T 16178—1996）中的 3.4 条规定：装载机属于总质量在

5 000 kg（含 5 000 kg）以上，装有充气轮胎，可自行行驶的大型轮式自行专用机械，而它又不属于公安部门或农机部门管理的机动车辆，所以装载机应属于企业内机动车辆；同时，在《特种设备注册登记与使用管理规则》中又将轮式自行专用机械纳入企业内机动车辆之中。但在实践上却并非如此，首先，在装载机行业内部从来没有把装载机看做企业内机动车辆；其次，国家在管理上也没有把装载机纳入企业内机动车辆管理（曾有个别城市和地区将装载机按企业内机动车辆管理），《机电类特种设备制造许可规则（试行）》颁布以后，明确了装载机纳入企业内机动车辆监管范围。

5. 企业内机动车辆的特点

不同企业工作环境差异大，有的企业工况较为恶劣。企业内机动车辆施工和作业的环境千差万别，不同环境的气候条件和地理、地质条件相差悬殊，要求企业内机动车辆的性能和质量必须具有广泛的环境适应性。

同类企业内机动车辆的规格差别很大。履带式推土机的驱动功率从 40 kW 到 1 000 kW；单斗液压挖掘机的斗容量从 0.02 mm^3 到 34 mm^3；平衡重式叉车的起升质量从 0.5 t 到 42 t 等。这是由于不同的工作对象和不同类型的工程对施工和作业的不同要求所决定的。

同一机具有多种可换的工作装置。为降低产品成本，满足各种工程施工和作业的要求，在同一种底盘上可更换不同的工作装置，以实现不同类型的施工和作业。例如，在同一台单斗液压挖掘机的底盘上，可以更换正铲、反铲、抓斗、起重装置、破碎锤、桩锤、钻孔机等多种不同的工作装置；在叉车门架（货叉架）上可配备各种叉车专用属具，如吊钩、夹持器、旋转夹、圆木夹等。

在有些类型的企业内机动车辆上，在同一种底盘上可以同时安装两种工作装置。例如，挖掘装载机可在轮式底盘后端安装反铲挖掘装置，在前端同时安装装载装置，使其既可做挖掘机使用，又可做装载机使用。

各类产品之间具有使用成套性。一般的工程施工和搬运作业均包含多道工艺程序，用一种车辆往往无法全部完成，必须使用相应的不同车辆，进行不同工序的连续作业，最后完成全部的工程施工和作业。只有各机种的功能和作业率科学地匹配，才能合理而又经济地进行连续施工和作业，达到提高工作效率，缩短生产周期，降低运营成本的目的。

根据不同的作业要求，可以使用成套的设备进行综合机械化作业，也可以使用部分产品进行某一工序或某些工序的机械化作业，也可以用单机对某一工序进行作业。

6. 企业内机动车辆的发展趋势

（1）零部件专业化生产正在扩大和发展。企业内机动车辆品种多，单一品种生产批量相对较少。通过优化设计，可提高主要零部件的通用化率，增大其生产批量，提高质量，降低生产成本。例如，液力变矩器、动力换挡变速器和一般变速器、各种离合器和制动器；驱动桥和转向桥；履带总成；叉车门架和货叉；仪表盘及驾驶室等，各有独特的制造工艺，宜于组织专业生产厂进行专业化批量生产。企业内机动车辆通用零部件市场正在日益扩大和发展，主机厂自制率正在逐步降低，一般仅在40%以下。

（2）安全保护装置日臻完善。为保护驾驶员的人身安全，防翻滚驾驶室在推土机、装载机等行驶作业车辆上的应用越来越普及。各种电子报警装置也在日益发展和完善。近来还发展了远程控制和无人驾驶车辆，以适应特殊环境的施工和作业的需要。

（3）产品向大型化和微型化两极发展。从提高经济效益出发，矿山、电站等工程规模越来越大，从减轻劳动强度和节约劳动力出发，城市、厂矿和农村等各种场所也需要各种类型的车辆施工和作业。这决定了企业内机动车辆一方面向大型化发展，另一方面向微型化发展。

（4）提高车辆的安全性，降低维修费用。如采用电子监视和故障诊断系统，使车辆在故障发生之前便可得到预警，提醒驾驶员停机检修，以防止故障蔓延和恶化。

（5）节约能源，提高作业效率，降低车辆的噪声、振动和排气污染。如采用自动负荷调节装置，以适应外载荷的变化，充分而有效地发挥发动机的输出功率。

除了上述之外，还有应用人机工程学原理，使车辆的操作安全、可靠、舒适；发展专用车辆及属具，拓展使用领域；产品进一步向多样化、系列化方向发展。

企业内机动车辆作为一种技术密集型的产品，随着科学技术的不断进步，新技术的应用，有广阔的发展空间。企业内机动车辆虽已品种繁多，但仍需以市场需求为导向，按不同的使用环境和用户要求发展新品种。产品的开发应融合各相关或新兴学科的机理，以综合与系统的观点，采取计算机辅助设计制造一体化的手段，采用新技术、新材料和新制造工艺，切实提高产品质量。

采用车辆搬运货物伴随着人类生产、生活的进步而发展，具有悠久的历史。搬运机具的进步是由简单到复杂，从单一到系统，由零散到单元集装化的过程。随着现代社会文明的发展，企业内机动车辆使用的普及率越来越高，已从港口、码头进入了整个社会，成为当今社会不可缺少的工具，在现代生产过程中已占据着越来越重要的地位。随着企业内机动车辆应用范围的扩大和环境保护、劳动安全卫生要求的提高，对废气净化、作业视野、车辆的振动与噪声以及在易燃、易爆场所的防爆等问题日益重视，相应的技术规范也日益完善。

二、企业内机动车辆的组成分类与识别

1. 企业内机动车辆的功能和组成类别

（1）企业内机动车辆的主要用途。完成运输作业、搬运作业以及工程施工作业等；兼有装卸与运输作业功能；配备各种可拆换的工作装置或专用属具，能机动、灵活地适应多变的物料搬运作业场合，经济、高效地满足各种短距离物料搬运作业的需要。

(2) 企业内机动车辆的种类。厂矿、企业自制、改装的机动车辆很多，主要包括仅允许在企业内行驶的各类轨道式搬运车辆（如工矿内燃机车、工矿电机车和电动平板车等），工业搬运车辆，工程建筑机械（如挖掘机等）以及仅允许在企业内行驶的汽车。

企业内机动车辆种类很多，有定型产品，有改装运输机械，还有企业自制运输设备等。为加强企业内机动车辆的科学管理，做好车辆的安全技术检验工作，根据现行国家标准可将企业内机动车辆分为以下13类：

1) 大型汽车。是指总质量大于4 500 kg或总长度超过6 m或乘员达20人以上的汽车。

2) 小型汽车。是指总质量小于4 500 kg、总长度在6 m以下、乘员不足20人的汽车。

3) 专用汽车。专项用途的设备，如汽车吊车、扫地车、仪器车、滚体罐车等。

4) 轮式自行专用机械。是指设计行驶速度在10 km/h以上；装有充气轮胎，可以自行行驶的专用机械，如装载机、翻斗车、叉车等。

5) 蓄电池车。是指以蓄电池为动力源、电动机驱动的车辆，如平板式电瓶车、电瓶叉车等。

6) 大型转向盘式拖拉机。是指发动机功率为14.7 kW (20 hp)（含）以上的转向盘式拖拉机。

7) 小型转向盘式拖拉机。是指发动机功率小于14.7 kW (20 hp) 的转向盘式拖拉机。

8) 手扶拖拉机。是指用手把操纵转向的轮式拖拉机。

9) 手把式三轮机动车。是指用手把操纵转向的三个车轮的机动车辆。

10) 其他机动车辆。是指以内燃机、电动机驱动，可自行行驶的车辆或机具，如推土机、挖掘机、压路机、履带吊车、搬运车等。

11) 全挂车。是指本身无动力装置，依靠其他车辆牵引行驶的车辆。

12) 半挂车。是指本身无动力装置，与主车共同承载，依靠主车牵引行驶的车辆。

13) 机车。包括内燃机车、蒸汽机车、电动机车等。

2. 企业内机动车辆的分类方法

企业内机动车辆可按不同的特征进行分类。

（1）按照动力的特点分类。车辆按动力不同可分为手动车辆和机动车辆。手动车辆是靠人力运行的车辆，它比较简单。

机动车辆是靠动力源供给能量，由原动机驱动实现运行的。根据原动机的不同可分为以下几种：

1) 内燃车辆。它由内燃机（包括柴油机、汽油机和代用燃料发动机）驱动。

2) 电动车辆。它由电动机驱动，由蓄电池或电网供给能量。

3) 内燃电动车辆。它由内燃机带动发电机，再由电动机驱动。

（2）按照产品功能、结构的特征分类。由于企业内机动车辆种类繁杂，车辆的功能、结构特征及作业方式相差悬殊，加之由不同的行政管理部门及行业分管，目前，国家还未对企业内机动车辆所包含的范围、种类和分类进行统一的规定。本书按各行业的习惯及相关标准对车辆按大类进行分类，并以常见的量大面广的企业内机动车辆为重点讲述内容。

1) 企业内汽车。是指机场、港口、工矿企业等企业内用于载货、载客、运行的车辆。

2) 轨道式搬运车辆。主要包括厂矿内燃机车、工矿电机车和电动平板车。它广泛应用于企业、矿山、建筑工地、铁路和港口货场、林区等处对成件货物进行短距离运输。

轨道式搬运车辆在使用场所和作业条件等方面与铁路干线运输有较大的区别，结构上也有所不同。工矿内燃机车和电机车的功率一般在 15~4 920 kW 之间。电动平板车主要独立用于在车间内部或货场上进行大件运输。工矿内燃机车和电机车一般均与配套车辆一起使用。

3）工程建筑机械

①起重机械。通过吊钩的垂直升降运动和水平运动的复合运动，按工程要求转换重物的位置。主要包括汽车式起重机、轮胎式起重机、履带式起重机、塔式起重机等。

②压实机械。用以强化介质（如土壤和混合物料等）的密实程度。主要包括压路机和夯实机两大类。

③桩工机械。用以完成桩基础工程。主要包括打夯机、钻孔机等。

④装修车辆。用于对建筑物内部和外部进行装潢及修饰。主要包括地面修整机、屋面施工机械、装修用升降平台等。

⑤气动工具。是指在工业生产辅助作业过程中，用于取代手工操作并以压力空气为动力源的机械。主要包括回转类、冲击类以及其他气动工具等。

⑥路面机械。是指用于对公路稳定层和路面层进行修筑和维护的机械。主要包括稳定层施工机械、沥青路面施工机械、水泥路面施工机械和养护机械等。

⑦钢筋机械。用于在混凝土预制构件生产和混凝土工程施工过程中对所需钢筋进行加工。主要包括钢筋调直、弯曲成型、切断、绑扎成型等设备。

⑧混凝土机械。在工程施工过程中用于混凝土的制备、运输、浇注和振实等。主要包括搅拌机等混凝土制备机械、混凝土泵和混凝土输送车等输送机械，以及各种振捣器和振动台等振实机械。

⑨线路机械。用于铁路轨道的铺设、拆装、更换以及线路的维修和保养。

⑩市政工程机械。用于市政工程施工和作业。主要包括绿化机械、垃圾收集机械、街道清扫机械等。

4）挖掘机械。挖掘机械用于开挖土方、石方等作业，按功能不同可分为通用型和专用型。通用型挖掘机以单斗液压挖掘机为主（约占90%），按挖掘、回转、卸载和返回等动作做周期性间歇作业。它有数十种工作装置可以更换，可进行挖掘、装载、抓斗、起重、碎石、钻孔、推土和平整等作业。专用型挖掘机装有一种工作装置，作业效率高，供特定的工程和矿山开采使用，常用的有以下两种：

①铲土运输机械。通过行走装置与地面相互作用产生驱动力而对地面土壤进行铲掘、平整，并进行短距离运输。主要包括推土机、装载机、铲运机、平地机和翻斗车等。

②凿岩机械。是指对母岩和母矿凿孔以供装药爆破用的机械。主要包括凿岩机和破碎锤等。

5）堆垛用工业搬运车辆。由自行轮式底盘与工作装置或承载装置组成，主要在码头、车站、仓库、各类企业内部完成运输和装卸等工作。主要包括各类叉车、牵引车、搬运车等。按其作业方式不同分为以下几种：

①堆垛用（高起升）车辆。堆垛用车辆是指具有平台、货叉或其他承载装置，可把货物起升到一定高度进行堆垛或堆放作业的车辆。主要包括平衡重式叉车、前移式叉车、插腿式叉车、托盘堆垛车等。

②平衡重式叉车。是指具有载货的货叉（或其他可更换的属具），货物相对于前轮呈悬臂状态，依靠车辆的质量来平衡的车辆。

③前移式叉车。是指具有前、后可移动的门架或货叉架的车辆。当门架或货叉架处于外伸位置时，货叉上的货物处于悬臂

状态。

④插腿式叉车。是指车体前方有两条外伸车轮支腿,货叉位于支腿之间的车辆。货物重心投影点总是处于支撑面内。

⑤托盘堆垛车。是指车体前方有两条外伸车轮支腿,货叉位于支腿正上方的车辆。货物重心投影点总是处于支撑面内。

⑥侧面式叉车。是指车辆的货叉架或门架可相对于车辆的运行方向横向伸出和缩回,进行侧面堆垛或拆垛作业的车辆。

⑦侧面堆垛式叉车。是指门架正向布置,货叉能相对于车辆运行方向的侧面进行堆垛及拆垛作业的车辆。

⑧三向堆垛式叉车。是指门架正向布置,货叉能在其运行方向及两侧进行堆垛及拆垛作业的车辆。

⑨伸缩臂式叉车。是指承载的货叉或属具装设在可伸缩和举升的架臂上的堆垛用起升车辆。

6)非堆垛用工业搬运车辆。是指具有平台、货叉或起升装置,能把货物起升到满足运行的高度(拣选车除外)进行搬运作业的车辆。主要包括托盘搬运车和非堆垛跨车等。

按其传动、运行(导向或非导向)、操纵和支撑方式,以及按其起升高度或使用环境等分为以下几种:

①固定平台搬运车。是指载货平台不能起升的搬运车。一般不设有装卸工作装置,主要用于货物的短距离搬运作业。

②牵引车和推顶车。后端装有牵引连接装置,用来在地面上牵引其他车辆的工业车辆称为牵引车;前端装有缓冲牵引板,用来在地面上推顶其他车辆的工业车辆称为推顶车。

③托盘搬运车。是指装有货叉用来搬运带托盘货物的车辆。

④非堆垛跨车。是指车体及起升装置跨在货物上,对货物进行起升和搬运作业的车辆。

⑤拣选车。是指操作台随平台或货叉一起起升,允许操作者将货物堆放在货架上,或从货架上取出货物放置在平台或货叉上的车辆。

三、企业内机动车辆的技术特性

1. 企业内机动车的安全使用性能

（1）制动性。机动车辆的制动性是指车辆在行驶中能降低行驶速度以至停车的能力，它包括制动效能和制动方向稳定性两个方面。

1）制动效能。制动效能受道路、气候条件、车型等影响。道路的路面是车辆制动赖以存在的条件，制动力受路面附着系数的限制，气候条件通过路面对车辆制动产生影响。如下雨、下雪、路面滑溜、附着系数降低、制动距离加大等。

企业内机动车辆，如蓄电池车、叉车、小型拖拉机、前置式翻斗车等，多为两个驱动车轮装有制动器，其制动效能比四轮均装有制动器的车辆差，这一特点驾驶员应加以注意。

2）制动方向稳定性。制动方向稳定性是车辆制动时不发生跑偏、侧滑，而维持直线行驶或按预定弯道行驶的能力。制动跑偏是指车辆制动时自行向左或向右偏驶的危险现象。车轮摩擦力矩不均匀是跑偏的主要原因。侧滑是指汽车制动时某一车轮或两根车轴的车轮发生横向滑动的现象。最危险的是高速制动时后轴发生侧滑，车辆出现不规则急剧回转运动，使车辆失去控制。

（2）操纵稳定性。车辆的操纵性是指车辆能正确地按照驾驶员的要求维持或改变原行驶方向的能力。

车辆的稳定性是表示车辆在行驶中抵抗侧滑和倾翻的能力，可分为纵向稳定性和横向稳定性。

操纵性和稳定性是两个不同的概念，但又密切相关。操纵性丧失往往导致整车侧滑、回转，甚至翻车。而稳定性破坏往往导致车辆失去操纵性，处于危险状态。因此，一般把操纵性和稳定性称为车辆的操纵稳定性。良好的操纵稳定性是企业内机动车辆安全行驶的重要保证。这一性能常用汽车的稳定转向特性进行评价。

稳定转向特性分为不足转向、过度转向和中性转向三种情况。车辆在行驶过程中，前轴和后轴的车轮由于受到侧向力的作用会偏离原来的方向。无侧向力时的行驶方向和在侧向力作用下产生的偏离方向之间的夹角就是该车轮（轴）的偏离角，它是产生各种转向特性的根本原因。

车辆的不足转向是指侧向力速度增加时，前轮（轴）的偏离角大于后轮（轴）的偏离角；若相反，则是过度转向；如果相等则是中性转向。有不足转向特性的车辆在固定转向盘转角的情况下绕圆周加速行驶时，转弯半径会越来越大；有过度转向特性的车辆在这种条件下转弯半径则会越来越小；中性转向特性则使车辆的转弯半径不变。

车辆在设计时一般都要有适当的不足转向量，以防止车辆出现甩尾现象并保持良好的驾驶性能。对于过度转向的车辆，因转弯半径逐渐减小，会使车辆离心力迅猛增大，车辆的横向稳定性遭到破坏。

造成横向翻车的主要原因就是过度转向问题，如道路弯度大，转弯车速快，转向过急；遇滑溜路面仓促制动，急打方向；路面不好，重心过高，车速快，转向不适宜等。

企业内机动车辆为了生产的需要，在设计结构上具有机动灵活、小巧等特点，如叉车、前置翻斗车、蓄电池车等，但这样的结构存在着行驶稳定性不够理想的隐患。如果操作不当，稳定性受破坏就会发生事故。例如，企业内叉车具有转弯半径小、轮距窄、载货后重心偏高等特点，所以，在驾驶时急转弯前应提前降低车速，尽量放大转弯半径，以克服离心力的影响。

企业内机动车辆由于轴距短，载货后重心偏高，很容易失去纵向稳定性。例如，前置式翻斗车超量装载行驶于凸凹不平的路面或下陡坡时，在车速快时容易向前倾覆。推土机在为坑、沟填土时，如果忽视土质疏松的不安全因素，且力求多推进一步而易导致前倾翻车。可见，企业内机动车辆的操纵稳定性与车辆的技术参数有关，但主要取决于驾驶员的安全操作技能。

2. 企业内机动车辆的技术特性

（1）空车质量（自重）。指完全装备好的车辆质量，以千克计。

（2）载质量。指车辆行驶时最大额定载物质量。

载质量是车辆承载能力的标志，超载能造成车辆损坏，降低安全使用性能。

（3）总质量。指空车质量与载质量之和。驾驶员应掌握车辆总质量，以正确判断能否通过危险地段（如覆盖地沟、高坡边缘、松软地面、冰上通过等）和上地中衡等。

（4）车辆外形尺寸

1）车辆长。是指垂直于车辆纵向对称平面两极端间的距离。

2）车辆宽。是指平行于车辆纵向对称平面两极端间的距离。

3）车辆高。是指车辆支撑平面与车辆最高突出部位相抵靠的水平面之间的距离。

4）前悬。是指车辆前轴中心至保险杠外侧之间的距离。

5）后悬。是指车辆最后车轮轴线至车架末端的距离。

驾驶员应掌握车辆的上述外形尺寸，以便于安全进出车间、仓库等地。

（5）最小离地间隙。是指车辆满载时，车辆除车轮以外的最低点与地面之间的距离。

驾驶员了解最小离地间隙，当遇路面障碍时，以便于判断是骑越通过还是绕行。

（6）轴距。是指车辆前轴与后桥中心间的距离。轴距短的车辆纵向稳定性差。企业内机动车辆多为短轴距，行驶时应注意车速并掌握行驶方向。

（7）轮距。是指车辆同一桥上左、右两侧车轮之间的距离。双轮胎为两端两轮中心间的距离。轮距窄的车辆横向稳定性差，企业内机动车辆轮距较窄，要正确操作以保持车辆的横向稳定性。

（8）接近角。是指水平面与切于前轮轮胎外缘（静载）的平面之间的最大夹角。

（9）离去角。是指水平面与切于车辆最后车轮轮胎外缘（静载）的平面之间的最大夹角。

接近角和离去角表示车辆接近或离去地面障碍物时不发生碰撞的可能性，角度大时碰撞的可能性小。企业内机动车辆的接近角与离去角均偏小，所以驾驶员应注意这一点。

（10）最小转弯半径。车辆转弯时，转向盘至极限位置，前外轮所滚动的轨迹半径称为最小转弯半径。

车辆转弯半径越小越好。企业内机动车辆的转弯半径都比较小，所以机动灵活性较强，适用于在通道狭窄的车间、仓库、货物中进行搬运作业。

（11）最大爬坡度。是指车辆在最大牵引力情况下所能通过的最大坡度。最大爬坡度越大越好。

企业内机动车辆中，如叉车、蓄电池车等最大爬坡度较小，所以，在纵向坡道上抵御上坡时的后倾翻车或下坡时的前倾翻车能力较差。因此，驾驶员应根据车辆的最大爬坡度正确处理爬坡的相应程度，以保证安全行驶。

（12）最高车速。是指车辆满载、无拖挂、变速器用最高挡在良好平路上所能达到的最高车速。

最高车速大，可使车辆平均技术速度提高，有利于提高运输效率。但是，企业内机动车辆的驾驶应视情况控制车速。根据国家标准《工业企业厂内铁路、道路运输安全规程》（GB 4387—2008）的规定，企业内机动车辆的最高时速在保证安全、无限速标志的情况下为 30 km/h。所以在企业内行驶不准超速。

3. 企业内机动车辆的性能和参数

在工业搬运车辆中，叉车使用量大、面广，叉车的性能主要有装卸性能、运行性能和总体性能。各种性能一般用性能参数表示。

(1) 装卸性能。用来表征车辆的装卸能力和工作范围。表示叉车装卸性能的参数如下：

1) 额定起重量。是指货叉上的货物重心位于规定的载荷中心距上时，允许起升的货物最大质量。

额定起重量系列规定为：0.50，0.75，1.00，1.25，1.50，1.75，2.00，2.25，2.50，2.75，3.00，3.50，4.00，4.50，5.00，6.00，7.00，8.00，10.00，12.00，14.00，16.00，18.00，20.00，25.00，28.00，33.00，37.00，42.00 t。

2) 载荷中心距。是指额定起重量货物的重心至货叉垂直段前表面的水平距离，以毫米（mm）表示。载荷中心距与起重量有关，起重量大，载荷中心距也大。不同车型按照不同的额定起重量规定了相应的载荷中心距。

3) 最大起升高度。是指叉车在平坦、坚实的地面上，在额定起重量下，门架处于垂直状态起升至最高位置，货叉水平段上表面至地面的垂直距离。叉车最大起升高度作为叉车的一项重要性能参数在标准中做出了明确的规定，其系列规定为：1 500，2 000，2 500，2 700，3 000，3 300，3 600，4 000，4 500，5 000，5 500，6 000，7 000 mm。

4) 自由起升高度。是指不改变叉车的总高时货叉可能起升的最大高度。具有自由起升性能的叉车，可通过净空不小于叉车总高的库门，或在低矮的船舱及车厢内作业。根据自由起升高度不同，分为以下两种：

① 部分自由起升。是指在叉车外形高度不变的条件下，能将货物起升 300 mm 左右的高度。其作用使叉车既便于行驶，又不增大外形高度，能方便地通过仓库和车间门。

② 全自由起升。是指在叉车外形高度不变的条件下，货叉充分地起升。其作用是使叉车在低净空场所（如船舱内、车厢内、

集装箱内等）可进行低高度的堆码、装卸作业，扩大叉车的使用范围。但如果驾驶室或护顶架高于门架较多时，自由起升高度就没有实际意义。

5）最大起升速度。是指叉车满载时货物起升的最大速度。它直接影响叉车的作业效率。提高起升速度是国际上叉车行业的共同趋势。

6）门架倾角。是指无载叉车在平坦、坚实的路面上，门架相对于其垂直位置向前和向后的最大倾角。门架倾角又分为门架前倾角和门架后倾角。门架前倾角的作用是为了便于叉取和卸放货物；门架后倾角的作用是叉车带货行驶时，防止货物从货叉上滑落，增加叉车行驶的纵向稳定性。内燃叉车的门架后倾角一般为 12°，蓄电池叉车的门架后倾角一般为 9°。

（2）运行性能。运行性能是表征叉车运行的各种能力以及适于运行的场合。运行性能包括以下几个方面：

1）牵引性能。也称为动力性能，表征叉车能克服各种运行阻力而以需要的速度运行的能力。表示牵引性能的主要参数是最大运行速度、最大爬坡度、挂钩牵引力以及车辆的加速能力等。

2）最大行驶速度。是指叉车在空载或满载运行状态所能实现的最大速度。严格地说，试验过程中测试仪器显示的是瞬时（或即时）最大行驶速度。一般谈论的最大行驶速度则是测试过程所得到的最大行驶速度的平均值。

叉车作业过程中，行驶时间占全部作业时间的 67% 左右，这一数据因叉车的种类、作业场地的影响而略有变化。可见，缩短叉车的行驶时间，对于提高叉车的生产作业效率有很大意义。

缩短行驶时间的途径是提高叉车的行驶速度。但是叉车作业的特点是运距短，停车和起步次数多。若过于提高行驶速度，不仅原动机功率增大，经济性降低，而且在作业时过高的行驶速度发挥不出来。影响叉车最大行驶速度的主要因素有：叉车作业的运行距离；起步和停车时的加速度；作业场所的转弯半径情况；叉车吨位。

3）最大牵引力。牵引力大则叉车起步快，加速能力强。叉车的作业特点（运送距离短，起步、停车、转向频繁）决定了加速能力十分重要。最大牵引力又分为轮周牵引力和挂钩牵引力。

①轮周牵引力。原动机发出的转矩经过减速传动装置，最后在驱动轮轮周上产生的切向力即称为轮周牵引力。它与行驶速度成反比。

当原动机输出最大转矩，车辆以最低挡行驶时，轮周牵引力最大。但其受驱动轮与地面的附着力制约，当最大轮周牵引力大于附着力时，驱动轮产生打滑现象。

车辆在运行过程中要克服车轮摩擦阻力和传动系摩擦副阻力。车轮摩擦阻力和传动系摩擦副阻力称为牵引阻力。车辆在坡道上行驶时，要克服坡道阻力，其方向与车辆上坡运行方向相反，该力作用在车辆的重心上。车辆在起步以及由低速运行变为高速运行时，在加速状态还要克服加速阻力。车辆在运行过程中本身遇到的外部阻力由牵引阻力、坡道阻力和加速阻力三部分构成。

②挂钩牵引力。挂钩牵引力是指车辆轮周牵引力克服外部阻力以后，在车辆尾部的拖钩上剩余的牵引力。最大牵引力是指叉车在额定载荷状态和空载状态两种情况下的最大挂钩牵引力。叉车一般不作为牵引车使用，因此，叉车的最大挂钩牵引力是从功率储备的角度表示叉车所具有的加速能力。

4）最大爬坡度。是指叉车在无载和满载状态，在坚实、良好的路面情况下，以低挡等速行驶时能爬越的最大坡度，以度（°）或百分数表示。叉车满载行驶时的最大爬坡度一般由原动机的最大转矩和低速挡总传动比决定。对于内燃叉车来说，空载行驶的最大爬坡度通常由驱动轮与地面的附着力决定。蓄电池叉车的最大爬坡度从本质上说取决于电动机的最大转矩。

叉车最大爬坡度应满足叉车作业的具体要求,例如,在库房内作业的叉车,其最大爬坡度应大于库房门口的坡度;铁路叉车的最大爬坡度应大于货物站台两端的坡度。

5）制动性能。是指叉车迅速减速停车的能力。通常以紧急制动时的制动距离来衡量。

6）机动性能。是指叉车通过狭窄、曲折通道以及在最小面积内回转的能力。叉车主要在仓库、货场、车间、车厢内、船舱内以及集装箱内进行堆垛或装卸作业,这些地方一般通道狭窄,供叉车作业的面积很小,所以叉车的机动性能直接影响到它能否在这些地方工作或进行装卸作业的生产效率。另外,叉车的机动性能影响到仓库、货场有效面积的利用率。衡量叉车机动性的主要指标是最小转弯半径、直角通道最小宽度、直角堆垛通道最小宽度和回转通道最小宽度。其中叉车最小转弯半径是叉车机动性能最基本的指标。

最小转弯半径是从转向中心至叉车上某一特征点的距离。转向中心至叉车前桥最近点的距离称为内侧最小转弯半径。外廓最小转弯半径越小,叉车转弯时所需的面积越小,表明机动性能越好,所以它是衡量叉车机动性能最主要的指标。

叉车产品说明书样本上注明的最小转弯半径通常就是指叉车的外廓最小转弯半径。转弯半径的影响因素是转向中心的位置、叉车的外形尺寸和叉车尾部形状。转向中心位置的影响因素是叉车轴距、转向节中心距（或者称主销间距）以及转向轮最大偏转角。转弯半径越小,机动性能越好。但轴距过小会使前、后车轮轮压分布不合理,造成叉车空载时后轮轮压过大,前轮轮压过小,在前轮驱动和制动的情况下,会使叉车牵引力和制动性能下降。另外,轴距过小将使叉车自重过大,能耗过大。转弯半径越小,转向节中心距过窄,影响叉车的横向稳定性。转向轮偏转角越大,转弯半径越小,机动性能越好。转向轮偏转角一般通过改进转向桥的构造来增大,但其限度一般在85°以下。

三支点叉车由于理论上转弯半径小,甚至为零,因此,在同样的外形尺寸条件下,它比四支点叉车的机动性能好。对于库内作业的车辆,如平衡重式蓄电池叉车、前移式叉车等,应注重其机动性能,故常采用三支点式叉车。

在叉车的外形尺寸中,尤其是长度及尾部形状对转弯半径影响较大。在保证足够的纵向稳定性的条件下,应尽可能缩短外形长度,尾部平衡重的形状应是以转向中心为半径的圆弧状。

7) 通过性。通过性即叉车克服道路障碍通过各种路面的能力。它取决于两方面的参数,即几何参数和支撑牵引参数。几何参数主要包括最小离地间隙、叉车的外形高度以及叉车的接近角和离去角等。

支撑牵引参数包括车轮最大轮压及单位面积内的轮压。这两个参数影响到叉车能否通过某些路面或能否在某些路面上(如楼层地板、集装箱等)作业。

8) 叉车的最大动力因素。它表征叉车克服的最大道路阻力系数。坡度达到此数值便不能通过。

在叉车的性能指标中,总要标出爬坡度,一方面表示叉车的牵引性能,另一方面也表明了叉车的通过性。

(3) 总体性能。总体性能用来表示叉车实现各种工作状态的能力。总体性能与叉车总体布置或叉车的构造、装卸条件及运行状况、叉车关键部件的性能有关。

叉车的正常工作条件是:在水平的地面上工作;运行时货物处于较低位置;堆垛时门架处于垂直状态。在这种正常的工作条件下,叉车要保证以下几点:满载堆垛时的纵向稳定性;满载运往时的纵向稳定性;满载堆垛时的横向稳定性;空载运行时的横向稳定性。

第二节　企业内道路的运行环境和交通标志

企业内机动车辆是生产工艺过程中联系的纽带，随着工业生产现代化的发展，越来越占有重要的地位，但是，在我国工业企业中企业内运输的技术装备还比较落后，有些企业内道路设计也不够合理，企业内运输安全管理有待进一步完善或加强，因而企业内机动车辆伤害事故屡有发生，直接影响到企业的安全生产和经济效益。

一、企业内机动车辆运输的作业环境

作业环境是企业内安全运输及安全生产的重要组成部分。企业内道路网是指根据企业生产发展及安全运输的需要而出现的各种类型不同的企业内道路。随着企业的不断发展以及生产者和企业内机动车辆的增加，企业内原有的道路将不适应企业内机动车辆行驶和作业的需要。因此，一方面要改善企业原有的道路，提高通行能力及作业环境；另一方面要重点开辟带有关键性的新路及作业场地。合理的道路网能以最少的工程投资获得最大的经济效益；反之，则会造成投资和基建用地的浪费。

根据国家标准《工业企业厂内铁路、道路运输安全规程》（GB 4387—2008）的精神，结合企业内机动车辆运输安全工作的实际需要，为防止企业内机动车辆伤害事故，保障职工的人身安全和提高经济效益，提出企业内机动车辆运输的安全规则。

1. 企业内道路的分类和基本要求

（1）企业内道路的分类。企业内道路根据位置、作用及交通的性质不同，一般分为以下六类：

1）主干道。主干道是全厂性的主要道路，一般为主出入口道路。

2）次干道。是指企业内车间、仓库、码头等之间的主要交通运输道路。

3)辅助道路。辅助道路是车间内行人通过较少的道路,如专供通往企业内、外水泵站和总变电所等的道路以及消防道路等。

4)车间外道。即车间、仓库等出入口与主、次干道或辅助道路间相连接的道路。

5)车间内通道。是指设备、工序之间半成品、成品的运输道路。

6)人行道。即在车间之间的人行通道和人流量较大的主干道两侧所修筑的人行道。

(2)企业内道路的基本要求。企业应根据企业内生产状态、工艺流程,合理组织车辆运输,创造企业内运输、装卸作业的安全条件。企业内建筑物、设备、绿化物等严禁侵入道路的安全界限,并不得妨碍视线。现有侵入界限的围墙和各种临时建筑物必须拆除。对于拆除确有困难的永久性建筑物,在其大修或改造时应予以解决,未解决前应制定有效的安全措施,并在侵入界限处设置警告标志。

2. 厂区道路的安全要求

厂区道路的几何线型、有关技术指标、路面质量、通过能力、交通设施及交通态势等对安全行车都会产生很大的影响。实践证明:厂区道路标准高,车道宽,设施齐全,则事故就少;厂区道路狭窄,凹凸不平,泥泞积水,坡度大等均会影响到安全驾驶,往往容易发生交通事故。

要保证企业内的安全运行,首先要求厂区道路平面布置、宽度、路面、路层、土坡等应适应企业生产、运输、防振、防尘以及搬运、装卸机械化和企业的发展需要,然后还应设置交通标志。其设置的位置、形式、尺寸及颜色等须符合国家标志和公安部、交通部颁布的现行规定。厂区道路设计应符合国家标准《工业企业厂内铁路、道路运输安全规程》(GB 4387—2008)的有关规定。例如,一般厂矿企业内主要道路宽度应为 6~8 m;次要道路路宽为 4~6 m,厂房引道应与车间大门宽度相适应。最大纵坡度不超过8%（经常运送易燃、易爆危险品的专用道路最大纵坡度不得大于6%）。厂区道路转弯半径影响车辆通行时，应进行适当调整。厂区道路的路面宽度和纵坡度见表1—1，最小转弯半径见表1—2，最小门洞尺寸见表1—3。

表1—1　　　　厂区道路的路面宽度和纵坡度

道路分类		主要道路	次要道路	辅助道路	厂房引道
路面宽度(m)	汽车 大型厂矿	7~9	6~7	3.5~6	与车间大门宽度相适应
	汽车 中型厂矿	6~8	3.5~6	3.5	
	汽车 小型厂矿	6	3.5	3	
最大纵坡度(%)	汽车 平原地区	6	8~9	8~10	与车间大门宽度相适应
	汽车 山区	8	8~9	8~10	8~11
	蓄电池搬运车	4	4	4	5

注：计算车速为：汽车15 km/h，蓄电池搬运车8 km/h。

表1—2　　　　　　最小转弯半径

车辆类型	最小转弯半径（m）
40~60 t 平板车	15~18
15~25 t 平板车	12~15
汽车带一辆挂车	9~12
两轴载重汽车	8~9
三轮车、电瓶车	3~4

表1—3　　　　　最小门洞尺寸　　　　　　　　　　　　m

通行要求	单人	双人	手推车	轻型载货汽车	中型载货汽车	重型载货汽车	穿进车间的防滑车道	汽车起重机	铁路车辆机车
门洞宽	0.9	1.5	1.8	3	3.5	3.6	4	4	4.5
门洞高	2.1	2.1	2.1	2.7	3	3.9	4	4	5.4

厂区跨越道路上空架设的管线（其他建筑物）距路面的最小净高不得小于 5 m。企业内道路两侧应设置必要的交通标志和安全设施。在易燃、易爆产品的生产区域或储存仓库区，应根据安全生产的需要，将道路划分为限制车辆通行或禁止车辆通行路段，设置标志，并进行相应的安全管理。在厂区道路的交叉路口，高峰时机动车流量每小时超过 200 辆，或自行车、行人流量每小时超过 200 人次，或交通比较繁忙而视线条件达不到规定要求时，均应有人指挥或设置信号灯。

企业内道路应经常保持路面平整，路基稳固，边坡整齐，排水良好，并应有良好的照明设施。厂区干道与职工人数较多的生产车间相衔接的人行通道，如跨越铁路线群等，应设置人行地道或天桥。大、中型企业厂内道路应采取交通分流，人流较大的干道两侧应修筑人行道。厂区道路的弯道、交叉路口的横净距范围内不得有妨碍驾驶员视线的障碍物。

3. 叉车装卸场地

（1）企业应根据生产规模、原材料储备量设置相应的装卸场地和堆场。装卸场地和堆场的地面应平坦，坚固，坡度不得大于 2%，并应有良好的排水设施。

（2）装卸场地和堆场应保证装卸人员、装卸机械和车辆有足够的活动范围和必要的安全距离，其主要通道的宽度不得小于 3.5 m，物料堆垛的间距不得小于 3 m，并设置安全标志。

（3）装卸场地应有良好的照明装置，光照度不得小于 3 lx。

（4）装卸场地和堆场应根据需要设置消防和防护措施。

（5）物料应按品种、特性和安全要求分类堆放。

二、企业内交通运输安全标志的设置

1. 安全色和对比色

安全色是指表达安全信息含义的颜色，其目的是使人们能够迅速发现或分辨安全标志并提醒人们注意，以防止发生事故。安全色有红、黄、蓝、绿四种。

对比色有黑、白两种。其对比间隔条纹标志的含义是：红、白色对比为禁止；蓝、白色对比为指令；黄、黑色对比为警告；绿、白色对比为提示。红、白色间隔为禁止超越，它一般应用于交通公路上的防护栏杆；黄色与黑色为警告危险，应用于厂区防护栏杆、铁路与公路交叉道口上的防护栏杆等处。

2. 厂区交通安全标志的设置

厂区装设安全标志的目的是为了引起职工对不安全因素的注意，以预防事故的发生。

安全标志由安全色、几何图形和图形符号等构成，用以表达特定的安全信息。补充标志的文字说明必须与安全标志同时使用。

企业内运输的安全标志应根据国家标准《安全色》《安全标志》（国务院1988年3月9日发布的《中华人民共和国道路交通管理条例》所附的《道路交通标志图》）的规定进行制作。

厂区常用交通安全标志的设置如下：

（1）警告标志。是警告车辆、行人注意危险地点的标志。其形状为等边三角形，顶角朝上。其颜色为黄底、黑边、黑图案。它在交叉路口使用时，即交叉路口和铁路与道路交叉点标志；在危险地点使用时，即危险、陡坡和急转弯等标志。

（2）禁令标志。是禁止或限制车辆、行人交通行为的标志。其形状分为圆形和顶角朝下的等边三角形。其颜色除个别之外，均为白底、红圈、红杠、黑图案，图案压杠。主要是限制车辆行进；禁止通行；禁止车辆通行；对车辆加以某种禁止；禁止车辆停放；对车辆加以限制等。

（3）指示标志。是指示车辆、行人行进的标志。其形状为长方形、正方形和圆形。其颜色为蓝底的图案，该《安全标志》用在厂区内的"太平门"和安全通道。

（4）辅助标志。辅助标志的颜色为白底、黑字、黑边框；其形状为长方形。安在主标志下面；紧靠主标志下缘。含义有表示时间、车辆种类、区域或距离、警告或禁令理由等，辅助标志共 17 种。

　　企业内交通安全标志应结合厂矿需要制作和埋设，以预防企业内交通运输事故的发生。

第二章　企业内机动车辆动力装置的基本常识

企业内机动车辆的动力装置因使用性能不同而种类不同，它们通过机构、装置的构造和安全位置各异，可以构成不同的形式，但总体构造和工作原理都是遵循一个基本规律。

企业内机动车辆动力装置的构造及工作原理是企业内机动车辆驾驶员应知、应会的重要内容，在企业内机动车辆的装卸、运输作业中，掌握其性能特点和工作原理，以发挥它们的最大效能并保障生产的安全，是十分重要的。因此，为安全驾驶企业内机动车辆，使驾驶员了解企业内机动车辆动力装置的构造及工作原理是非常必要的。

第一节　企业内机动车辆的动力装置

一、企业内机动车辆动力装置的基本概念

1. 机动车辆动力装置的种类、功用和特点

一般将能把其他形式的能量转变为机械能的机器统称为动力装置。按照所转换能量分类，动力装置可分为热力发动机（热机）、电动机、水力机、风力机、原子能发动机等。目前，企业内机动车辆广泛使用的动力装置主要有电动机和内燃机两种。

动力装置的功用是供给车辆工作所需的能量，驱动车辆运行，驱动工作装置和动力转向系统的液压泵，以及满足其他装置对能量的要求。

热力发动机是将燃料燃烧所得到的热能转变为机械能的机器。内燃机是热力发动机的一种，其特点是燃料直接在发动机内部燃烧。

燃料在发动机外部燃烧的热力发动机称为外燃机，如蒸汽机、汽轮机等。内燃机与外燃机相比，具有热效率高、体积小、起动迅速等优点，因而广泛地应用在包括企业内机动车辆在内的各种车辆上。

2. 内燃机的分类及组成

根据燃料的不同，内燃机分为汽油机和柴油机。近年来，由于世界能源短缺，人们开始重视代用燃料的研究，研究最多的有甲醇、乙醇、液化石油气等，故又可分为甲醇、乙醇、液化石油气等各种代用燃料发动机。

根据冷却方式不同，内燃机可分为水冷式发动机和空气冷却式（风冷式）发动机。

按工作循环不同，内燃机可分为二冲程发动机和四冲程发动机。

根据汽缸数目及其排列方式不同，内燃机可分为单缸和多缸两类。

按照排列方式不同，内燃机分为直列立式、直列卧式、V型、对置汽缸式、X型、星型等。

按照进气方式的不同，内燃机可分为非增压（自然吸气）内燃机与增压内燃机。

内燃机是一部由许多机构和系统组成的复杂机器，尽管其结构形式多种多样，但任何一台内燃机在工作时均必须完成进气、压缩、做功、排气四个过程。因此，要保证内燃机工作可靠，除了曲柄连杆机构之外，还必须有配气机构、燃料供给系统、点火系统（柴油机无点火系统）、润滑系统、冷却系统等协同工作。

有些内燃机还有增压系统和电子控制系统。增压系统用于将可燃混合气或新鲜空气在进入汽缸之前预先压缩，以增大进气量。

电子控制系统的作用是综合控制内燃机的点火时刻、燃油的喷油量、喷油正时以及对内燃机实施的其他一些控制和管理功能,使内燃机在最佳状态下自动工作。

3. 内燃机的基本术语

(1) 工作循环。内燃机内每一次将热能转化为机械能都必须经过进气、压缩、做功、排气这样一个连续的过程,这个过程称为内燃机的一个工作循环。

(2) 缸径。是指汽缸的直径(mm)。

(3) 上止点。是指活塞顶部距离曲轴中心的最远点,即活塞最高位置。

(4) 下止点。是指活塞顶部距离曲轴中心的最近点,即活塞最低位置。

(5) 活塞行程。是指活塞上止点和下止点之间的距离(mm)。

(6) 汽缸工作容积。是指活塞从上止点到下止点所扫过的汽缸容积。

(7) 发动机工作容积(发动机排量)。是指多缸发动机所有汽缸工作容积之和。

(8) 燃烧室容积。活塞在上止点时,活塞上方的汽缸容积称为燃烧室容积。

(9) 汽缸总容积。活塞在下止点时,活塞上方的全部汽缸容积称为汽缸总容积,其值等于汽缸容积与燃烧室容积之和。

(10) 压缩比。是指汽缸总容积与燃烧室容积之比。

二、内燃机的工作原理

一般把完成一次吸气、压缩、做功和排气的过程称为内燃机的一个工作循环。对于活塞式内燃机,活塞在汽缸内往复运动四次完成一个工作循环的,称为四冲程发动机。

四冲程发动机的工作原理如图2—1所示。

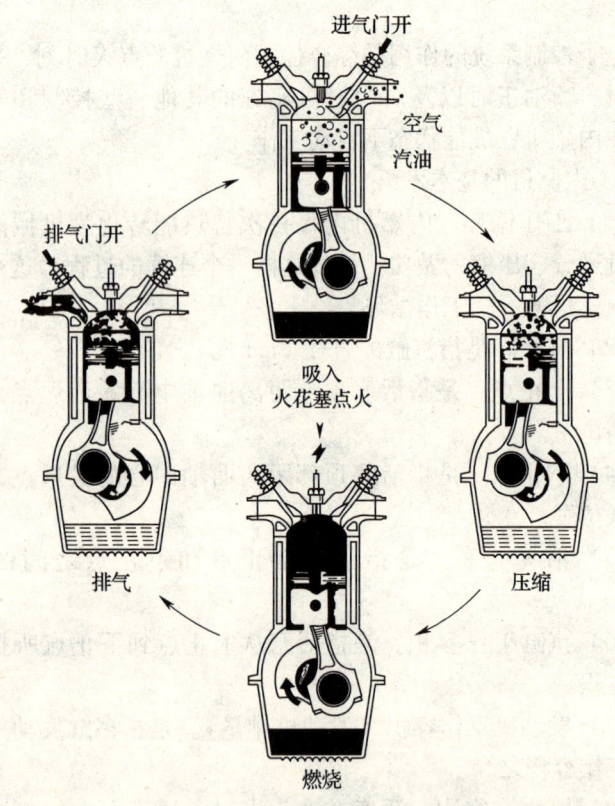

图 2—1　四冲程发动机的工作原理

活塞在汽缸内往复运动两次完成一个工作循环的，则称为二冲程发动机。

1. 进气行程

活塞通过曲柄和连杆，依靠飞轮的惯性从上止点向下止点运动。此时，进气门打开，排气门关闭；活塞上方的汽缸容积不断增大，汽缸中压力降低到低于大气压力，在汽缸中产生吸力，可燃混合气从化油器经过进气门被吸入汽缸。

2. 压缩行程

在进气行程终了后，进气门和排气门均关闭，仍靠飞轮的惯性，活塞从下止点向上止点运动，汽缸容积逐渐减小，可燃混合气在汽缸内被压缩，使其温度和压力同时上升。

3. 做功行程

在压缩行程末期，活塞将要到达上止点时，火花塞产生电火花，点燃被压缩的可燃混合气。可燃混合气燃烧后，汽缸内的温度和压力急剧升高，推动活塞下移，从而通过连杆使曲轴旋转，对外输出动力。当汽油机有负荷时，气体在做功行程内所做功的大部分在克服机件运转阻力与带动附件后对外做功，一小部分则储存在飞轮中，为以后的排气、进气、压缩行程提供动力。在此行程中，进气门和排气门继续保持关闭。

4. 排气行程

在飞轮的惯性作用下，活塞再次从下止点向上止点运动，把做功后的废气经排气门、排气管和消声器排入大气中。在此行程中，进气门关闭，排气门打开。

排气行程结束时，活塞又回到上止点位置。至此，单缸四冲程汽油机经历了活塞上下往复各两次的四个行程，完成了由进气、压缩、做功和排气过程所组成的一个工作循环。接着，曲轴依靠飞轮的旋转惯性作用仍继续旋转，上述四个行程又重复进行，周而复始地一个又一个的工作循环使汽油机连续不断地运转并输出功率。

四冲程柴油机与汽油机一样，每个工作循环也要经过进气、压缩、做功和排气四个行程。但由于柴油机用的燃料是柴油，柴油黏度比汽油高，不能挥发，而其自燃温度却低于汽油，因此，柴油机可燃混合气的形成和点火方式都与汽油机不同。

柴油机可燃混合气的形成是在汽缸内部，而不是像汽油机那样，混合气主要在汽缸外面的化油器中形成。在进气过程中，柴油机吸入汽缸的是纯空气，柴油在压缩行程终了时喷入汽缸形成可燃混合气。混合气不是靠电火花点燃的，而是靠它自身温度的升高实现自燃,又称压燃。为使喷入汽缸内的柴油能够迅速与汽缸内的空气混合并着火燃烧,必须采用比汽油机大的压缩比。

三、内燃机的主要性能指标

内燃机的性能主要用它的动力性和经济性表示。在内燃机产品出厂的铭牌和使用说明书中,都标注有代表性的性能指标,以便于使用人员了解内燃机的性能,达到正确、合理使用的目的。下面介绍几种主要的性能指标。

1. 有效转矩

内燃机飞轮上对外输出的转矩称为有效转矩。它是指燃料在汽缸内燃烧发热、膨胀做功所产生的力,除了克服各部分摩擦阻力和驱动各辅助装置(如水泵、液压泵、风扇、发电机等)之外,最后在飞轮上可以供给外界使用的转矩,单位为 N·m。

2. 有效功率

内燃机在单位时间内对外所做的功称为有效功率,单位为 kW(1 kW = 1.36 hp)。

3. 有效燃料消耗率

内燃机对外做相同的功,所消耗的燃料越少,其经济性越好。内燃机每发出 1 kW 有效功率,在一小时内所消耗的燃料量(克)称为有效燃料消耗率(简称比油耗)。单位为 g/(kW·h)[1 g/(kW·h) = 0.736 g/(hp·h)]。

第二节 内燃机的结构原理

一、曲柄连杆机构

1. 曲柄连杆机构的组成与功用

曲柄连杆机构是往复活塞式内燃机中将热能转化为机械能的主要机构,是内燃机的主要组成部分。它由缸体曲轴箱组、活塞连杆组和曲轴飞轮组三部分组成。它将燃料在内燃机汽缸内燃烧放出的热能转变为机械能,即将活塞承受的爆发压力通过活塞销、曲柄等传给曲轴，使活塞的往复直线运动变成曲轴的旋转运动。

曲柄连杆机构由运动件和固定件两部分组成。运动件部分由活塞组、连杆组和曲轴组等组成，它是将活塞的往复运动转变为曲轴旋转运动的机件。固定件部分（机体）用于支持内燃机以及安装各种附件，并作为内燃机往车体上安装的支座。

汽油发动机的构造如图2—2所示。

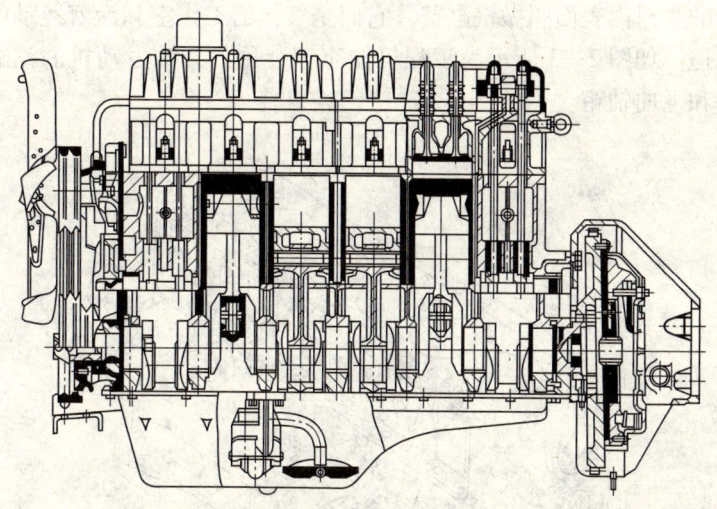

图2—2 汽油发动机的构造（纵剖面图）

2. 曲柄连杆机构的零部件

（1）机体

1) 机体的功用。机体通常由汽缸体、汽缸垫、汽缸盖和油底壳组成，它是构成内燃机的骨架，在机体内、外分别安装着内燃机所有主要的零部件和附件。在水冷式内燃机机体内设有冷却系统和润滑系统的回路。

2) 汽缸体和曲轴箱。汽缸体和曲轴箱由汽缸体、汽缸套、汽缸盖、汽缸垫、气门室罩、机油盘、正时齿轮壳和飞轮壳等零件组成。汽缸体是设置汽缸的机体。它承受燃烧气体产生的作用力，并将汽缸等机件过多的热量散发给冷却系统或空气，以保证汽缸等机件正常工作。

曲轴箱是支撑曲轴运转工作的机件,它承受燃烧气体通过活塞、连杆作用在曲轴上的各种力。曲轴箱分为上、下两部分,上部安装固定曲轴,称为上曲轴箱;下部储存机油,称为下曲轴箱,俗称油底壳。汽缸体和曲轴箱通常用灰铸铁或铝合金铸成一体。汽缸体和上曲轴箱铸成一体,内部中空的圆筒叫做汽缸;汽缸的光滑内表面叫做汽缸壁。它们是气体的工作室和活塞运动的轨道。如图2—3所示为工程机械车辆装用的柴油发动机的汽缸体和上曲轴箱。

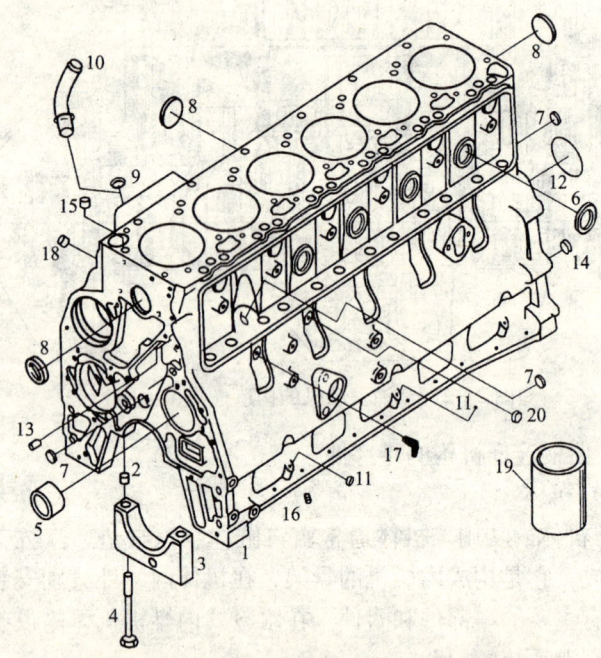

图2—3 柴油发动机的汽缸体和上曲轴箱
1—汽缸体总成 2,14,15—定位套 3—主轴承盖 4—六角头螺栓
5—凸轮轴衬套 6,7,8,9,11,12—塞片 10—增压器回油支管
13—定位销 16—活塞冷却喷嘴 17—直角管接头
18—内六角锥形螺塞 19—缸套 20—螺塞

3) 汽缸套。为了修理方便，提高汽缸的耐磨性，延长发动机的使用寿命，许多汽缸体上装有汽缸套。汽缸套分为干式和湿式两种。外表面不直接与冷却液接触的为干式缸套，如6102Q型发动机装有干式缸套。外表面直接与冷却液接触的为湿式缸套，如475Q型发动机装有湿式缸套。为了防止漏水，缸套下部装有1~2个耐油橡胶密封圈。在汽缸体和汽缸套基体之间铸有可充水的空心夹层，俗称水套。冷却液在水套内流动，对发动机进行冷却。

柴油发动机的汽缸分为有汽缸套和无汽缸套两种。无汽缸套的发动机，其缸体本身经过机械加工；有汽缸套的发动机，其汽缸套压入缸体内。干式缸套在与缸体压合后再镗孔和珩磨。为使汽缸盖固定汽缸套，应使汽缸套的顶端略微突出于汽缸体的顶端之上。汽缸套另有一个突出部分，以防止高压燃烧气体将汽缸垫冲出。为使汽缸垫能长期不泄漏燃烧气体，目前广泛使用叠片钢型的汽缸垫。

4) 主轴承座。在汽缸体下部有三道主轴承座，用以安装曲轴、凸轮轴等机件。汽缸体上平面与汽缸盖连接；下平面与下曲轴箱连接；前端安装传动齿轮、齿轮室盖；左侧安装发电机、机油滤清器、放水开关等；右侧安装分电器、起动机、汽油泵、油尺；后端安装后油封、飞轮壳、飞轮及离合器。

5) 汽缸盖。汽缸盖固装在汽缸体上部，用来封闭汽缸上部，多用灰铸铁或铝合金铸成，其上有火花塞座孔和燃烧室等，并设有水套与汽缸体水套相通。如图2—4所示为汽缸盖和汽缸衬垫。顶置式配气机构的发动机汽缸盖上还铸有进气道和排气道，并可安装气门、摇臂轴支座等机件。

6) 汽缸垫。汽缸垫装在汽缸体和汽缸盖之间，用来保证汽缸盖、汽缸体以及燃烧室之间的水、油和气体的密封。汽缸垫采用中间薄钢板、两边覆盖石棉板的结构，中间薄钢板在汽缸口的位置冲出一个波形槽，然后包上内、外翻边护圈。汽缸垫上开设有润滑油、冷却液用的各种通道孔，孔的四周均匀地涂有一圈硅橡胶，以保证油、水的密封。汽缸垫的表面还进行了防粘处理，在维修时拆卸方便，不粘缸。目前使用较多的是金属—石棉汽缸垫，其结构为石棉板或混有黏合剂和金属丝的石棉，外覆铜皮或钢皮，在汽缸孔、水孔、油孔处卷边加强。为提高压缩比的精确程度，发动机不同，所使用的汽缸垫的厚度也不同，汽缸垫厚度的选择以活塞高出汽缸体的突出量为准。

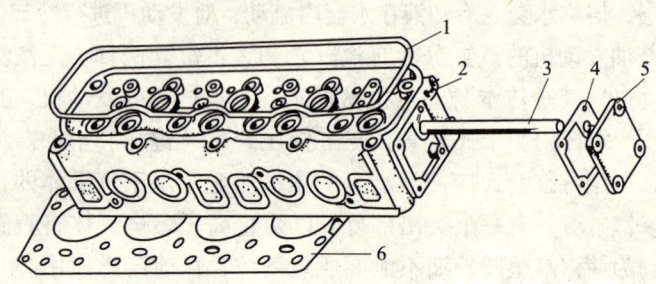

图2—4 汽缸盖和汽缸衬垫
1—汽缸盖罩衬垫 2—汽缸盖 3—分水管
4—后端盖衬垫 5—后端盖 6—汽缸衬垫

7）机油盘。机油盘俗称油底壳，通常用薄钢板冲压而成，用来封闭曲轴箱下部并储存机油。根据机油泵的位置，常将机油盘中部或后部制成凹槽，箱底部设有放油螺塞。机油盘用螺栓固装在曲轴箱下部，其接合面间有衬垫，以防止漏油。

8）典型汽油机的机体

①康明斯柴油机机体。康明斯柴油机机体主要包括汽缸体、曲轴箱、汽缸套、汽缸盖和汽缸垫等。康明斯柴油机汽缸体由灰铸铁铸造而成，B系列柴油机（有四缸和六缸两种）不镶缸套，为了提高汽缸孔的耐磨性，保证活塞与汽缸孔之间的良好磨合，精加工后采用交叉小平顶珩磨工艺，其网纹线与水平线交叉，形成夹角为25°～30°的网纹，有利于工作时存油，提高摩擦副的耐磨性。C系列及其以上系列的柴油机均采用单体、可拆卸、湿式汽缸套。

曲轴箱与汽缸体铸成一体，曲轴箱有七个支撑部位，属龙门式结构。由于厚度适当，支撑布置合理，汽缸体成为刚度较高的柴油机骨架。

汽缸四周由水套包围，具有较好的冷却效果，水泵进水口在缸体的前端面，与汽缸体铸成一体，冷却液进入汽缸体后，又从汽缸体上端面的孔流入汽缸盖。

柴油机汽缸体的中部有主油道，润滑油从主油道沿着位于每一道主轴承隔墙中的横油道通向各个主轴承，再由斜油道通向各凸轮轴轴承。在凸轮轴轴承处，有一条垂直的油道通往汽缸体顶面，来自垂直油道的润滑油通过汽缸盖进入摇臂轴总成。

主轴承孔是在主轴承盖装入轴承座并按规定的力矩拧紧主轴承螺栓后一次镗出的，因此主轴承盖不允许互换。主轴承盖与汽缸体必须配对装配，主轴承盖上有倒角的一面（打每缸序号处）朝向水泵的一侧。主轴承盖的每个螺栓孔均有一个定位环定位。

在汽缸体内设有七个凸轮轴轴承座孔。B系列柴油机只在凸轮轴第一轴承孔内装有凸轮轴衬套，而C系列和N系列柴油机的每个轴承座孔都装有可更换的衬套。

B系列和C系列柴油机的汽缸盖为整体式结构，由灰铸铁铸造而成，并经过退火处理，以去除铸造残余应力。汽缸盖上的进气道和排气道采用异侧布置，为螺旋式进气道，气道绕气阀导管（右旋）进入汽缸。柴油机无专门的进气歧管，进气歧管直接铸在缸盖上，排气道仅经过轻微的冷却，以提高废气到达涡轮增压器时的能量。

②475C型汽油机汽缸体。475C型汽油机汽缸体是由汽缸体、曲轴瓦和瓦盖、凸轮轴瓦、汽缸套等零件组成的。汽缸体是一个形状复杂的整体式铸件，它是由上半部的缸筒体和下半部的曲轴箱组成的。缸体的夹层中设有冷却液道和主油道，以沟通整机冷却液和润滑油的循环。缸体的上平面处有10个螺孔，用以安装螺栓，固定缸盖。缸体左侧设有8个挺杆体孔，在缸体的中间有4个

汽缸孔，用来镶装缸套。缸套具有较高的耐磨性，汽缸体与汽缸套之间的密封情况是：下部靠矩形断面的橡胶圈密封；上部靠缸盖通过汽缸垫轴向压紧密封。更换时应将缸套法兰下平面及缸体汽缸孔位上平面擦拭干净，并保证缸套上平面高出缸体平面 0.05～0.125 mm。

例如，475C 型汽油机的缸体主轴承座为三支撑、龙门式。各主轴承座和主轴承盖为配对使用，分别打有标号，不得装错。轴瓦采用巴氏合金—钢双金属带冲压加工而成，中间主轴承座的两侧面装有与轴瓦材料相同的止推片，装配时将钢带的一面与机体相贴，有巴氏合金的一面向外，绝不能装反。装配曲轴瓦时，应将钻有油孔的一面装在上方，否则会因断油而发生故障。装配曲轴轴承盖时，应先旋紧中间轴承盖的螺栓，再旋紧两端轴承盖的螺栓；同一轴承盖的螺栓应分三次旋紧，最后一次的旋紧力矩为 100～120 N·m。曲轴装配完成后，在飞轮端用手转动曲轴时，应灵活，无阻滞感觉。凸轮轴孔也为三支撑结构，每个凸轮轴孔内都压入巴氏合金的衬瓦。前衬瓦和中衬瓦上有一个油孔，后衬瓦有两个油孔，装配时应注意与缸体上的油孔位置对正。缸体左侧装有放水开关、机油滤清器、机油压力感应塞、曲轴箱通风管和左悬架板；右侧装有分电器、汽油泵、机油尺、发电机、起动机和右悬架板；前端装有前端板和正时齿轮箱；后端与飞轮壳连接；内部装有离合器及摩擦片等附件。

汽油机汽缸盖部分由汽缸盖、进气门、排气门、气门导管、气门弹簧座、气门弹簧、分水管等零件组成。汽缸盖多为整体式结构，铸有互不相通的水道、油道和气道。汽缸盖上的燃烧室为半楔形。为保证接触面的严密性，汽缸盖与汽缸体之间均装有汽缸盖垫，并由多个双头螺栓把汽缸盖紧固在汽缸体上。在紧固螺母时应采用扭力扳手，旋紧方法是先中间、后对称交错分三次旋紧，最后一次旋紧应达到所规定的力矩，如图 2—5 所示为汽缸盖螺母的紧固顺序。在汽缸盖的左侧装有进气歧管和排气歧管，为了确保贴合严密,中间垫有用纯铜皮包石棉板制成的密封垫,用螺栓将进气歧管和排气歧管紧固在汽缸盖上。进气门和排气门导管压配在汽缸盖导管孔中,导管上端面高出汽缸盖气门弹簧座平面 20 mm。汽缸盖前端装有水泵。冷却液进入汽缸盖后首先进入缸盖前端的水夹层,并由此分为两路,其中一路向下进入汽缸体,另一路则通过镶在缸盖内的分水管流向火花塞及气门座部位。喷水孔的方向应垂直缸盖下平面。气门弹簧由牌号为 50CrVA 的钢丝绕制而成,经过热处理,具有较高的抗疲劳强度。

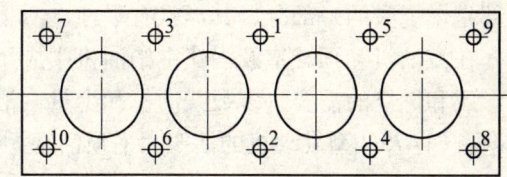

图 2—5 汽缸盖螺母的紧固顺序

(2)活塞连杆组。活塞连杆组由活塞、活塞环、活塞销和连杆等机件组成,如图 2—6 所示为东风 EQ6BT 型发动机活塞连杆组。

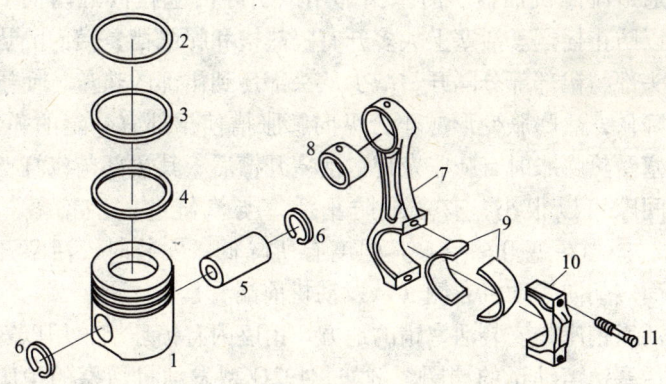

图 2—6 东风 EQ6BT 型发动机活塞连杆组
1—活塞 2—第一道活塞环(气环) 3—第二道活塞环(气环)
4—油环 5—活塞销 6—卡环 7—连杆 8—连杆小头衬套
9—连杆轴瓦 10—连杆盖 11—连杆螺栓

1)活塞。活塞的主要作用是承受汽缸中燃烧气体的作用力,并将这个力通过活塞销传递给连杆,以推动曲轴旋转。活塞的顶部还与汽缸盖、汽缸壁共同组成燃烧室。活塞由活塞顶部、活塞头部、活塞裙部三部分组成,用铝合金铸造而成。

活塞在高温、高压燃气作用下,在汽缸内做高速往复运动。活塞是组成燃烧室的主要零件之一,它将燃气压力传递给连杆和曲轴。活塞顶部承受的燃气热量则通过活塞环槽部和裙部传递给活塞环和汽缸壁,再传递给冷却液。

活塞顶部是燃烧室的一部分,其形状有平顶、凹顶和凸顶三种。平顶活塞在汽油机和预燃室及涡流室柴油机中应用较多。由于混合气的形成和燃烧的需要,多数柴油机和少量汽油机采用凹顶或凸顶活塞,如475Q型发动机的活塞为平顶活塞,485G型发动机为凹顶活塞。

活塞头部开有活塞环槽,用以安装活塞环。上面的2～3道环槽安装气环,下面的1～2道环槽安装油环。油环槽底部钻有许多贯通的小孔或长槽孔,以便使油环从汽缸壁上刮下的机油经这些通道流回机油盘。活塞裙部用以引导活塞在汽缸内上下运动,以防止摇摆。活塞上大多开有隔热槽和膨胀槽,横向隔热槽是将头部与裙部部分隔开,减少从头部传到裙部的热量,使裙部温度降低,热膨胀变形减小;纵向膨胀槽使裙部有一定的弹性,当活塞受热膨胀时有膨胀余地。活塞开槽后,其裙部与汽缸壁之间的间隙可以很小,有效地防止活塞与汽缸壁的"冷敲"和"热拉"。当活塞开槽后,其强度有所降低。安装时,活塞开槽的一面应朝向发动机右侧(从发动机前端看)。

活塞销座是安装活塞销的地方。销座内有锁环槽,用以安装限制活塞销窜动量的挡圈。例如,492Q型发动机活塞的销座孔中心偏离活塞中心线1.5 mm,这类活塞在安装时应按装配记号进行装配。

2)活塞环。活塞环在高温、高压燃气的包围下,依靠自身的弹力以及一定的燃气压力与汽缸套壁面紧密贴合，在润滑条件很差的情况下做高速往复运动。

活塞环分为气环和油环两种。气环也叫压缩环，用来密封活塞与汽缸壁之间的间隙，防止汽缸内的气体窜入曲轴箱，并将活塞上部的热量传给汽缸壁，它一般由优质灰铸铁制成。为了保证封气可靠和磨合性好，气环按其断面形状不同分为矩形环、内圆或外圆切槽扭曲环、锥形环和桶面环等。

油环用来刮除汽缸壁上过多的机油，以防止机油窜入燃烧室形成积炭。油环分为普通油环和组合油环两种。普通油环用优质灰铸铁制成，其上有许多回油孔，从汽缸壁上刮下的机油经油孔流回机油盘。组合油环由互相独立的上、下钢片以及径向、轴向衬簧组成。各片油环可互相独立地适应汽缸的不均匀磨损和活塞变形、摆动的影响，对机油的密封性好，同时回油通路大，机油消耗量少。

475Q 型发动机的活塞装有两道气环，第一道气环为矩形内倒角镀铬气环，装配时倒角朝上，第二道气环为矩形外倒角扭曲环，装配时倒角朝下；第三道为普通油环。485G 型发动机的活塞装有三道气环，第一道气环的外圆镀多孔性铬，镀铬层厚 0.1~0.15 mm，第二道为平环，第三道是外倒角扭曲环，装配时倒角向下；油环为整体式内撑环。在 492Q 型发动机的活塞中，第一道和第二道安装内圆倒角的扭曲环，倒角应向上；第三道为普通油环。

3）活塞销。活塞销是一钢制的空心轴，用来连接活塞与连杆，并传递两者之间的相互作用力。活塞销与活塞销座、连杆小头的连接方式多采用"浮式"装配，即发动机工作时，活塞销不仅能在活塞销座孔中转动，而且还可以在连杆小头中转动。为防止活塞销轴向窜出而刮伤汽缸壁，在其两端的座孔内装有挡圈。装配时，应将铝活塞放在热水或热油（95~100℃）中加热，使销座孔胀大，然后迅速将活塞销装入，并将挡圈嵌在销座凹槽中加以轴向定位。

4）连杆。连杆是由连杆体和连杆盖通过连杆螺栓连接而成的。发动机运转时，连杆承受大小、方向都在变化着的气体压力和惯性力，并做复杂的平面摆动。连杆的大头、小头分别与曲轴连杆轴颈和活塞销相连接，将活塞承受的力传递给曲轴，将活塞的往复直线运动转变为曲轴的旋转运动。

连杆由连杆小头、连杆杆身和连杆大头三部分组成。连杆小头与活塞销相连接。为减少磨损，小头孔内压装有连杆衬套。小头和衬套上开槽或钻孔，用来储存润滑油，以润滑活塞销。连杆杆身断面为"Ⅰ"字形，在保证有足够的强度下可减轻质量。

连杆大头与曲轴的连杆轴颈相连接。为了便于安装，大头制成两部分，其上部与杆身制成一体；下部称为连杆盖，用特制的螺栓与上部相接合。为了减少连杆轴颈的磨损，连杆大头内装有两片半圆形的连杆轴承。为防止连杆轴承转动和沿轴向移动，轴承底板上制有凸键，装配时凸键应嵌入连杆大头及连杆盖的凹槽内。连杆大头的一侧和连杆轴承上有喷油孔，安装时应使两者油孔对正，并朝向发动机左侧（从发动机前端看）。

5）典型汽油机的活塞连杆组

①475C型汽油机的活塞连杆组。475C型汽油机的活塞及连杆部分是由活塞、活塞环、活塞销、连杆、连杆轴瓦、衬套等零件组成的。活塞顶部为平形，头部为圆柱形，上有两道气环槽和一道油环槽，裙部呈椭圆形，其长轴方向垂直于活塞销孔轴线。活塞销孔中心相对于活塞中心向凸轮轴方向偏移了 1.5 mm。第一道气环为矩形内倒角镀铬环，装配时倒角朝上；第二道气环为矩形外倒角扭曲环，装配时倒角朝下；第三道为整体式油环。新活塞环在缸套中的开口间隙应为 0.20~0.35 mm。若间隙过小，工作时活塞环受热伸长，会造成拉缸；若间隙过大，会影响汽缸的密封性，造成漏气。活塞环的开口方向应避开活塞销孔的位置，在圆周方向互相错开 120°~150°。活塞销为全浮式结构，冷

态时活塞销与活塞销孔为紧密配合,当汽油机处于工作状态时变为动配合。为防止活塞销窜动,活塞销孔的两端装有卡环,装配时,应将活塞放入清洁的机油中加热至 95~100℃,再用双手的大拇指将活塞销推入销孔内,严禁用锤子敲打。连杆盖与连杆为平分式,两者之间用连杆螺栓定位并紧固。连杆螺母应用扭力扳手旋紧,旋紧力矩为 55~70 N·m。连杆大头的一侧钻有油孔。连杆与活塞组装时应将连杆钻有油孔的一边装在活塞开有膨胀槽相对的一边,总装时应将油孔对着凸轮轴一侧,借以喷射机油,润滑凸轮轴、挺杆体和汽缸壁等摩擦件。连杆轴瓦的上衬瓦有油孔,安装时应与连杆油孔对正。同一台汽油机四个连杆部件的质量差应不大于 30 g,装上活塞后其质量差应小于 7 g。

②康明斯柴油机曲轴连杆机构。康明斯柴油机曲轴连杆机构由曲轴飞轮组和活塞连杆组两大部分组成。曲轴飞轮组主要由曲轴、飞轮、扭转减振器、带轮和正时齿轮等组成。活塞连杆组主要由活塞、活塞环、活塞销、连杆和连杆螺栓等组成。

康明斯柴油机的曲轴采用全支撑结构,轴颈粗,重叠度大,主轴瓦为锡铅基合金含量占 20% 制成的多层薄壁轴瓦。B 系列柴油机的轴瓦上有三个孔,分别与汽缸体上的三个孔相对应,中间孔与汽缸体主油道相通,一侧相邻小孔与凸轮轴的轴瓦油孔相通,另一侧孔与冷却活塞喷嘴相通。

康明斯 N 系列柴油机的第二、四、六道主轴承是相同的,第七道主轴承的油槽不在轴承中央,装配时,较宽的一侧应放在汽缸体的飞轮端。每个轴承都有一个装定位圈的槽,装配时此槽应靠紧汽缸体的定位圈止口孔。

曲轴止推轴颈在第六主轴颈,此处安装上瓦为带有翻边的止推瓦,止推轴承的下瓦与其他主轴承的下瓦相同。N 系列柴油机利用第七道主轴承止推片定位。

曲轴前端装有压入式橡胶阻尼扭振减振器,可有效地减小扭振振幅及扭振应力。N 系列柴油机曲轴前端的正时齿轮还用来驱动配气机构、PT泵、喷油器、机油泵、水泵、发电机和风扇等部件。在装配时，齿轮记号必须对正。前、后密封件采用整体式的钢架聚四氟乙烯双刃口密封件。装配时不要在密封件唇边或轴颈上涂润滑脂或润滑油，必须保持密封件和曲轴的清洁、干燥；否则将产生漏油现象。

（3）曲轴飞轮组。曲轴飞轮组主要包括曲轴和飞轮，还有装在曲轴上的曲轴带轮、正时齿轮等机件。如图2—7所示为475Q型发动机的曲轴飞轮组。

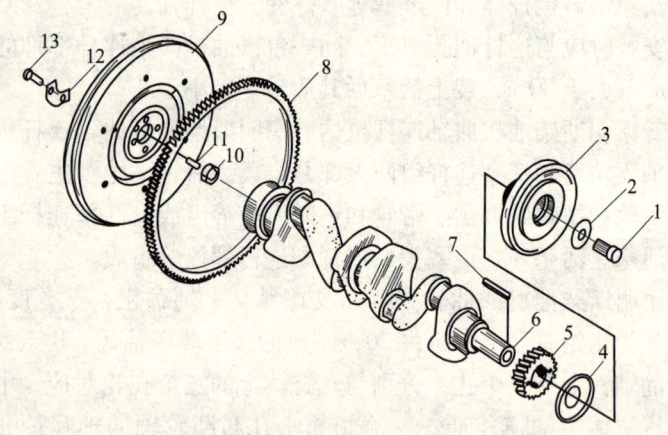

图2—7　475Q型发动机的曲轴飞轮组
1，13—螺栓　2—挡圈　3—带轮　4—曲轴甩油盘　5—正时齿轮　6—曲轴
7—键　8—齿圈　9—飞轮　10—轴承　11—定位销　12—保险片

1）曲轴。曲轴的主要功用是：将活塞的往复运动转变为旋转运动，保证活塞在准备行程（排气、进气、压缩）期间的正常运动；带动发动机的各种机构以及配套机构。为了防止润滑油沿着曲轴的前端、后端流到机体外面，在曲轴前端、后端轴段上设置封油装置，曲轴前端的挡油圈（甩油盘）随着曲轴旋转，当被齿轮挤出和甩出的润滑油落到它的上面时，由于离心力的作用，润滑油便被抛到齿轮室盖的壁面上，再沿壁面流下来，回到

曲轴箱中，即使还有少量润滑油落到挡油圈前面的曲轴轴段上，也被压配在齿轮室盖上的耐油橡胶油封挡住，从挡油圈与油封的装配间隙中落到齿轮室下面，流回曲轴箱。挡油圈的外斜面应正对着有润滑油流出的方向，如果装错了，效果适得其反。

曲轴一般由主轴颈、连杆轴颈、曲轴臂及平衡重等组成。

主轴颈是曲轴的支撑轴颈。它装在主轴承座内，轴承盖用螺栓紧固。连杆轴颈通过曲轴臂与主轴颈连成一体，是安装连杆大头和连杆盖的轴颈。

曲轴臂起着连接主轴颈和连杆轴颈的作用。曲轴臂内的油道使主轴颈和连杆轴颈的油道连通。平衡重用来平衡连杆轴颈和曲轴臂等旋转时所产生的离心力，以使发动机运转平稳且磨损减轻。

曲轴上各连杆轴颈的相对位置依据汽缸数、汽缸排列形式和汽缸的工作顺序来确定。在安排发动机的工作顺序时，总是力求连续做功的两缸相隔尽量远一些，各缸做功的间隔最好相等。对于四冲程多缸发动机，点火间隙角等于720°/缸数。

四冲程直列式四缸发动机的做功间隔角为720°/4 = 180°，四个连杆轴颈中 1 和 4 在上，2 和 3 在下，都在一个垂直平面内，互相错开 180°，常用的工作顺序为 1—2—4—3 或 1—3—4—2。475Q 型和 485G 型发动机采用 1—3—4—2 的工作顺序。

2）飞轮。飞轮的主要功用是：储存做功行程的能量，克服辅助行程的阻力，使曲轴能够均匀地旋转，并使发动机克服短时间的超载。飞轮上还装有离合器，用以分离传动过程输出转矩的主动部件。

飞轮为一铸铁圆盘，外圆套装齿环。飞轮边缘通常刻有上止点记号，有的柴油机还刻有供油提前角度刻线；有的发动机将上止点记号安装在齿轮室盖上，以便调整点火正时、供油提前角和气门间隙时使用。

3）典型汽油机的曲轴飞轮组。475C 型汽油机的曲轴带有四块扇形平衡块，共有三段主轴颈和四段连杆轴颈，主轴颈与连杆轴颈之间有油道相通。曲轴前端安装正时齿轮、甩油圈、带轮和起动爪，后端用一个圆柱销和四个飞轮螺栓与飞轮连接，飞轮螺栓应用扭力扳手均匀、对称地旋紧，最后一次扭力矩为 75～85 N·m。飞轮与飞轮齿圈采用过盈配合，装配齿圈时，应先将齿圈均匀加热至 250℃左右，然后迅速套在飞轮上，冷却后收缩紧固成一体。

二、配气机构

1. 发动机配气机构的结构及组成

配气机构的功用是：按照发动机每一汽缸内所进行的工作循环和点火次序的要求，定时开启和关闭各汽缸的进气门和排气门，使新鲜的可燃混合气（汽油机）或空气（柴油机）得以及时进入汽缸，废气得以及时从汽缸中排出。在压缩与膨胀行程中，保证燃烧室的密封性。

配气机构可从不同角度来分类：按气门的布置方式不同分为气门顶置式和气门侧置式；按凸轮轴的布置位置不同分为下置式、中置式和顶置式；按曲轴和凸轮轴的传动方式不同分为齿轮传动式、链条传动式和齿带传动式；按每汽缸气门的数量分，有二气门式和四气门式等。

气门式配气机构由气门组和气门传动组组成。气门组包括气门及与之相关联的零件，其组成与配气机构的形式基本无关。气门传动组是从正时齿轮开始至推动气门动作的所有零件，其组成视配气机构的形式而有所不同，它的功用是定时驱动气门并使其开闭。

2. 气门的布置形式

（1）气门顶置式配气机构。如图 2—8 所示的气门顶置式配气机构应用最广泛，其进气门和排气门都倒挂在汽缸盖上。气门组包括气门、气门导管、气门座、弹簧座、气门弹簧、锁片等；气门传动组一般由摇臂、摇臂轴、推杆、挺柱、凸轮轴和正时齿轮组成。

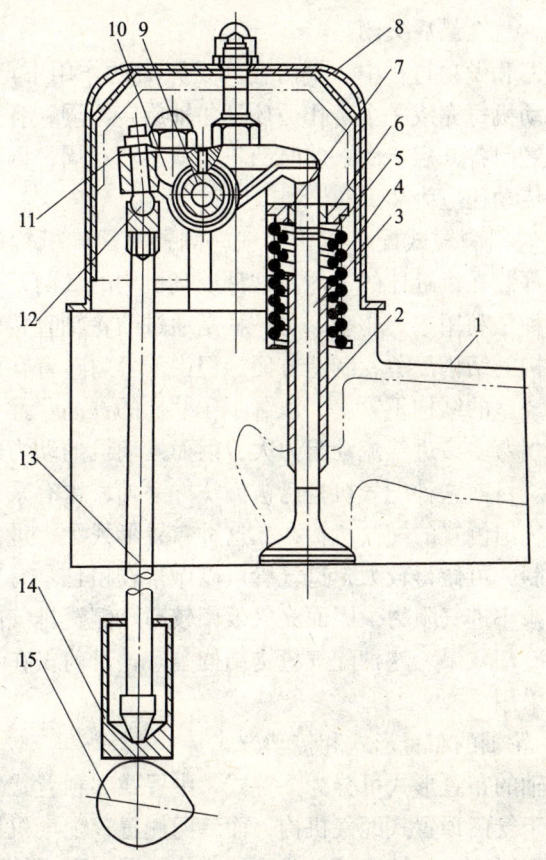

图 2—8 气门顶置式配气机构
1—汽缸盖 2—气门导管 3—气门 4—气门主弹簧 5—气门副弹簧
6—气门弹簧座 7—锁片 8—气门室罩 9—摇臂轴 10—摇臂
11—锁紧螺母 12—调整螺钉 13—推杆 14—挺柱 15—凸轮轴

当汽缸的工作循环需要将气门打开进行换气时,由曲轴通过传动机构驱动凸轮轴旋转,使凸轮轴上凸轮的凸起部分通过挺柱、推杆、调整螺钉推动摇臂摆转,摇臂的另一端便向下推开气门,同时使弹簧进一步压缩。当凸轮凸起部分的顶点转过挺柱以后,便逐渐减小了对挺柱的推力,气门在弹簧张力的作用下开度逐渐减小，直至最后关闭。

在压缩和做功行程中，气门在弹簧张力的作用下严密关闭。四冲程发动机每完成一个工作循环，曲轴旋转两周，各汽缸的进气门和排气门各开启一次，此时凸轮轴只旋转一周，因此曲轴与凸轮轴的传动比应为2∶1。

（2）气门侧置式配气机构。气门侧置式配气机构的进气门和排气门都装在汽缸体的一侧。这种配气机构的气门开启方法有两种，一种是利用摇臂驱动；另一种是通过凸轮轴直接驱动。虽然这种机构的结构简单，制造方便，但由于气门布置在汽缸的一侧，使燃烧室的结构不紧凑，限制了压缩比的提高。此外，还由于进气道拐弯多，进气流动阻力大，因而发动机的动力性和高速性均较差。目前这种配气机构已被淘汰。另外，也有采用进气门顶置而排气门侧置的配气机构，在这种布置形式中，进气门的尺寸不受限制，可做得较大，进气管可以做得较粗且具有较理想的形状，以减小进气阻力，因而充气效率较高。侧置排气门可以得到良好的冷却效果。这种配气机构结构复杂，目前仅在某些高速发动机上采用。

3. 凸轮轴的布置形式和传动方式

凸轮轴的布置形式可分为下置式、中置式和顶置式三种。它们都可用于气门顶置式配气机构，而气门侧置式配气机构的凸轮轴只能是下置式的。摇臂驱动式配气机构如图2—9所示。

（1）凸轮轴下置式和中置式配气机构。凸轮轴下置式和中置式配气机构中的凸轮轴分别位于曲轴箱和汽缸体的上部。对于高转速的发动机，为了减小气门传动机构中参与往复运动的零部件质量，可将凸轮轴的位置移到汽缸体的上部，由凸轮轴经过挺柱直接驱动摇臂而省去推杆，这种结构被称为凸轮轴中置式配气机构。当曲轴的中心线与凸轮轴的中心线距离较远时，如果仍用一对齿轮来传动，齿轮的直径势必会过大，这时一般要在中间加入一个中间齿轮（惰轮）。

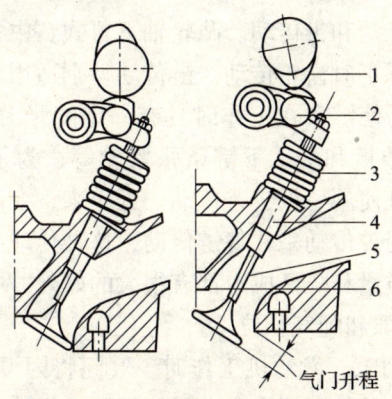

图 2—9 摇臂驱动式配气机构
1—凸轮 2—摇臂 3—气门弹簧 4—气门导管 5—气门 6—气门座

（2）凸轮轴顶置式配气机构。凸轮轴顶置式配气机构的凸轮轴布置在汽缸盖上。在这种结构中，凸轮轴直接通过摇臂来驱动气门。这种传动机构没有挺柱、推杆，使参与往复运动的零部件质量大大减小，因此它适用于高速发动机。但由于凸轮轴离曲轴中心线更远，因此正时传动机构更为复杂，而且拆装汽缸盖也比较困难。缸径较小的柴油机的凸轮轴顶置时，给安装喷油器也带来了困难。

顶置式凸轮轴的另一种形式是凸轮轴直接驱动气门，在这种配气机构中参与往复运动的零部件质量很小，对凸轮轴和弹簧的设计要求也最低，因此特别适用于高速强化发动机，这已在国外的高速汽车发动机上得到了广泛的应用。顶置式双凸轮轴的布置形式适用于多气门式发动机，其特点是使用两根凸轮轴分别驱动进气门和排气门。在凸轮轴驱动气门的方法上，顶置式双凸轮轴与单凸轮轴结构相仿，但由于使用两根凸轮轴，使凸轮轴与气门的距离变小了，所以使驱动用的摇臂变短，有的甚至可以省去摇臂，直接使用凸轮轴驱动气门。这种双凸轮轴多气门的配气机构是高速现代发动机配气机构的主要形式。

（3）凸轮轴的传动方式。曲轴与凸轮轴之间的传动方式有齿轮传动、链传动和带传动。凸轮轴下置式、中置式的配气机构大多采用圆柱形正时齿轮传动。链传动特别适用于凸轮轴顶置式的配气机构，为使链条在工作时具有一定的张力而不至于脱链，一般都装有导链板和上、下链条张紧轮等；为了使链条调整方便，有的发动机使用一根链条传动。近年来，在高速车用发动机上还广泛地采用带传动来代替链传动，这种传动方式对于降低噪声、减轻结构质量和降低成本都有很大的好处。

4. 气门间隙和配气相位

(1) 气门间隙。发动机工作时，气门将因温度升高而膨胀，如果气门及其传动件之间在冷态时无间隙或间隙过小，则在热态时气门及其传动件的受热膨胀势必引起气门关闭不严，造成发动机在压缩和做功行程中漏气；从而使功率下降，严重时甚至不易起动。为了消除这种现象，通常在发动机冷态装配时，在气门与其传动机构中留有适当的间隙，以补偿气门受热后的膨胀量。这一间隙通常称为气门间隙。气门间隙实际上是指气门杆端与摇臂（顶置式）或气门杆端与挺杆（侧置式）之间的间隙。使用中，必须将气门间隙调得符合标准，顶置式气门间隙调整示意图如图2—10所示。

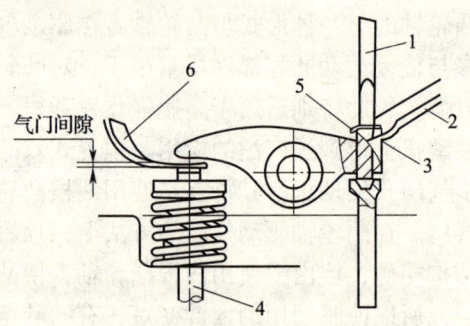

图 2—10　顶置式气门间隙调整示意图
1—旋具　2—扳手　3—锁紧螺母　4—气门　5—调整螺栓　6—塞尺

有的发动机采用液力挺柱，由于挺柱的长度能自动变化，随时补充气门的热膨胀量，故不需要预留气门间隙。发动机上设有气门间隙调节器，在安装时要保证摇臂凸耳与气门弹簧间的间隙大于 1.25 mm。一般在冷态时，进气门的气门间隙为 0.25 ~ 0.3 mm，排气门的气门间隙为 0.3 ~ 0.35 mm。如果间隙过小，发动机在热态时就可能发生漏气，导致功率下降，甚至将气门烧坏；如果间隙过大，则使传动零件之间以及气门与气门座之间产生撞击而加速磨损，同时也会使气门开启持续时间减少，汽缸的充气及排气情况变差。

顶置式六缸发动机气门间隙的调整方法是：气门间隙的调整应在气门完全关闭，且气门挺杆落至最低位置时进行。其方法，一种是逐缸调整，即某缸活塞位于压缩终了上止点时，可调该缸进气门和排气门的间隙；另一种是可分成两次进行检查与调整，即将曲轴摇转至第一缸压缩至上止点时，使飞轮上的记号与飞轮外壳刻度线对准，使第六缸的两个气门同时开启，此时可调整顶起的六个气门；然后将曲轴摇转一圈，再检查及调整其余六个气门。

（2）配气相位。配气相位就是进气门和排气门的实际开闭时刻，通常用相对于上止点和下止点曲轴位置的曲轴转角的环形图来表示，这种图形常被称为配气相位图，如图 2—11 所示。从理论上讲，四冲程发动机的进气门当曲拐处在上止点时开启，在曲拐转到下止点时关闭；排气门则当曲拐在下止点时开启，在上止点时关闭。进气时间和排气时间各占 180°曲轴转角。但是实际发动机的曲轴转速都很高，活塞每一行程历时都很短，如当发动机转速为 5 600 r/min 时，一个行程历时仅为 60/（5 600 ×2）≈ 0.005 4 s。在这样短时间的进气或排气过程中，往往会使发动机充气不足或排气不净，从而使发动机功率下降。因此，现代发动机都采取延长进气和排气时间的方法，即气门开启和关闭的时刻并不正好是曲拐处在上止点和下止点的时刻，而是分别提早和延迟一定的曲轴转角，以改善进气和排气状况，从而提高发动机的动力性。在排气行程接近终了，活塞到达上止点之前，即曲轴转到离曲拐的上止点还差一个角度时，进气门便开始开启，直到活塞过了下止点后又上行，即曲轴转到超过曲拐下止点以后一个角度时，进气门才关闭。

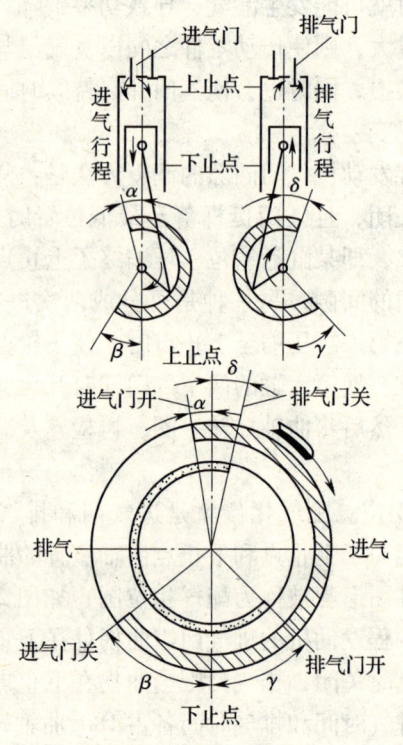

图 2—11 配气相位图

进气门提前开启的目的是保证进气行程开始时进气门已开大，新鲜气体能顺利地充入汽缸。当活塞到达下止点时，汽缸内的压力仍低于大气压力，在压缩行程开始阶段，活塞上移速度较慢的情况下，仍可以利用气流惯性和压力差继续进气，因此，进气门晚关一点有利于充气。同样，做功行程接近终了，活塞到达下止点之前，排气门便开始开启，提前开启的角度 γ 一般为 $40°\sim80°$。经过整个排气行程，在活塞越过上止点后，排气门才关闭，排气门关闭的延迟角 δ 一般为 $10°\sim30°$。

排气门提前开启的原因是：当做功行程的活塞接近下止点时，汽缸内的气体虽然有 $0.3\sim0.4$ MPa 的压力，但就活塞做功而言，作用不大，这时若稍开排气门，大部分废气在此压力作用下可迅速自缸内排出；当活塞到达下止点时，汽缸内的压力已大大下降（约为 0.115 MPa），这时排气门的开度进一步增大，从而减少了活塞上行时的排气阻力，高温废气迅速排出，还可以防止发动机过热。当活塞到达上止点时，燃烧室内的废气压力仍高于大气压力，加之排气时气流有一定的惯性，所以排气门迟一点关闭可以使废气排放得较干净。

由于进气门在上止点前开启，而排气门在上止点后才关闭，这就出现了一段时间内排气门和进气门同时开启的现象，这种现象被称为气门重叠，重叠阶段的曲轴转角被称为气门重叠角。由于新鲜气流和废气流的流动惯性都比较大，在短时间内是不会改变流向的，因此，只要气门重叠角选择适当，就不会出现废气倒流入进气管和新鲜气体同废气一起排出的现象。这对换气是有利的，但应注意，如果气门重叠角过大，当汽油机小负荷运转，进气管内压力很低时，就可能出现废气倒流，使进气量减少。

（3）配气相位与供油时刻的匹配（正时）。凸轮轴上配置有各缸进气凸轮和排气凸轮，用以使气门按一定的工作次序和配气相位及时开闭，并保证气门有足够的升程。同一汽缸的进气凸轮和排气凸轮的相对转角位置是与既定的配气相位相适应的。发动机各个汽缸的进气凸轮和排气凸轮的相对转角位置应符合发动机各汽缸的供油次序和供油间隔时间的要求。因此，根据凸轮轴的旋转方向以及各进气凸轮或排气凸轮的工作次序，就可以判定发动机的点火次序。

凸轮轴通常由曲轴通过一对正时齿轮驱动，小齿轮和大齿轮分别用键装在曲轴与凸轮轴的前端,其传动比为2:1。在装配曲轴和凸轮轴时,必须将正时齿轮的记号(见图2—12)对准,以保证正确的配气相位和点火时刻。

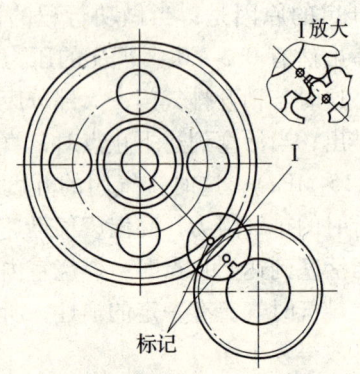

图2—12 正时齿轮的记号

5. 配气机构的主要部件

企业内机动车辆发动机广泛采用顶置式配气机构,它由气门组和气门传动组两部分组成。

(1) 气门组。气门组包括进气门、排气门、气门座、气门导管、气门弹簧、弹簧座及锁片等。

1) 气门。气门分进气门和排气门两种。它在气门弹簧和凸轮等的作用下开启和关闭进气道和排气道,以便进气和排气。气门由头部和杆部构成。头部与气门座接触的工作面制成锥面并经过研磨,以保证气门关闭位置正确,提高密封性。进气门头部比排气门头部直径稍大,以提高进气量。气门头顶上有凹槽,供研磨气门用。气门杆为圆柱形,表面磨光,装在气门导管中。为了保证气门头部与气门座紧密贴合和导热,气门头部与气门座之间采用锥形接合面,并经过研磨。锥面与顶平面的夹角称为气门锥角,常用的气门锥角为30°及45°。气门杆身是气门运动的导向部分。常见的气门杆身尾部有凹槽,用以安装锥形锁片。

例如，475C 型汽油机气门的排列是按照排、进、进、排、排、进、进、排的顺序布置在汽缸盖上的。为保证气门与气门座配合的密封性，两者互相研磨后应有连续、均匀、无光泽的密封带，其宽度要求在 0.8～1.2 mm 之间。研磨后，应在燃烧室内注入煤油进行渗漏检查，要求在 10 min 内不得出现渗漏现象。长期使用后，汽缸盖气门座的密封带会变宽，从而造成气门座与气门密封不良，此时应分别用 15°、75°和 45°气门座铰刀进行修铰。气门座修复与研磨尺寸如图 2—13 所示。

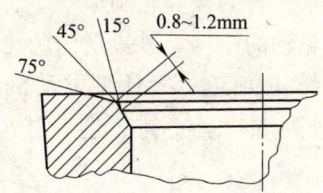

图 2—13　气门座修复与研磨尺寸

2）气门座。气门座是在缸体上（侧置式气门）或汽缸盖上（顶置式气门）直接加工出的圆形座孔，它与气门配合起密封作用。有的气门座可用耐磨合金铸铁加工成座圈，镶嵌在缸体或缸盖上。气门座经研磨后，与气门头部的锥面相配合，保证密封并将头部的热量导出。气门座一般用特种铸铁制成，压装在汽缸盖上，损坏后可以更换。

3）气门导管。气门导管用以保证气门沿导管轴上下运动，使气门与气门座正确配合。同时将气门杆部的热量传递散发至水套。为了便于修理和更换，通常用铸铁或铁基粉末冶金单独制成，再压入汽缸体（或汽缸盖）。气门导管压入汽缸体（或汽缸盖）时应有一定的过盈量及压入深度，以保证良好的传热效果。

4）气门弹簧。气门弹簧的作用是使气门自动回位，保证气门和气门座的密合，并用以减缓和克服气门及其他传动零件所产生的惯性力，以防止破坏配气机构的正常工作。

(2) 气门传动组。气门传动组是由凸轮轴、气门挺杆、气门推杆、气门摇臂、摇臂轴和正时齿轮等机件组成的。

1) 凸轮轴。凸轮轴是由曲轴上的正时齿轮驱动凸轮轴齿轮而旋转的,其主要功能是按汽油机的工作顺序推动挺杆、推杆、摇臂来控制各缸进气门、排气门的开启和关闭,定时吸入可燃混合气体和适时排出废气,控制各缸气门的关闭时刻和开度变化,从而保证汽油机的正常工作;并驱动机油泵、汽油泵、分电器等附件。它由进气凸轮、排气凸轮、轴颈、驱动机油泵和分电器的齿轮以及推动汽油泵摇臂的偏心轮制成一个整体,如图2—14所示为发动机下置凸轮轴的结构。进排气门凸轮在凸轮轴上的排列顺序由进排气道的结构决定。475Q型发动机凸轮轴上,进气凸轮和排气凸轮的排列顺序为:排、进、进、排和排、进、进、排。

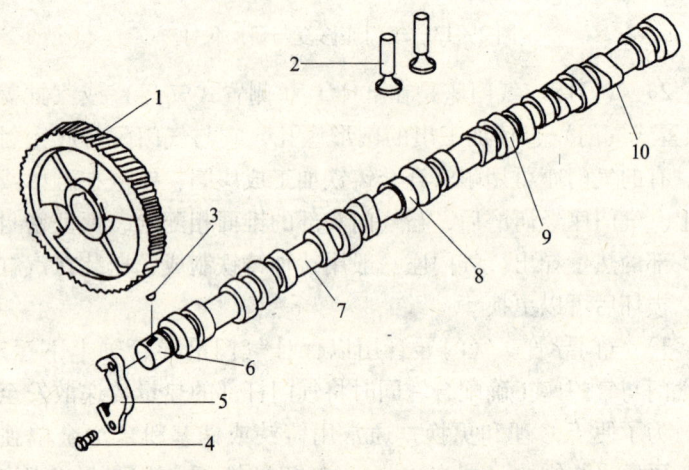

图 2—14 发动机下置凸轮轴的结构
1—正时齿轮 2—挺柱 3—半圆键 4—螺栓 5—止推片 6—正时齿轮轴颈 7—凸轮轴 8—凸轮的基圆 9—凸轮轴轴颈 10—凸轮的凸起部分

2) 摇臂组。摇臂组装在汽缸盖上,由摇臂、摇臂轴、弹簧和摇臂轴支座等组成,如图2—15所示。摇臂用来接受挺杆和推杆传来的力，并使其改变方向后压缩气门弹簧开启气门。摇臂以轴孔装在摇臂轴上，孔内装有衬套以减少磨损。摇臂的两臂长度不等，长臂一端与气门杆相接触，短臂一端有调整螺钉，可用来调整气门脚间隙。

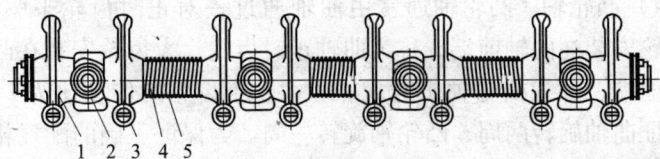

图2—15　摇臂组

1—摇臂　2—摇臂轴支座　3—调整螺钉　4—摇臂轴　5—摇臂弹簧

摇臂轴为一空心轴，通过支座固装在汽缸盖上。汽缸盖油道内的润滑油经支座的油道流入摇臂轴内，从摇臂轴油孔流出后，润滑摇臂衬套及其他摩擦表面。为限制摇臂在轴上横向移动，摇臂间以及摇臂与支座间均装有弹簧和垫圈。

（3）挺杆和挺杆导管

1）挺杆。挺杆的作用是将凸轮的推力传给推杆，使气门开启。它一般用钢或合金铸铁制成筒形。为了减轻质量，有的挺杆制成中空的。挺杆底部的工作面加工成球面，以保证磨损均匀。挺杆安装在挺杆导管内，并以导管为运动轨道。挺杆导管一般用钢或粉末冶金制成，直接装在汽缸体上的导孔内。气门关闭时，气门杆与摇臂脚之间应有一定的间隙，称为气门脚间隙，用来防止气门杆受热膨胀后顶开气门，使气门关闭不严。

2）推杆。推杆用于在挺杆与摇臂之间传递推力。在顶置气门式配气机构中，将挺杆的运动传给摇臂，推杆是用空心钢管制成的直杆，两端焊有不同形状的端头，上端头是凹球形，摇臂上调整螺钉的球头坐落在其中；下端头是圆球头，以便插入挺杆的凹球支座。球形表面均经过淬火和光磨，以保证耐磨性。

3）气门摇臂。气门摇臂的作用是将挺杆的运动改变方向后传给气门。它是一个中间具有圆孔的不等长双臂杠杆。长臂的端部具有圆弧形的工作面与气门尾部接触。短臂的端部则有螺孔，用来安装调整螺钉及锁紧螺母，以调整气门间隙。中部为摇臂轴承，内装有青铜衬套。

4）凸轮轴。凸轮轴通常由曲轴通过一对正时齿轮来驱动。小齿轮安装在曲轴前端，称为曲轴正时齿轮。大齿轮安装在凸轮轴的前端，称为凸轮轴正时齿轮。大、小齿轮的传动比为2∶1，即保证曲轴旋转两周，凸轮轴旋转一周。为保证正确的配气相位和着火时刻，两齿轮相应位置处都刻有啮合标记，为限制凸轮轴在工作中随发动机转速变化所产生的轴向窜动，在安装中均设有轴向限位装置。凸轮轴齿轮上有"0"标记，装配时应与曲轴齿轮上的标记相吻合。

6. 康明斯柴油机配气机构的构造特点

康明斯柴油机的配气机构为顶置式。整个配气机构分为两组，即以气门为主要零件的气门组和以凸轮轴为主要零件的气门传动组。气门组包括进气门、排气门、气门弹簧、弹簧座、锁块及气门杆油封等零件。气门传动组由正时齿轮、凸轮轴、挺杆、推杆、气门调整螺栓、锁紧螺母、摇臂、摇臂轴及摇臂轴支座等零件组成。由于N系列柴油机采用四气门结构和独特的PI燃油系统，其气门传动组除上述零件外，还包括凸轮从动件以及丁字压板等零件，其配气机构的结构如图2—16所示。

凸轮轴上有进气凸轮和排气凸轮各六个，B系列和C系列柴油机按进排、进排、进排、进排、进排、进排的次序循环排列，在第V缸进气凸轮和排气凸轮之间有用于驱动输油泵的凸轮；N系列柴油机按排进、进排、排进、进排、排进、进排的次序循环排列，在每缸进气门和排气门之间有用于驱动喷油器的喷油凸轮，凸轮轴由七段轴颈支撑在汽缸体的轴承孔中。B系列柴油机只有第一段轴颈镶有低合金衬套，而C系列和N系列柴油机有七段可更换的衬套。

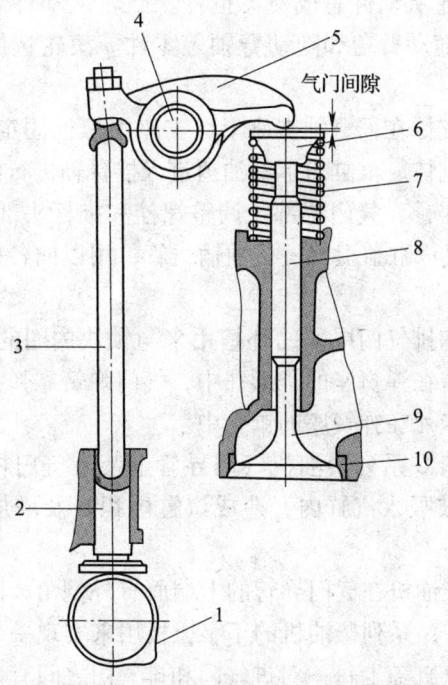

图 2—16 柴油机配气机构的结构
1—凸轮 2—挺柱 3—推杆 4—摇臂轴 5—摇臂 6—气门弹簧座
7—气门弹簧 8—气门导管 9—气门 10—气门座

汽缸体的凸轮轴轴承孔有油道与汽缸体的主油道相通，由主油道供油润滑这些摩擦副；B 系列和 C 系列柴油机凸轮轴轴向间隙由凸轮前端的止推片厚度决定，止推片用两个螺栓固定在汽缸体上，止推片与凸轮轴第一轴颈端面的距离称为凸轮轴的轴向间隙，分别为 0.13~0.34 mm 和 0.12~0.46 mm；N 系列柴油机凸轮轴轴向间隙采用装在齿轮室盖中的凸轮轴轴承来保证，其间隙为 0.20~0.33 mm。气门推杆是一根钢管，两端有球座和球头。B 系列柴油机的挺杆是菌形挺杆，采用冷激合金铸铁材料制成，底面为平面，内腔球形窝座与推杆球头配合。N 系列柴油机采用凸轮从动件总成，无挺杆。凸轮从动件总成包括随动臂、滚轮、随动臂盖和随动臂轴等零件。滚轮选用铬合金钢制成。

摇臂轴支撑在摇臂轴支座上，支座用螺栓固定在汽缸盖上。润滑油从汽缸体、汽缸盖上的油道进入摇臂轴进行润滑。流出的润滑油润滑摇臂、气门尾部、调整螺栓和推杆头部球座等部位。C系列柴油机汽缸盖上有一机油输送管，用以向各摇臂轴输送润滑油。

进气门和排气门尾部的环槽用来与锁块内圈的凸起相吻合，锁块外锥面卡在弹簧座的锥形孔中，气门弹簧靠弹力顶在弹簧座上，将锁块卡死在弹簧座的锥孔中。

B系列和C系列柴油机气门导管上装有气门杆密封圈，以防止润滑油被吸入汽缸内，造成汽缸内积炭及增加润滑油消耗量。

N系列柴油机在气门导管的上端面有外倒角，以减少机油流入汽缸的量。N系列柴油机的丁字压板用来实现一个摇臂操纵两个气门。在汽缸盖上每一对进气门和排气门之间有一导杆，丁字压板装在导杆上。摇臂前端压在丁字压板中央，丁字压板的横臂同时压在两个气门杆上，丁字压板横臂的一端装有调整螺栓和锁紧螺母，用来调整丁字压板横臂的两端，使之能与两个气门杆端同时准确贴合，从而保证两个气门同时开启和关闭。

三、燃料供给系统

1. 汽油机燃油系统

（1）汽油机燃油系统的组成及工作原理。汽油机燃油系统是根据发动机各种不同的工况要求，将汽油和空气混合成适当数量和浓度的可燃混合气，供入汽缸，燃烧做功后将废气排至大气中。它由汽油供给装置（包括油箱、汽油滤清器、汽油泵和油管）、化油器、空气滤清器、进气歧管、排气歧管和排气消声器等组成，如图2—17所示。

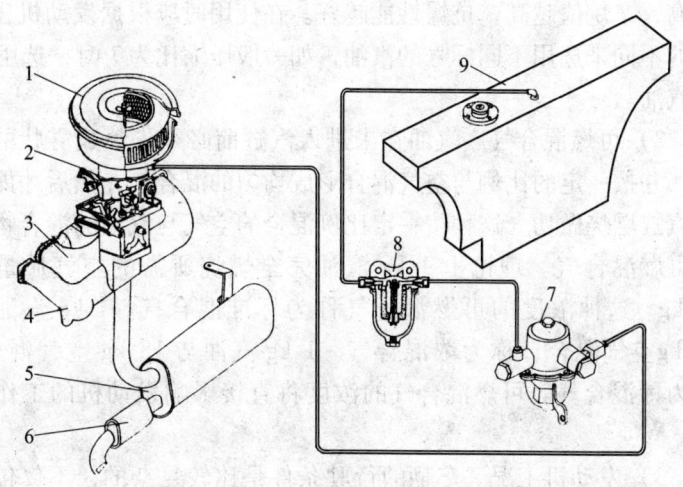

图 2—17 汽油机燃油系统的组成
1—空气滤清器 2—化油器 3—进气歧管 4—排气歧管
5—消声器 6—防火帽 7—汽油泵 8—汽油滤清器 9—油箱

汽油机工作时,汽油泵将汽油从汽油箱中吸出,流经汽油滤清器,排除其中所含杂质后,再将汽油送到化油器中。空气则经空气滤清器滤去所含灰尘后流入化油器。汽油在化油器中实现雾化和蒸发,并与空气混合形成可燃混合气,经进气歧管分配到各个汽缸。混合气燃烧生成的废气经排气歧管和排气消声器排到大气中。

(2) 汽油机所燃烧的燃料及工况

1) 汽油。它是由多种碳氢化合物组成的,相对密度小,易挥发,易燃烧。汽油的使用性能指标主要是蒸发性和抗爆性。汽油的蒸发性是指汽油由液态转变成气态的难易程度。蒸发性差,不利于雾化和形成可燃混合气;蒸发性过强,则在汽油机工作时易产生"气阻"现象。汽油的抗爆性是指汽油在汽缸内燃烧时避免发生爆燃的能力。其抗爆性用辛烷值表示,辛烷值高的汽油抗爆性好。国产汽油的牌号是按照辛烷值的高低来标号的,标号越高，辛烷值越高，抗爆性能越好。在使用时应根据发动机压缩比的不同来选用不同标号的汽油，如一般压缩比为7时，选用90号汽油。

2）可燃混合气。汽油在未进入汽缸前必须先喷成雾状的蒸气，并按一定的比例与空气混合形成均匀的混合气，然后才能进入汽缸燃烧做功。这种按一定比例混合的空气与汽油的混合物叫做可燃混合气。理论上1 kg汽油完全燃烧所需的空气质量为15 kg。这种浓度的可燃混合气称为标准混合气。1 kg汽油与12 kg空气混合，称为浓混合气。1 kg汽油与18 kg空气混合，称为稀混合气。可燃混合气的浓度将直接影响发动机的工作性能。

3）发动机工况。车辆的行驶条件是比较复杂的，不仅包括道路条件和气候条件，而且还包括交通情况。因此，发动机的转速及节气门（负荷）开度经常在变化，所谓发动机的工况具体就是指转速和负荷两个方面。发动机的转速可以从静止状态零变到设计规定的转速；节气门开度可以从零变到最大。由此可知，发动机的工况有无穷多个。根据某种特点，可把发动机工况分成为起动工况，急速工况，中、小负荷工况，全负荷工况和加减速工况等，这些工况对混合气浓度各有不同的要求。

（3）汽油供给装置

1）汽油箱。汽油箱的作用是储存汽油。汽油箱体一般是用薄钢板冲压、焊接而成的，内置有隔板，以加固油箱和减缓汽油振荡，是车体的一部分。油箱上部装有带延伸管的加油管、供油开关和汽油表传感器，加油口用油箱盖盖住；出油管与汽油滤清器相通。油箱底部有放油螺塞，用以排除油箱内的积水和污物。

2）汽油滤清器。汽油从油箱出来进入汽油泵之前，必须经过汽油滤清器，除去汽油中的水分和杂质，以保证油路畅通。如475Q型发动机采用282型汽油滤清器，其结构如图2—18所示。它由滤清器盖、沉淀杯和滤芯等组成。滤清器盖上有进油管接头和出油管接头。滤芯总成用螺栓固定在壳上，中间用密封垫进行密封。沉淀杯与壳之间用密封垫进行密封。沉淀杯底部有放油螺塞。汽油机工作时，汽油在汽油泵的作用下经进油管接头流入沉淀杯，较重的水和杂质沉淀在杯底部，较轻的杂质随汽油流向滤芯，被黏附在滤芯上，清洁的汽油从滤芯渗出，经出油管接头流出。

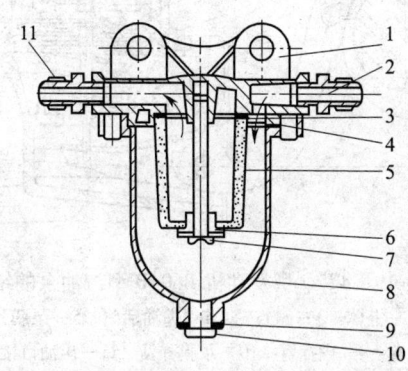

图 2—18　282 型汽油滤清器的结构
1—滤清器盖　2—进油管接头　3，4，6，9—衬垫　5—滤芯
7—滤芯螺栓　8—沉淀杯　10—放污塞　11—出油管接头

3）汽油泵。汽油泵的作用是将汽油从油箱中吸出，经管路和汽油滤清器泵入化油器浮子室。目前，机动车上广泛采用机械驱动膜片式汽油泵，475Q 型发动机的汽油泵为 B604B 型，其结构如图 2—19 所示。它由上体、下体、进油阀、出油阀和泵膜机构等组成。上体上有进油活门和出油活门，分别与进油管接头和出油管接头相通。泵盖用螺栓固装在上体上，在上体的接合面处有密封垫，使出油室密闭。

涂有耐油橡胶的布质膜片用螺钉夹紧在上体与下体之间，上方形成泵油腔。膜片与护盘用螺母锁紧在拉杆的上端，并受膜片弹簧的作用向上拱曲。内摇臂的钩形一端插在拉杆方孔内，另一端与外摇臂斜面接触，并一起套装在摇臂轴上。在泵体外的一端装有手摇臂,用于手动泵油,当发动机工作时,手摇臂应放在最低位置;否则,汽油泵将不能泵油。

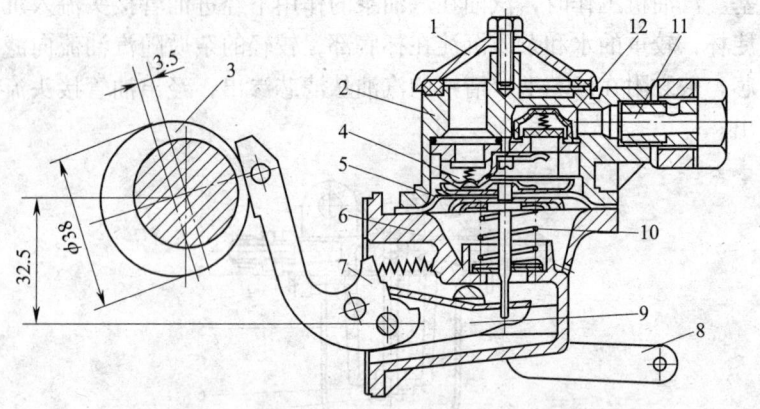

图2—19 475Q型发动机B604B型汽油泵的结构
1—泵盖 2—上体 3—偏心轮 4—进油活门 5—泵膜 6—下体
7—外摇臂 8—手摇臂 9—内摇臂 10—泵膜弹簧 11—出油口接头 12—出油活门

当凸轮轴转动时,偏心轮顶动外摇臂,带动内摇臂并通过拉杆使膜片下行,于是泵油室容积增大,油压下降,出油阀关闭,进油阀被吸开,汽油便从进油管流入泵油室。当偏心轮凸起部分转过之后,外摇臂在回位弹簧的作用下回位,内摇臂脱离外摇臂驱动,膜片在弹簧作用下向上拱曲,于是泵油室容积减小,油压上升,关闭进油阀,推开出油阀,使汽油经出油管输入化油器。当不需供油时,由于浮子室针阀关闭,出油室内的阻力便超过了膜片弹簧的弹力,使膜片降到最低位置,泵油也就完全停止。在起动发动机之前,若发现浮子室内无油或存油太少,可扳动手摇臂泵油。

(4)化油器。化油器用于将汽油雾化和汽化,并根据发动机不同工况的要求,将汽油和空气混合成适当浓度的可燃混合气,按所需要的量供入汽缸。化油器的型号很多,按喉管处空气流动方向不同,可分为上吸式、下吸式和平吸式;按重叠喉管数目不同分为单喉管式、双重喉管式和三重喉管式；按混合室数目不同分为单腔式、双腔式和四腔式。SFH593D 型化油器与 475Q 型发动机匹配，它属于双腔分动、下吸式、单重喉管式，其总体结构如图 2—20 所示。

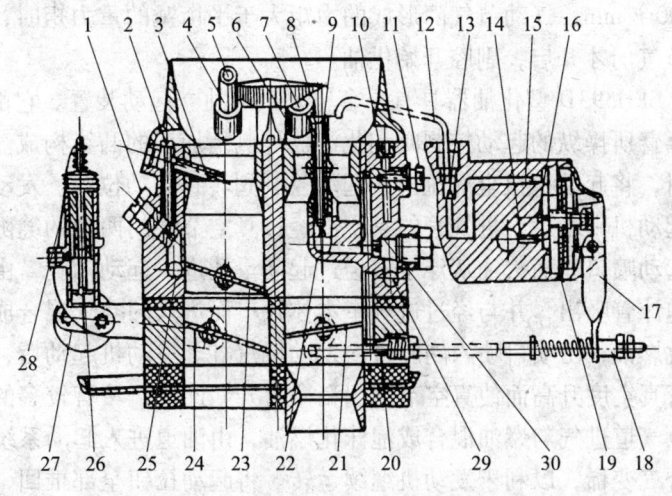

图 2—20　SFH593D 型化油器的总体结构
1—副腔主量孔　2—副腔空气量孔及泡沫管　3—副腔喷油管　4—副腔喉管
5—浮子室平衡管　6—主腔喉管　7—主腔泡沫管　8—主腔空气量孔
9—主腔喷油管　10—怠速空气量孔　11—怠速量孔　12—加速喷管
13—加速泵出油阀　14，25—油道（通浮子室）　15—加速量孔
16—加速泵进油阀　17—加速泵摇臂　18—加速泵拉杆和弹簧（可调节）
19—加速泵膜片　20—怠速调节螺钉　21—主腔节气门
22—主腔泡沫管球阀（塑料球）　23—副腔节气门
24—副腔气动节气门　26—阻尼器　27—平衡锤及杠杆
28—阻尼器加油口螺塞　29—主腔油道　30—主腔主量孔

1）SFH593D 型化油器。SFH593D 型化油器由上体、中体和下体构成，分为主腔和副腔。在中、小负荷时，主腔单独工作；大负荷时，主腔和副腔同时供油，形成浓混合气，以保证汽油机发出最大的功率。主腔内设有主供油装置、怠速装置和加速装

置。副腔除有主供油装置外，还有一套独立的起动装置和一个气动节气门。气动节气门轴是偏置的，轴臂外端装有平衡锤，平时气动节气门在平衡锤的重力矩作用下保持关闭，只有当副腔节气门在主腔节气门的驱动下开到一定程度，发动机转速达到 1 500 r/min，气动节气门形成的力矩大于平衡锤的重力矩时，气动节气门才开启，副腔开始供油。

SFH593D 型化油器具有一套较复杂的独立起动装置。它由起动摇臂所操纵的起动控制阀和化油器外侧精加工的凸缘构成。起动时，将起动拉钮全部拉出，起动控制阀转到起动位置。发动机由起动机带动后，进气管的真空度经过真空节气门两旁的缝隙传到起动喷口，而汽油从浮子室经过起动量孔进入起动油孔，由起动泡沫管吸出，并与经过进气室本体缺口而进入的空气混合成泡沫化燃油，由喷口喷入副腔进入发动机汽缸。发动机起动后，进气管真空度升高而使真空节气门稍微打开。此时，又有较多的空气从气道进气与燃油混合成泡沫化燃油，由油道进入起动系统使混合气变稀，以利于发动机继续运转。将起动拉钮全部推回，起动系统停止工作。怠速系统设在主腔中。怠速时，主腔节气门微开，节气门下方真空度很大。在真空度作用下，汽油由浮子室经主量孔上行至怠速量孔，与经怠速空气量孔而进入的空气混合成泡沫化燃油，以后又与经过渡孔进入的空气再混合。喷出后，再度与经节气门边缘进入的空气混合形成怠速可燃混合气，进入发动机。

部分负荷时，主腔节气门继续开大，当节气门开启角度超过 38°时，副腔节气门开启，但进气管中的真空度仍不足以克服副腔气动节气门上平衡锤的重力矩，副腔不参加工作，只有主腔供油系统工作。此时，进入发动机的空气全部通过主腔喉管，将已泡沫化的燃油从主喷油管的四个喷口喷出，使发动机具有良好的经济性。全负荷低转速时，主腔和副腔节气门虽已全开，而发动机转速小于 2 000 r/min 时，副腔仍不参加工作。此时，可提高低速动力性和经济性。全负荷高转速时,当发动机转速在全负荷下增加至 2 000 r/min 以上时,进气管中的真空度足以克服平衡锤的重力矩,气动节气门开启,副腔主供油系统开始参加工作。汽油从浮子室经副腔主量孔后,与经副腔空气量孔而进入的空气混合成泡沫化燃油,再从副腔喷油管喷出时,与进入副腔的大量空气混合成可燃混合气,进入发动机。加速时,该型化油器采用膜片式加速泵,膜片由拉杆通过加速泵摇臂来操纵。当主腔节气门突然打开时,拉杆通过弹簧推动摇臂,从而把膜片推向左方,泵腔内的燃油通过加速量孔、出油球阀和加速喷管喷入主腔,使发动机得到加速工况所需要的混合气。当节气门关小时,膜片被弹簧推回,汽油通过橡胶进油阀吸入泵室。

2) EOH102 型化油器。该化油器与 6100Q 型发动机相匹配。它属于单腔下吸式三重喉管,其构造由上、中、下三部分组成,可分以下七个系统:

①腔体。腔体为三重喉管式结构,其中大喉管是可拆卸的;中、小喉管是铸在一起直接压入中体的。腔体的作用既要保证发动机最大充气量的要求,又要使喷油口处的真空度尽量提高,以利于雾化,并有利于提高发动机的低速动力性和加速过渡性能。

②进油系统。它由进油接头、进油滤网、进油针阀、浮子和油面调节机构组成。从装在浮子室外面的油面观察窗可观察油面的高低。进油系统的作用是当汽油泵出油压力在 29.99 ~ 36.66 kPa 的情况下使化油器的油面高度保持一致,即保持在油面观察窗的中点位置。当油面下降,浮子下沉时,针阀打开,燃油进入浮子室,油面上升到规定的位置时,浮子浮起顶死进油针阀,停止供油,保持油面不变。

③主油系统。它由主量孔、空气量孔、泡沫管及喷油嘴等部分组成。在发动机抽气真空度作用下,燃油从浮子室通过主量孔计量,再与从空气量孔来的空气泡沫化后,由主喷嘴喷入发动机进行燃烧。空气量孔和泡沫管的另一个作用是对主油系统进行制

动补偿,以免高速时混合气变浓。

④省油系统。它是为了获得全负荷时的功率混合气而又不破坏部分负荷时的经济混合气而设置的。该型化油器采用机械锥阀杆式省油器,它随驾驶员的操作逐步加浓混合气,以获得过渡的平滑性。省油系统包括省油器体、省油器量孔和锥阀杆。省油器推杆与加速泵一起与节气门联动,当节气门开度为40°时,推杆正好碰着锥阀杆,省油器开始工作。

⑤怠速系统。该化油器采用两级怠速量孔。从主油道过来的燃油经过怠速油量孔计量,与从第一怠速空气量孔进入的空气再次混合,进入下体油道,最后由怠速喷嘴喷出。逐渐开启节气门时,燃油改由过渡喷口喷出,以改善化油器的过渡性能。

⑥加速系统。它是为了补偿节气门突然打开时混合气变稀而设置的。活塞式加速泵包括与节气门联动的皮碗式柱塞以及金属丝滤网下部的进油单向阀(钢球)、出油单向阀和矩形圈。加速喷嘴是直接在中体上打孔而制成的。出油阀的上方与浮子室相通,既可防止高速时加速喷嘴出油,又可在缓慢加速时使燃油流回浮子室。

⑦起动系统。包括阻风门和小活门,起动时略开节气门,关闭阻风门,以得到较浓的起动混合比。当发动机点火爆燃后,小活门被吸开,以防止预热过程中混合气变浓。

(5) 空气滤清器和进气装置、排气装置

1) 空气滤清器。空气滤清器的作用是清除进入汽缸的空气中所含的尘土、沙粒和杂物,以减少汽缸、活塞和活塞环等零件的磨损,延长发动机的使用寿命。它分为惯性式、油浴式和过滤式三类。

油浴式空气滤清器壳内盛有一定量的机油,发动机工作时,空气从盖壳夹缝高速流入,先下行而后上行,因惯性作用,较大的尘粒被甩向机油油面后被吸附,较轻的尘粒在通过滤芯时被黏附在滤网上,于是干净的空气便经中心管流入化油器。机动车广泛采用纸质干式过滤式空气滤清器,它由盖、滤芯和外壳等组成。当发动机工作时,空气以很高的速度从盖与壳之间的夹缝向下流动,尘土和沙粒被纸质滤芯挡住,干净的空气从滤芯进入中心后向下进入化油器。

2）进气歧管和排气歧管。进气歧管将化油器供给的可燃混合气（汽油机）或纯空气（柴油机）分别送到各个汽缸中去。排气歧管把各汽缸内的废气通过排气消声器排出。

进气歧管和排气歧管一般用铸铁制成。进气歧管也有用铝合金铸造而成的。汽油机进气歧管和排气歧管通常铸成一体,也可分别铸成,通常安装在汽缸盖（或汽缸体）的同一侧。柴油机一般将进气歧管和排气歧管分别装在汽缸盖的两侧。在进气歧管和排气歧管与汽缸盖（或汽缸体）的接合面处有进气歧管和排气歧管垫,以防止漏气。安装时光滑的一面应朝向进气歧管和排气歧管。

3）排气消声器。排气消声器由外壳、中心管和隔板组成,中心管上有许多小孔。当废气进入排气消声器后,由于受到冷却,且气流穿过小孔后改变流向,使废气的流速、温度和压力都降低,从而降低排气噪声,消除火焰和火星。

2. 柴油发动机的燃油供给系统

柴油发动机的燃油供给系统是柴油发动机的重要组成部分,它对整机的动力性、经济性、可靠性、耐久性都有较大的影响。

（1）柴油机燃油供给系统的结构及原理。柴油机燃油供给系统的功用是：向汽缸提供清洁的空气,按柴油机工况的要求定时、定量地向燃烧室以高压喷入燃油,并将燃烧的废气排到大气中去。柴油箱中储存有柴油,被输油泵泵出,经滤清器滤去杂质后进入喷油泵。喷油泵将柴油提高压力,再经高压油管进入喷油器,并喷入燃烧室。因输油泵的供油量比喷油泵的供油量大,过多的柴油从回油管回到输油泵。空气经空气滤清器过滤后进入进气管,再经汽缸盖上的气道进入燃烧室。进入燃烧室的空气与喷入的柴油混合，形成可燃混合气，并开始燃烧。燃烧做功后，废气由汽缸盖内的排气道、排气管及排气消声器排入大气中。

柴油机燃油供给系统由燃油供给、空气供给、混合气形成和废气排出四部分组成。具体地说，由空气滤清器、进气歧管、柴油箱、高压油管、低压油管、柴油滤清器、输油泵、喷油泵、喷油器、调速器、排气管及排气消声器等组成。柴油发动机燃料供给系统如图2—21所示。

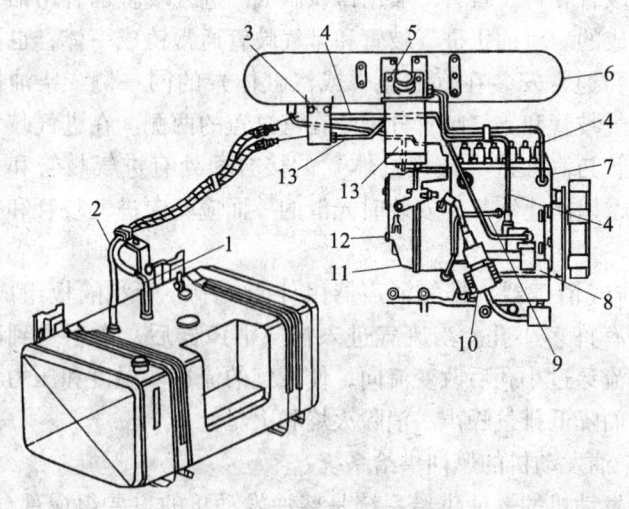

图2—21　柴油发动机燃料供给系统
1—燃油出口管　2—燃油回油管　3—燃油分配器　4—燃油管总成
5—燃油滤清器、油水分离器总成　6—进气管　7—喷油泵
8—沉淀杯　9—机油管总成　10—燃油切断电磁阀
11—调速器　12—加油口　13—冒烟限制器

（2）柴油供给系统的主要机件

1）喷油泵。喷油泵的功用是根据发动机的不同工况，定时、定量地向喷油器输送高压燃油。柴油发动机上目前大多采用的有VE型分配式喷油泵和柱塞式喷油泵两种。

VE型分配式喷油泵是整体分配式喷油泵。它将输油泵、调速器、正时机构结合为一体，满足了现代中、小型高速柴油发动机结构紧凑、质量小的要求。

VE型分配式喷油泵的低压部分由叶片式输油泵、内压控制部件、回油螺钉等组成，主要负责燃油的吸入与喷油泵内腔压力的建立和保持。高压部分由滚轮部件、平面凸轮、柱塞、柱塞套、分配头和出油阀部件等组成，其功用主要是产生、分配高压油。调速部分由驱动齿轮、从动齿轮、飞锤座架、飞锤、滑套、调速杠杆部件、控制件等组成，主要负责喷油泵供油量的调节与控制。提前器部分由提前器活塞、提前器副活塞、提前器弹簧和提前器等组成，它能根据发动机的转速自动调整喷油泵的供油始点。电磁阀由线圈、阀、回复弹簧等组成，在接通或切断电源时，喷油泵能供油或断油。增压补偿器部分由增压补偿器轴、皮膜、增压补偿器弹簧、推杆和过渡杆等组成，它能根据发动机增压压力的变化相应改变喷油泵的供油量。

柱塞式喷油泵的核心元件是柱塞偶件（由柱塞和柱塞套装组成）和出油阀偶件（由出油阀和出油阀座组成）。柱塞是一个圆柱形零件，其头部铣有斜槽和直槽，直槽使柱塞上面的泵腔与斜槽相连通。柱塞套上有两个或一个油孔与喷油泵体上的低压油腔相通。柱塞由凸轮驱动，在柱塞套内做直线往复运动，此外，它还可以绕本身轴线在一定角度范围内转动。柱塞上方装有出油阀偶件，它由出油阀、出油阀座、出油阀弹簧和减容体组成。出油阀上部的圆锥面为密封面，在其下面有一减压环，下部导向部分开有呈十字形断面的槽，作为燃油通路。国产系列喷油泵是根据柴油发动机单缸功率范围对供油量的要求不同，以柱塞行程为基础，把喷油泵分成几个系列，再分别配以不同直径的柱塞，组成各种循环供油量的喷油泵，以满足各种柴油发动机的需要。

2）喷油器。其作用是将柴油喷射成较细的雾化颗粒，并把它们分布在燃烧室中，与空气形成良好的可燃混合气。喷油器有开式和闭式两种。闭式喷油器按喷油嘴的结构不同又分为孔式和轴针式。孔式喷油器主要适用于直接喷射燃烧的柴油发动机。喷油嘴的喷孔数目一般为 1~8 个，喷孔直径为 0.2~0.8 mm，喷孔数和喷孔角度的选择视燃烧室的形状、大小及空气涡流情况而定。例如，东风 EQ6BT 型发动机用喷油器如图 2—22 所示。

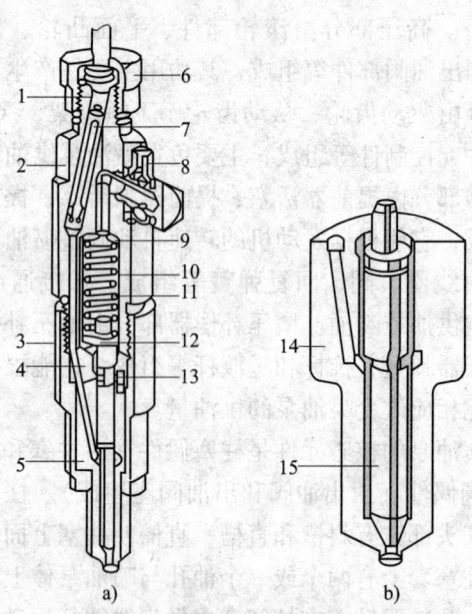

图 2—22　东风 EQ6BT 型发动机用喷油器
a）喷油器　b）喷嘴偶件
1—进油道　2—喷油器体　3—喷油嘴紧帽　4—中间板　5—喷嘴偶件
6—进油管螺母　7—隙缝滤清器（选装）　8—回油管　9—压力调整垫片
10—压力油道　11—调压弹簧　12—顶杆　13—定位销　14—针阀体　15—针阀

3）输油泵。其作用是使燃油产生一定的压力，用以克服滤清器及管路的阻力，保证连续不断地向喷油泵输送足够的燃油。输油泵有活塞式、膜片式、齿轮式和叶片式等。

活塞式（柱塞式）输油泵的工作过程如下：当偏心轮凸起推动挺杆并使活塞移动压油时，泵腔前方容积减小，后方容积增大，进油阀关闭，出油阀被压开，柴油由前腔流入后腔；当偏心轮凸起转过后，活塞在弹簧的作用下后移，后腔油压增大，出油阀关闭，柴油经出油管输送到滤清器。与此同时，前腔油压降低，进油阀被吸开，油箱的柴油被吸入前腔。输油泵上还装有手油泵，用以起动发动机之前排除低压油路中的空气，并使其充满柴油。

例如，东风EQ6BT型发动机VE型喷油泵采用的是膜片式输油泵。膜片式输油泵由摇臂、泵膜、泵膜弹簧、进油阀门和出油阀门等机件组成，其结构如图2—23所示。

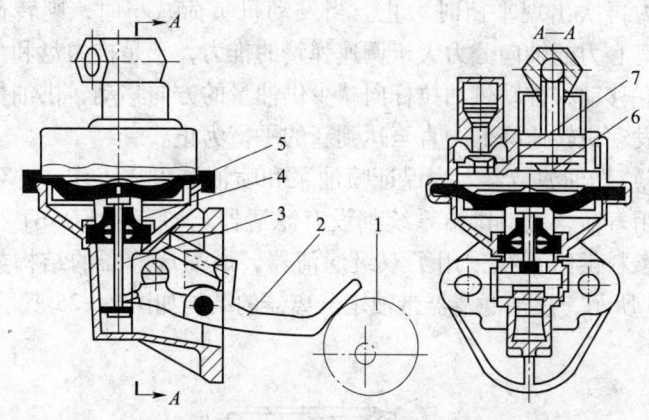

图2—23 东风EQ6BT型发动机膜片式输油泵的结构
1—凸轮轴偏心轮 2—摇臂 3—泵膜拉杆 4—泵膜弹簧
5—泵膜 6—进油阀门 7—出油阀门

4）调速器。根据柴油机的负荷变化，调速器自动地调节喷油泵的供油量，以保证柴油机在各种工况下稳定运转。按工作性质不同，分为单程调速器和全程调速器。Ⅰ号喷油泵调速器为全程机械离心式调速器，并附有校正加浓和起动加浓装置。柴油机多采用机械离心式调速器，它利用离心力的作用实现供油量的自动调节。双级调速器能保证怠速稳定运转，并能限制最高转速；全程调速器能允许在全部转速范围内稳定地工作。大多数柴油机利用联轴器改变曲轴与喷油泵凸轮轴的相对转角位置，以调整喷油提前角。有的还带有喷油提前角自动调节装置，以适应转速的变化。

当驾驶员踩下加速踏板至某一所需的供油位置时，即给调速弹簧一预压缩量，就使发动机在某一转速下稳定运转。当发动机负荷增加时，发动机转速降低，飞球离心力所产生的轴向分力减小，相应的调速弹簧的预紧力增大，于是推动滑套和传动板右移，推动供油拉杆向增加供油量的方向移动。供油量增加，发动机转速随之提高，直到飞球离心力所产生的轴向分力和调速弹簧的推力再次出现平衡时为止。当发动机负荷减小时，则转速上升，离心力的轴向分力大于调速弹簧的推力，于是推力盘和传动板向左移动，推动供油拉杆向减少供油量的方向移动，供油量减少，发动机转速降低，直至达到新的平衡为止。

5）燃油滤清器。为保证喷油泵和喷油器可靠工作，并延长其使用寿命，燃料供给系统都设有滤清器。如东风 EQ6BT 型发动机燃料供给系统采用了双级滤清器，燃油滤清器的结构如图2—24 所示，燃油滤清器带油水分离器的结构如图2—25 所示。

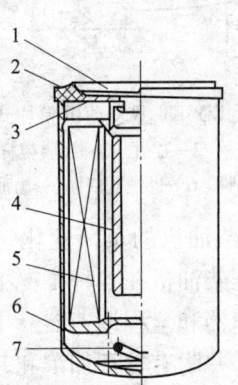

图2—24 燃油滤清器的结构
1—密封垫（安装用） 2—密封垫 3—螺纹盖板总成
4—导流管 5—滤芯总成 6—外壳 7—弹簧

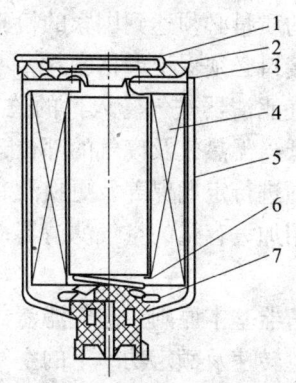

图 2—25 燃油滤清器带油水分离器的结构
1—密封垫（安装用） 2—密封垫 3—螺纹盖板总成
4—滤芯总成 5—外壳总成 6—弹簧 7—压板

6）供油管路系统。它主要由燃油箱、燃油预滤器、燃油管等组成。燃油箱通过托架、箍带、垫带等固定在车架上，箱顶部装有油面高度传感器，以提示驾驶员注意存油量的多少；箱底部有一个放油螺塞，用于清除沉积在燃油箱底部的污垢和水分。燃油预滤器的作用是过滤水分和一定尺寸的固体颗粒。供油软管的材料为尼龙，耐油，可耐受的温度为 $-40\sim120{}^\circ\!C$。采用卡套式管接头，用螺纹连接，密封性好。每根高压油管的两端均有一个衬套和连管螺母，管端冷镦成固定的形状，每根管上均附有一个金属标签，标有零件号。1 号、2 号、3 号油管以及 4 号、5 号、6 号油管分别用管夹固定在一起，以便于安装和辨认。

7）柴油机的空气滤清器。空气滤清器是工程机械柴油机非常重要的配套零件之一，它保护柴油机，滤除空气中的硬质灰尘颗粒，向柴油机提供清洁的空气，以防止灰尘造成对发动机的磨损，对发动机的可靠性和耐久性起到关键作用。

①空气滤清器的选择和使用。工程机械柴油机空气滤清器的选择和使用必须重视以下几个方面：

空气滤清器的结构和容量必须满足柴油机的使用性能和工作

条件；空气滤清器的质量必须达到国家的检验标准；与空气滤清器相连接的管路及接口必须保证严格密封，不得漏气，并必须保证可靠、耐久。空气滤清器进气管入口的位置应设在尘土最少、不进雨或雪、温度低、无热气及废气的部位，并应具有相应的措施。空气滤清器必须进行定期保养及更换滤芯。在尘土多的环境中使用时，必须选用加大容量的空气滤清器，同时滤芯的更换周期应相应缩短。

②选择空气滤清器基本原则。空气滤清器的额定空气流量必须大于发动机在额定转速及额定功率下的空气流量，即发动机的最大进气量。同时，在安装空间允许的前提下，适当采用大容量和大流量的空气滤清器是必要的，这有助于减小空气滤清器的阻力，增大储尘能力和延长保养周期。

例如，东风 EQ6BT 型发动机装用的是二级干式带安全滤芯式的空气滤清器，它主要由主滤芯、安全滤芯和叶片环组成，如图 2—26 所示。安全滤芯由滤芯加内、外金属网组成。滤芯的制造材料为滤纸。金属网的作用是防止滤芯意外损坏并防止使用中滤芯被吸扁（或局部碰扁）。安全滤芯的作用是：如果主滤芯破损，可暂时起到滤清作用，以避免脏空气进入，从而保护发动机免受异常磨损。另外，进气系统一般均安装有空气滤清器堵塞报警器，其作用是指示驾驶员对空气滤清器的滤芯进行维护与更换。

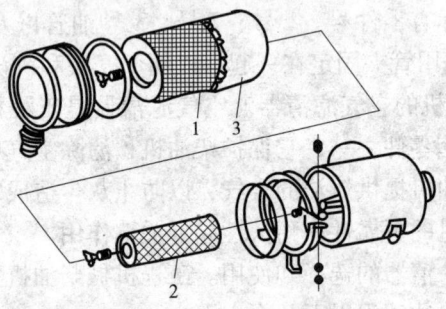

图 2—26 空气滤清器
1—主滤芯 2—安全滤芯 3—叶片环

8) 进气预热装置。为改善柴油发动机的低温起动性能而采用进气预热装置。东风 EQ6BT 型发动机配置了 PTC 陶瓷进气预热装置（另有部分 EQ6BT 型发动机装用火焰塞预热装置），其结构如图 2—27 所示。PTC 陶瓷预热装置的发热元件是 PTC 热敏陶瓷，用电加热。

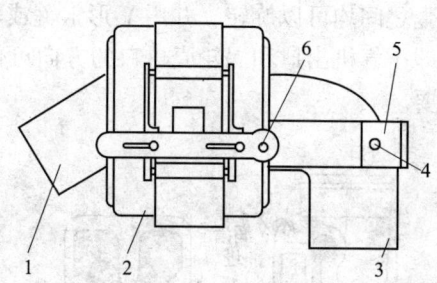

图 2—27　PTC 陶瓷进气预热装置的结构
1—进气端（接增压器）　2—预热器　3—出气端（接进气歧管）
4—接地螺栓　5—拉线支架　6—气门拉线

9) 废气涡轮增压器。提高柴油发动机功率最有效的措施是增加充气量和供油量。目前，国内外通常采用由发动机排气驱动的涡轮机拖动压气机，来提高进气压力，增加充气量，这一方法称为废气涡轮增压。按进入涡轮的气流方向不同，废气涡轮增压器可分为径流式和轴流式两种。径流式效率高，加速性能好，体积小，结构简单，柴油发动机广泛采用。

废气涡轮增压器按是否利用柴油发动机排气管内废气的脉冲能量又分为恒压式和脉冲式两种。恒压式是把柴油发动机全部汽缸的排气歧管接到一根排气总管内，再与增压器的涡轮壳相连接，废气以某一平均压力沿着单一的涡轮壳进气道通向整个喷嘴环，常用于大型高增压柴油发动机。

目前，车用柴油发动机多采用径流脉冲式废气涡流增压器（如 EQ6BT 和 WD615.77 型发动机），如图 2—28 所示为 EQ6BT 型发动机采用的废气涡轮增压器，它主要由装在同一轴上的涡轮和压气机叶轮及轴承系统、两端的压气机壳和涡轮壳及密封装置、润滑系统组成。压气机叶轮的叶片为前倾后弯式,以提高压气机的效率。涡轮壳为无叶喷嘴双腔涡流式,涡轮与轴焊接在一起。轴承系统采用全浮式滑动轴承,具有良好储油性能的粉末冶金止推轴承的两端均采用活塞环式密封环。压气机壳和轴承壳、涡轮壳和轴承壳之间均可以旋转,并用V形卡箍或压板固定于任何一个角度,即压气机出口和涡轮壳进口的方向可任意调整,以满足不同的需要。

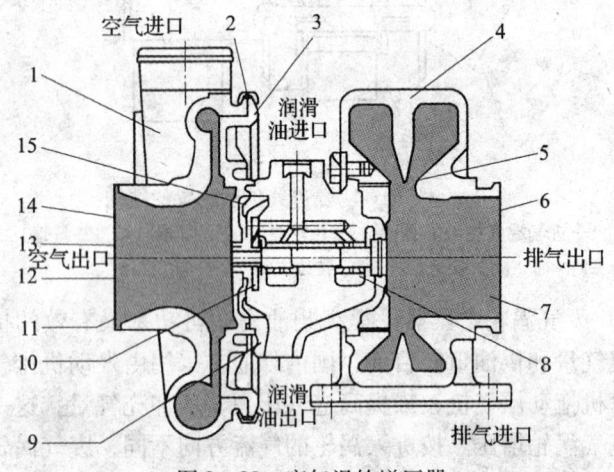

图2—28 废气涡轮增压器

1—压气机壳 2—V形卡箍 3—扩压器 4—涡轮壳 5—隔热罩
6—涡轮端密封环 7—轮轴总成 8—浮动轴承 9—轴承壳(中间体)
10—止推轴承 11—压气机端密封环 12—定距止推套
13—轴封 14—压气机叶轮 15—抛油盘

(3)柴油机供油正时的调整

1)柴油机供油正时标记的判断。柴油机供油正时(即供油提前角)是指喷油泵某缸从开始供油,到该缸活塞运动到上止点时的曲轴转角,也就是将喷油泵调整到规定的供油提前角时供油。一般以第一缸为基准,其具体位置可以按以下方法进行判断：一是当飞轮壳上的箭头指向飞轮上的供油提前角记号时，第一缸活塞应处于压缩行程上止点前的某一位置；二是第一缸喷油泵的柱塞已稍稍顶起，准备即刻喷油；三是进气门和排气门都应关闭，第一缸将开始工作；四是喷油泵正时器上的记号相互对准刻线的中间位置；五是正时齿轮的记号相互对齐。

  以上五个方面是同时发生的，若是某一方面有问题，说明供油正时不正确。在正常情况下，供油正时不需要经常校正。但在检修喷油泵时，或柴油机工作一段时间及拆装后，都需要重新进行供油正时的检查和调整，以保证柴油机经常在最佳供油提前角的情况下工作。柴油机喷油正时标记和联轴器刻度线分别如图2—29、图2—30所示。

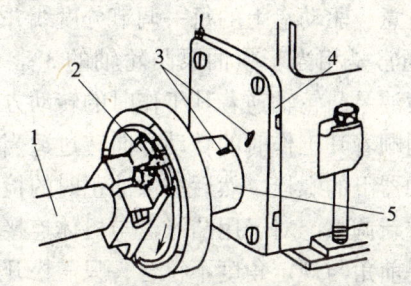

图 2—29 喷油正时标记和联轴器刻度线
1—驱动轴 2—联轴器刻度线 3—定时刻度线 4—喷油泵轴承盖 5—联轴器

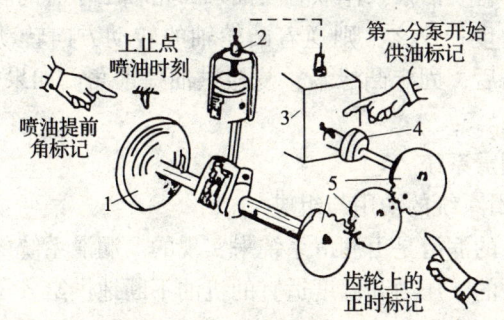

图 2—30 喷油正时标记
1—飞轮 2—喷油器 3—喷油泵 4—联轴器 5—传动齿轮

2）供油正时的调整方法。检测和调整喷油泵的供油提前角时，首先用手摇柄转动曲轴，使第一缸的活塞到达压缩行程上止点前某一规定供油提前角度处（从飞轮和飞轮壳上的标记看）停止。将检查和调整好的喷油泵及调速器总成安装到发动机上，转动油泵凸轮轴，使喷油泵的第一缸单泵处于供油始点的位置（柱塞完全封闭柱塞套进油孔）。将喷油泵驱动轴与油泵凸轮轴的联轴器接好。此时，喷油泵轴承盖板上的标记线应与被动盘定时刻线相重合。转动曲轴，再重复检查一次。如供油提前角与规定要求稍有出入，可拧松联轴器上的两个调整螺钉，变动驱动盘与联轴器的相互位置，进行适当调整。最后再拧紧紧固螺栓。

调整时要注意：驱动盘上的每一调节分度线并不等于喷油泵凸轮轴的 1°，通常是相当于喷油泵凸轮轴的 3°。如果供油提前角过大，可将喷油泵凸轮轴逆着其工作时的转动方向转过适当的角度；反之，则顺着其工作时的转动方向转过适当的角度。调整以后，旋紧联轴器上的螺栓，然后按供油正时的检查方法进行检查，不合格再重新调整。对于用凸缘盘与机体连接的喷油泵，如果实测的供油提前角与规定角度不符合，只需松开凸缘盘固定螺栓，适当扳动喷油泵泵体，就可以改变供油提前角。当供油提前角过大时，将喷油泵泵体顺着喷油泵凸轮轴工作时的转动方向转动适当的角度；反之，则逆着凸轮轴的转动方向转动适当的角度。调整之后，固定凸缘盘，复检供油提前角。如果仍不合格，需重新调整。

四、润滑系统

1. 润滑系统的功用与组成

发动机的润滑是由润滑系统来实现的。润滑系统的基本任务就是将清洁的、压力和温度适宜的机油不断地供给各零件的摩擦表面，以起到润滑、减摩、清洗、冷却、密封、防锈等作用，使内燃机各零件能正常地工作。

发动机的润滑系统由机油泵、限压阀、机油滤清器、压力传感器和机油压力表等组成。内燃发动机润滑系统的组成如图2—31所示。

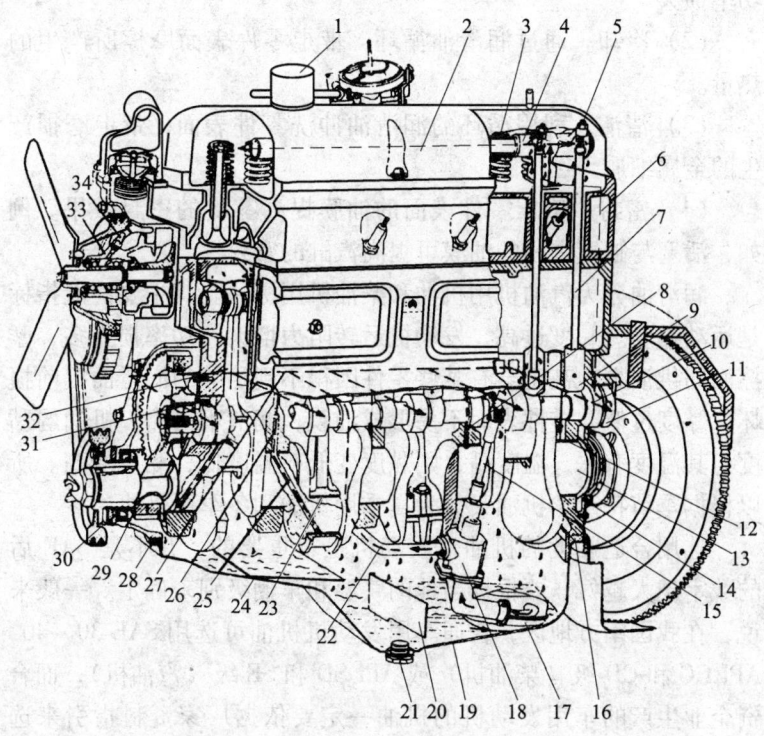

图2—31 内燃发动机润滑系统的组成
1—加机油管盖 2—气门室罩 3—摇臂轴 4—摇臂 5—调整螺钉
6—至摇臂轴油道 7—推杆 8，25—曲轴油道 9—气门摇臂挺杆
10—至凸轮轴油道 11—凸轮轴 12—主轴承衬瓦 13—曲轴
14—石墨石棉缠根油封 15—机油泵传动轴 16—机油盘后衬垫 17—机油滤清器
18—机油泵 19—机油盘 20—隔板 21—放油螺塞 22—出油管
23—连杆轴承衬瓦 24—挡板 26—至曲轴油道 27—汽缸体主油道
28—机油盘前衬垫 29—挡油盘 30—橡胶自紧油封
31—至凸轮轴止推凸缘油道 32—连杆 33—水泵 34—黄油嘴

2. 发动机用的润滑油

润滑油俗称机油，润滑油的作用有以下几种：

（1）润滑。使运动零件表面之间形成油膜，以减少磨损和功率损失。

（2）冷却。通过润滑油循环，带走零件表面摩擦所产生的热量。

（3）清洁。利用循环的润滑油冲洗零件表面，带走磨损产生的金属细屑。

（4）密封。依靠零件表面的油膜提高零件的密封效果。例如，活塞与缸壁之间的油膜可提高汽缸的密封性。

润滑油分为汽油机用机油和柴油机用机油。其主要性能指标是运动黏度。黏度过高，发动机运转阻力增大，功率损失多，摩擦面间供油少，甚至会有某些零件因得不到足够的润滑而提前损坏；黏度过低，零件表面不易形成油膜，润滑不可靠。机油的黏度与其温度有关，温度高，则黏度变低；温度低，黏度变高。所以根据季节特点，机油又分为夏季用机油和冬季用机油。

选用合适黏度的机油对发动机是很重要的，并不是 SAE 后的数字越大越好，要根据当地的气温和车辆级别来确定。一般来说，在我国南方地区，普通车用发动机机油可选用 SAE 30～40，API CC 和 CD 级（柴油机）或 API SD 和 SE 级（汽油机），而合资企业生产的车用发动机的机油一定要依据厂家资料指引来选择，不可随意选用。另外，还有一种使用较广泛的多级机油用 W 表示，它添加了高分子聚合物质，除了具有一般机油的特点外，其黏度可以在一定的范围内调节，遇热变稠，遇冷变稀，这样可以减少发动机运行时的阻力和磨损。

3. 发动机的润滑方式和润滑油路

机动车发动机一般都采取压力润滑、飞溅润滑和定期加注润滑脂的复合式润滑法。润滑油路包括机油盘、机油滤清器及输油管路等。发动机的润滑油是通过机油泵产生一定的压力后，经过油道输送到各摩擦表面上进行润滑的,这种润滑方式叫做压力润滑。利用曲轴和连杆的运动,将润滑油飞溅和喷溅起来,形成油滴和油雾,润滑没有油道的零部件表面,这种润滑方式叫做飞溅润滑。发动机的润滑兼有以上两种方式,叫做复合式润滑。

储存于机油盘内的机油通过吸油器粗滤后,由转子式机油泵加压,送入机油滤清器内过滤,然后进入缸体主油道,通过各油孔分别流入主轴承、连杆轴承、凸轮轴轴承、正时齿轮、工作液压泵齿轮、摇臂衬套、气门调整螺钉等处进行润滑。汽缸套与活塞表面、凸轮表面靠连杆轴颈润滑后,从连杆大头两侧间隙甩出的油及连杆体侧面小孔喷出的油润滑,此飞溅出的油还同时润滑连杆小头轴承。例如,475Q 型发动机采用压力润滑和飞溅润滑的复合式润滑法。该发动机机油循环路线如下:

(1) 主轴润滑。当汽油机工作时,油底壳内的机油经集滤器过滤,进入机油泵,再压入粗滤器,滤清后进入主油道,并通过三个副油道将机油送到三段主轴承、凸轮轴轴承,对曲轴主轴颈、连杆轴颈和凸轮轴轴颈进行润滑。

(2) 摇臂轴承润滑。在汽缸体、汽缸盖、摇臂支座上通过钻孔,将最后一段凸轮轴轴承的润滑油引到汽缸盖上的摇臂轴中,对各摇臂轴轴承进行润滑。通过摇臂的摆动,使机油进入气门顶端及导管内壁表面的间隙进行润滑。多余的机油从汽缸盖上汇流入气门室,润滑气门挺杆、凸轮表面、分电器齿轮,然后流回油底壳。

(3) 分电器传动轴的润滑。靠轴上的螺旋油槽将流入传动座下端油孔的油输送到轴承表面,多余的油通过座壳外圆的缺口流回油底壳。

(4) 正时齿轮的润滑。通过第一段凸轮轴轴颈上的油槽进入凸轮轴止推片摩擦表面,然后甩到齿轮表面进行润滑。

(5) 汽缸壁与活塞表面、凸轮表面的润滑。靠连杆轴颈润滑后,从连杆大头两侧间隙甩出的机油及连杆侧面小孔喷出的机油进行润滑。此飞溅出的机油同时还润滑连杆小头轴承。

汽油机发动后,应立即注意机油压力是否建立。若压力不正常时,应马上停机检查。

(6)机油压力的调整。机油压力可通过旋转机油滤清器盖侧面的螺钉进行调整,顺时针旋转螺钉,则机油压力升高;逆时针旋转螺钉,则机油压力降低。调整完毕应将螺钉上的螺母拧紧。机油压力一般规定为 196～490 kPa,怠速时应不低于 49 kPa,机油压力过高或过低均属于不正常现象,应及时查明原因并予以消除。机油的容量一般为 4～6 L,注入油量过多或太少都是不恰当的,应及时用机油尺检测,保持油平面在机油尺第一条与第二条刻线之间。

(7)仪表及信号装置。主要包括堵塞指示器、压力感应塞、油压警报器、指示灯及压力表等,驾驶员可通过这些仪表及信号装置随时了解润滑系统的工作情况。

4. 发动机润滑系统的主要部件

(1)机油泵。机油泵向发动机润滑系统供给足够流量和合适压力的机油,以实现压力润滑。发动机用机油泵通常为齿轮泵或内啮合式转子泵。齿轮泵通常由曲轴齿轮经惰轮来驱动,车用发动机在采用下置式凸轮轴时,广泛采用由凸轮轴上的螺旋齿轮驱动机油泵的方法。机油压力一般由设置在机油泵上或附近的压力调节阀限制在一定的范围内,此阀自动控制机油的流量和压力,其开启压力通常比主油道油压高 20～30 kPa。

转子式机油泵主动的内转子和从动的外转子都装在油泵壳体内。内转子用销固定在主动轴上,外转子在油泵壳体内可自由转动,两者之间有一定的偏心距。工作时内转子旋转,带动外转子旋转,在内、外转子之间形成四个工作腔。某一工作腔从进油孔转过时,容积增大,产生真空,机油便经进油孔吸入,转子继续旋转,当该工作腔与出油孔相通时,腔内容积减小,油压升高,机油经出油孔压出。

转子式机油泵由泵壳、泵轴、内转子、外转子和泵盖等组成。其优点是结构紧凑，供油均匀，噪声低，吸油真空度高。因此，在中、小功率高速内燃机上的应用越来越广泛。

（2）机油滤清器。为了及时清除机油中的机械杂质和胶状沉淀物，延长发动机和机油的使用寿命，在发动机的润滑系统中都设置有机油滤清器。机油滤清器滤去机油中的固体颗粒（如燃烧剩余物、金属颗粒、胶体的灰尘等），维持机油在更换期内的润滑能力。

机油滤清器按其在润滑系统中的布置方式不同分为全流式和分流式两种。全流式机油滤清器对进入润滑系统的全部机油进行过滤，因此必须配有安全阀，在滤芯堵塞时，允许未经过滤的机油通过安全阀进入润滑油道，一般常用于中、小功率发动机。功率较大的发动机常采用分流式滤清器。分流式机油滤清器只对机油泵供油量的 5%～10% 进行过滤，这部分机油经分流式滤清器过滤后流回油底壳。因此，此类滤清器只能与全流式滤清器联用，而不能单独采用分流式滤清器。

1）机油集滤器。为了使润滑系统的机油流动畅通无阻，避免杂质刮伤、拉毛零件表面，机油在送到摩擦表面前必须经过严格的滤清，为达到满意的滤清效果，又不使油路阻力增大，一般把粗滤器与主油道串联，细滤器与主油道并联。为使机油泵很好地工作，必须使润滑油中的大颗粒杂质在进入机油泵之前被清除掉，这个任务由集滤器承担，它连接在机油泵进油口，机油泵工作时，机油从罩子与浮子间的狭缝被吸入，通过滤网滤去粗大的杂质后，经焊在浮子上的油管进入机油泵。当滤网被堵塞时，进油管的吸力增大，克服滤网的弹力而使环口离开罩子，机油便不经滤网而直接从环口进入吸油管。机油集滤器分为固定式和浮子式两种。如 475Q 型发动机采用固定式集滤器，它一般由吸油管、滤网和底盖组成。如图 2—32 所示为浮子式机油集滤器。机油泵工作时，机油经滤网滤去较大的杂质后，通过吸油管进入机油泵。

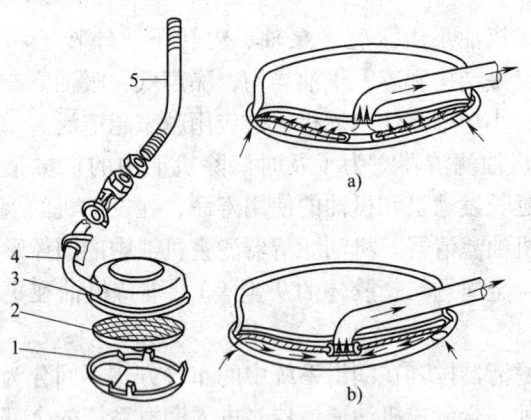

图 2—32 浮子式机油集滤器
a) 滤网畅通 b) 滤网堵塞
1—罩 2—滤网 3—浮子 4—吸油管 5—固定油管

2）粗滤器。粗滤器串联在机油泵和主油道之间，故又称为全流式滤清器，用来清除机油中较大的杂质。它对机油的流动阻力较小，故可串联于机油泵与主油道之间。车用发动机多采用纸质滤芯式粗滤器。纸质滤芯式粗滤器的滤芯由内、外两层滤芯总成组成，滤芯由经过树脂处理的微孔波纹滤纸组成，滤芯两端装有环形耐油橡胶垫圈，以保证密封性。内层滤芯由金属丝编成的滤网组成，其上、下端用密封圈封闭。粗滤器工作时，机油经过纸质滤芯滤清后进入主油道。

3）细滤器。细滤器的作用是滤掉润滑油中更小的杂质，通常与主油道并联，有离心式和纸板式两种。离心式细滤器的结构是：空心的转轴固定在外壳上，转子体及端套连成一体，坐落在止推轴承上，可绕转子轴自由转动。压紧螺母将转子盖与转子体紧固在一起，上面用弹簧压紧，以限制转子轴的轴向移动，转子下面有两个互成反向的喷嘴。发动机运转时，从机油泵泵出的机油一部分经油口进入滤清器，当油压低于 98 kPa 时，进油限压阀关闭，细滤器不起作用；当油压超过 98 kPa 时，限压阀逐渐开启，机油经转子轴中心孔自出油孔喷出。随后又经油孔进入转子体,并从两个喷嘴喷出,于是作用力即推动转子旋转。当油压升到 294 kPa 时,转子的转速可达 5 000 r/min 以上,转子内腔润滑油中杂质的密度比润滑油大,在旋转离心力的作用下被抛向转子壁,并覆盖在转子壁上,中心处干净的润滑油从中心进入两喷嘴,不断地向外喷射,喷出的润滑油流回下曲轴箱。

4) 限压阀。为了保证在滤芯堵塞时汽油机能正常工作,在粗滤器盖的一侧设有旁通阀限制循环油路中的油压,可防止机油过多地窜入燃烧室,使机油耗量增加,发动机工作出现不正常现象。同时也为了避免油压过高,造成管路及滤清器爆破。限压阀的结构是靠弹簧的压力来控制油压的单向阀。当油路中的油压大于弹簧压力时,则限压阀打开,部分机油流回油底壳,于是油路卸压。它一般安装在机油泵或主油道上。当进油口和出油口压差超过 140~190 kPa 时,旁通阀打开,机油直接进入主油道。为防止由于维护不及时而导致滤网堵塞,造成事故,在粗滤器盖上设有旁通阀。它由钢球、弹簧和调整螺钉组成。当滤芯堵塞时,内腔与主油道之间形成较大的压力差,当压力差大于 100 kPa 时,内腔的机油便推动钢球压缩弹簧移动,开启阀门,一部分机油不经过滤芯的滤清而直接由旁通阀流入主油道。

(3) 曲轴箱通风装置。发动机工作时,会有少量的可燃混合气及燃烧后的废气通过活塞、活塞环与汽缸壁之间的间隙窜入曲轴箱,由此容易导致润滑油(机油)稀释、变质,以及酸性物质腐蚀零件。窜入曲轴箱的气体增加,使压力升高,润滑油外泄。为防止上述现象,曲轴箱设有通风装置,可将废气排出,并将新鲜空气导入。汽油机通常采用强制通风,靠汽缸内的吸力把曲轴箱内的浊气吸入汽缸燃烧,曲轴箱强制通风装置如图 2—33 所示。而柴油机则采用自然通风,把曲轴箱内的浊气吸出,同时将新鲜空气补充进来。曲轴箱通风装置能将漏到曲轴箱内的混合气和废气导出,防止曲轴箱漏油,减少机件的磨损和腐蚀,延长发动机的使用寿命和机油的使用期限。

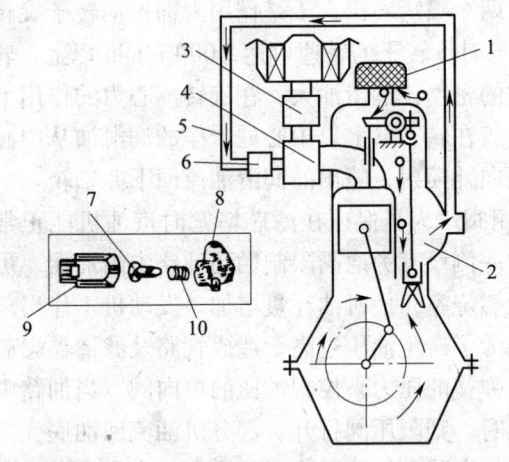

图 2—33　曲轴箱强制通风装置
1—进气滤清器　2—挺杆室　3—化油器　4—进气管　5—抽气管
6—单向阀　7—单向阀体　8—阀座　9—阀壳　10—弹簧

(4) 柴油机机油冷却器。多缸柴油机装备的机油冷却器通常采用冷却液或风强制冷却高温的机油，以保持机油的黏度，延长机油的使用寿命，降低机油消耗量，改善润滑条件。

水冷式机油冷却器分为管式和板翅式两种。管式机油冷却器大多用于大、中型柴油机。板翅式机油冷却器广泛应用于中、小功率的车用柴油机。板翅式长条形机油冷却器可直接安装在汽缸的水套内，而板翅式圆盘形机油冷却器可直接与机油滤清器座组成一体，使冷却液直接用于冷却高温的机油。

风冷式冷却器一般多用于风冷柴油机。

(5) 柴油机曲轴箱呼吸器。曲轴箱呼吸器使漏入曲轴箱内的高温燃气与大气相通，或经过进气系统重新进入汽缸，以维持曲轴箱一定的压力，避免机油加速劣化和泄漏，减少废气对环境的污染，降低进气门座和排气门座的磨损，近来已越来越多地应用于车用柴油机。

(6) 柴油机全流机油过滤系统。由机油泵输出的机油，在到达柴油机运动部件之前，全部进入机油滤清器，通过滤芯滤除机油中污染物的过滤系统称为全流机油过滤系统。

全流式机油滤清器应按照制造厂商建议的周期进行维护或更换滤芯，方可保持滤清器的性能。如果滤芯得不到周期性维护或及时更换，将逐渐被其滤除的杂质污染和堵塞。此时，机油滤清器中使清洁机油输出的通道变窄，甚至逐渐闭塞，阻滞能力增大，使运动部件得不到足够的润滑，甚至发生损坏滤芯或断油的故障。为防止此类故障的发生，全流式机油滤清器均设有旁通阀。随着滤芯被污染和堵塞，机油通过的阻力逐渐升高到旁通阀开启压力值时，允许短时间内不经滤芯过滤的机油保持正常流量通过旁通阀，输入柴油机润滑系统，给各运动部件提供适当的润滑。

机油滤清器旁通阀开启后，柴油机机油压力表显示机油压力下降，这个下降的压力与柴油机的正常工作压力差就约等于旁通阀的开启压力，及时停机并更换堵塞的滤芯，可恢复机油的压力。所以，应经常检查机油压力，按要求的周期进行维护或更换机油滤清器的滤芯，确保足够的清洁机油输入柴油机润滑系统，尽可能减少旁通阀的开启次数。同时，应经常检查旁通阀的开闭是否顺畅、可靠，但不可拆卸旁通阀。

五、冷却系统

1. 冷却系统的功用与结构

发动机工作时，燃料在汽缸中燃烧后放出大量的热能，除部分转变为机械能外，一部分热能随废气排出，还有一部分热能传给所有的零部件。当汽油机过热时，零件强度降低，运动部件受热膨胀，破坏了正常的配合间隙，从而引起事故。同时，润滑油变稀、变质，甚至炭化，由于温度过高的影响，发动机的充气量减少，功率将下降；反之，当发动机过冷时，热能损失增加，燃烧不良，经济性差，耗油量大。所以，设置冷却系统可保证发动机在最适宜的温度（80~90℃）下连续工作，从而使发动机获得良好的性能和较长的使用寿命，发挥应有的性能。

发动机的冷却方式有水冷和风冷两种。目前，车用发动机上广泛采用的水冷却系统就采用封闭式压力水循环和自然循环相结合的方式，大多是用水泵强制地使水在冷却系统中进行循环流动的，故称为强制循环式水冷却系统。整个冷却系统由水泵、节温器、风扇、放水开关、水温表、缸体和缸盖内的循环水道、连接管路及散热器等零部件等组成。

发动机工作时，水泵从散热器下水室吸入低温水，并通过水泵压送到汽缸体和汽缸盖的水套中，吸收热量后的高温水经汽缸盖出水管流回散热器上水室。在高温水流到下水室的同时，由于风扇的强力抽吸，使空气从前向后高速通过散热器，将热水中的热量散发到空气中去。百叶窗和节温器是用以调节冷却强度的。发动机冷却系统的结构与工作原理如图2—34所示。

冷却液应采用清洁的软水，使用硬水时，可用下列方法进行软化：在 1 kg 水中溶化苛性钠 40 g 制成溶液，然后在此溶液中加入 60 kg 水，待过滤后注入散热器内。当环境温度为 0℃ 以下，冷却系统内未添加防冻液并需较长时间停车时，必须将冷却液放净，以防止将缸体冻裂。

2. 冷却系统的主要部件

（1）散热器。散热器俗称水箱，它用来将冷却液吸收的热量传给外界空气，降低冷却液的温度。散热器用导热性好的铜皮制成，它主要由上水室、散热管、散热片、下水室、散热器盖、放水开关等组成。散热器芯的散热管与带有进水管的上水室和带有出水管的下水室焊接相通。在上水室上焊有加水口，用盖子封闭。在加水口的根部焊接了一根蒸汽引出管，以导出散热器中所生成的水蒸气。

散热器上水室的顶部有加水口，平时用盖子盖住，冷却液由此注入整个冷却系统。在上水室和下水室上分别装有进水管及出水管，进水管和出水管分别用橡胶管与发动机汽缸盖上的出水口及水泵的进水口相连接。由发动机汽缸盖上的出水口流出的温度较高的热水经过进水管进入上水室,经散热器芯冷却后流入下水室,由出水管流出后被吸入水泵。

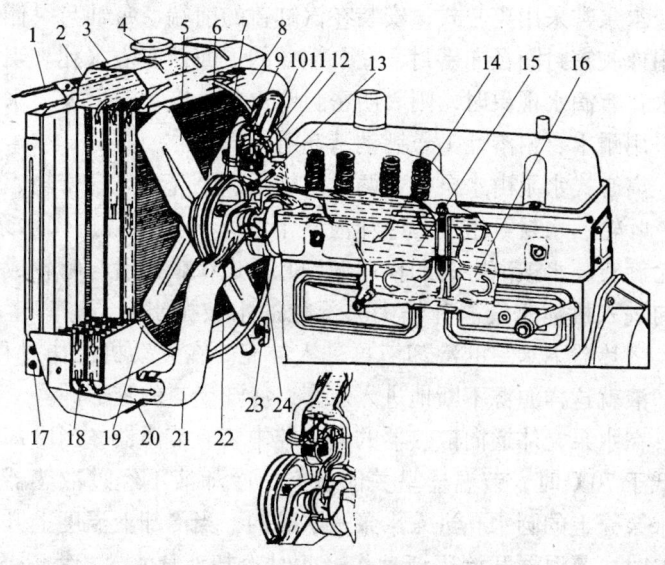

图 2—34 发动机冷却系统的结构与工作原理
1—百叶窗操纵装置 2—散热器上水室 3—蒸汽引出管 4—散热器盖 5—风扇
6—风扇带轮 7—风扇传动带 8—出水软管 9—节温器主阀门 10—节温器外壳
11—节温器旁通阀 12—节温器波形筒 13—水温表传感器 14—汽缸盖分水管
15—汽缸盖水套 16—汽缸体水套 17—百叶窗 18—散热器冷却管
19—风扇护风罩 20—散热器下水室 21—进水软管
22—散热器散热片 23—散热器放水开关 24—水泵

(2) 散热器盖。目前,闭式水冷却系统广泛采用具有空气—蒸汽阀的散热器盖。当水温正常时,阀门关闭,冷却系统与大气隔开;当水温升高时,水蒸气增多,使冷却系统压力升高,蒸汽阀开启,一部分水蒸气就经蒸汽引出管泄出,以防止压力过高而使散热器破裂;当水温下降时,冷却系统内压力降低,弹簧被压缩,空气阀打开,空气进入散热器,以防止水管及储水室被大气压瘪。

(3) 水泵。水泵的功用是对冷却液加压,使之在冷却系统中加速循环流动。

水泵常采用离心式,安装在汽缸盖的前端,泵轴与泵体之间采用橡胶密封圈径向密封,在泵端盖的下面钻有溢水孔。当发现溢水孔有滴水现象时,则表明密封圈失效,应及时更换。水泵轴承采用耐水、耐溶性1号钙钠基润滑脂润滑。

离心式水泵由水泵轴、两个球轴承、泵壳、风扇带轮、凸缘盘、叶轮、水封等组成。冷却液从下水室经进水管进入水泵内,叶轮旋转,水被离心力的作用抛到叶轮边缘,最后与叶轮成切线方向进入机体水套。叶轮中心部位的水被抛出后,即产生真空度,散热器下水室的冷却液再进入补充。在发动机工作过程中,冷却液就这样源源不断地进入水套,冷却受热的零部件。

在水泵壳体通向散热器的出水腔中装有节温器,当冷却液温度低于70℃时,节温器呈关闭状态,冷却液不经过散热器,通过水泵壳上的圆水孔进入水泵进水腔内;当冷却液温度上升超过70℃时,节温器开始逐渐动作,此时冷却液从水泵出水口泵出,经过散热器散热,然后进入水泵循环工作。冷却液依靠离心力的作用在冷却系统中加速循环流动。

曲轴旋转时,通过带轮使水泵轴旋转,安装在水泵轴尾端的水泵叶轮也随之旋转,冷却液从下水室经进水管进入水泵内。由于叶轮旋转产生离心力,水被离心力的作用抛到叶轮边缘,最后与叶轮成切线经出水管被压送到发动机水套内。与此同时,叶轮中心处压力降低,散热器中的水便进入补充。发动机工作时,冷却液就这样不断地进入水套,冷却受热的零部件。

(4) 节温器。节温器的功用是随水温的高低自动控制、调节冷却液的循环路线和流量,调节发动机的温度,使水温保持在最适宜的范围(80~90℃)内,并在冷车起动后能使水温迅速升高。它一般装在汽缸盖出水口处。常用的有皱纹筒式节温器和蜡式节温器。

车用发动机常采用蜡式双阀节温器,节温器阀座与下支架铆在一起,紧固在阀座上的中心杆锥形下端插在橡胶管内。橡胶管与感温体之间的空腔内充满特制的石蜡,常温下石蜡成固态,当温度升高时,石蜡逐渐熔化,体积也随之增大。节温器上部套装在阀门上,下端则与副阀门铆在一起,它安装在缸盖出水口处的节温器罩内。

当发动机刚开始运行时,冷却液温度较低(76℃以下),此时主阀门关闭,来自发动机缸盖出水管的循环热水只能从节温器罩下部的小通道——小循环管经水泵流回缸体(俗称小循环);由于冷却液不经水箱冷却,加速了水温的上升,大大缩短了暖机的时间。当水温达到76℃以上时,主阀门开启;水温达到86℃时阀门全开,达到最大升程,节温器下部的副阀门正好关闭了小循环管的通道,这时全部冷却液将沿出水管进入散热器中进行大循环,最大限度地发挥水箱的散热能力。

(5) 风扇。散热风扇采用六叶螺旋桨排风式,安装在水泵前端的风扇带轮上,由叶片和托板铆接而成,它与水泵同轴,由一根V带与发电机、曲轴带轮相连接。传动带的松紧可通过改变发电机带轮的位置来调整。调整时,用拇指的力(30~50 N)压下传动带,其压下量以10~15 mm为宜。风扇叶片与旋转平面成30°~60°倾角,当风扇旋转时,对空气产生吸力,从而使气流加速通过散热器,以加强冷却效果。

目前,工程机械车辆(如轮式装载机、凿岩机、起重机、铰接式自卸车等柴油机)广泛应用静液压驱动风扇冷却系统。静液压风扇驱动优于V带驱动或直接由曲轴驱动。因为此系统有以下特点:元件安装空间小,可以被安装在车辆的任意位置;如果使用变量液压泵,风扇转速由散热量决定,与发动机转速无关,同时风扇转速还可以被控制;当发动机达到它所要求的工作温度并且保持温度恒定时,能减少发动机磨损,使发动机效率达到最优,并且达到欧Ⅲ的排放标准;适应从-40℃到100℃的工作温度范围,控制设备可以根据需要自动调节风扇的转速,当其控制失效时,风扇以最高转速运转进行冷却。

　　静液压驱动风扇控制系统可以分为机液控制系统与电液控制系统两种,机液控制系统有外啮合齿轮泵(定量)、温度—压力阀、优先阀以及可变排量柱塞泵、恒速液压马达、温度—压力阀两种控制组合形式;而电液控制系统也有内啮合齿轮泵(定量)、内啮合液压马达、电子系统、温度传感器以及可变排量柱塞泵、恒速液压马达、电子系统、温度传感器两种控制组合形式。机液控制系统是一种简单的装置,它仅有一个或两个流体参数被控制。而电液控制系统允许更快的信号处理和更高的控制性能,复杂系统能够检测多个气液温度和开关信号。静液压驱动风扇可选择机液控制系统或电液控制系统。机液控制一般用在简单的有一个或两个输入口的系统中,而越复杂的、有很少的输入口的系统一般采用由柱塞泵或外啮合齿轮泵驱动的电液控制系统。只要能根据需要合理地进行选择,就能达到预期的冷却效果。

第三章　企业内机动车辆底盘的基本常识

企业内机动车辆，也称工业车辆，它包括专门供给企业内广泛使用的货车、蓄电池车、叉车、装载机、拖拉机等。工业车辆的底盘用于将动力装置的动力进行适当的转换和传递，使之适应车辆行驶和作业的要求，以保证车辆能在驾驶员的操纵下正常行驶。底盘是整机的基础，所有机件都安装在底盘上。工业车辆的底盘是车辆的基体，在车辆底盘上安装车辆的动力装置、工作装置及其各种附属设备，使车辆能够正常工作。工业车辆的底盘主要由传动系统、行走系统、转向系统、制动系统和其他辅助装置（如操纵机构和液压装置）等部分组成。驾驶人员掌握和了解工业车辆底盘的结构原理，对其安全驾驶操作会有很大的帮助。

第一节　企业内机动车辆的传动系统

一、传动系统的功用与组成

车辆的动力装置和驱动轮之间的所有传动部件总称为传动系统。传动系统将动力装置的动力按车辆使用的要求传给驱动轮和其他机构。

由于车辆动力装置的性能不同，以及所采用传动系统的类型不同，其传动系统的组成和具体功能也有差别。车辆采用的传动系统有机械传动、液力机械传动、液压传动和电传动四种类型。如供企业内使用的货车，传统的机械传动系统由离合器、变速器、万向传动装置、主减速器、差速器、半轴和轮边减速器等机件组成,如图3—1所示为四轮驱动汽车传动系统。

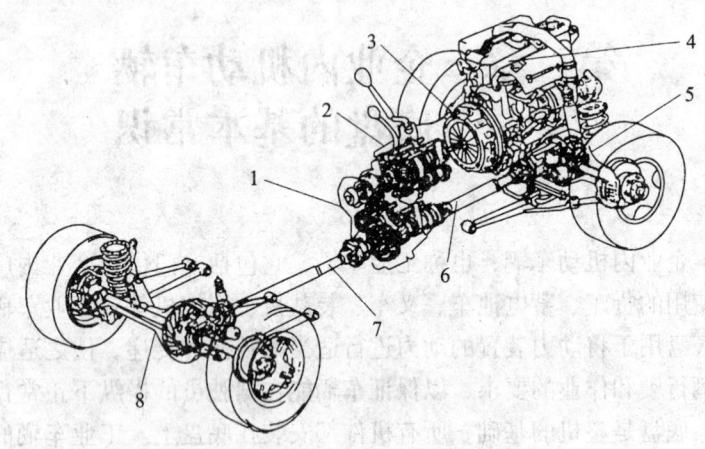

图3—1 四轮驱动汽车传动系统
1—分动器 2—变速器 3—离合器 4—发动机 5—前驱动桥
6—前万向传动装置 7—后万向传动装置 8—后驱动桥

1. 机械传动的组成及特点

机械传动系统可由内燃机驱动,也可由电动机驱动。

(1) 内燃机驱动的车辆传动系统的功能。对于内燃机驱动的车辆,要求其传动系统具有以下功能:

1) 降低转速,增大转矩。将从内燃机输入的高转速降下来,使转矩提高。

2) 实现变速。内燃机的转速和转矩变化范围有限,可通过变速器改变传动比,使车辆的牵引力和行驶速度都有较大的变化范围,从而满足车辆的行驶要求。

3) 实现车辆的反向行驶。通过传动系统中的变速器,可实现车辆的反向行驶(倒退)。

4) 必要时切断动力传递。在内燃机起动,急速运转,车辆短暂停车,以及人力换挡时,均要求切断动力传递。一般使用主离合器切断或接合动力。

5）使左、右驱动车轮实现差速行驶。车辆转弯时，使左、右驱动车轮实现差速行驶。

（2）内燃机驱动的车辆机械传动系统的组成及特点。内燃机驱动的机械传动系统由离合器、变速器、万向传动装置、驱动桥等机件组成。

内燃机驱动的车辆机械传动系统具有结构简单，工作可靠，价格低廉，质量轻，传动效率高，以及可以利用发动机运动零件的惯性进行作业等优点，因此，机械传动在中、小功率的车辆上得到广泛的应用。

但机械传动也存在以下主要缺点：一是在工作阻力急剧变化的工况下，内燃机容易因过载而熄火；二是采用人力换挡时，换挡动力中断时间长；三是传动系统的零件受到的冲击载荷大；四是由于外载荷的急剧变化，又通过传动系统影响动力装置，因而缩短了动力装置和传动系统中各零件的使用寿命。为了减轻驾驶员的劳动强度，缩短换挡时的动力中断时间，有的车辆传动系统中采用了动力换挡变速器。

（3）电动机驱动的车辆传动系统的功能与结构。电动机驱动的传动系统要求具有以下功能：降低转速，增大转矩，使左、右驱动车轮实现差速行驶。因此，电动车辆也可采用机械传动系统。根据其结构不同可分为集中驱动和分别驱动两种形式。

集中驱动的传动系统由减速器、差速器、半轴等组成。这些组成部分均安装在驱动桥壳内，构成驱动桥总成。

电动车辆的牵引电动机是用联轴器直接与驱动桥相连接的，也有为了布置方便，电动机通过万向节传动轴再与驱动桥连接的。电动车辆的驱动轮为分别驱动时，不再有驱动桥及差速器等，电动机通过减速装置直接驱动一个驱动车轮。

2. 液力机械传动

（1）液力机械传动的特点和组成。液力传动也称动液传动，其特点是传动系统中装有液力元件（液力变矩器或液力耦合器），由于在液力元件之后串联安装一个机械变速器，因而多将这种传动称为液力机械传动。与液力机械传动相配合的动力装置通常为内燃机。

（2）液力机械传动的优缺点

1）液力机械传动的优点

①能在规定范围内根据外界阻力的变化自动进行无级变速。这不仅提高了内燃机的功率利用率，而且大大减少换挡次数，降低驾驶员的劳动强度。

②提高变矩器的自动变速能力。对于同样的变速范围，可减少变速器的挡位数，简化变速器的结构。

③由于变矩器利用液体作为传递动力的介质，输出轴和输入轴之间没有刚性的机械联系，因而减少传动系统及发动机零件的冲击载荷，延长车辆的使用寿命。

④由于变矩器具有自动无级变速的能力，因而车辆起步平稳，并可得到任意小的行驶速度。

2）液力机械传动的缺点。与机械传动相比，液力机械传动的主要缺点包括：一是传动效率低，采用液力变矩器以后，车辆起步时不能利用飞轮的动能；二是不能利用发动机制动；三是采用动力转向的车辆，在发动机熄火后，不能拖转向和拖起动。

在液力机械传动系统中，由于变矩器冷却系统中的泵、过滤器、冷却器等液压元件同时可兼用于动力换挡的液压操纵系统，故变速器绝大多数采用动力换挡。

3．液压传动

（1）液压传动的特点和组成。液压传动也称静液传动，其特点是传动系统中装有液压元件（液压泵和液压马达）。在液压传动中最理想的情况是采用变量泵和变量马达，目前使用的多是变量泵和定量马达。

在企业内机动车辆的液压传动中，也分为集中传动和分别传动两种。从性能、操作、总体布置等方面综合比较，分别传动优于集中传动。

（2）液压传动的优缺点

1）液压传动的优点。采用低速大转矩的液压马达易于实现左、右驱动轮的分别驱动，液压传动具有以下一系列优点：

①能实现无级变速，变速范围大，能实现微动，并且在相当大的变速范围内保持较高的效率。

②用一根操纵杆便能改变行驶方向和进行变速，操纵简便。

③利用液压传动系统本身可以实现制动。

④传动系统简化，能取消机械传动和液力机械传动系统中的传动轴和差速器。

⑤使用低速大转矩的液压马达分别驱动左、右驱动轮时，改变左、右驱动轮的转速，能平稳地实现按任意转向半径转向及原地转向，车辆的机动性能大大提高。

2）液压传动的缺点。液压元件的制造精度要求高，价格昂贵，国产件不能保证液压元件的耐久性和可靠性。

4. 电传动

车辆最常采用的电传动系统为电动轮的形式。其基本原理是：内燃机带动直流发电机，然后用发电机输出的电能驱动装在车轮中的直流电动机，车轮和直流电动机（包括减速器）装成一体，称为电动轮。这种传动系统的优点在于：一是动力装置（内燃机—发电机）和车轮之间没有刚性联系，便于总体布置及维修；二是变速操纵方便，可以实现无级变速，因而在整个变速范围内都可充分利用发动机的功率；三是电动轮通用性强，可简单地实现任意多驱动轮驱动的方式，以满足不同机械对牵引性能和通过性能的要求；四是可以采用电力制动，在长坡行驶时可大大减轻车轮制动器的负荷，延长制动器的使用寿命；五是容易实现自动化。

电传动的主要缺点是：价格高，自重大，并要消耗大量的有色金属。目前,仅用于一些大功率的矿用车辆上。

二、主离合器

1. 主离合器的功用和要求

(1) 主离合器的功用。主离合器装在发动机和变速器之间,用来切断或传递发动机传给传动系统的动力。

主离合器的功用如下:

1) 在车辆起步时,可以使发动机与传动系统柔和地接合起来,使车辆平稳起步。

2) 换挡时,能将发动机与传动系统迅速、彻底地分离,以减小换挡时齿轮产生的冲击,换挡后,再平顺地接合起来。

3) 当传动系统受到过大的载荷时,主离合器又能打滑,以保护传动系统免遭损坏。

4) 分离主离合器可使车辆短时间停车。

(2) 对离合器的要求

1) 为可靠地传递发动机的最大转矩,必须保证离合器的摩擦转矩大于发动机的最大转矩。

2) 分离迅速、彻底,接合柔和、平顺。

3) 应使传动系统避免共振,并降低传动系统在速度变化时的动载荷。

4) 从动部分的转动惯量要小,以减小换挡冲击。

5) 通风散热良好。

6) 有足够长的使用寿命,操纵轻便,结构简单,维修方便,质量小。

(3) 离合器的分类。目前车辆上广泛使用的是摩擦式主离合器。

根据摩擦片的片数不同,离合器可分为单片、双片和多片。

根据摩擦片的工作条件不同,离合器可分为干式和湿式(在油中工作)两种。

按照离合器压紧弹簧的数目和布置方式不同,离合器分为周布弹簧式和中央弹簧式。

根据驱动方式不同，离合器可分为机械式、动力式和助力式三种。

2. 离合器的结构及原理

常见摩擦式离合器由主动部分、从动部分、压紧机构和分离机构所组成。

离合器的主动部分包括内燃机飞轮、离合器盖和压盘以及中间压盘（双片或多片）等构件。

离合器的从动部分主要有带有摩擦片的从动片，从动片通过花键与从动轴相连接，从动轴即变速器输入轴。

离合器的压紧机构主要有压紧弹簧。

离合器的分离机构包括踏板、分离拨叉、分离套筒、分离轴承和分离杠杆。

车辆使用的离合器虽然多种多样，但它们的组成和工作原理基本相同。

工作原理是：当从动片被弹簧压紧在飞轮与压盘之间时，产生摩擦力而传递转矩。需要中断转矩的传递时，迅速踩下踏板，经过分离套筒及分离杠杆，使压盘进一步压紧弹簧并离开从动片，离合器处于分离状态，不再传递转矩。

当需要离合器接合时，放松踏板，压盘在弹簧力的作用下将从动片逐渐压紧，随着踏板的放松，压力逐渐加大，主、从动片间的摩擦力也逐渐加大，传递的转矩也加大。从动件在摩擦转矩的作用下将逐渐加速，直至与主动件的转速完全一致。在踏板完全放松的条件下，离合器的摩擦转矩必须大于发动机的最大转矩，以保证可靠地传递发动机转矩。

3. 离合器的典型结构

（1）单片离合器

1）单片离合器的结构。发动机飞轮和压盘是主动部分。压盘上有三个凸出部分，嵌入离合器盖的窗孔内，用螺钉将盖固定在飞轮上，因此压盘与飞轮一起旋转，但可以相对于飞轮做轴向移动。

在飞轮与压盘之间装有从动片，其中心与从动轴（变速器输入轴）用花键相连接，可做轴向移动。

从动片中间是一片薄钢片，开有六条均布的径向切口，可防止从动片受热后翘曲变形，两侧固定着由耐磨材料制成的环形摩擦片，构成从动片的两个工作面。

为使离合器接合柔和，一侧摩擦片直接铆接在钢片上；另一侧摩擦片和钢片之间装有波浪形弹簧片，每件弹簧片的一端用铆钉固定在钢片上，另一端则铆接在摩擦片上。弹簧片在自由状态下为波浪形曲面，使钢片与摩擦片之间有一定的间隙，当压盘压向从动盘时，波形弹簧被逐渐压平，变形量渐增，所需压紧力也随之增大，传递的转矩也逐渐增大，这就使离合器的接合更为柔和。为防止共振，有的从动片还装有扭转减振器。

在离合器盖的内侧装有沿圆周分布的压紧弹簧，将压盘压向飞轮，将从动盘夹紧在中间。压紧弹簧的两端分别支撑在离合器盖和压盘的凸台上。为防止热量从压盘传到弹簧而使弹簧受热变软，在每个弹簧和压盘之间都装有石棉隔热垫片。

离合器分离机构包括踏板、拉杆、分离拨叉、带止推轴承的分离套筒及分离杠杆等。

2）工作原理。踩下离合器踏板时，经拉杆将分离拨叉的内端压向分离套筒左侧，接触到分离杠杆，分离杠杆与离合器盖一起旋转，为避免分离套筒与分离杠杆内端产生摩擦，在分离套筒上装有止推轴承。分离杠杆的内端装有调节螺钉，保证分离杠杆的内端同时与分离套筒的止推轴承接触，当分离套筒压向飞轮时，使分离杠杆同时起作用，绕本身的支撑轴摆动；分离杠杆的外端与压盘铰接，将压盘拉动离开飞轮，从而使离合器分离，这时压紧弹簧被压得更紧。

为避免运动干涉，分离杠杆的支点不是简单的铰轴，分离杠杆支撑轴的轴径比孔径略小,并且铣出一个平面,在杠杆上孔的圆柱面和支撑轴平面之间有一根短圆柱销,以使分离杠杆在摆动的同时产生上下位移,从而避免了运动干涉。

在离合器接合时,分离套筒被回位弹簧拉向最右方的位置,在止推轴承与分离杠杆内端的螺钉之间留有间隙,使从动盘的摩擦片在正常磨损以后,压盘仍能向飞轮压紧而保证离合器完全接合。因此,在踩下离合器踏板时,首先要消除上述间隙,然后才能分离离合器,消除此间隙所需的踏板行程称为离合器踏板自由行程。为了散热,离合器盖的侧面有窗口,可让空气循环流动,达到良好的散热效果,外壳上设有带防护罩的通气孔。

(2) 双片离合器。双片离合器的工作原理和构造基本上与单片离合器相同;所不同的是,在主动部分增加了一个中间压盘,在从动部分增加了一片从动摩擦盘,由于采用了两个从动盘,摩擦面积增大,当弹簧压紧力和摩擦片径向尺寸不变时,摩擦转矩可增加多倍,从而保证传递较大的转矩。

双片离合器的缺点是:难以保证分离彻底;散热条件较差,结构复杂,难以更换从动片;从动部分的转动惯量也较大。

(3) 膜片弹簧离合器。膜片弹簧离合器的结构如图3—2所示,它所用的压紧弹簧是一个用薄弹簧钢板制成的带有锥度的膜片弹簧。在离合器中采用膜片弹簧作为压紧机构有以下优点:

1) 膜片弹簧本身兼超压紧弹簧和分离杠杆的作用,使得离合器的结构大为简化,质量减小,并显著地缩短了离合器的轴向尺寸。

2) 由于膜片弹簧与压盘以整个圆周接触,使压力分布均匀,摩擦片的接触良好,磨损均匀。

3) 由于膜片弹簧具有非线性的弹性特性,在从动盘摩擦片磨损后仍能可靠地传递发动机转矩,而不产生滑磨。离合器分离时,离合器踏板操纵轻便,减轻驾驶员的劳动强度。

4) 因膜片弹簧是一种旋转对称零件,平衡性好,在高速下其压紧力降低很少；而周布螺旋弹簧在高速时因受离心力的作用会产生横向挠曲，弹簧严重鼓出，从而降低了对压盘的压紧力。

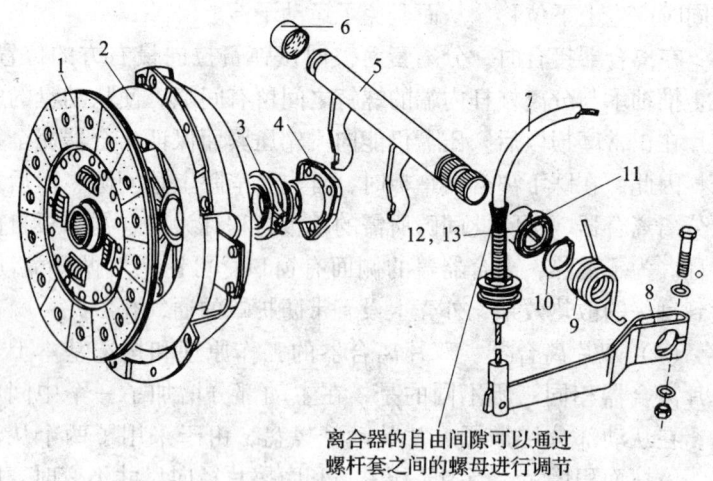

离合器的自由间隙可以通过
螺杆套之间的螺母进行调节

图3—2 膜片弹簧离合器的结构
1—离合器从动盘 2—膜片弹簧与压板 3—分离轴承 4—分离套筒
5—分离轴 6—带有石墨颗粒的长效黄铜衬套 7—拉索 8—传动杆
9—弹簧 10—卡簧 11—轴承套及密封件 12—防尘套 13—轴承衬套

由于具有一系列优点，膜片弹簧离合器得到了广泛应用，不仅在汽车行业得到了应用，在工程车辆上也开始采用。

4. 离合器操纵机构的功能、分类及结构特点

离合器操纵机构是驾驶员用来控制离合器的接合与分离的机构。

根据结构特点不同，离合器操纵机构可分为机械式、液压式和气压式三种。某些车辆还采用液压和气压综合式离合器。

按照分离离合器时的能量来源不同，离合器操纵机构分为人力式操纵、助力操纵和动力操纵。

（1）机械式操纵机构的结构。其中采用钢丝绳索软轴式的操纵机构，主要用在微型和轻型车辆上。支撑销轴固定在车架

上，上面套装着踏板、拉杆，后端与踏板下部相铰接，前端与固定在分离叉左端的摆臂通过调整螺母及拉杆上的弹簧相连接。回位弹簧用来使操纵机构保持在离合器接合位置。橡胶缓冲垫用来缓和踏板松开时与驾驶室底板的碰撞。调整螺母可改变拉杆的工作长度，以保证离合器踏板具有一定的自由行程（相当于分离轴承与分离杠杆之间的自由间隙）。机械式操纵机构的特点是结构简单，工作可靠，所以目前应用较广泛。

（2）液压式操纵机构

1）结构。它由主缸、工作缸和管路系统组成。主缸的上部是储油罐，并有孔与主缸相通，阀杆后端穿在活塞的中心孔中，无配合关系。后弹簧座紧套在活塞的前端并被轴向定位，它可单向拉动阀杆，在阀杆的前端装有橡胶密封圈的阀门，后端装有锥形的回位弹簧。前弹簧座具有轴向中心孔以及轴向和径向的槽，回位弹簧安装在前、后弹簧座之间。

2）工作原理。踩下离合器踏板时，活塞左移，在压缩回位弹簧的同时放松了阀杆，锥形回位弹簧使杆端阀门压紧在主缸的前端，密封了主缸与储油罐之间的通孔，继续踩下离合器踏板，则缸内油液就在活塞及皮碗的作用下压力上升，并通过管路输向工作缸。

当抬起离合器踏板时，回位弹簧的一端使主缸活塞后移，另一端使前弹簧座压在主缸缸体的前端，活塞后移到位时，通过后弹簧座拉动阀杆及杆端密封圈阀门，压缩锥形回位弹簧，打开储油罐与主缸通孔，并通过前弹簧座上的径向和轴向槽，使管路与工作缸相通，整个系统无压力。

工作缸内装有活塞、两个皮碗、推杆和放气阀，两个皮碗的刃口方向相反，作用不同：左侧皮碗用来密封油液，防止泄漏；右侧皮碗用于防止迅速抬起离合器踏板时工作缸内吸入空气。放气阀的作用是放净系统内的空气。推杆的长度可调，或采用偏心螺钉连接推杆与踏板，通过调整可使推杆与活塞保持一定的间隙，保证活塞彻底回位。

三、变速器

1. 变速器的功用与类型

在内燃机传动的车辆传动系统中，由于内燃机的转矩与转速变化范围较小，不能满足车辆在各种工况下对牵引力和行驶速度的要求，必须采用变速器来解决这种矛盾。

（1）变速器的功用

1）适应车辆行驶阻力的变化，改变车辆行驶的牵引力和速度。

2）实现倒挡，使车辆能前进和倒退。

3）实现空挡，可切断传动系统的动力，实现在发动机运转的情况下车辆长时间停车，满足发动机起动和动力输出的需要。

（2）变速器的类型和特点

1）按操纵方式分

①机械式换挡。机械式换挡是指人力通过操纵机构拨动齿轮或啮合套进行换挡。

a. 拨动滑动齿轮换挡。双联滑动齿轮用花键与轴相连接，拨动该齿轮使齿轮副相啮合，从而改变了传动比，即实现换挡。

b. 拨动啮合套换挡。齿轮与轴固定连接，啮合套与轴固定连接，通过拨动啮合套上的齿圈，分别与齿轮端部的外齿圈相啮合，从而实现换挡。

②动力换挡。齿轮用轴承支撑在轴上，与轴空转连接，通过相应的换挡离合器，分别将不同挡位的齿轮与轴固定连接，从而实现换挡。

动力换挡的特点是操纵轻便，换挡快；换挡时切断动力的时间很短，可以实现带负荷不停车换挡。缺点是该结构较复杂，传动效率较低。

2）按轮系形式分。分为定轴式变速器和行星式变速器。

①定轴式变速器。变速器中所有齿轮都有固定的旋转轴线。

换挡方式有机械式换挡和动力换挡。

②行星式变速器。变速器中有些齿轮的轴线在旋转，这种轴线旋转的齿轮有两种运动，即自转与公转。

行星齿轮变速器只有动力换挡一种方式。行星齿轮变速器的特点是结构紧凑，质量小，结构刚度高，输入轴和输出轴同轴，以及便于实现动力换挡等。

2. 普通齿轮变速器

（1）变速传动机构。它主要由齿轮、轴以及轴承等零件组成，用来传递动力，构成不同的传动比和可能的转动方向。

这种类型的变速器传动变速部分共有四根轴，即输入轴、前进中间轴、倒退中间轴和输出轴。输入轴上带有齿轮，右端通过花键与离合器的从动盘相连接。倒退中间轴上有大斜齿轮和惰轮，通过花键固装在轴上，大斜齿轮与小斜齿轮常处于啮合状态。双联直齿轮通过花键滑动连接于轴上，可沿轴线左右移动，与直齿轮分别啮合。前进中间轴上有直齿轮和双联直齿轮，通过花键滑动连接于轴上，大斜齿轮与惰轮常处于啮合状态，双联齿轮同时可沿轴线左右移动，使输入轴与前进中间轴的齿轮啮合与脱开。输出轴上有齿轮，通过花键用隔套轴向定位，固装在轴上，左侧装有万向节接盘。四根轴用滚动轴承支撑在箱体上，齿轮与轴承采用飞溅润滑。此外，因输出轴与两根中间轴的中心距相等，使齿轮完全相同，齿轮规格少，制造简便。普通齿轮变速器壳体和输入轴的构造如图3—3所示。

（2）换挡操纵机构。换挡操纵机构是指用人力拨动齿轮（或啮合套、同步器），或通过换挡操纵阀改变液压系统的油流而接合或分离换挡离合器，进行变速或换向，如CPC—3型叉车变速器就是定轴式人力换挡变速器。

为保证变速器工作方便、可靠，换挡操纵机构应满足以下要求：应保证变速器不会因车辆振动等原因而自动挂挡或自动脱挡；挂挡时滑动齿轮或啮合套的行程能保证全齿长都进入啮合；

不能同时挂上两个挡;能防止驾驶员误挂倒挡。在变速器操纵机构中一般有自锁装置和互锁装置,或靠倒挡锁来保证上述要求的实现。变速器操纵机构都装在变速器的箱盖上,它由换挡机构、自锁装置、互锁装置以及倒挡锁等组成。通过变速杆拨动拨叉轴滑动,而拨叉与拨叉轴固装在一起,从而带动拨叉拨动齿轮(或啮合套)换挡。

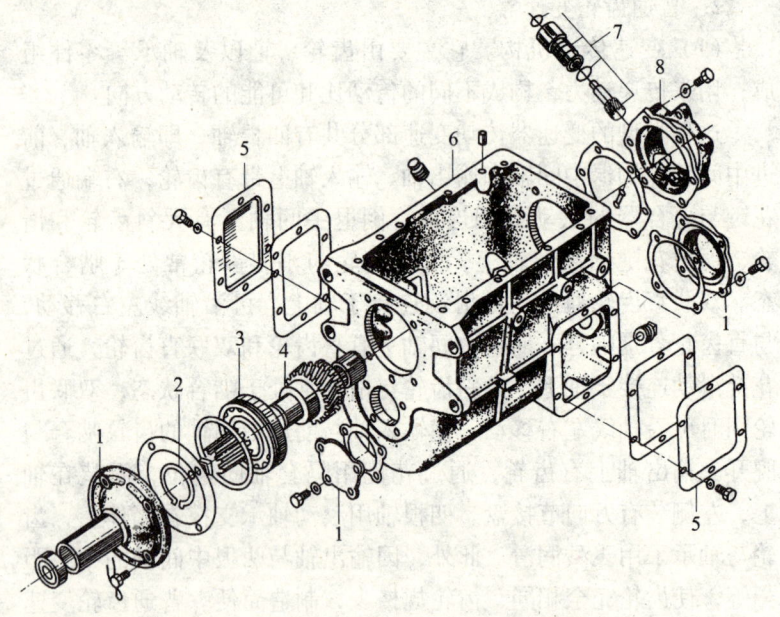

图3—3 普通齿轮变速器壳体和输入轴的构造
1—轴承盖 2—卡环 3—轴承 4—输入轴 5—侧盖
6—变速器壳 7—里程表驱动机构 8—后轴承盖

自锁装置由装在变速器盖孔中的自锁弹簧与自锁钢球以及拨叉轴上的各三个凹槽组成。当变速器在空挡位置时,三个弹簧将三个钢球分别压紧在各拨叉轴上的中间凹槽内,因而不会自动挂挡。

工作中,当驾驶员用力克服弹簧力,推动拨叉轴移动而挂挡时，必须移动一定距离才会使钢球重新落入另一凹槽内，两凹槽的距离就保证了换挡时全齿长啮合的要求。当换上挡后，弹簧的压力又可防止自动脱挡。

互锁装置由互锁销和四个互锁钢球组成。互锁销装在中间拨叉轴的孔中，其长度相当于拨叉轴直径减去互锁钢球的半径。互锁钢球装在变速器盖的横向孔中，其直径的 1.5 倍相当于两相邻拨叉轴中心距减去一个拨叉轴的直径。在空挡位置时，左、右拨叉轴在对着钢球处开有深度相当于钢球半径的凹槽，中间拨叉轴则左、右均开有凹槽，凹槽中开有装锁销的孔。这种互锁装置可以保证变速器只有在空挡位置时，驾驶员才能移动任一根拨叉轴换挡。若某一拨叉轴被移动而挂挡时，另两个拨叉轴便被互锁装置固定在空挡位置而不可能再轴向移动。只有当摘去挡位，拨叉轴处于空挡位置时，驾驶员才能挂上其他挡。

3. 定轴式动力换挡变速器

例如，叉车定轴式动力换挡变速器是一个二自由度的变速器，即实现一个挡位仅需要接合一个换挡离合器，共可实现两个前进挡和一个倒挡，共有三根轴和三个换挡离合器，输入轴和输出轴上的两个离合器分别实现两个前进挡，中间轴上的离合器实现倒挡。

（1）离合器传动部分。离合器传动部分由离合器外鼓和固装在轴上的齿轮焊在一起。五片钢片、压板、液压缸活塞和离合器外鼓通过花键连接，压板由卡簧做轴向限位。离合器内鼓和空转齿轮制成一体，粉末冶金摩擦衬面的摩擦片通过花键与离合器内鼓相连接。

（2）离合器压紧、分离部分。离合器压紧、分离部分包括液压缸、活塞和分离弹簧。分离弹簧在离合器内鼓里面。推动活塞使离合器片压紧的压力油来自端盖，从轴的端部外圆处进入，经轴中孔道进入液压缸，推出活塞，压紧摩擦片，使离合器接合以传递转矩。离合器分离时，放掉液压缸中的压力油，活塞在分离弹簧作用下退回，摩擦片分离。此离合器采用阶梯液压缸，压力油先通至液压缸小腔，然后通过圆柱配合面的缝隙流至液压缸大腔。液压缸小腔是用来消除离合器片间间隙的，液压缸大腔用来压紧离合器，由于油从小腔进入大腔经过节流，因此大腔的油压上升比较缓慢，离合器的压紧力是逐渐增加的，这样可实现离合器平顺接合。

为了卸除旋转液压缸的离心压力，在液压缸靠近外径处设置了自动倒控球阀。其原理是：当离合器分离时，液压缸接通回油路而卸压，此时钢球在自身离心力的作用下向外甩出，卸油孔打开，液压缸内的油便从卸油孔自由泄出；当需要离合器接合时，压力油通入液压缸，油经过球和孔之间的月牙形弯道从泄油孔流出，此时在钢球的前、后便产生压差，在此压差产生的力的作用下，钢球便压向泄油孔，将泄油孔关闭，泄油孔停止泄油，液压缸的压力上升，离合器接合。

4. 行星齿轮变速器

（1）基本行星排。行星齿轮变速器是由基本行星排组成的，基本行星排包括太阳轮、齿圈、行星架和行星轮。由于行星轮的轴线在空间旋转，与外界连接较困难，故在行星齿轮变速器中，基本行星排只有三个与外界联系的基本元件，即太阳轮、齿圈和行星架。

（2）行星齿轮变速器的结构。二自由度行星齿轮变速器由两个行星排和两对定轴齿轮传动机构构成。两个行星排的太阳轮完全相同，第一排的齿圈与第二排的行星架相连接。两个制动器和一个离合器共三个操纵件，可实现三个挡位，左侧的制动器可制动第一排的行星架，右侧的制动器可制动第二排的齿圈。

四、液力变矩器

1. 液力变矩器的构造

常见的液力变矩器由可旋转的泵轮和涡轮以及固定不动的导轮三个元件组成，如图3—4所示。各工作轮用铝合金精密铸造，或用钢板冲压、焊接而成。泵轮与变矩器壳连成一体,用螺栓固定在发动机曲轴后端的凸缘上。壳体做成两半,装配后焊接成一体(有的用螺栓连接)。壳体外面有起动齿圈,涡轮通过从动轴与传动系统的其他部件相连接,导轮则固定在不动的套管上。所有工作轮在装配后形成断面为循环圆的环状体。

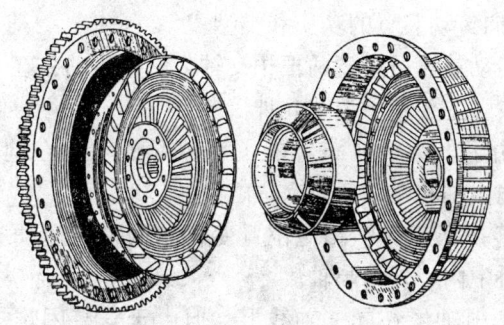

图3—4 液力变矩器

变矩器正常工作时,储存于环形内腔中的工作液除绕变矩器轴的圆周运动以外,还在循环圆中沿图3—5所示的箭头方向循环流动,故能将转矩从泵轮传到涡轮上。

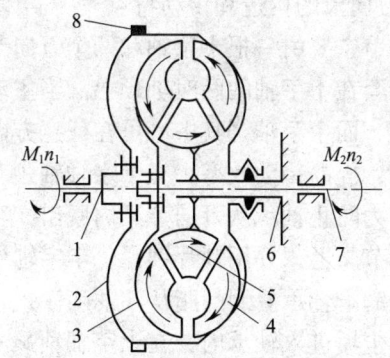

图3—5 工作液循环流动方向
1—发动机曲轴 2—变矩器壳 3—涡轮 4—泵轮
5—导轮 6—导轮固定套管 7—从动轴 8—起动齿圈

2. 液力变矩器的工作原理

液力变矩器之所以能起变矩作用，是由于结构上有了导轮机构，在液体循环流动的过程中，固定不动的导轮给涡轮一个反作用力矩，使涡轮输出的转矩不同于泵轮输入的转矩。

五、万向传动装置

1. 万向传动装置的功用和类型

万向传动装置可实现两根相交轴之间的传动，在车辆底盘的传动系统中，主要用于下述几种情况：

（1）由于车辆整体布置的关系，两根轴不在同一轴线上，如变速器输出轴和驱动桥输入轴之间的传动。

（2）连接在工作中相对位置变化的两根传递动力的轴，如转向驱动桥中内、外两半轴。

（3）两根轴虽在同一轴线上，但由于安装困难，或由于机架的变形等原因，实际工作中难以保证两轴的同轴性。

万向传动装置可分为不等角速和等角速两种。应用广泛的十字轴刚性万向节是不等角速万向传动装置，此装置一般由万向节、传动轴以及中间支撑组成。

2. 十字轴万向节的构造和传动特点

十字轴万向节主要由一根十字轴和两个万向节叉组成。万向节叉上的孔分别套在十字轴的两对轴颈上。当主动轴转动时，从动轴可随之转动，而十字轴绕其中心可在任意方向摆动。

为减小摩擦，提高传动效率，在十字轴轴颈和万向节叉孔间装有滚针轴承。为防止轴承从万向节叉内脱出，套筒用螺钉和轴承盖固定在万向节叉上，并用锁片锁紧。十字轴中间有孔道，用以储存润滑脂，润滑轴承。润滑脂从注油嘴注入十字轴内。为避免润滑脂流出及尘垢进入轴承内，在十字轴轴颈上装有带金属座圈的毛毡油封。在十字轴的中部还装有安全阀，如果十字轴内的润滑脂压力大于允许值，安全阀被顶开，润滑脂外溢，使油封不至于因油压过高而损坏。

有些十字轴万向节叉与十字轴配合的孔不是一个整体，而是瓦盖式的，瓦盖用螺钉连接；还有些万向节叉的两耳是分别用螺钉和托盘连接花键的。这种结构的特点是装卸方便，制造简单。

十字轴万向节的传动特点是：被连接的两相交轴的瞬时角速度不相等。十字轴万向节传动的不等速性使从动轴及其相连的传动件产生扭转振动，形成附加的动载荷，影响零部件的使用寿命。为克服这一缺点，常采用两个十字轴万向节组成的双万向节传动。

双万向节等速传动的条件是：三轴在同一平面内；第一万向节连接的两轴间夹角与第二万向节连接的两轴间夹角相等；第一万向节从动叉和第二万向节主动叉在同一平面内。但在实际使用中，并不能完全满足以上条件，只能是实现近似的等角速传动。

3. 传动轴的结构及特点

传动轴常用于在变速器与驱动桥之间传递动力。这种轴一般较长，且转速高，必要时应加中间支撑以减小其长度。由于所连接的两部件间的相对位置经常变化，因而要求传动轴的长度也相应地变化，以保证正常运转。传动轴的结构有以下特点：

（1）广泛采用空心传动轴，这是因为在传递相同转矩的情况下空心轴具有更高的刚度和强度，而且质量小。

（2）传动轴是高速转动件，为了避免因离心力而引起的剧烈振动，要求传动轴的质量沿圆周均匀分布，故通常不用无缝钢管，而是用钢板卷制、对焊成管形圆轴（因为无缝钢管的管壁不均匀，而钢板厚度较均匀）。此外，当传动轴和万向节装配以后，要经过动平衡，用焊小钢片（称为平衡片）的办法使之平衡，平衡后应在万向节叉和传动轴上刻上记号，以便拆装时保证两者原来的相对位置。

（3）传动轴上有花键连接部分，传动轴的一端焊有花键接头轴，与万向节滑动叉的花键套接合。这样传动轴允许伸缩，花键长度应保证传动轴在各种工况下既不脱开又不顶死，为了润滑花键，通过油嘴注入润滑脂，用油封防止润滑脂外流，有时还加防尘套；传动轴的另一端则与万向节叉焊成一体。为了减少花键轴和花键之间的摩擦损失，提高传动系统的传动效率，有些车辆采用滚动花键代替滑动花键。

用双万向节传动虽然可以近似地解决等速传动问题，但在某些情况下，例如，转向驱动桥的内、外半轴间在布置上受轴向尺寸的限制，转向轮要求的偏转角度大，双万向节很难适应。因此，应用等角速万向节就可以实现等角速传动，它在转向驱动桥上应用最广泛。这种万向节的结构形式有双联式万向节、球叉式万向节、球笼式万向节等，另外还有挠性万向节，它一般用于两轴间夹角为3°~5°以及有微量轴向位移的轴间传动。

六、驱动桥

驱动桥是指变速器或传动轴之后、驱动轮之前的所有传动机构的总称，是传动系统中的最后一个总成。

1. 组成及功用

驱动桥一般由主传动器、差速器、半轴、驱动桥桥壳等组成，有些车辆还有轮边减速器。

驱动桥的功用是：通过主传动锥齿轮降低转速，增大转矩；改变动力传递方向；通过差速器解决左、右车轮的差速问题；通过差速器和半轴将动力分别传递给驱动轮。

轮边减速器的作用是进一步降低转速，增大转矩。桥壳还起承重和传力作用。采用轮边减速的车辆，对于主传动器和差速器齿轮来说，可以降低所传递的转矩；减小尺寸；减轻质量及减少金属消耗量；保证一定的离地间隙。但结构比较复杂，驱动桥总减速比大的车辆才采用轮边减速器。

2. 主传动器

主传动器（又称主减速器）的功用是降低转速，增大转矩，并将旋转轴线由纵向改变为横向后将转矩传给差速器。

（1）内燃机动力车辆用主传动器。目前，企业内机动车辆上广泛采用的主传动器主要是锥齿轮减速器,按齿形不同,可将其分为螺旋锥齿轮和双曲面锥齿轮两种。东风EQ1092型货车主减速器的结构如图3—6所示。

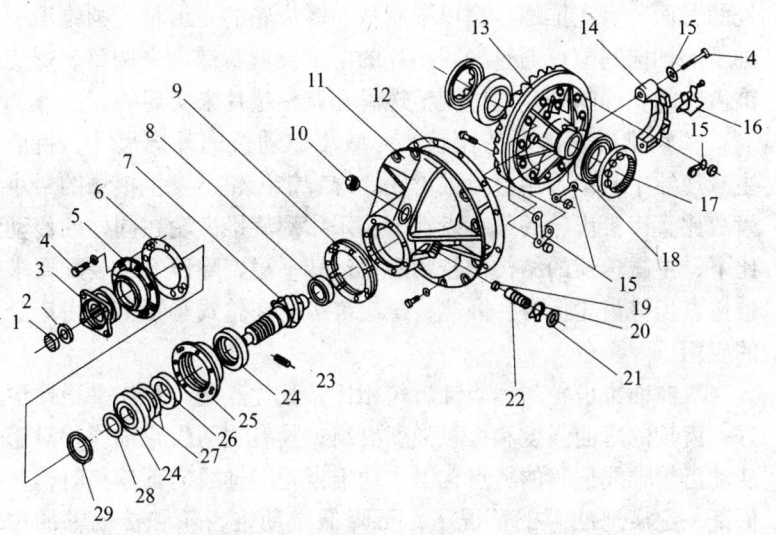

图3—6 东风EQ1092型货车减速器的结构
1—槽形螺母 2—垫圈 3—连接凸缘 4—紧固螺栓 5—油封座 6—油封座衬垫 7—主动锥齿轮 8—后轴承 9—主动锥齿轮调整垫片 10—加油螺塞 11—主减速器壳 12—衬垫 13—从动锥齿轮及差速器 14—差速器轴承盖 15—锁片 16—止动片 17—差速器轴承调整螺母 18—差速器轴承 19—支撑套 20—支撑螺柱锁片 21—锁紧螺母 22—支撑螺柱 23—开口销 24—前轴承 25—主动锥齿轮前轴承座 26—主动锥齿轮前轴承隔套 27—调整垫片 28—止推垫圈 29—油封总成

主传动器由一对螺旋锥齿轮组成,它们之间必须有正确的相对位置,这样才能减少两齿轮啮合传动时的冲击和噪声,并使轮齿沿其长度方向的磨损均匀。为了保证主动锥齿轮有足够的支撑刚度,主动锥齿轮与轴制成一体,一端支撑在两个圆锥滚子轴承上,另一端支撑在圆柱滚子轴承上,形成跨置式支撑;环状的从动锥齿轮用螺栓固定在差速器右壳的凸缘上。

为提高从动锥齿轮的整体刚度,在差速器右壳凸缘背面有加强肋,差速器壳则用两个圆锥滚子轴承支撑在托架的座孔中。为了保证从动锥齿轮有足够的支撑刚度,在正对其主动锥齿轮啮合处的背面装有止推螺栓,以限制从动锥齿轮的变形量。圆锥滚子轴承的轴向间隙可通过增减垫片的厚度或调整螺母来调整。螺旋锥齿轮的正确啮合是通过调整螺母和调整垫片来实现的。

(2)锥齿轮齿形的比较。为减小驱动桥的外廓尺寸,目前主减速器中基本不用直齿锥齿轮,螺旋锥齿轮不发生根切的最小齿数比直齿锥齿轮的最小齿数少;采用螺旋锥齿轮在同样的传动比下,主减速器的结构比较紧凑;运转平稳,噪声低;装配要求也比直齿锥齿轮低等。因此,螺旋锥齿轮在轮式车辆上获得广泛的应用。

双曲面锥齿轮与螺旋锥齿轮相比,其优点是:工作平稳性更好;齿轮的弯曲强度和接触强度更高;具有主动齿轮轴线相对于从动齿轮轴线偏移的特点,当主动锥齿轮的轴线向下偏移时,在保证一定离地间隙的情况下,可降低主动锥齿轮和传动轴的位置,因而使车身和整车重心降低,这将有利于提高车辆行驶的稳定性。当双曲面齿轮工作时,齿面间有较大的相对滑动,且齿面间压力很大,齿面油膜易被破坏。为减小摩擦,提高效率,必须采用含防擦伤添加剂的重负荷车辆齿轮油[1],绝不允许用普通车辆齿轮油代替;否则,将使齿面迅速擦伤和磨损,大大缩短使用寿命。

(3)电瓶叉车驱动桥。电瓶叉车驱动桥一般由桥壳、主减速器齿轮、差速器、半轴等组成。前桥壳(驱动桥壳)由球墨铸铁整体铸造而成,中部开一口,与减速器壳连接,减速器与差速器装于桥壳中部,左、右半轴装于桥壳内的左、右两侧。主减速器为二级减速,由一对圆柱斜齿轮和一对螺旋锥齿轮组成。主

---

[1] 重负荷车辆齿轮油旧称双曲线齿轮油。

动圆柱斜齿轮装在电动机轴的凸出端上。减速器内装有被动圆柱斜齿轮、主动螺旋锥齿轮和从动螺旋锥齿轮等。差速器内装有行星齿轮、半轴齿轮和行星齿轮轴等。

3．轮边减速器

当车辆要求有较大的传动比和离地间隙时，一般采用轮边减速器。

它的功用是进一步降低转速，增大转矩，满足整车的行驶和作业要求；可相应地减小主传动器和变速器传动比，因此降低了这些零部件传递的转矩，减小了它们的结构尺寸。

轮边减速器在驱动桥壳两端分别由螺钉固定住花键套，在它的外圆花键上安装着齿圈架，两者由挡圈通过螺钉连接在一起。齿圈与齿圈架通过曲形花键连接，并用卡环限制齿圈的轴向移动，因此齿圈是固定件。太阳轮通过花键安装在半轴外端，端头由卡环定位，行星轮通过滚针轴承支撑在行星架固装的行星轮轴上，它分别与太阳轮和齿圈啮合。行星架和轮毂用螺栓固定在一起，轮毂通过一对大、小圆锥滚子轴承支撑在花键套上。从差速器和半轴传来的动力经过太阳轮、行星轮、行星架，最后传到轮毂上，使驱动轮旋转，驱动车辆行驶。

4．差速器

（1）差速器的功用。车辆转弯时，内侧车轮滚动的距离要比外侧的短，要保证车轮在地面上只有纯滚动而无滑动，内侧车轮就必须比外侧车轮转得慢。车辆在不平的路面上直线行驶时，以及由于轮胎制造尺寸的误差，轮胎磨损程度不同，轮胎气压不均匀等因素，使车轮实际滚动半径不相等，都要求两侧车轮以不同的速度旋转。这就需要在结构上设置一个允许两侧车轮以不同转速旋转的装置——差速器。

差速器的功用是：使车辆转弯或在不平路面上行驶时，能自动地使两个驱动轮差速滚动，并且将主减速器传来的动力分配给两侧车轮。

(2) 差速器的构造。目前车辆上广泛使用的是对称式锥齿轮差速器。

差速器主要由四个行星轮、行星齿轮轴（十字轴）、两个半轴齿轮和差速器壳等组成。差速器壳用螺栓或铆钉与主传动器从动锥齿轮相连接，与另一半差速器壳用螺栓相连接；十字轴的四个轴颈上通过滑动轴承装着四个行星齿轮；四个行星齿轮的两侧各与一个半轴齿轮相啮合，上述齿轮均装在差速器壳内。垫片用来将各锥齿轮的轴向推力传给差速器壳。十字轴装在两差速器壳贴合时所形成的四个圆孔内，半轴齿轮内孔有花键，与两侧半轴内端相连接。

(3) 差速器的工作原理。来自主减速器的动力传给差速器壳，经行星齿轮轴传给行星齿轮。若行星齿轮只公转而不绕行星齿轮轴自转时，将推动两侧半轴齿轮以与差速器壳相同的转速转动。半轴齿轮以其内花键孔连接着各自的半轴，以驱动该侧驱动车轮。当行星齿轮既有公转又有自转时，左、右两半轴将以不同的转速转动。

为了改善车辆在恶劣路面的通过能力，不少车辆上采用了防滑差速器，当一侧的驱动轮在地面上打滑时，可将大部分转矩或全部转矩传给不打滑的驱动轮，以利用该侧驱动轮的附着力产生较大的牵引力而使车辆继续行驶。防滑差速器的结构形式有强制锁住式差速器、摩擦片式差速器和滑块凸轮式差速器等。

5. 半轴和桥壳

(1) 半轴。半轴的功用是：将差速器半轴齿轮的动力传给驱动轮或轮边减速器。一般采用实心轴。

半轴与驱动轮毂在桥壳上的支撑形式决定了它的受力情况，据此通常把半轴分为全浮式和半浮式两种形式。所谓"浮"是指卸除了半轴的弯曲载荷而言。

1) 全浮式半轴。驱动轮上受到的各反力及其由它们产生的弯矩均由桥壳承受，半轴只承受转矩而不受任何弯矩作用。这种半轴受力条件好,故应用广泛,只是结构较复杂。

2）半浮式半轴。与全浮式半轴不同,半轴用轴承直接支撑在桥壳凸缘内,作用在车轮上的各反力都必须经过半轴传给驱动桥壳。所以,只能使半轴内端免受弯矩,而外端却承受全部弯矩,故称为半浮式。这种半轴受到的载荷较大,但其优点是结构简单,故多应用在轻型车辆上。

（2）桥壳。驱动桥壳的功用是：支撑并保护主减速器、差速器和半轴等,使左、右驱动车轮的轴向相对位置固定；同从动桥一起支撑车架及其上各总成的质量；车辆行驶时,承受由车轮传来的路面反作用力和力矩,并经悬架传给车架。

驱动桥壳可分为整体式桥壳和分段式桥壳两类。整体式桥壳中部是一个环形空心梁,两端压入半轴套管。凸缘盘用来固定制动器底板,主传动器壳用螺钉固定在空心梁的中部前端面上。后盖上装有检查油面用的螺塞。其优点是：整体式桥壳的强度和刚度较高,便于主传动器的装配、调整和维修,在各类车辆上得到普遍应用。

6. 齿轮油和润滑脂

（1）齿轮油。工业车辆底盘（含变速器、主传动器、差速器和转向器）使用的润滑油称为齿轮油。

1）齿轮油的品种和牌号。传动系统用的齿轮油,根据用途不同分为普通车辆齿轮油和重负荷车辆齿轮油两种。

2）齿轮油的选用。齿轮油的选用主要根据气温条件决定。气温低时,应选用凝点较低、黏度较低的牌号；反之,则用黏度高、凝点较高的牌号。普通车辆齿轮油参见石化行业标准《普通车辆齿轮油》（SH/T 0350—92）选取,重负荷车辆齿轮油参见国家标准《重负荷车辆齿轮油》（GB 13895—92）选取。

（2）润滑脂。润滑脂俗称黄油,它由80%～85%的润滑油与稠化剂、稳定剂和添加剂组成。常用的润滑脂有钙基润滑脂、钠基润滑脂、钙钠基润滑脂和锂基润滑脂等。

钙基润滑脂是一种应用最广泛的润滑脂。其特点是不溶于水，抗水性较强，但耐热性差。其工作温度不超过 70℃。水泵轴承、分电器凸轮及底盘的许多润滑点多用钙基润滑脂润滑。

钠基润滑脂的特点是耐热性强，但耐水性差，不宜用于与水直接接触和潮湿的环境。其耐热温度可达 135℃。轮毂轴承等处使用钠基润滑脂润滑。

钙钠基润滑脂的性能介于钙基润滑脂与钠基润滑脂之间，适于在工作温度 100℃以下，而又易于与水接触的条件下使用，如水泵轴承、传动轴中间轴承和离合器轴承等处。

锂基润滑脂具有良好的抗水性、耐热性和抗低温性能，使用周期长，锂基润滑脂分为 1，2，3 三个牌号，参见国家标准《通用锂基润滑脂》（GB 7324—94）选取。

第二节　企业内机动车辆的行驶系统

企业内机动车辆一般采用轮式行驶系统。行驶系统一般由车架、车桥、车轮和悬架等组成。行驶系统是车辆的基体，它将车辆连成一个整体，承受和传递车辆与地面间的各种载荷，并保证车辆能在各种路面上平稳地行驶。

一、行驶系统的功用与组成

机动车辆行驶系统的主要功用是：支持整车的质量和载荷，并保证车辆行驶和进行各种作业。

企业内机动车辆普遍采用轮式行驶系统。它多由车架、车桥、车轮和悬架等组成，车架通过悬架连接着车桥，而车轮则安装在车桥的两端。

对于行驶速度较低的各种作业车辆，为了保证其作业时的稳定性，一般不装悬架，而将车桥直接与车架连接，仅依靠低压橡胶轮胎缓冲减振，因此缓冲性能比装有弹性悬架的汽车差。

二、车架

车架是车辆的骨架,车辆的所有总成和部件(发动机等动力装置、传动系统、行驶系统、转向系统、制动系统、车身和驾驶室以及工作装置等)都固定在车架上,并使所有组成部分保持一定的相互位置。所以车架除具有足够的强度外,还必须具备足够的刚度。

车架是支撑车辆各个部件并传递工作载荷的承载结构。车架主要有边梁式和箱型两种。边梁式车架有两根由钢板和型钢焊成的纵梁,分置于车辆的两边,它是车架承载的主体。根据部件位置的需要,在纵梁之间焊接若干横梁,提高了车架的刚度。箱型车架是以纵梁隔板焊成左、右两个箱型结构,其特点是刚度高、箱体可兼作油箱。除了边梁式和箱型这两种主要的车架形式外,还有所谓无车架式车辆,它利用内燃机壳体承载,兼起车架作用。无车架车辆结构简单,检修容易,当车辆发生意外损坏事故时,这种车架就更显出它的优点,因为对于一般有车架的车辆而言,事故将使车架弯扭损坏,整车必须全部解体,再将车架调直,费时费事。无车架式车辆的缺点是提高了对部件组装的要求,将发动机从车辆上取下送修时,车辆必须全部解体。

三、车桥

车桥有转向桥、驱动桥、转向驱动桥和支持桥四种。

1. 转向桥的功用

转向桥的功用是:通过操纵机构使转向车轮可以偏转一定的角度,以实现转向;除承受垂直反力外,还承受制动力和侧向力以及这些力所引起的力矩。

2. 转向桥的构造

转向桥由转向桥体和两个与转向桥体用主销相铰接的转向节,以及用两个大、小圆锥滚子轴承支撑在转向节上的轮毂所组成,转向杆系安装在转向桥体上,通过转向节和转向轮相连接。转向桥和车体相连接,与驱动桥一起支撑整台车辆。转向桥体通常为工字形截面的实心梁,它可以是铸件或由钢板焊接成型。焊接桥体质量较轻,工艺简单,使用较广泛。转向桥体的两端与转向节的连接方式有拳形和叉形两种形式,叉形结构多用于钢板焊接的桥体,以便于将转向梯形机构置于中间。

3. 转向轮定位

为保证车辆行驶的直线性、转向轮偶遇外力时的自动回正性以及操纵的轻便性,一般的载重汽车都具有主销后倾角、主销内倾角、转向轮外倾角以及转向轮前束,这种转向车轮、转向节和轴之间的相对位置称为转向轮定位。企业内机动车辆多因行驶速度较低,并且前进与后退的机会几乎相等,一般不采用车轮前束和主销后倾角。

(1) 主销后倾角。在纵向垂直平面内,主销上部向后倾斜一个角度叫做主销后倾角。

当主销具有后倾角时,主销轴线的延长线与地面的交点将位于车轮与地面接触点的前方。当车辆直线行驶而转向轮稍有转角时,车辆将转向而偏驶,由于车辆离心惯性力的作用,路面将给车轮一个向心反作用推力。此侧向力的作用对主销轴线有一力矩,此力矩是车轮上承受的稳定力矩,它能使车轮保持在直线行驶位置而不左右摆动。此力矩不应过大,否则,会使转向时驾驶员施加在转向盘上的力矩过大,造成转向沉重。

对于普通载重汽车,主销后倾角一般不超过3°。采用低压轮胎时,因其弹性较大,轮胎的变形及转向时侧向偏离而使着力点后移,稳定力矩将增大,此角可以减小到零甚至为负值。

主销后倾角是相对于行驶方向而言的,开倒车时,力矩并无稳定作用而有减轻操纵所需力矩的效果。因此,对于需要经常进行穿梭式作业的企业内机动车辆,此角可以减小到零。

(2) 主销内倾角。主销内倾角是指在横向垂直平面内,主销轴线上端向车辆内侧倾斜一角度。当主销无内倾角时,其延长线与地面的交点与轮胎接触地面中心点有一定的距离;使主销内倾时，其延长线与地面交点之间的距离减小，从而使操纵转向轮偏转的力矩减小。同时，在转向轮受到地面冲击和制动时，还可减小转向轮传到转向盘的冲击力。此外，主销内倾也有保持车轮直线行驶稳定性的效果。当车轮由直线行驶位置绕主销轴线旋转时，车轮与地面接触点应延伸到地下，但实际上车轮下缘不可能陷入地面之下，而是将转向轮连同整机前部或后部向上抬起一定高度，由于整机的自重作用而迫使转向轮返回到直线行驶位置。

(3) 转向轮外倾角。转向轮外倾角是指车轮的纵向滚动中心平面相对于纵向垂直平面上部外倾一个角度。

转向轮外倾后，在地面对车轮垂直反力的轴向分力的作用下，使轮毂压紧在转向节内端的大轴承上，从而减轻了外端小轴承及轮毂锁紧螺母的负荷。可防止车轮从轴上脱出，还可避免满载时因转向从动桥的变形而导致车轮出现严重的内倾现象。转向轮外倾后，可使轮胎接触面中心点到转向主销轴线的距离进一步缩小，从而减小了阻止转向轮偏转的力矩，使转向操纵轻便。

(4) 转向轮前束。转向轮前束是指车轮滚动时，使转向轮前端有向外张开的趋势。这种趋势增加了轮毂外轴承的压力。由于车桥的约束，使车轮不能向外滚动，车轮将在地面上边滚边滑，从而增加了轮胎的磨损。为避免此现象，可调节转向横拉杆的长度，使转向轮前端距离 B 略小于后端距离 A，$A-B$ 的长度称为转向轮前束，通常在 $2\sim 12$ mm 范围内。转向轮前束一般通过改变转向横拉杆长度的方法进行调整。

四、车轮和轮胎

车辆的车轮由金属车轮和橡胶充气轮胎两部分组成。

1. 车轮

车轮用来支撑弹性轮胎，并传递各种力和力矩。车轮一般由轮毂、轮辐和轮辋三部分组成。轮毂通过滚动轴承支撑在车桥或转向节轴颈上。轮辋也叫轮圈（钢圈），用来安装轮胎。轮辐用来将轮毂与轮辋连接起来。按轮辐结构的不同，车轮可分为盘式和辐式两种，盘式车轮应用最广泛。

盘式车轮中用以连接轮毂和轮辋的钢质圆盘称为轮盘，多是冲压而成，与轮辋焊接成一体或直接制成一体。轮盘上的安装孔是为了减轻轮盘的质量，便于安装及拆卸，以及有利于车辆制动器和轮胎的散热。轮盘用螺栓固定在轮毂上，轮辋上的椭圆孔为气门嘴伸出孔。辐式车轮的轮辐和轮毂铸成一体。为了便于安装轮胎，轮辋做成可卸的，并能用螺栓装在轮辐上。

(1) 轮辋。轮辋是用来固定轮胎的。轮辋的结构有深式和平式两种形式。

深式轮辋具有带肩的凸缘，用以安放外胎的胎圈，其肩部略有倾斜，断面中部的深槽有利于外胎的安装。深式轮辋的结构简单，刚度高，质量小，对于小尺寸弹性较大的轮胎较适宜。

平式轮辋有多种形式，为了便于尺寸较大、较硬的轮胎的拆装，轮辋为可拆式的，可分为平式对开轮辋和带弹性开口挡圈的轮辋。国产轮辋的规格用数字、符号和拉丁字母表示，轮辋断面宽度、轮辋名义直径均以英寸（in）为单位，以数字表示，轮缘高度以拉丁字母表示。在轮辋直径之前用不同符号表示其结构形式，"—"表示两件以上组成的平式轮辋，"×"表示为一件式的深式轮辋。例如，8.00 V—20 表示轮辋宽度为 8 in，轮缘高度为 44.45 mm，平式轮辋，轮辋名义直径为 20 in；又如，4.50 E×6 的 "×" 表示为深式轮辋。在实际使用中，轮辋规格应按轮胎标准中所规定的轮胎和轮辋配用关系选择。

(2) 轮毂。轮毂内的轴承一般采用一对圆锥滚子轴承。轴承间隙可由调节螺母进行调整。调整后，用锁定方法使螺母保持在调整的位置，不能松开；否则，就会发生车轮脱出事故。在轴承旁边空腔内储存有润滑脂，为不使润滑脂溢出，在轮毂上装有油封。轮毂上有凸缘固定轮盘和制动鼓。为防止螺母自动松脱，左侧车轮采用左螺纹，右侧车轮采用右螺纹。

2. 轮胎

轮胎安装在轮辋上，直接与地面接触。它的功用是吸收和缓冲地面不平所产生的冲击和振动。它的表面花纹还可以提高车辆的附着能力。

(1) 轮胎的组成。轮胎由内胎、衬带和外胎组成。

1) 内胎。内胎是一个环状橡胶管，管壁上装有气门嘴，空气由气门嘴压入，使内胎具有一定的弹性。

2) 衬带。衬带是一个带状橡胶件，它衬在内胎下面，使内胎不与轮辋及外胎的硬胎圈直接接触，以防止内胎擦伤或卡到胎圈与轮辋之间而被夹伤。

3) 外胎。外胎是一个保护内胎的有一定强度的弹性外壳。它主要由胎面、胎体和胎圈等组成。胎体由帘布层和缓冲层组成。帘布层是外胎的骨架，用以保护外胎的形状和尺寸，承受车轮受压时胎内的张力，它通常由若干层涂胶的帘布按一定角度贴合而成。帘线可采用棉线、人造丝、金属丝和尼龙线。缓冲层在胎面和帘布层之间，由挂胶布组成，可吸收胎面的冲击，保护帘布层，同时可使胎面橡胶层与帘布层结合得更牢固。为防止在撞击、摩擦等作用下损伤胎体，故在胎体外用胎面橡胶层加以保护。胎面包括胎冠、胎侧和两者之间的胎肩三部分。经常与地面接触的胎冠要求具有耐磨性能，并具有一定形状的花纹，以提高轮胎在地面上的附着力。为使外胎能牢固地安装在轮辋上，外胎还具有带金属丝的胎圈，它由钢丝圈、帘布层包边和胎圈包布组成。

(2) 轮胎的型号规格标记。轮胎尺寸规格标记用英制尺寸表示，也有用公制尺寸和英制尺寸混合表示的。高压轮胎用 $D \times B$ 表示其尺寸规格，例如，34×7 的轮胎表示轮胎外径 D 为 34 in，端面宽度 B 为 7 in。拱形轮胎、椭圆形轮胎及超低压轮胎也用 $D \times B$ 表示，以 mm 为单位，如 $1\,140 \times 400$ 等。低压轮胎常用 $B—d$ 表示其尺寸规格，如 9.00—20 表示端面宽度为 9 in，轮辋直径为 20 in。

（3）装载机的轮胎。轮胎是装载机行走系统的重要部件，对车辆的使用质量有很大的影响。装载机的牵引性能、制动性能及经济性能均与轮胎的性能有关。同时，轮胎又是易损件，且价格较高，其价格占装载机总成本的 7% ~ 15%，占机械成本和运营费用的 14% ~ 25%。因此，就装载机来说，正确选用与使用轮胎，最大限度地延长轮胎的使用寿命，降低运营费用，对提高经济效益具有十分重要的意义。

选用轮式装载机的轮胎时主要应满足以下要求：保证工作负荷，在载重条件下达到允许的车速，在正常的使用工况下滚动阻力小，牵引性好，使用寿命长。轮式装载机的轮胎通常选用低压宽基轮胎，该类轮胎主要用于短距离装运，作业速度慢，运输距离短，最高车速为 10 km/h，单程运距不超过 75 m 的工程机械。同时，轮胎胎面花纹的选择也十分重要，其作用是传递工程机械的牵引力和制动力。它对轮胎与路面的附着性能、耐磨耗性能、滚动阻力等均有很大的影响。

轮胎使用条件不同，对花纹的要求也不同。为保证车辆的性能，通常胎面花纹应满足以下要求：特定的使用条件，满足车辆性能的要求；胎面与路面有良好的附着力；胎面抗滑性能和耐磨耗性能好，滚动阻力小；花纹中不夹带泥沙和石子，有较好的自洁性能；耐切割，不崩花、掉块，不裂口等。在满足特定的使用条件下，还应有较好的综合性能和较长的使用寿命。

轮胎气压过高或过低均会导致轮胎早期磨损，严重影响轮胎的使用寿命。气压过低，易导致轮胎在负荷作用下变形过大，接地面积增加，胎面磨耗不均匀，胎体帘布层间的剪切应力增大，摩擦生热高，造成胎体脱层；同时，轮胎在碰到障碍物时胎体内帘布线容易断裂，致使胎体和轮胎的子口处爆裂。气压过高，则容易使胎体内帘布线因伸张过度而发生断裂，致使胎体爆裂。

五、悬架

悬架是车架与车桥（或车轮）之间的进行传力的连接装置。它的功用是把路面作用于车轮上的垂直反力（支撑力）、纵向反力（牵引力或制动力）和侧向力以及这些反力所造成的力矩都传递到车架上，以保证车辆的正常行驶。悬架一般由弹性元件、减振器和导向机构组成。

1. 悬架的结构形式

企业内机动车辆（如叉车等）一般为前桥驱动，后桥转向。这是由于前桥承载极大（满载时，前桥承担货物和车体自重的90%以上），转向阻力大；另外，悬架中的弹性元件制造较困难，并且在叉取和搬运货物时需要车身平稳，所以前桥与车架采用直接连接方式。而所谓叉车的悬架，一般都是指转向桥的悬架而言。

一般可将悬架分为三支点和四支点两种类型，在不易振动的电瓶车辆上，多采用类似于载重汽车的钢板弹簧相关弹性悬架。三支点悬架是将车架与转向桥中部一点铰接，转向时，转向桥与转向轮一起在水平面内转动（其实是一种车架铰接转向方式），并且转向桥可在垂直平面内摆动。由于此悬架中无弹性元件，故称为刚性悬架。四支点悬架是指车架与转向桥两点连接，或者是虽然车架与转向桥一点铰接，但转向时转向轮偏转，而转向梁相对于车架在水平面内无相对运动的悬架形式。四支点悬架根据是否采用弹性元件和两转向轮之间的相互关系，可分为以下三种结构形式：

（1）相关弹性悬架（非独立悬架）。在这种结构中，转向桥与车架之间用弹性元件（一般为钢板弹簧）连接，在运动过程中，一个车轮的位置影响另一个车轮的位置，故称为相关弹性悬架。转向桥通过两个纵向半椭圆钢板弹簧悬挂在车架上，弹簧的前弯耳铰接到车架中部横梁的凸耳上，而后弯耳则通过摆动吊杆悬挂在车架后部横梁的托架上。弹簧的中部用两个骑马螺栓固定在转向桥上。半椭圆钢板弹簧除了可以传递垂直力和起缓冲作用外，同时兼起导向装置的作用，故可将半椭圆弹簧看做两种元件的组合。另一种橡胶套管式悬架省去了两个半椭圆钢板弹簧，减振靠转向梁中间铰接轴中的橡胶套来实现。

（2）独立弹性悬架。在这种结构中，每个车轮单独地悬挂在车架上，一侧车轮的位置不受另一侧车轮运动的影响，故称为独立悬架。在汽车上应用较广泛，而在企业内机动车辆上应用不多。

（3）刚性悬架。这种结构又称中间铰轴式悬架。转向桥不通过任何弹性元件而直接与车架后部的支座铰接，故称为刚性悬架。它的特点是：零件数目少，结构简单，自重轻，应用普遍。

2. 弹性元件

车辆悬架中常用的弹性元件有钢板弹簧、螺旋弹簧、扭杆弹簧、空气弹簧、油气弹簧和橡胶弹簧等。

第三节　企业内机动车辆的转向系统

一、转向系统的功用与组成

1. 转向系统的功用与转向方式

车辆在行驶过程中要经常改变行驶方向。转向系统的功用是：当左右转动转向盘时，通过转向联动机构带动转向轮，使车辆改变行驶方向。企业内机动车辆行驶方向的改变是通过转向轮（一般是后轮）在路面上偏转一定角度来实现的。而一般车辆的转向方式有偏转前轮转向方式、前轮和后轮同时偏转转向方式、斜行转向方式、多桥转向方式、铰接车架转向方式以及速差（滑移）转向方式等多种方式。按照转向系统动力源的不同，转向系统又可分为机械转向系统（人力转向系统）、助力转向系统和全液压转向系统等种类。

2. 转向系统的组成

转向系统由转向操纵机构、机械转向器和转向传动机构三部分组成。驾驶员操纵转向器工作的机构叫做转向操纵机构，它包括转向盘、转向轴、带万向节的转向传动轴等机件。机械转向器是一个降低转速、增大转矩的机构，用来解决转向阻力矩很大而驾驶员体力小的矛盾。

转向传动机构的功用是：将转向器输出的力和运动传给两转向节，从而使两侧转向轮按一定关系进行偏转。转向传动机构包括转向摇臂、转向主（纵）拉杆、转向节臂、转向梯形臂、转向横拉杆等机件。车辆转向时，要求所有车轮的轴线都能相交于一点，此交点叫做转向中心。这样才能保证各车轮在转向时均做纯滚动，以避免在车辆转向时轮胎与地面滑动而增大阻力，加快轮胎磨损。转向梯形是指由转向横拉杆、两个梯形臂与转向桥体一起形成一个梯形。

二、转向器

转向器的功用是：将转向盘上的操纵力加以放大，并改变动力的传递方向，经转向垂臂传递给转向传动机构。转向器还应有合适的传动可逆性，也就是说，不仅能用转向盘使车轮偏转；相反，车轮的偏转又可带动转向盘转动。其目的在于使偏转的车轮具有自动回正的可能性，以及使驾驶员有"路感"。但也不是说可逆性越高越好，因为可逆性过高，路面对偏转车轮的冲击力传到转向盘上的作用就会过大，容易使驾驶员疲劳，发生"打手"现象。然而不可逆的转向器也并不太理想，会使驾驶员失去"路感"，而不利于操纵。所以转向器应有一定的可逆性，当遇到较小的冲击力时，由转向器中的摩擦力抵消，而不传到转向盘；当遇到较大的冲击力时，才可能少部分地传到转向盘上去。转向器的种类很多，目前，企业内机动车辆常用的转向器有循环球式、蜗杆曲柄指销式和球面蜗杆滚轮式三种形式。

1. 循环球式转向器

循环球式转向器是目前车辆上使用最广泛的一种结构形式。

它一般有两级传动副,第一级是螺杆、螺母传动副,第二级是齿条、齿扇传动副。

循环球齿条齿扇式转向器的结构是:转向螺杆的轴颈支撑在两个推力球轴承上,轴承的预紧度可用调整垫片来调整。转向螺母的下平面上加工成齿条,与齿扇轴(即摇臂轴)内端的齿扇部分相啮合。转向螺母既是第一级传动副的从动件,也是第二级传动副(齿条、齿扇传动副)的主动件(齿条)。通过转向盘和转向轴转动转向螺杆时,转向螺母不能转动,只能轴向移动,并驱使齿扇轴转动。

为减小转向螺杆和转向螺母之间的摩擦,两者的螺纹并不直接接触,其间装有许多钢球,以实现滚动摩擦。转向螺母的内径大于转向螺杆的外径,故能松套在螺杆上,转向螺杆和转向螺母上都加工出断面轮廓为由两段或三段不同心圆弧组成的近似半圆的螺旋槽。两者的螺旋槽能配合形成近似圆形断面的螺旋管状通道。转向螺母的侧面有两对通孔,可将钢球从此孔塞入螺旋形通道内。转向螺母外有两根钢球导管,每根导管与螺母内的螺旋管状通道组合成各自独立的封闭的钢球"流道"。

转向螺杆转动时,通过钢球将力传递给转向螺母,螺母即沿轴线移动。同时,在转向螺杆与转向螺母两者和钢球间的摩擦力偶作用下,所有钢球便在螺旋管状通道内滚动,形成"球流"。钢球在螺旋管状通道内绕行两周后,流出螺母而进入导管的一端,再由导管的另一端流回螺旋管状通道。故在转向器工作时,两列钢球只是在各自的封闭流道内循环,不至于脱出。

转向螺母上的齿条是倾斜的,因此,与之啮合的齿扇应当是分度圆上的齿厚沿齿扇轴线按线性关系变化的变厚齿扇。只要使齿扇轴相对于齿条做轴向移动,即能调整两者的啮合间隙。调整螺钉旋装在侧盖上。齿扇轴内侧端面都开有槽,调整螺钉的圆柱端头即嵌入此槽内。将螺钉旋入,则啮合间隙减小;反之,则啮合间隙增大。循环球式转向器的正传动效率很高,故操纵轻便,使用寿命长。但其逆效率也很高,容易将路面冲击力传到转向盘。不过,对经常在状况良好的路面上行驶的车辆而言,这一缺点影响不大。

2. 蜗杆曲柄指销式转向器

蜗杆曲柄指销式转向器有单销和双销两种。其传动副的主动件是蜗杆,从动件是装在曲柄轴上的指销。转向时,转向盘带动蜗杆转动,拨动嵌入蜗杆槽中的指销的锥形端头,绕曲柄轴轴线做圆弧运动,并带动曲柄转动。

双销式蜗杆曲柄指销式转向器具有梯形截面螺纹的转向螺杆,支撑在转向器壳体两端的两个向心推力球轴承上,转向器盖上装有调整螺塞,用以调整轴承的预紧度,调整后用螺母锁紧。

蜗杆与两个锥形的指销相啮合。两个指销均用双列圆锥滚子轴承支撑于摇臂轴内端的曲柄上,其中靠指销头部的一列无内座圈的滚子直接与指销颈接触。这样,所受剪切载荷最大的这段轴颈的直径可以做得大一些,以保证指销有足够的强度。指销装在滚动轴承上,可以减轻蜗杆和指销的磨损,并提高传动效率。螺母用以调整轴承的预紧度,以使指销能自由转动且无明显的轴向间隙。

摇臂轴用粉末冶金衬套支撑在壳体中,指销同蜗杆的啮合间隙用侧盖上的调整螺钉调整,调整后用螺母锁紧。

双指销式转向器在中间及其附近位置时,其两个指销均与蜗杆啮合,故单个指销所受的载荷比单指销式转向器中指销所受的载荷小,因而其工作寿命较长。当摇臂轴转角相当大时,一个指销与蜗杆脱离啮合,另一个指销仍保持啮合。因此,双指销式的摇臂轴转角范围比单指销式大,但结构复杂,加工精度要求高。

3. 球面蜗杆滚轮式转向器

球面蜗杆滚轮式转向器工作时,转向盘转动空心转向轴并转动与轴固定在一起的球面蜗杆,球面蜗杆与滚轮啮合,滚轮用滚针轴承和轴装在转向器摇臂轴的中间部分,当转向盘带动球面蜗杆转动时，滚轮绕轴承转动，同时沿着螺旋线滚动，使转向器摇臂轴摆转，形成蜗轮、蜗杆传动。这里蜗轮的齿面与蜗杆的齿面之间以滚动摩擦代替了滑动摩擦，因而提高了传动效率，减少了磨损。

蜗杆由圆锥滚子轴承支撑在壳体中，壳盖与壳体之间有垫片，用以调整蜗杆轴承的预紧度。转向器摇臂轴的一端有调节垫片及压盖，用以调节转向器摇臂轴的轴向位置。蜗杆与滚轮的接触点是偏心的，调节转向器摇臂轴的轴向位置，就可改变偏心距，也就调节了蜗杆齿面与滚轮表面之间的间隙。一般要求滚轮在中间位置时蜗杆与滚轮的啮合面之间无明显的间隙，但又不会卡住。

三、转向传动机构

转向器摇臂摆转，经过纵拉杆、扇形转臂、横拉杆和梯形臂使车轮偏转，车轮在地面上受到的各种冲击将经过转向传动系统反过来传给转向器。为了保证转向的工作可靠，必须特别注意防止转向传动机构各环节中零件松脱，以及抵抗冲击载荷的作用。由于转向传动机构各部件的相对运动都是空间运动，为了不发生运动干涉，它们之间的连接都采用了球头销，在球铰连接处应有保证磨损后能自动消除间隙的结构措施。

1. 转向摇臂的连接

转向器摇臂轴与转向器摇臂大都采用圆锥三角齿的花键将两者牢固地连成一体（端部用螺母锁紧）。摇臂与纵拉杆相连的另一端做成锥孔。孔中装入球头销，它的锥面与锥孔相配合，也由螺母将其固紧。为了保证转向器摇臂轴从中间位置向两边摆动时具有相同的摆动范围，常在转向器摇臂及其轴上刻有安装标记。

2. 纵拉杆

纵拉杆在转向传动中不仅受拉，而且受压。因此，通常是用钢管制成的，并尽量避免做成弯曲的形状。纵拉杆的两端略微扩大，以便于安装球头铰接零件。其一端经球头销及螺母和转向器摇臂连接，另一端由球头销和扇形转臂（单梯形时与转向节臂）相连接。纵拉杆支撑块的凹面和球头销的球面相配合组成球铰接点。支撑块外面由螺塞挡住，弹簧压在里面的支撑块上，这样的球铰接点可以保证即使球头销或支撑块磨损时也不存在间隙，并可缓和由车轮传到转向器上的冲击。转动螺塞可调节弹簧的压力，最大压力则由限制块加以限制，以防止弹簧过载。限制块还可在弹簧损坏或断裂时防止球头销脱出。纵拉杆两端弹簧的压紧方向相对，不论受到拉或压的冲击都能起到缓冲作用，由薄铁片罩住的橡胶或油毡盖住铰接点的孔口进行防尘密封。经油嘴加注黄油润滑球头。为简化维护工作，也可采用塑料衬垫或"永久"润滑的球头。

3. 转向梯形机构

企业内机动车辆常用的连杆机构为扇形转臂，它其实是一个多臂杠杆，由纵拉杆通过其球头销推动或拉动，扇形转臂上另外两个球头销与横拉杆相连接；当扇形转臂摆动时，推动或拉动横拉杆带动梯形臂，使左、右车轮偏转。扇形转臂与球头销固定的地方大都做成锥孔，以便使球头销的锥轴能紧固地与转臂连成一体，并且装拆方便；但有时因为空间狭小而将球头销热铆在扇形转臂上，一般应尽量避免这种方法。扇形转臂的心轴受力较大，都装有滚针轴承，并应有良好的润滑，以尽量减少磨损，不使由于扇形转臂与心轴间的间隙而影响到车辆直线行驶的稳定性。

4. 横拉杆

横拉杆是转向连杆系统中可调节长度的杆件，这样便于在安装时能保证车辆行驶的直线方向。一般横拉杆是由两端的球头销接头和端部有螺纹的管子等组成的。管子的端部旋入接头的内螺纹中，并用夹紧螺钉固定。横拉杆上的螺纹一端是右旋的，另一端是左旋的。因此，转动管子便可改变横拉杆的长度。横拉杆与球头销配合的支撑块也有补偿磨损的措施。这种补偿接头间隙的构造能保证横拉杆经调整后具有一定的长度，这样组成的转向连杆系统不会因冲击而改变尺寸。

四、动力转向的基本组成及工作原理

企业内机动车辆工作时转向频繁，转弯半径小，有时需要原地转向，为了减轻驾驶员的劳动强度，吨位较大的车辆多采用动力转向——液压助力转向或全液压转向。采用动力转向系统时，操作人员只需极小的操纵力和一般速度来操纵控制元件，快速克服转向阻力矩的能量则由动力装置提供，这就使作业时操作的繁重程度大大减轻，并进一步提高了生产效率，同时也提高了行驶的安全性。

1. 液压助力转向

液压助力转向是在机械转向的基础上，在纵拉杆处加装液压助力转向器。

液压助力转向器由转向控制阀和动力转向缸组成。控制阀体前、后两端分别用螺钉与带球铰的接头及转向动力缸体相连接。转向动力缸的活塞杆后端用球铰链与车架相连接。动力缸工作时，缸体将相对于活塞杆做轴向运动，并且同活塞杆一起绕固定球铰链摆动。转动转向盘时，转向摇臂一方面通过球铰链带动转向纵拉杆；另一方面带动转向控制阀中的滑阀，使转向动力缸在液压作用下与转向摇臂共同对转向纵拉杆施力。液压助力转向系统的结构原理如图3—7所示。

在液压助力转向系统中，驾驶员转动转向盘的力只是用来克服阀芯运动的摩擦力和回位弹簧力，车轮的转向阻力则由油泵供给的压力油克服，所以，转向阻力的大小对转向盘的操纵力无影响。当动力装置或液压系统发生故障时，油泵停止供油，助力器不起作用，这时的液压助力转向系统就变成了完全的机械转向系统。

2. 全液压转向

全液压转向装置与液压助力转向装置的不同之处是：以全液压转向器取代了机械转向器和纵拉杆等机械元件，且用高压油管将全液压转向器与转向液压缸连通。全液压转向器的优点是：操纵轻便，安装容易，质量轻，体积小，易于总体布置。缺点是：当出现故障时，虽然摆线泵可作为手油泵使用，但转向非常沉重，甚至难以转向。

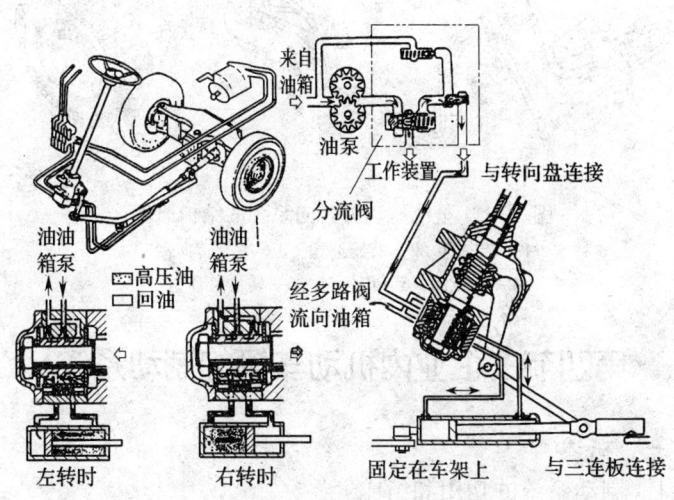

图3—7　液压助力转向系统的结构原理

全液压转向器按配油阀的结构形式不同，可分为摆线转阀式和摆线滑阀式。车辆上常用的是摆线液压马达转向装置。转阀阀芯直接装在转向盘上，而阀体则与液压马达的轴相连接。

叉车全液压动力转向系统的结构原理如图3—8所示。它具有操作简单、结构紧凑、传动平稳等优点，广泛应用于叉车上。它是通过油液把运动传给工作液压缸（起升液压缸、倾斜液压缸和转向液压缸等）的，以实现装卸货物、转向等动作，因此，液压系统是叉车的重要组成部分之一。

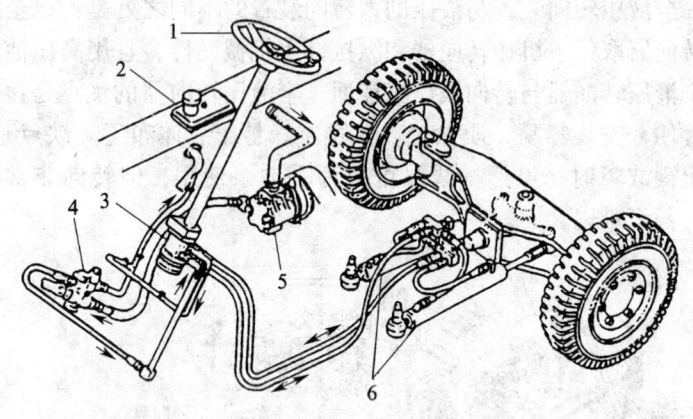

图 3—8　全液压动力转向系统的结构原理
1—转向盘　2—液压油箱　3—液压转向器
4—分流阀　5—齿轮泵　6—转向液压缸

第四节　企业内机动车辆的制动系统

一、概述

1. 制动系统的功用和组成

为保证车辆的行驶安全，制约车辆的运动速度，机动车辆必须装有性能良好的制动装置，以根据需要使车辆迅速地减速，以至停车；防止车辆在下长坡时超过一定的速度；使车辆稳定停放而不至于溜滑。

制动系统一般由制动器和制动驱动机构两部分组成。固定在车轮轮毂上随车轮一起转动的制动鼓的内圆柱面为工作表面。固定不动的制动底板通过两个支撑销铰接支撑着两个弧形制动蹄的下端。两个制动蹄上部的制动底板上还固定有两个活塞的制动轮缸，制动轮缸用油管与固定在车架上的制动主缸相连接。

2. 制动系统的工作原理

制动系统不工作时，回位弹簧使制动鼓的内圆柱面与制动蹄之间留有一定大小的间隙，车轮及制动鼓可以自由转动。当驾驶员踩下制动踏板时，通过推杆推动主缸活塞后移，主缸将产生高压油液，经油管流入轮缸中，推动活塞外移而使制动蹄绕各自的支撑销转动，制动蹄上的摩擦片将压紧在制动鼓的内圆柱面上。这时不转动的制动蹄对旋转的制动鼓产生一个与其转动方向相反的摩擦力矩。由于制动力矩的作用，使车轮对地面产生一个向前的圆周推力，同时，地面也对车轮产生一个向后的反作用推力，这就是车辆制动的外力，叫做制动力。制动力经车轮、车桥、悬架传给车架、车身，迫使车辆减速。制动力越大，车辆的减速度也越大。但车辆制动力的大小不仅取决于制动力矩的大小，还受轮胎与地面附着条件的限制。放松制动踏板时，回位弹簧将制动蹄拉回原位，制动力矩和制动力即行消失。

整个制动系统包括制动器和制动驱动机构两部分。直接产生制动力矩的部件称为制动器。一般车辆在全部车轮上都装有制动器，制动踏板、制动主缸和轮缸等总称为制动驱动机构。其作用是将来自驾驶员或其他动力装置的作用力传到制动器，使其中的摩擦副互相压紧，达到制动的目的。制动系统的工作原理如图3—9所示。

3. 制动系统的分类及其功用

（1）功用

1）行车制动装置。其功用是：制动器是供车辆在行驶中减速用的，故称为行车制动装置。它只是当驾驶员踩下制动踏板时起作用，当放松制动踏板后，制动作用即行消失。

2）驻车制动装置。其功用是：用它来保证车辆停驶后，即使驾驶员离开，仍能保持在原地不动，特别是能在坡道上原地停住，这套制动装置常用制动手柄操纵，并可锁止在制动位置上，故称为驻车制动装置。

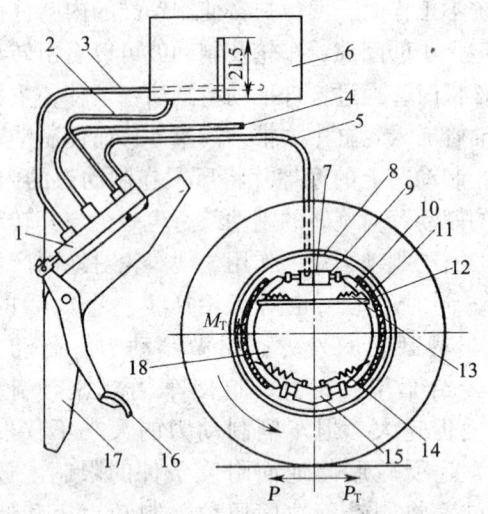

图3—9 制动系统的工作原理
1—制动主缸 2—后进油管 3—前进油管 4—前出油管 5—后出油管
6—油箱 7—液压制动轮缸 8—制动鼓 9—轮缸活塞 10—制动蹄（闸瓦）
11—摩擦衬片 12—后制动蹄支持板 13—后制动蹄支持板拉紧弹簧
14—后制动蹄拉紧弹簧 15—制动间隙调整装置总成
16—制动踏板 17—制动踏板安装架 18—车轮

（2）分类。为了确保行驶安全，车辆上必须装有十分可靠的上述两套制动装置。

按照制动操纵的能源分类，制动系统可分为人力制动系统、助力制动系统和动力制动系统三种。

按照制动能量传递的方式分类，制动系统可分为机械式、液压式、气压式和电磁式等。

按照液压式或气压式制动系统的液压或气压回路多少分类，制动系统可分为单回路制动系统、双回路制动系统和多回路制动系统三种。在单回路制动系统中，若有一处发生漏油、漏气故障，所有车轮制动器均无法制动，安全性差，现已较少采用。在双回路制动系统与多回路制动系统中，各车轮制动器的气压和液压管路分属于两个或多个彼此隔绝的回路,在其中一个回路失效时,另外的回路还能使车辆制动。

根据制动器的安装位置不同,可分为车轮制动器和中央制动器。旋转元件固装在车轮或半轴上,即制动力矩直接分别作用于两侧车轮上的制动器称为车轮制动器。旋转元件固装在传动系统的传动轴上,即制动力矩须经过驱动桥再分配到两侧车轮上的制动器则称为中央制动器。车轮制动器一般用于行车制动,也有兼用于应急制动和驻车制动的。中央制动器一般用于驻车制动。

4. 典型车辆的制动装置

CPC3 型和 CPQ3 型叉车驱动轮采用自动双向增力式制动器,驻车制动操作也是通过机械操纵作用在行车制动器上的。当踩下制动踏板时,推杆推动总泵活塞,将总泵中的制动液通过管路压入制动分泵中,推动分泵活塞,使制动蹄片压到制动鼓上而将车轮制动。在正常行驶中仅用行车制动器,而在停车或紧急情况下方可使用驻车制动器。由于制动蹄片和制动鼓经常摩擦而磨损,致使制动踏板自由行程增大而制动效能降低,此时应调整制动蹄片与制动鼓之间的间隙。人工调整的方法是用旋具拨动调节螺母(棘轮),使制动蹄片与制动鼓接触,然后再反转调节螺母(棘轮)2~3 个牙齿。此时车轮能自由转动,但允许制动鼓与制动蹄片有轻微的摩擦声,间隙在 0.30~0.50 mm 之间为宜。叉车使用中,制动鼓与制动蹄片的配合间隙是由摆臂自动调整的,若自动调整失灵,才采用上述人工调整的方法。

当叉车要长时间停车或遇紧急情况时,驾驶员便可拉动驻车制动器操纵手柄,带动横拉杆、摇臂及拉杆,使驻车制动拉板将右制动蹄压紧在制动鼓上,同时,通过右制动蹄连接杆推动左制动蹄压紧在制动鼓上,产生制动力矩。

二、制动器

产生阻止车辆运动或运动趋势的力的部件叫做制动器。利用固定元件与旋转元件工作表面间的摩擦而产生制动力矩的叫做摩擦式制动器。摩擦式制动器又可分为鼓式与盘式两大类。鼓式制动器中的旋转元件为制动鼓，其工作表面为一圆柱面。盘式制动器的旋转摩擦元件为圆盘状的制动盘，以其端面作为工作面。鼓式制动器按照固定摩擦元件的位置不同，分为内张型鼓式制动器和外收缩型鼓式制动器两大类。内张型鼓式制动器又叫蹄式制动器，外收缩型鼓式制动器又叫带式制动器。

1. 蹄式制动器

蹄式制动器在车辆上应用很广泛，不但用做车轮制动器，也广泛用做中央制动器。

（1）蹄式制动器的结构。蹄式制动器的结构类型很多，如油压张开式蹄式制动器中，制动鼓用螺栓与车轮轮毂的凸缘相固连，与车轮一起转动。制动底板用螺栓与驱动桥壳上的凸缘相连接。T形截面的前、后两个制动蹄，通过下部腹板的孔用偏心支撑销支撑在制动底板上。制动蹄腹板上端松嵌入顶块的凹槽中，而顶块则压入固定于制动底板上的轮缸的活塞上。回位弹簧将两个制动蹄拉拢，使焊在腹板上的锁销紧靠着装在制动底板上的调整凸轮。为防止制动蹄轴向窜动，固定在制动底板上的限位杆与限位弹簧将制动蹄压向制动底板。在两制动蹄的外圆弧面上，用埋头铆钉铆接着由石棉纤维与其他物质混合压制而成的摩擦片。铆钉头的埋入深度为新摩擦片厚度的一半左右，以防止由于摩擦片磨薄，铆钉外露而降低制动效能。

不制动时，制动鼓与制动蹄摩擦片之间应有合适的间隙。间隙过小，会使制动器解除制动不彻底，造成摩擦副拖磨；间隙过大，将使制动踏板行程过长，甚至无法产生足够的制动力矩。由于摩擦片在使用中的不断磨损，制动器间隙会不断增大，因而应定期由制动鼓腹板外边缘处的检查孔用塞尺来检查此间隙的大小，如不符合使用要求，可通过转动调整凸轮和偏心支撑销来调整。在调整凸轮的工作表面上加工出许多内凹的小圆弧面，当锁销卡入此小凹面中时，可防止凸轮自行转动。

当制动器制动时，制动轮缸中有压力油流入，推动两个活塞向外移动，使两制动蹄绕各自的支撑销向外转动，压紧在制动鼓的内圆柱面上。若制动鼓在车辆前进时是正向旋转，则此时制动蹄与制动鼓的旋转方向相同；若车辆倒车时制动鼓反向旋转，则制动蹄与制动鼓的旋转方向相反。制动蹄张开时的转动方向与制动鼓旋转方向相同的制动蹄叫做领蹄（或称紧蹄）。制动蹄张开时的转动方向与制动鼓旋转方向相反的制动蹄叫做从蹄（或称松蹄）。当车辆倒驶时，领蹄与从蹄便互相改变。这种当制动鼓正向或反向旋转时，总有一个领蹄和一个从蹄的内张型鼓式制动器叫做领从蹄式制动器。

(2) 蹄式制动器的基本类型

1) 领从蹄式制动器。也叫简单非平衡制动器。制动蹄由制动轮缸的活塞在液压力的作用下被顶出，由于活塞面积相等，当制动鼓旋转时，左蹄为紧蹄，右蹄为松蹄，两蹄作用在制动鼓上的力也不能互相平衡，其差值由轮毂轴承承受，故简称为简单非平衡式。这种制动器的优点是：结构简单、可靠，制动鼓正、反转制动效能相同，这种特点称为"对称"，适用于往复作业的车辆，磨损后调整方便。对于连续作业的车辆，由于两蹄片单位压力不等，使衬片磨损不均匀，为补救磨损不均匀的缺点，可采取以下措施：后制动衬片比前制动衬片短些，使单位压力接近相等；或者将制动轮缸做成差级式的，使前端活塞直径比后端活塞直径小，从而使两蹄片的单位压力接近相等。

2) 双领蹄式制动器。也叫非对称平衡式制动器。这种制动器的左蹄支点在下端，右蹄支点在上端，每个蹄各有一个轮缸，每个轮缸内有一个活塞，两个轮缸直径相等，当制动鼓同向旋转并制动时，左蹄和右蹄都是紧蹄，油压相等，所以这种制动器称为平衡式制动器。若制动鼓向相反方向旋转并制动时，左蹄和右蹄都是松蹄，制动效能显著降低，故称为非对称式。

3) 双向双领蹄式制动器。也叫对称平衡式制动器。这种制动器在倒车、顺车制动时，两蹄都是紧蹄，因此，倒车、顺车的制动效能都较高，而且相等，故称为对称平衡式制动器。其主要优点是：制动效能较高，衬片磨损均匀，克服了非对称式倒车制动时效能显著降低的缺点。平衡式制动器因采用了两个制动轮缸，结构较复杂。

4）单向自增力式制动器。也叫非对称自动增力式制动器。顺向行驶时，制动鼓旋转制动，左蹄为紧蹄，右蹄为增力紧蹄，制动效能比前述几种都高；但当倒车制动时，即制动鼓向相反方向旋转制动时，左蹄为增力松蹄，右蹄为松蹄，制动效能大大降低。

5）双向自增力式制动器。也叫对称自动增力式制动器。制动鼓正转、反转制动时，两制动蹄交替为紧蹄和增力紧蹄，制动效能高且相同。自动增力式制动器虽然制动效能很高，但它存在不少缺点，例如，制动力矩随操纵力的增加而增加得过猛，使工作不平顺；由于制动蹄受力不平衡，使衬片磨损不均匀；制动力矩对摩擦因数的变化很敏感，因而对摩擦材料摩擦因数的稳定性要求很高。由于这些缺点，不对称自动增力式制动器在车辆中较少采用，对称自动增力式制动器只适用于少数不宜采用加力器，而又要求较大制动力矩的车辆中。

2. 带式制动器

带式制动器也叫外收缩型鼓式制动器。它的制动鼓以外圆柱面作为工作面，而制动件是以内圆弧面为工作面的刚度较低的金属带（制动带）。带式制动器只用于某些车辆的中央制动器。

制动带组件由薄钢板制成的制动带与摩擦材料制成的摩擦片相铆接而成。制动鼓装在传动轴前端，其外圆柱面为工作面。制动带右部以其矩形槽支撑在支架上，带弹簧的调整螺栓拧入支架，可以调整制动带与制动鼓右部间隙的大小。制动带左部上、下两端通过吊杆螺栓和弹簧相连接，固定在变速器壳体后端的支架上，通过带弹簧的螺栓连接着制动带的下端。在不制动时，制动带与制动鼓之间有一定的间隙。旋入或旋出调整螺栓时，可使制动器右部间隙减小或加大。将吊杆螺栓下部的螺母松开后，旋动螺栓上部的螺母，可改变制动器左端下部间隙的大小。最后，制动器左端上部间隙的大小靠螺栓下部的螺母来调整。拉动驻车制动器操纵手柄时，通过拉杆使凸轮板转动，将同时使制动带上、下两端被拉拢而箍紧制动鼓。松开驻车制动器操纵手柄时，凸轮板转回原位，在螺栓上弹簧的作用下，制动带张开而解除制动。

3. 盘式制动器

盘式制动器有钳盘式和全盘式两类。钳盘式制动器的结构是：制动盘用螺钉固定在轮毂上。制动钳安装在制动盘的外圆处，并用螺钉固定在桥壳的凸缘上。制动块是用酚醛树脂热压在钢制底板上组成的。它通过两个导向销装在制动钳壳上，并可沿导向销做轴向移动。制动钳壳的内、外两侧壳体都是液压制动轮缸的缸体，其中装有活塞，在轮缸的缸壁上有梯形截面的环槽，其中装有矩形截面的密封圈。活塞外端装有防尘罩，以防止杂质进入滑动表面，内、外侧液压缸间用油管连通。

制动时，活塞在油压作用下移向制动盘，并使制动块压紧制动盘，迫使制动盘连同车轮一起减速。此时，矩形橡胶圈的刃边由于活塞摩擦力的作用产生了微量的弹性变形。解除制动时，活塞靠矩形密封圈的弹性变形回位。制动块和制动盘之间所需要的间隙很小，通常每边只有 0.1 mm 左右。

制动器的间隙因摩擦衬块在使用中磨损而增大，当超过密封圈的最大变形时，活塞就会在油压作用下克服密封圈的摩擦阻力继续外移，直到压紧制动盘为止。

解除制动时，由于密封圈的弹性变形所能恢复的距离依旧不变，故活塞被密封圈拉回的距离与摩擦衬块磨损前一样，即制动器的间隙仍保持标准值。因此，矩形密封圈除起密封作用外，还能自动调整制动器的间隙。

　　与蹄式制动器相比，钳盘式制动器的优点是：制动盘露在空气中，散热条件好；制动盘对摩擦衬块无助势作用，制动效能受摩擦因数变化的影响较小，制动器的热稳定性较好；制动力矩仅与轮缸油压成比例，制动较平顺；有较高的抗水衰退能力，而且衰退后能迅速恢复；制动盘升温后沿厚度方向的变形量比制动鼓的径向热变形量小得多，因此引起的踏板行程变化很小；采用密封圈式间隙自动调装置，结构简单，质量较小，保养及维修方便。其缺点是：由于尺寸限制，摩擦衬块的面积小，单位压力很高，对摩擦衬块的材料要求较高，防污性能较差。

　　三、制动驱动机构

　　制动驱动机构的功用是：将驾驶员的操纵力或来自其他能源的驱动力传给制动器。

　　1. 人力制动系统

　　由人力操纵制动器的制动系统叫做人力制动系统，它分为机械制动系统和液压制动系统两种。

　　（1）机械制动系统。机械制动系统只用于驻车制动，而且大多是用于对中央制动器的制动。中央盘式制动器的机械制动系统的结构是：制动盘是带有辐射散热气道的铸铁件，用螺栓固定在变速器输出轴的凸缘盘上。制动盘的前、后各有一个铆有摩擦片的制动块，前制动臂与后制动臂上端各自通过销钉与固定在变速器壳体后面的支架相铰接。中部与制动块相铰接，弹簧将两制动块下端拉拢时，使两制动块上端压靠在支架调整螺钉内端面上。拉臂上端与拉杆铰接，下端直接与前制动臂下端相铰接，并通过拉杆与后拉臂相铰接，张力弹簧使两制动臂分开。调整螺母和调整螺钉用来调整制动器间隙的大小。

　　向后拉动驻车制动器操纵手柄时，操纵手柄的下端通过传动杆将拉臂上端向前拉动，前制动臂与后制动臂拉拢，使两制动块钳紧制动盘而实现制动，棘爪与扇形齿板可将操纵手柄固定在某一位置。解除制动时，先按下手柄使棘爪离开齿板，此时手柄弹簧扭转，操纵拉杆向下移动，然后即可将驻车制动器松开。

（2）液压制动系统。人力液压制动系统广泛应用于各种轻型车辆。液压制动系统的结构是：主要由制动踏板、储液室、制动主缸（制动总泵）、推杆、轮缸（制动分泵）和连接油管及制动器等机件组成。

制动液有植物制动液、矿物制动液和合成制动液等几种。植物制动液用约50%的蓖麻油和约50%的溶剂（如丁醇、酒精或甘油等）配制而成。这种制动液汽化温度不高，低温下又多凝结，且蓖麻价格较高，因而应用日益减少。矿物制动液虽然高温及低温性能都很好，对金属也不腐蚀，但溶水性差，且易使橡胶件膨胀，使用也不多。合成制动液的汽化温度可达190℃，在-40℃时仍具有满意的低温流动性，且有良好的溶水性能，因此得到广泛应用。

储液室用来储存一定量的制动液，以补偿液压系统中的漏损。储液室有的与制动主缸制作成一体，有的则各自分开而组装成一体，或用油管相连接。

制动主缸的工作缸筒内装有铝合金活塞。活塞中部较细，与缸筒间形成环形油腔，外端装有橡胶密封圈，内端有六个轴向小孔，小孔用铆在活塞上的星形垫片盖住。活塞回位弹簧一端装有橡胶皮碗，另一端装有带出油阀的回油阀门，出油阀由出油阀门、弹簧和弹簧座组成。活塞外端有一深凹孔，与制动踏板下臂相铰接的推杆插入活塞凹孔中，由于推杆工作时有微量摆动，因而推杆端部及凹孔底部均制成半球形。防护罩用来防止尘土、泥水等进入工作缸筒内壁与活塞深凹孔。

制动主缸工作时，踩下制动踏板，推杆将活塞向后推动，当皮碗将旁通孔盖住后，油压升高，皮碗更紧地压在工作缸筒内壁上，使油液更难以泄漏到活塞的环形油腔，高压油将克服出油阀门弹簧的弹簧力而打开出油阀门，经油管到车轮的制动轮缸对制动器实施制动。踏板上的作用力与制动器产生的制动力矩成正比，因而可使驾驶员具有路感，即直接感觉到车辆的制动强度，以便及时调节制动力。制动系统的传动比等于机械部分的杠杆比与液压系统杠杆比的乘积，而液压系统的杠杆比等于制动轮缸活塞面积与制动主缸活塞面积之比。当平稳放松制动踏板时，在踏板回位弹簧、制动主缸回位弹簧及制动器回位弹簧的作用下，各机件回到原位，制动轮缸中的油液经油管打开回油阀门流回主缸，当回油阀门关闭时，制动轮缸及油管中仍有残余压力，残余压力可防止空气侵入液压管路及制动轮缸，并使轮缸活塞处于张紧状态，以防止漏油。

当迅速放松制动踏板时，制动主缸活塞在其回位弹簧作用下也迅速回位，但由于管路阻力的影响，油液流回得较慢，使制动主缸活塞右腔产生一定的真空度，这时储液室的油液将经补偿孔、活塞上的六个小孔打开星形垫片，并沿皮碗外缘流入活塞右腔。之后，当油液逐渐回到活塞右腔时，多余的油液将经旁通孔流回储液室，当液压系统中因漏损而油量不足或进入空气后，有时踩下制动踏板后制动器不能产生足够的制动力矩。这时，应迅速松回踏板，再踩下制动踏板制动，使液压系统中的油液得到补充而产生更大的制动力矩。若液压系统中进入空气，应及早进行放气。推杆的长度可以调整，在制动踏板完全松开时，应保证推杆与制动主缸活塞之间都有一定的间隙。

2. 伺服制动系统

伺服制动系统是助力制动系统，是在人力液压制动系统中增加由其他能源提供的制动能量，共同使制动器制动的制动系统。按照伺服制动系统能源的不同，又分为真空伺服制动系统、气压伺服制动系统和油压伺服制动系统。按照助力特点不同，伺服制动系统又可分为增压式和助力式两种，前者的特点是系统中增加了一个辅助缸，驾驶员通过主缸的压力油液控制伺服能源的助力程度，并共同作用于辅助缸，产生更大的油压，以促使制动缸对制动器制动；后者的特点是驾驶员通过制动踏板直接控制伺服能源的助力大小，共同推动主缸活塞，使主缸产生较大的油压，促使制动轮缸对制动器制动。常用的系统有真空增压伺服制动系统、气压增压伺服制动系统、真空助力伺服制动系统和气压助力伺服制动系统等。

伺服制动系统是由真空助力气室、带空气滤清器的控制阀、辅助缸组装在一起的，叫做真空增压器。真空罐中的空气经单向阀被吸入发动机进气管，因而具有一定的真空度，以作为助力能源，当驾驶员踩下制动踏板时，制动主缸产生的压力油液可经辅助缸活塞上打开的球阀经安全缸进入前、后轮的制动轮缸；同时，该油液还通过控制阀使真空助力气室产生一定的与主缸液压成正比关系的推力，关闭辅助缸活塞的球阀，并与主缸压力油液共同推动辅助缸活塞，使辅助缸产生比主缸更高的压力油液，以对各制动器轮缸进行制动。

第五节 履带式工业车辆底盘

履带式工业车辆底盘的结构和工作原理与轮胎式车辆相比，除行驶系统不同外，其驱动桥的结构和工作原理也有很大不同。本节主要介绍履带式工业车辆的驱动桥（传动系统）和行驶系统。

一、履带式工业车辆的驱动桥（传动系统）

履带式工业车辆底盘的驱动桥（传动系统）多采用机械传动系统、液力机械传动系统以及液压传动系统。驱动桥的传动部件与轮胎式车辆基本相同。根据传动系统类型的不同，履带式工业车辆驱动桥的结构有两种基本形式，一是与机械传动系统或液力机械传动系统相适应的驱动桥；二是与液压传动系统相适应的减速机构。

1. 机械传动驱动桥的结构和组成

变速器和驱动链轮之间的所有传动机构及其壳体总称为驱动桥。其功用是传递和增大由变速器传给行走装置的转矩,并实现整机的转向。

驱动桥由主传动器(也称中央传动器)、转向装置和最终传动装置三部分组成,其结构如图 3—10 所示。动力由变速器输出轴首先输入主传动器,经主传动器减速和增大转矩,并使转矩方向旋转 90°后,又经横轴分别传给左、右转向传动装置,再传给最终传动装置,动力在最终传动装置中再一次减速并增大转矩后传给行驶系统。

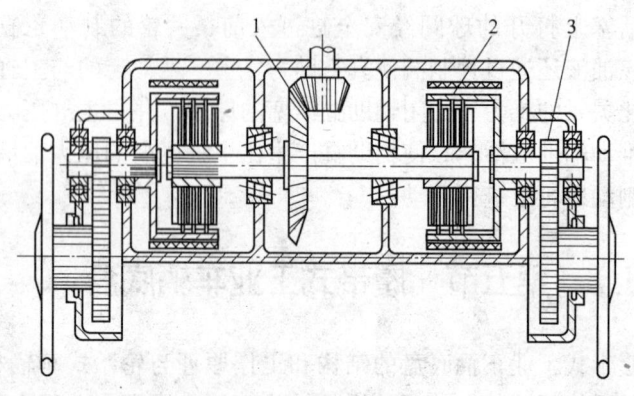

图 3—10 驱动桥的结构
1—主传动器 2—转向装置 3—最终传动装置

履带式工业车辆的驱动桥壳一般都分隔成相互隔绝的三个室。中室内安装主传动器,内盛润滑油,与变速器内部相通。左、右两室分别安装左、右转向传动装置,此装置一般由转向离合器和制动器组成。采用干式转向离合器时,左、右两室内是干的。采用湿式转向离合器时,左、右两室内则盛有润滑油。三个室的隔板上部装有油封或密封圈,每个室的底部各有一个放油螺塞。左、右最终传动装置分别装在驱动桥壳左、右两室的外侧,还装有壳盖和侧壁，它们共同组成了最终传动装置，以盛装润滑油。

2. 转向装置

转向离合器和制动器及其操纵机构组成履带式工业车辆的转向机构。它可改变两侧驱动轮上的驱动力矩，使两侧履带具有不同的驱动力而形成转向力矩，从而实现转向。

转向机构能使车辆以不同的转弯半径转向，具体情况是：当车辆向一侧转向时，减小一侧驱动轮的驱动力矩，就可以转大弯；如切断驱动轮的驱动力矩，即可转小弯；切断动力后再制动驱动轮，可以转更小的弯，甚至原地转弯。因此，转向机构的作用可分为两个阶段，第一阶段逐渐减小以至于切断一侧驱动轮的驱动力矩，使该侧履带所产生的驱动力矩逐渐减小，直至等于零；第二阶段逐渐对驱动轮施加制动，直至完全制动住，使这侧履带不仅没有驱动力，且产生与车辆行驶方向相反的制动力。转向离合器的作用是完成第一阶段的要求，第二阶段的要求由转向制动器完成。

（1）转向离合器。转向离合器的工作原理与主离合器的工作原理一样，只是它传递的动力经过变速器和主传动机构两级，其增大转矩，降低转速的能力比主离合器大得多，以及它的摩擦片数目比主离合器的片数多。根据离合器压紧和分离所用液压缸的不同，将转向离合器分为单作用式和双作用式。

1）单作用式转向离合器。例如，湿式、多片、铜基粉末冶金摩擦衬面、弹簧压紧、油压分离的单作用式转向离合器，其特点是：这种转向离合器是湿式的，故从动鼓和外压盘上都有油孔，弹簧螺杆是中空的，以便进入油液，润滑弹簧压盘杆与主鼓之间的配合面。由于采用了湿式粉末冶金摩擦片，转向离合器的耐磨性强，散热性好，可以防止摩擦片过热和烧蚀现象，延长了使用寿命。单作用式转向离合器靠弹簧压紧传递转矩，靠油压分离，所以油路系统较简单，工作时系统中不建立常压，液压泵消耗的功率少,而且不必加设工作油液的冷却系统,使结构简单,工作可靠,并可保证在低温条件下的拖起动。

2) 双作用式转向离合器。与单作用式液压操纵转向离合器的区别是:双作用式转向离合器的接合主要也是依靠液压,活塞内、外两侧的油腔一侧进油,另一侧则回油。活塞与活塞杆同主动鼓的配合面上都有密封环。活塞杆头部与外压盘是用键和螺母固装在一起的。

当液压系统无压力时,主动鼓内的弹簧仍使离合器以较小的压力常接合,弹簧压紧力较小,只占总压力的25%左右,这点压紧力所产生的摩擦力矩只够用于起动时带动发动机转动,而液压系统出现故障时车辆仍可空载驶回修理地点。转向制动器制动可使转向离合器打滑,以实现转向。这种双作用式液压操纵转向离合器废弃了大弹簧,可使转向离合器的结构尺寸减小很多,对于大功率车辆较为适用。但依靠液压使离合器常接合,工作时液压系统中要保持常压,这样液压泵消耗的功率增加了,同时压力油经常处于负荷下,易使油温升高。所以,必须增设良好的油冷却系统,这就增加了车辆结构的复杂性。

(2) 转向制动器。履带式工业车辆的制动器是用来配合转向以及在纵坡上停车的。其结构大多采用带式制动器,并以转向离合器的从动鼓作为制动鼓,使结构简单、紧凑。现在有些车辆也开始采用湿式全盘式制动器,其结构和工作原理与转向离合器基本相同。

履带式工业车辆上采用的带式制动器可分为单端拉紧式、双端拉紧式和浮动式三种结构形式,采用较多的是浮动式。当车辆向前行驶时,从动鼓做逆时针方向回转。将制动踏板稍踩下一点,制动鼓和制动带之间的摩擦力使制动带上端升高,带动顶杆将前支撑销推入支架的下凹槽中。进一步踩下制动踏板时,制动带将以销子作为支撑点而动作。这时双臂杠杆通过后支撑销、拉杆和销子施加拉力于制动带的另一端,该拉力的方向与从动鼓的回转方向一致,相当于操纵力加于松边。

当车辆倒退行驶时,从动鼓做顺时针方向转动。将制动器踏板稍踩下一点时,由于制动带与制动鼓之间的摩擦力,使制动带本身做顺时针方向转动,故在销子上作用有向下的拉力,通过拉杆施加于后支撑销,并以其作为支点转动,通过顶杆将制动带的一端向下推,作用于制动带的力与从动鼓旋转方向是一致的,操纵力仍然加于松边。所以,无论车辆向前行驶或倒退行驶,操纵力总是加于制动带的松边,使车辆的正向和反向制动效果相同,操纵省力。

3. 液压传动驱动机构

采用液压传动的履带式工业车辆可以简化履带行走架的结构,并省去了机械传动的一套复杂的锥齿轮、转向离合器和制动器等零件。

液压传动的方式是每条履带各由液压马达及减速装置分别驱动,由于两个液压马达可以独立操纵,因此,车辆的左、右履带除可以同步前进、后退,或一条履带驱动,另一条履带制动转向外,还可以使两条履带向相反方向驱动,使整车实现原地转向,提高了车辆的机动性。虽然液压传动的效率较低,但因液压传动的性能优越,在行驶速度要求不高的承载式底盘中仍得到广泛的应用。

液压传动驱动装置结构紧凑,外形尺寸不超出履带板的宽度,因而车辆的离地间隙大,通过性能好。但液压马达散热较差,修理不太方便。

二、履带式工业车辆的行驶系统

1. 履带行走装置的特点

履带式工业车辆的行驶系统包括车架(或机架)、行走装置和悬架三部分。车架是整车的骨架,用来安装所有的总成和部件,使全车成为一个整体。行走装置用来支撑机体,把动力装置传到驱动轮上的驱动转矩和旋转运动转变为车辆工作与行驶所需要的驱动力和速度。悬架是车架和行走装置之间互相传力的连接装置。

履带式工业车辆与轮胎式车辆的行驶系统相比，有以下特点：一是支撑面积大，接地比压小。因此，履带式工业车辆适合在松软或泥泞场地进行作业，下陷度小，滚动阻力也小，通过性能较好；二是履带支撑面上有履齿，不易打滑，牵引附着性能好，有利于发挥较大的牵引力；三是结构复杂，质量大，运动惯性大，缓冲性能差，"四轮一带"磨损严重，造价高，使用寿命短。因此，履带式工业车辆的行驶速度不能太高，机动性能也较差；四是履带式工业车辆可在高温场地工作，加之其"低比压"和"大牵引力"，这些突出优点是轮胎式车辆无法代替的。

2. 履带行走装置的组成和功用

工程机械（如履带式装载机）的履带行走装置由行走架、导向轮、履带张紧装置、托链轮、支重轮、履带总成以及驱动轮等组成，其结构如图3—11所示。左、右两条履带包绕在上述四种轮子之外，由张紧装置张紧，直接与地面接触。驱动轮驱动履带绕上述四种轮子转动，不直接在地面上滚动。导向轮用于张紧履带，并引导它正确卷绕。若干个支重轮在履带轨面上滚动，传递垂直载荷给履带。托链轮支撑着履带的上半边，使之不会下垂，并可减小其上下振动。上述四种轮子和张紧装置中，除驱动轮外都集装在一个轮架（即台车架，也称履带架）上，而形成一个台车。每辆履带式工业车辆都有左、右两个台车。如图3—12所示为履带推土机行走装置的左台车。整车质量通过台车架、支重轮传给下方履带，使下方履带压紧在地面上。当驱动轮被最终传动齿轮（从动齿轮）带动时，轮齿拉动履带，地面立即产生作用在履带上的反作用力，使台车架相对于地面产生向前或向后的运动，整车也就随之运动。

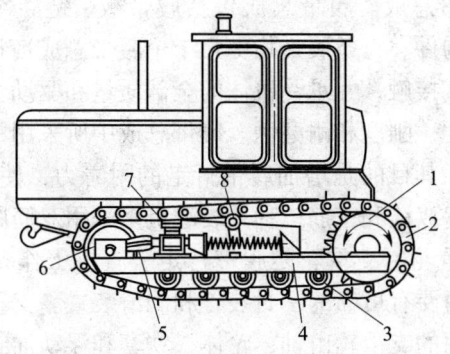

图 3—11 行走装置的结构
1—驱动轮 2—履带 3—支重轮 4—台车架 5—张紧装置
6—导向轮 7—悬架平衡装置 8—托链轮

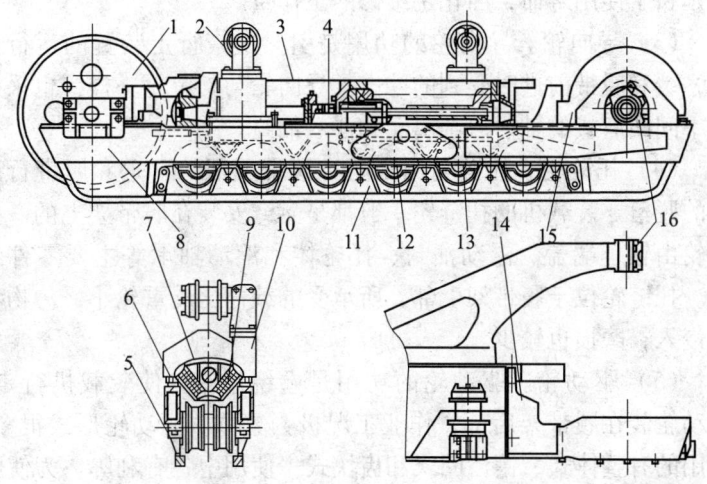

图 3—12 履带推土机行走装置的左台车
1—导向轮 2—托链轮 3—中罩 4—张紧装置 5—托板
6—平衡梁座 7—平衡枕 8—左台车架 9—平衡橡胶块
10—左托轮架 11—外挡板 12—单边支重轮 13—双边支重轮
14—后罩 15—驱动轮罩 16—轴承座

(1) 履带总成。履带总成包括履带板、链轨节、履带销和销套等主要构件。每条履带均由几十个履带总成衔接而成。因为它与地面直接接触，并承受机体的全部质量和驱动力，因此要具有足够的强度、刚度和耐磨性。履带总成中所采用的履带板一般都带有履刺，其目的是增加履带行走的附着力，使之不易打滑。履刺有单筋、双筋和三筋三种。装载机多采用双筋履刺。

(2) 支重轮。支重轮是履带行走装置中工作条件最差的一种元件。因而要有可靠的密封装置和润滑装置。支重轮结构形式很多，常采用的支重轮由轴、轮体、铁套和浮动油封等主要构件组成。支重轮轴采用中间凸肩式，其余零件对称布置在凸肩两侧。这种结构虽然比直轴式复杂，工艺性也差，但能承受较大的轴向力和冲击负荷。特别是采用了浮动油封和双金属套之后，大大延长了使用寿命，简化了维修的工作量。

(3) 导向轮。导向轮的功用是引导履带行走装置的运行方向，缓和履带前进时受到的冲击。导向轮与支重轮一样，也采用了中间凸肩式的轴、双金属套和浮动油封。

(4) 托链轮。托链轮用来防止履带上部的下垂和履带行走时的脱落。装载机的托链轮一般都是悬臂安装在履带架上的。托链轮由轴、端盖、浮动油封、托轮体和滚动轴承等主要零件组成。托链轮位于履带架上部，所承受的载荷比支重轮小，污物不易侵入，磨损也较少。

(5) 驱动轮。驱动轮的功用是卷绕履带，使装载机行走，驱动轮装在履带架后部，作业工况极为繁重。驱动轮形式很多，常用的有整体式、镶齿圈式和齿块式，使用中各有利弊。为使磨损后的驱动轮仍能尽可能地互换和节约原材料，一般宜采用镶齿圈式驱动轮。齿数多为奇数，可以延长其使用寿命。根据规定，节距为 203 mm 和 216 mm 的驱动轮有一个通用的齿圈齿数，为 25 齿；节距为 228.5 mm 的驱动轮为 27 齿。

(6) 履带张紧装置。履带式装载机在行走和作业时，履带各节的铰接处会因磨损而使节距加长，减小了张紧度，履带上部下垂加大，行走中会出现跳动，甚至使履带脱落，因而需要履带张紧装置予以张紧。但是如果履带张得太紧，则会造成销轴与销套受力过大，从而加速磨损。为此，必须调节一个合适的张紧度。履带张紧装置与导向轮连接，并在导向轮导向装置上前后移动。履带张紧装置的形式很多，以调节螺杆式和液压式使用较普遍。

液压履带张紧装置是由导向支架、导向叉头、活塞和缓冲机构等组成的。这种张紧装置安装在导向轮后面的履带架上，用黄油枪在油嘴处向液压缸注入黄油，推动活塞移动，使导向轮在履带架上产生位移，达到张紧履带的目的。如果履带张得过紧，则可拧开放油螺钉，放出一部分黄油，以达到适当的张紧度。由张力大弹簧组成的缓冲机构在行走中吸收振动，并给履带以足够的张紧力。

3. 悬架

悬架是机架和行走装置之间的连接部件。其功用是将机重全部或部分通过悬架传给支重轮，再传到履带。同时，履带和支重轮在行驶和作业中所受地面的冲击也经过悬架传到机架。因此，履带车辆的悬架应具有一定的缓冲能力，才能保证行驶中的平稳和驾驶的舒适性。

通常，悬架可分为弹性悬架、半刚性悬架和刚性悬架三种形式，机体的质量完全经弹性元件传递给支重轮的叫做弹性悬架；部分质量经弹性元件传递，而另一部分质量经刚性元件传递给支重轮的叫做半刚性悬架；机体质量完全经刚性元件传递给支重轮的叫做刚性悬架。对于行驶速度较低的作业车辆，为了保证作业时的稳定性，通常采用半刚性悬架或刚性悬架。

(1) 半刚性悬架。半刚性悬架主要用在履带式推土机和装载机等铲土运输机械上，它主要由两个台车架和带弹性元件的平衡机构所组成。左、右两个履带台车架的后端刚性地铰接在驱动轮轴的内、外轴承座上，前端则通过一副横置的平衡梁弹性地连接于机架上。这样就形成了三点连接形式，后两点为刚性连接，前一点为弹性连接。当车辆行驶在不平的地面上时，左、右两个台车架可各自绕其后铰接点独立地上下摆动，从而使机体仍能保持一定的稳定性。此外，前面的弹性元件还能吸收振动，保护发动机等不受过大的振动，从而增加了驾驶的舒适性。

在过去的一些车辆上，半刚性悬架上的弹性平衡元件采用的是平衡板簧，在现代的车辆上则采用橡胶块与平衡梁组成的弹性平衡机构，其结构简单，缓冲效果好。半刚性悬架在其左、右台车架的前部装着一个固定支座，在该支座的 V 形槽的左、右两边各放置一块用钢皮包面的橡胶块，在橡胶块上放置一个活动支座，活动支座呈三角形断面，其尖角置于固定支座 V 形槽内的橡胶块上。平衡梁是用钢板焊成的，为一中空呈鱼腹形的横梁，其两端自由地放在活动支座上边的弧形面上，中央用销与机架相铰接。这种悬架的特点是结构简单，拆装方便，坚固耐用，但减振性能稍差。

台车架采用加强槽钢的箱形断面的纵梁框架结构，具有足够的强度，以承受车辆工作或行驶时所受到的巨大冲击载荷。在左、右纵梁前部的上面和内侧各焊有供导向轮支架移动用的导向板条，梁的下平面有安装支重轮用的孔。在纵梁中部上平面焊有弹簧箱，供安装张紧装置用。斜撑臂焊接在台车架的内侧面上，斜撑的尾端焊有轴承座，台车架利用它后部的轴承和斜撑尾端的轴承安装在驱动轮轴上，台车架可绕驱动轮轴上下摆动。斜撑可以用来承受台车架上的侧向力，使车辆在行驶过程中左、右台车架的前部不至于分开。这样就可避免部分支重轮轮缘与履带节之间的严重磨损。

（2）刚性悬架。对于行驶速度很低的机械，如履带式挖掘机和履带起重机等，这些机械在作业时一般都不运行，换场地时也只能短距离低速运行；同时，这些机械还要求作业时有较好的稳定性，以便于提高作业效率，因此通常都不装弹性悬架。

4. 履带和驱动轮

（1）履带。履带的功用是支撑车辆的质量，并保证车辆发出足够的驱动力。履带经常在泥水、凸凹不平地面及土壤中工作，条件恶劣，受力情况不良，易磨损。因此，除要求履带有良好的附着性能外，还要求它有足够的强度、刚度和耐磨性，并且质量还应尽可能地小。每条履带由履带板、链轨节、履带销和销套等组成。履带的下面为与地面接触的支撑面，上面为链轨，中间为与驱动链轮相啮合的部分。根据履带板的结构不同，履带板可分为整体式和组合式两种结构形式。整体式履带板结构简单，制造方便，拆装容易，质量较小；但由于履带销与销孔之间的间隙较大，泥沙容易进入，使销和销孔磨损较快，一旦破坏，履带板只能整块更换。因此，在运行速度较低的重型机械（如挖掘机等）上多采用这种履带。

为了减轻履带销和销套之间的磨损，延长零件的使用寿命，降低维修费用，近年来密封和油润滑式履带得到了推广。这种结构用润滑油来润滑履带销和销套，同时用密封件防止污物和沙子侵入，还可降低履带发出的噪声。为了在维修、保养时装卸履带的方便，某些履带链轨中采用了剖分式主链轨节。每条履带上有一对这种主链轨节，在需要拆装履带时，只需装卸主链轨节上的两个螺钉即可，使拆装十分方便。为适应不同的地面和作业要求，履带板有各种形状，采用带有锯齿的斜接合面，使链轨具有足够的强度。

（2）驱动链轮。驱动链轮用来驱动履带，以保证机械行驶和作业，它安装在最终传动装置的从动轴或从动轮轮毂上。驱动链轮的齿距一般为履带节距的一半，若驱动轮的齿数为偶数，有一半齿参加啮合，其余一半齿为备用齿；若驱动轮的齿数为奇数，则其轮齿轮流参加啮合，这样就可以延长使用寿命。驱动轮一般由轮毂和齿圈组成，轮毂一般通过锥形面和平键安装在最终传动装置的从动轮毂上,并用压紧螺母决定其轴向位置,用防松铁片防止压紧螺母松动。齿圈用特制螺栓安装在驱动轮轮鼓上。为了保养及维修方便,现在很多车辆上采用组合式驱动轮,这种结构便于制造和维修,如在现场更换齿圈节时,不需要脱开履带或卸下台车架。局部轮齿损坏时,只要换掉损坏的那一节就可以了,不必将整个驱动轮齿圈卸下,可以节省修理费用和时间。

(3) 浮动油封。目前,在国产履带行走装置中多处采用了浮动油封,并被定为"四轮一带"的统一密封形式。它是一种结构简单、效果良好的端面密封,适合在低速、重载、作业条件恶劣的车辆上使用,可以保证良好的密封效果,平时无须保养,仅在大修期才加润滑油。

浮动油封结构由配合面经过精加工的两个金属密封环和两个O形橡胶圈组成。金属环用特种铸铁或合金钢制成,其外圆为一锥面。装配完成后,两个O形密封圈就产生了弹性变形,被压扁成椭圆形端面。这样,既密封了锥面处,又因密封圈的弹性变形使两金属环产生相对的轴向力,使相对端面互相贴得很紧,从而保证了足够的密封作用。当两金属环相互贴紧的端面磨损后,橡胶密封圈的弹性可起一定的补偿作用,仍能保证它们互相贴紧,起到良好的密封效果。

5. 支重轮和托链轮

(1) 支重轮。支重轮用来将机械的质量传递给履带,在机械行驶过程中,它除了沿履带的轨面滚动外,还要夹持履带,不让它横向滑出。在机械转向时,它又要迫使履带在地面上横向滑动。

支重轮经常在泥水、尘土中工作,且承受强烈的冲击,工作条件很差,因此要求它的相对转动部分密封可靠,轮缘耐磨。支重轮一般采用锰钢制成,并经热处理提高其表面硬度。

(2) 托链轮。托链轮用来托住履带,以防止履带下垂量过大,减小履带在运动中的振跳现象。同时,引导上部履带的运动方向,并防止履带侧向滑落。托链轮与支重轮的形式相似,但所承受的载荷小,工作条件较好,结构比较简单,尺寸较小。履带推土机的每个台车架上装有两个托链轮。托链轮通过圆锥滚子轴承装在托链轮轴上。内部充有润滑油,并用浮动油封与 O 形密封圈保持密封。托链轮轴的一端夹紧在托轮体中,另一端形成悬臂梁安装托链轮,托轮体则固定在台车架上。

6. 导向轮和张紧装置

导向轮的功用是支撑履带并引导履带正确卷绕,同时,它与张紧装置一起使履带保持一定的张紧度,并缓和道路传来的冲击力,减少履带在运动过程中的振跳现象。履带运动过程中的振跳会导致冲击载荷和额外的功率消耗,加快履带销和销套之间的磨损。履带张紧后,还可防止它在运动过程中脱落。

(1)导向轮的结构。推土机导向轮为中部有凸缘的整体滚轮,其断面呈箱形。凸缘部分正好卡在履带的左、右链轨节之间。导向轮通过金属衬套的滑动轴承装在导向轮轴上,轴承的形式和固定方式与支重轮相同。导向轮轴的两端装在左、右两个支撑滑块内,并用锥形止动螺栓卡在轴端部的半圆形缺口内,阻止轴的转动和轴间移动。导向轮支撑滑块用弹簧压紧在用导板固定的台车架上,支撑滑块可以沿台车架上部的导向板条前后移动。左、右支撑滑块外侧面均固定着导板盖,导板盖和支撑滑块之间装有调整垫片,用来调整导板盖和台车架之间的间隙,以保证导向轮和支重轮、托链轮滚道面在一条直线上。导板盖和支撑滑块可共同防止导向轮的侧向倾斜。导向轮轴和导向轮之间的空腔中充满润滑油,并用浮动油封来保持密封,轴端有油孔,平时用螺塞堵住。

(2)张紧装置的结构。张紧装置使履带有足够的张紧度,在车辆行驶于不平道路或遇到障碍物时起缓冲作用。在车辆倒退行驶时它还可承受履带上部的张力。

(3)黄油调整式张紧装置的结构。用压力机将张紧弹簧压缩到所要求的预紧长度,并用螺母将它固定在弹簧后座上。张紧弹簧组件装到弹簧箱内后，再用螺钉将弹簧箱前盖紧固，这时调整螺母与后座之间应有间隙。液压缸的前腔通过油嘴注入黄油，靠黄油的压力将液压缸向前推，从而使导向轮向前移动，张紧履带。注入液压缸内黄油量的多少决定了履带的张紧程度。若履带过紧或需要拆卸时，可拧松放油螺塞，挤出黄油，减小张紧力。

第六节　企业内机动车辆的液压系统及元件

液压传动装置是利用工作液体传递能量的传动机构。各种车辆的液压传动装置利用液压执行元件（工作液压缸和液压马达）产生的机械能完成对货物的提升、装卸和搬运过程。其中叉车的液压装置最具代表性，因此，这里以叉车的液压传动为例，说明液压系统的组成和相关元件的结构、性能与工作原理。

一、液压传动的基本原理和系统组成

1. 液压传动的基本原理和特点

液压传动的基本原理是：液压传动是用液体（一般为矿物油）作为工作介质，以压力能来传递运动和动力的传动形式。根据帕斯卡定理，在一个充满油液的密封球里，如在球面上任意一点施加一压力，则球面上任何一点都受到相等的压力。由于等压传递不受方向的限制，故可在合理的情况下任意布置液压系统的管路和执行机构。液体虽然没有一定的几何形状，却有几乎不变的容积，因而当它被容纳于密闭的容器之中时，就可以将施加在液体表面的压力四处传递。当高压液体在密闭的几何容器内被迫移动时，就能推动负载产生位移，完成从液体压力能到机械能的转化。任何液压传动都是建立在处于密闭容器内的受压液体的流动来实现的。

液压传动的特点是：工作平稳，无冲击，便于实现频繁而平稳的换向，容易实现无级变速，而且速度变化范围较大；传递相同的功率时，液压传动装置的质量轻，体积小，液压传动易于实

现自动化（尤其在与电气、机械等互相配合时）；由于液压元件的运动部分在油液里工作，润滑条件好，因而使用耐久；由于在液压系统中设置了安全阀、溢流阀等限制最高工作压力的元件，能自动防止过载，起安全保护作用；由于液压传动采用油管连接，液压元件的布置能随机器的需要而任意安排，不受限制。液压传动的零部件加工精度要求较高，装配要求严格，排除故障较困难（不易查找）；由于温度变化会引起液压油的黏度发生变化，因而工作性能受温度的影响较大；液压传动系统的效率还不够高；若设计、使用和维修不当时，容易因出现漏油而影响工作质量和环境卫生；系统中容易混入空气，在高压时易产生较大的噪声，低速时较易产生"爬行"现象。

2. 液压系统的组成

以液体介质的压力来传递能量的装置称为液压传动装置。组成液压传动装置的系统称为液压系统。液压传动装置不管功能复杂还是简单，一般可概括为以下四个基本组成部分：

（1）动力机构。利用油泵把机械能传给液体，使密闭在容器内的液体产生压力能。

（2）执行机构。包括液压缸或液压马达。它们的功用与油泵相反，能把液体的压力能转换为机械能，使工作装置产生直线位移或旋转运动。

（3）控制元件。包括各种操作阀，如方向控制阀、节流阀、溢流阀等元件。通过它们来控制和调节液体的压力、流量及方向，满足机构工作性能的要求。

（4）辅助元件。包括油箱、输油管、管接头、滤油器等。通过这些元件才能把上述三部分连成系统，构成一个液压装置。

油箱用来储油、散热以及分离油中所含的空气和杂质，用钢板焊接而成。其上部设有出油管口、回油管口、加油口和测油尺，底部制成一定斜度，并在最低处装有放油螺塞，以便清洗油箱时排放油液和污物。

滤油器是为了保证液压系统中的油液清洁,避免发生孔道堵塞、零件磨损、划伤及卡死而设置的。滤油器按滤芯形式的不同分为网式、线隙式、烧结式和磁性式等几种。机动车上广泛采用网式滤油器,它是靠方格式的金属网滤出油中杂质的,由盖板和铜网组成,为了使滤油器有一定的强度,可将铜网包围在四周有圆形口的金属或塑料圆筒上。

在液压系统中,密封件用于防止液体发生内、外渗漏,以及从外部侵入空气、泥水等有害物质。液压系统中采用的密封件多为O形和Yx形密封圈。O形密封圈装在沟槽中,若给予一定的初始压力,则产生初始的压缩量。如果系统无压力时,则这个初始压缩量产生的回弹力起密封作用;当系统中有压力时,O形密封圈受油压作用发生变形,涨紧沟槽和间隙起到密封作用。它一般用耐油橡胶制成,用做固定密封和活动密封,如液压系统中的换向阀、起升液压缸、倾斜液压缸等都有O形密封圈。

液压管路多使用高压橡胶软管,新的扣压式或可拆式胶管均需通过试压才能装配,以防止异物堵塞胶管与接头。液压管路系统是将各液压元件按照工作要求,用不同规格的低压胶管、高压胶管、无缝钢管及接头组成一个整体。

液压系统是由各种液压元件组成的,元件之间用油管连接起来。为了清楚地表达系统的结构,一般都用功能符号来表示各种元件和管路以及油液的流动方向和工作循环。常用液压元件的图形符号见表3—1。

表 3—1　　　　常用液压元件的图形符号

序号	名称	图形符号	序号	名称	图形符号
1	主油路	———	4	连接管路	┼
2	泄漏油路	- - -	5	交叉管路	⌒
3	液控油路	— - —	6	软管连接符号	⌒

续表

序号	名称	图形符号	序号	名称	图形符号
7	油泵		14	液控单向阀	
8	液压马达		15	节流阀	
9	双作用液压缸		16	三位四通手动控制阀	
10	单作用液压缸		17	平衡阀	
11	手动控制阀		18	油箱	
12	电磁控制阀		19	滤油器（粗）	
13	单向阀		20	滤油器（细）	

机动车液压系统是通过油液把动力传给工作装置，以实现对货物装卸的目的。所以，液压系统是机动车的重要组成部分之一。叉车液压装置简图如图3—13所示。

3. 液压系统各部分的作用与关系

为了说明液压系统各部分的作用与关系，可以一种典型的叉车液压装置为例：叉车油泵将工作油液从油箱经过油管吸出，并使液体产生压力，然后通过油管导入分配阀，分配阀能根据滑阀的位置决定工作油液的流向。当移动滑阀时，工作油液进入起升液压缸,柱塞(或活塞)伸出,顶起内门架起升。若向相反方向移动阀杆,则起升液压缸中原有的油液便会在货物和内门架等重力作用下,通过分配阀的溢流通道经油管返回油箱。当移动阀杆时,工作油液便导入倾斜液压缸,对于两个倾斜液压缸,其相应的前、后腔分别是连通的,以保证工作油液从一个油腔进入和从另一油腔排出时两个液压缸总是通过相同的油管与分配阀保持连通,以此保证两个液压缸协同工作。当各阀杆都处在中间位置时,工作油液便沿分配阀的溢流通道经油管直接返回油箱。

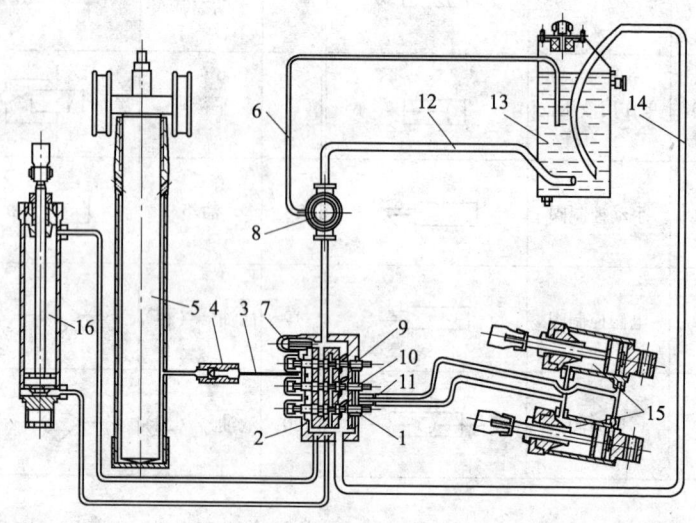

图3—13 叉车液压装置简图

1—属具液压缸滑阀 2—分配阀 3—油管 4—单向节流阀 5—起升液压缸
6—溢流油管 7—安全阀 8—油泵 9—起升液压缸滑阀 10—倾斜液压缸阀杆
11—单向节流阀 12—吸油管 13—油箱 14—溢流油箱
15—倾斜液压缸 16—属具液压缸

分配阀的滑阀是为安装各种液压工作属具而预留的,不用时可以封闭起来。在起升液压缸管路中,为限制货叉的下降速度,在通往起升液压缸的油管上安装有单向节流阀。同样,在倾斜液压缸的管路上也装有单向节流阀，以减小门架前、后倾斜时的冲击速度。

叉车作为广泛使用的企业内机动车辆，其液压系统根据车辆传动和转向方式的不同可以有不同的组成形式，一般分为共泵和分泵两种供油系统。对于液力转向的机械传动叉车，共泵系统是指起升门架和转向操作使用同一油泵产生压力油，通过分流阀将该油泵的压力油一分为二，一路通入分配阀供起升用；另一路通入液压转向器供转向机构用。这种液压系统适用于中、小吨位的叉车。分泵系统是指起升门架和转向机构各自使用独立的油泵供油，这种形式适用于大吨位机械传动叉车。对于液力转向的液力机械传动，除了起升油路和转向油路外，还有液力变矩器的控制冷却油路，因此，一般使用独立起升油路和转向与传动控制共泵油路的两个液压系统。

机动车上的液压系统使用单个油泵还是两个油泵，主要取决于车辆的传动系统和吨位大小。一般单个油泵的供油能量损失相对较大，但便于在车体上布置。对于小吨位车辆，由于工作载荷小，需要的系统压力也小，因此使用单泵较为经济。而对于大吨位或液力传动的车辆，一般使用两个油泵的经济性能更好些。

二、泵

液压泵能将原动机的机械能转变为工作液体的压力能，所以油泵是液压系统中的动力机构。液压传动中所用的液压泵和液压马达都是靠密封的工作空间容积变化而工作的，因此称为容积式液压泵和液压马达。在企业内机动车辆的液压系统中，当然也不例外地使用油泵和液压马达。这种油泵是通过一个封闭空间的容积变化实现吸油和压油的。油泵在运转中封闭容积从小变大时，将油从吸油口吸入；从大变小时，将油从压油口压出，并将其挤入压力油路进行工作。这种泵的吸入口和压出口总是在泵内被隔开的，每转所输出的工作油液体积由泵的几何尺寸来决定。这样，如果泵的密封良好，漏油量很小时，不论输出的油液遇到多大阻力，泵每转所输出的油液体积是不变的，即在泵的转速一定时，泵的流量不变。

最常用的容积式油泵包括齿轮泵、摆线泵、叶片泵、柱塞泵和螺杆泵。在企业内机动车辆的液压系统中，液体流量一般不大，压力较高，同时要求泵的结构紧凑和轻便，因而主要采用齿轮泵、摆线泵和叶片泵等。

1. 基本性能参数

（1）压力。泵的输出压力由负载决定。负载大，泵的输出压力高；负载小，泵的输出压力低。所以，在液压系统的工作过程中泵的压力是随负载的变化而变化的。如果负载无限制地增加，泵的压力也无限制地升高，直至液压系统损坏而漏油。这是容积式液压泵的一个重要特点。因此，在液压系统中必须设置安全阀来限制泵的最大压力，起过载保护作用。一般在油泵的说明书中提供额定压力和最大压力两个参数。额定压力是在保证泵的容积效率和使用寿命的前提下允许使用的正常工作压力。最大压力是在短时间内超载所允许的极限压力，它由液压系统中的安全阀限定。

（2）流量。流量是指泵在单位时间内输出液体的体积。流量有理论流量和实际流量之分。理论流量是指不考虑泵的泄漏情况下的流量，实际流量小于理论流量。泵的密封间隙的泄漏量与泵的压力有关，压力升高，泄漏量增加。所以，泵的实际流量是随泵的输出压力变化而变化的，但理论流量与输出压力的变化无关。一般计算实际流量时通过容积效率来考虑泵的泄漏量。

（3）转数。泵的正常工作转数是指泵的额定转数，是保证泵具有一定的自吸性能，避免产生空穴和气蚀现象的设计参数。

（4）自吸能力。泵的自吸能力是指泵在额定转数下，从低于泵的开式油箱中自行吸油的能力。自吸能力的大小常常以吸油高度来表示，或者用真空度表示。泵的自吸能力的实质是：因泵的吸油腔形成局部真空，油箱中的液压油在大气压的作用下进入吸油腔，所以，液压泵吸油腔的真空度越大，则吸油高度越高。但真空度的数值受气蚀条件的限制，一般泵所允许的吸油高度不超过 500 mm。对于自吸能力较差的液压泵，一般采取以下措施：使油箱液面高于液压泵，即液压泵安装在油箱液面以下工作；采用封闭式压力油箱，增大油箱的表面压力，一般预压力为 0.05 ~ 0.25 MPa；此外，采用补油泵供油，一般补油压力为 0.3 ~ 0.7 MPa。对于不同结构类型的液压泵，其自吸能力是不同的，所以泵的自吸能力也是衡量它的性能指标之一。

2. 齿轮泵

齿轮泵具有结构简单，体积小，质量小，工作可靠以及对液压油的污染不太敏感，便于维护与修理等优点，因此广泛地用在各种液压机械上，特别在工作条件较差时，更宜选用齿轮泵。其缺点是：流量和压力脉动较大，噪声高，并只能作为定量泵使用。齿轮泵的种类较多，按啮合形式不同，分为外啮合齿轮泵和内啮合齿轮泵，如叉车大多使用外啮合渐开线齿形的齿轮泵。

(1) 齿轮泵的构造与工作原理。齿轮泵工作的关键是：利用一对互相啮合的齿轮和泵体等主要零件组成两个相互封闭的吸油腔、压油腔。当齿轮转动时，轮齿脱离啮合处的下腔为吸油腔，轮齿进入啮合处的上腔为压油腔，吸油腔和压油腔由两个齿轮的啮合接触线隔开。随着齿轮的旋转，轮齿所扫过的容积比正处于啮合的轮齿所扫过的容积大，使吸油腔的容积增加，形成部分真空，油箱中的油液便在大气压力的作用下进入吸油腔，这就是齿轮泵的吸油过程。

由于吸油腔充满了油液，当齿轮旋转时，齿间的液体被带到压油腔，同样，由于轮齿所扫过的容积比正处于啮合的轮齿所扫过的容积大，使压油腔的容积减小，液体受挤压便被排出压油腔，这就是齿轮泵产生压力油的过程。

由于齿轮的啮合接触线的位置随着轮齿的转动而变化，因此，轮齿所扫过的容积跟着改变，必然导致吸油腔和压油腔的大小也在变化,这就是齿轮泵流量产生脉动的原因。随着齿轮啮合重叠系数的增大,流量的脉动性也增大。

叉车液压系统中多使用 CB—F 型齿轮泵,它由泵体、泵盖、主动齿轮和被动齿轮等组成。这种齿轮泵结构简单,体积小,工作可靠,维护方便,对冲击的适应性好,常用工作压力为 14 MPa,转速为 1 800 ~ 2 400 r/min。油液使用的最高温度为 (50 ± 5) ℃,如油液超过规定的温度,叉车应停止工作,待油温下降后方可继续工作。叉车起升、倾斜、转向的动作都是由齿轮泵供应压力油的。齿轮泵的吸油管不得漏气,因为空气渗入后,齿轮泵会产生"气锁"现象,泵的容积效率下降,并产生噪声,使用寿命缩短。叉车液压系统采用工作液压泵(齿轮泵),传动部分用机体式结构直接装在机体的左前端。主动齿轮通过一个中间惰轮驱动齿轮泵的齿轮,又通过齿轮泵齿轮的内花键孔带动齿轮泵的主轴转动,中间惰轮与曲轴正时齿轮侧隙的大小可通过调整前端板的位置而获得,其侧向间隙为 0.065 ~ 0.24 mm。

(2) 齿轮泵的困油现象。为了保证齿轮泵的正常工作,使吸油腔与压油腔被齿轮的啮合接触线隔开而不连通,就要求齿轮的重叠系数大于1。当一对齿尚未脱开啮合前,后一对齿就开始进入啮合,在这一小段时间内,同时有两对齿进行啮合,在它们之间形成一个封闭的空间,一般称为闭死容积。此时新的一对轮齿又开始啮合,原来啮合的一对轮齿尚未分开,因此,在这两啮合点之间形成一个封闭的容积,把两对齿之间的油困在容积内,形成所谓的困油现象。为了消除困油现象,可在与齿轮端面接触的壳体上开出卸除困油的沟道(称为卸荷槽)。于是,当封闭空间的体积减小,油液受挤压时,使这个封闭容积与压油腔相通;当封闭空间的体积增大,产生空穴时,使这个封闭容积与吸油腔连通;当封闭空间的体积达到最小时,能把吸油腔和压油腔隔开。卸荷槽是任何一个齿轮泵都必须具备的,否则齿轮泵不能正常工作。

(3) 齿轮泵的泄漏和补偿方法。齿轮泵的泄漏主要由三部分的原因引起：一是轴向间隙——是指齿轮端面与轴承座圈或盖板之间的间隙。通过此间隙油液泄漏到吸油腔及齿轮轴表面。由于轴向间隙泄漏的路线多，封油长度短，所以通过轴向间隙的泄漏量占整个齿轮泵泄漏总量的75%~80%。因此，要提高齿轮泵的容积效率或工作压力，就一定要减少轴向间隙泄漏量。二是径向间隙——是指齿顶与壳体内圆柱面之间的间隙。由于通过径向间隙发生泄漏的方向与齿轮的旋转方向相反，而且封油长度大，所以泄漏量不大，约占整个齿轮泵泄漏总量的15%~20%。三是通过啮合点的泄漏——由于啮合点接触不好，使压油腔与吸油腔之间的密封不好，从而造成泄漏。但由于齿轮泵的齿轮精度都比较高，而且轮齿表面一般经过磨合，同时两齿廓啮合点彼此压紧，因此，通过啮合点的泄漏量是很小的，占齿轮泵泄漏总量的4%~5%。齿轮泵的泄漏会使容积效率降低，减少齿轮泵的泄漏，对于提高齿轮泵的工作性能具有很重要的意义。减少齿轮泵泄漏的措施主要是：采用轴向间隙的液压补偿方法进行解决，一般使用浮动轴套或浮动侧板，使轴向间隙能自动补偿。

1) 浮动轴套。在压力油的作用下，浮动轴套以一定的压紧力压向齿轮，同时在轮齿间的液体压力又给浮动轴套一个撑开力，必须使压紧力适当大于撑开力，这样才能保证轴向间隙能自动补偿；而且随着工作压力的升高，压紧力也增大，这样在高压情况下也能保证齿轮泵有较高的容积效率。但由于撑开力的作用线不在轴线上，而向压油区一边偏斜，所以，压紧力与撑开力的作用线不重合，使浮动轴套倾斜，磨损增加，高压齿轮泵必须解决这个问题，故一般都采用压力平衡式浮动侧板。

2) 压力平衡式浮动侧板。为了使压紧力与撑开力的合力作用线重合，一般采用压力平衡式浮动侧板。浮动侧板是由耐磨衬板和橡胶密封圈黏结而成的。浮动侧板在油压作用下压向齿轮端面，保证轴向间隙能自动补偿。为了防止橡胶密封圈从缝隙中挤出或擦伤，设有一个加固骨架。密封圈及支撑板装在低压区，目的是使密封圈所包围的区域不进入高压油，而与低压腔相通，这样使作用在浮动侧板上的压紧力的作用线接近撑开力的作用线，防止浮动侧板倾斜，提高容积效率，使磨损情况也有很大的改善。

（4）齿轮泵的结构形式。齿轮泵的结构形式很多，其差别主要表现在间隙补偿的方式上，一般可分为固定轴向间隙补偿齿轮泵、轴向间隙自动补偿齿轮泵以及轴向间隙和径向间隙都能补偿的齿轮泵。

3. 摆线转子泵

摆线转子泵是一种特殊齿形的内啮合齿轮泵，又称摆线内啮合齿轮泵。其特点是结构简单，尺寸紧凑，噪声低，运转平稳，具有良好的高转速性能等，目前已在工程机械液压系统中得到广泛应用。其缺点是流量脉动大，在高压、低转数时容积效率较低，加工精度要求高。

摆线转子泵是由泵体、前泵盖、后泵盖、内转子、外转子、传动轴和滚针轴承等主要零件组成的。内转子是主动轮，它带动外转子同向旋转，内、外转子的啮合必须有正确的偏心距，因为摆线齿轮与渐开线齿轮不同，它没有可分性，如果偏心距不正确，将影响内、外转子的啮合，降低效率，产生噪声，严重者将损坏转子。

三、阀

液压系统中控制和调节装置的作用是控制液流的方向、流量和压力，以保证工作装置能平稳、协调地工作。在这些装置中包括多路换向阀、流量控制阀和压力控制阀等。

1. 多路换向阀

多路换向阀在一般液压系统中又称为分配阀或方向控制阀，是用来使液压油路改变方向的阀门。所谓"多路"，是指将控制几个不同动作的换向阀连接在一起的组合，这种组合的阀门就叫做多路换向阀。例如，叉车上将控制起升液压缸升降的换向阀与控制门架前、后倾斜的倾斜液压缸换向阀和控制属具动作的换向阀组合成多路换向阀。

叉车在装卸作业中需要经常升降和向前、向后倾斜门架，使液压缸柱塞或活塞不断改变运动方向，因此，必须相应地改变液流方向，在这种液压系统中广泛采用手动滑阀式的液压分配阀来控制和改变液体的流动方向。该阀的优点较多，如移动滑阀时费力小，径向力易于平衡，对污物敏感小，易于实现多通路控制，工作可靠，制造简单，而且可以根据控制油路的多少自行增减阀片数目。这是它在工程车辆上广泛使用的主要原因。

叉车用分配阀均为三位阀。对于单作用液压缸（如柱塞式起升液压缸），一般是三位三通式的，其中一条通路通液压缸，另外两条分别与泵和油箱相通。对于双作用液压缸（如活塞式倾斜液压缸），则为三位四通式的，其中两条通路通往液压缸活塞的两腔，另外两条分别与油泵和油箱相通。分配阀作用示意图如图 3—14 所示。

作用原理是：当双向作用滑阀向阀体内部运动时，溢流通道就被滑阀的凸肩盖住，而另外两个凸肩则打开了与液压缸腔体连接的通道。这时，由油泵来的工作油液流向活塞式液压缸的后腔。而活塞杆前腔的工作油液就被活塞压经溢流通道流回油箱。

当滑阀向相反的方向移动时，仍有一个凸肩盖住溢流通道，而液压缸腔则与分配阀通路以相反的顺序相连接。原来与高压油路连接的液压缸腔，现在则与溢流通道相连接；而另一侧的液压缸腔则与高压油路相通。工作油液流动方向的改变相应地也改变了液压缸活塞运动的方向。

起升液压缸单向作用滑阀向右移动时，溢流通路被封闭，打开并接通起升液压缸的通路，高压油从这里进入液压缸，使柱塞起升；当滑阀向左移动时，溢流通道接通，自油泵打到分配阀以及起升液压缸内的全部工作油液都回到油箱中去。

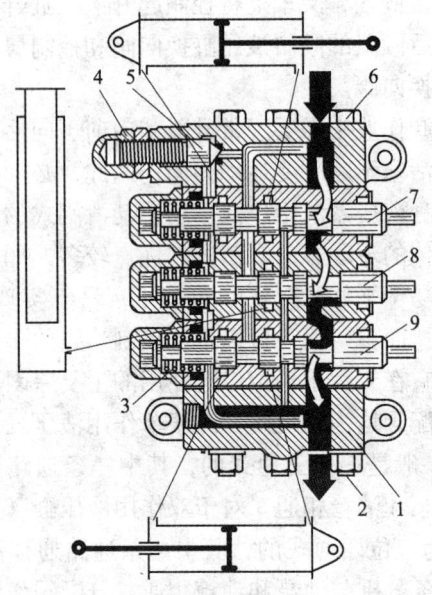

图 3—14 分配阀作用示意图

1—壳体 2—螺母 3—滑阀复位弹簧 4—安全阀调整螺栓 5—安全阀
6—螺栓 7,9—双作用式滑阀 8—单作用式滑阀

多路换向阀有整体式和剖分式两种结构形式。整体式是将外壳铸成一体，其结构紧凑，不易泄漏，耐高温，但铸造加工困难，检修不便。剖分式是将数个单独阀体用螺栓连接而组成一体，其优点是构造简单，易于加工，而且可以根据工作需要随意增减阀体的数目；缺点是各接触面易漏油，因此，对接触面的加工精度要求高。另外，当连接螺栓装配过紧时，滑阀移动不灵活；过松时，配合面又不能防止泄漏。

2．流量控制阀

在液压系统中，流量控制阀的作用是根据工作的需要，通过改变液流通道的截面积来调节流量的大小，从而改变执行机构的运动速度。流量控制阀有节流阀、调速阀、分流阀等多种。

(1) 节流阀。例如，在叉车起升液压缸及倾斜液压缸管路中，一般均装有单向作用的节流阀。起升液压缸的柱塞下降时，它限制着从液压缸中排出的油液的流量，限制或减小下降速度，以避免事故的发生；当工作油液被压入液压缸时，节流阀不限制液流，也就是说，在通往起升液压缸的管路中并不产生阻力，因此它并不影响货物的起升速度。在倾斜液压缸管路中的节流阀，只有当工作油液从液压缸前腔排出时才起作用；当工作油液压入这个油腔时，节流阀不对通往液压缸的工作油液产生阻力。阀的移动，一面被阀体里的环状凸肩限制，另一面则被管接头限制，管接头在与凸肩相对的一端旋入阀体。这种单向节流阀构造简单，工作可靠。但是它不能根据载荷的变化而保持稳定的货物下降速度，故它只适用于载荷变化不大的管路中。

现在叉车起升液压缸的管路中，多安装性能良好的流量调节阀，以取代单向节流阀。流量调节阀可控制货叉，使其保持稳定的下降速度，而不受载荷大小的影响，故能保证安全、有效地工作。

流量调节阀上部的单向阀（钢球）、小孔和阀体侧面上部的圆孔均与液压缸内的油液相通。而阀体侧面下部的圆孔则通过管路与分配阀相通。整个阀体就固定在起升液压缸的下部。

流量调节阀的工作原理是：当分配阀手柄移到货叉下降位置时，流量调节阀活塞下腔里的油液便从下部的圆孔排往油箱，而通过上部的圆孔从液压缸里来的油液流量小于从下部的圆孔排出的流量，从而使活塞失去平衡，活塞在起升液压缸的油压作用下向下移动，压缩弹簧。下部的圆孔截面积由于被阀芯侧面挡住一部分而减小，故排出的流量也相应减小，货叉下降速度减慢。当分配阀手柄移到停止位置时，则排油孔被关闭，由于活塞弹簧回复力的作用使活塞上升，活塞上腔内的油液通过上部的圆孔流回起升液压缸。当分配阀手柄突然移到货叉下降位置，或者载荷比较大时，进入流量调节阀活塞顶腔内的油液跟不上活塞下降的速度，于是上部的止回阀（钢球）打开，油量增加，从而使排油孔的截面积减小，进一步使排油孔的流量降低，从而保持货叉下降速度稳定，这样就可以防止事故的发生。流量调节阀不但安全、可靠，并且动作灵敏，液流稳定。

（2）单稳分流阀。企业内机动车辆液力转向装置与起升系统、变矩器控制与冷却系统采用共泵分流的供油方式。由于转向操作不仅要求保证转向盘与转向车轮间的随动比例关系，同时，当车辆以不同的速度运行时，还要保持转向操作的稳定性。因此，要求供给转向液压缸的液流量不能随发动机转速的变化而变化，即发动机保持在正常的工作转速内。虽然液压泵的流量随转速而变化，但通入转向液压缸的液流量应保持恒定，此功能是由流量控制阀实现的。对于叉车这种共泵分流形式，只需要保证通往液力转向液压缸的液流稳定，因此使用单路稳定流量的分流控制阀（简称单稳分流阀）。

单稳分流阀的作用是使发动机一开始运转就优先保证供油给全液压转向器，以满足转向的需要。单稳分流阀由调节杆、滑阀、阀座、阀体、导套、侧盖、安全阀、固定节流片等组成。单稳分流阀是从主流量中定量地分出一部分液流，供液压转向系统工作；另外，当满载起升时，单稳分流阀中的滑阀在油液压力作用下移到最右端，实现合流，使升降液压缸全速起升。当后桥负荷过大或后轮遇到障碍受到冲击时，单稳分流阀上的安全阀自动打开，进行卸荷。安全阀的压力在试验台上已调整好，在使用中一般不需要调整。

3. 压力控制阀

在液压传动中，液流的压力是最基本的参数之一。为了使液压系统适应各种需要，就要对液流的压力进行控制，这样就需要各种压力控制阀。例如，为了防止系统过载，或为了保持系统压力恒定，可采用溢流阀。因此，压力控制阀又称为安全阀。溢流阀的主要作用是限制管路的最高压力，平时阀门关闭，仅当液体压力超过极限时才打开,以防止因压力继续上升而使机构过载损坏。溢流阀分为直动式、差动式和先导式三种。叉车液压系统中主要使用直动式和先导式两种。

(1) 直动式。这种阀的工作特点是压力油作用在阀芯上的压力直接与弹簧力相平衡。直动式溢流阀可以做成锥形或钢球形。它具有结构简单、制造方便、动作灵敏的优点,这种阀多用在压力低或流量小的机动车辆的液压系统中。

球形阀或锥形阀在弹簧压力的作用下压紧在阀座上,并隔开外壳内的压油腔与溢流腔。溢流阀的规定压力用顶端正方形的螺钉来调节,此螺钉用螺母锁紧并用盖螺母封闭。当系统中的压力超过允许值时,阀即压缩弹簧离开阀座而形成环形间隙,这时一部分工作油液溢出而使压力降低。

(2) 先导式。先导式溢流阀一般由一个主阀和一个导阀组成,主阀的弹簧是一个软弹簧,称为平衡弹簧;导阀的弹簧则是一个硬弹簧,称为压力弹簧。

先导式溢流阀的工作原理是:当进油压力小于规定值时,导阀的钢球不会打开,因此两腔的油液压力相等,作用在主阀阀芯上、下两面的油压便互相平衡,于是主阀的阀芯便在平衡弹簧的作用下压在阀座上,将出油口封闭。当进油压力升高到规定值时,上腔的油液便经导阀流回油箱,于是下腔的油液便经阻尼小孔慢慢流入上腔。由于阻尼小孔很小,油液流过时产生压力降,因而上腔的压力低于下腔的压力,于是作用在主阀阀芯上、下两面的油压不再互相平衡,而是形成一个推动阀芯向上移动的合成压力,从而克服了平衡弹簧的弹力,主阀的阀芯被向上推移,将主阀的通道打开,大量的油液便经出油口流出,这样就实现了控制油液压力的目的。由于主阀的弹簧很软,刚度系数较小,所以通过阀的流量变化较大时,所控制的压力的变化仍然较小,也就是说,能够比较准确地保证所控制的压力在要求的数值附近。先导式溢流阀多用在较高压力和大流量的液压系统中。

四、液压缸与液压马达

1. 液压缸

液压缸的作用是将工作油液的压力能转变为往复运动的机械能。液压缸按液压作用情况不同,可分为单作用式和双作用式两种。按结构形式不同,则又可分为活塞缸、柱塞缸、伸缩套筒缸和摆动缸等。如在叉车的液压装置中,大都使用柱塞式和活塞式的单作用或双作用液压缸。

液压缸包括液压缸头部、缸筒、液压缸底部、活塞杆或柱塞杆。缸底与缸筒的连接方式有焊接、螺纹连接等。缸盖与缸筒有螺纹连接、卡键连接和钢丝卡圈连接等方式,但缸盖一般不与缸筒焊接。

(1) 起升液压缸。起升液压缸又称升降液压缸,其作用是按照实际工作情况的需要使货物上升或下降。叉车的起升液压缸大多采用单向作用的柱塞式液压缸或活塞式液压缸。这是因为起升液压缸的工作位置处于直立或近似直立的状态,使得用单作用的液压缸来实现载荷的升降成为可能。单作用活塞式液压缸由缸体、活塞、活塞杆、缸盖、链轮组、密封件等组成。缸体上部有一根油管与油箱相连通。这种液压缸当油泵向它压入高压油时,货物被举升。若油泵停止供油并通过分配阀将液压缸直接与油箱连通时,在货物、叉架、内门架及液压缸柱塞本身质量的作用下柱塞下降回缩,使货叉下落。这时液压缸的油液将被压回到油箱中去。

柱塞用一组装在液压缸头部的密封圈加以密封,密封的程度用装在液压缸头部的压力螺母来调整。在比密封圈位置稍高的地方,有毛毡油封装在压紧螺母中进行防尘。柱塞上升到顶点时,底上的凸缘被挡在液压缸头部,这样便限制了柱塞向上的行程。起升液压缸头部用螺栓固定到外门架的上横梁上,缸体下部与下横梁连接。柱塞本身通过链轮架、滑动导杆与内门架相连接,其作用是使内门架能与柱塞共同升降。在柱塞式液压缸中,由于柱塞外表面不需要与液压缸内壁接触,其密封依靠液压缸头部的密封圈，所以，液压缸内壁的加工精度要求低，甚至在采用无缝钢管制作缸体时，内壁可以不进行加工，这样就大大简化了制造工艺，降低了生产成本。

叉车经常使用的另外一种起升液压缸是单作用活塞液压缸。活塞上部和下部均有进油口和出油口，上部油口开在缸盖上，但实际使用时活塞上腔无须压力油，因为货叉的下降仍是依靠货物及内门架等的自重来实现的。缸筒上部用一根油管与油箱相连通，它的作用是当活塞下降时从油箱中吸油，填补活塞上部液压缸腔中形成的真空。此外，它还可以把从活塞下部油腔泄漏到上部油腔中的油液引回油箱。液压缸的缸盖装有密封圈和毛毡油封，通过螺栓与缸体相连接。

起升液压缸缸体上端的螺纹接口是排气孔，用螺塞密封，当发现液压缸内有空气时，可旋松螺塞放出空气，然后再将螺塞旋紧。在普通门架的起升液压缸底部装有限速阀，用以限制货叉的下降速度。宽视野门架起升液压缸的限速阀装在换向阀到起升液压缸之间的管路中，用来控制两个液压缸同步下降的速度。升降液压缸中活塞与缸壁间产生的内泄油液由液压缸上端的回油管流回油箱。使用时应保持活塞杆不受损坏，并保持密封环有良好的密封性。

（2）倾斜液压缸。倾斜液压缸又称双作用液压缸，起重架的倾斜是依靠倾斜液压缸来操纵的。叉车进行装卸作业时经常需要门架前、后倾斜，为了实现这个动作，需采用双作用活塞式的液压缸。在叉车上多种工作属具也都使用双作用活塞式液压缸。它由液压缸体、导向套、密封圈、缸筒、防尘毡圈、O形密封圈、活塞、活塞杆和活塞支撑环等组成。倾斜液压缸的缸筒铰接于车架上，活塞杆的一端与起重架铰接。为保证起重架前倾和后倾所必须的角度，活塞杆上备有螺纹可以调节。倾斜液压缸是活塞式的，活塞装在缸筒内，将液压缸内腔分成两部分，前室和后室均有进油口，当活塞移动时，则一室进油而另一室排油。为保证两边倾斜液压缸的工作同步,避免起重架扭转,两个倾斜液压缸的相同油室必须安装在同一根高压油管上。

除倾斜液压缸用双作用活塞缸外,工程车辆的转向液压缸也是此类型缸。叉车上广泛流行的横置转向液压缸采用双杆双作用活塞缸,该类液压缸工作时,活塞杆不仅受轴向推力,而且还要受转向机构的横向压力。因此,活塞杆的直径相对较大,导向套也相对较长。

2. 液压马达

液压马达能将液体压力能转变为机械能,带动机械设备运转,属于执行元件。

(1) 齿轮液压马达。齿轮液压马达的工作原理与齿轮泵类似。在齿轮液压马达的排量一定时,液压马达的输出转数只与输入流量有关,而输出转矩随外负载的变化而变化。随着齿轮的旋转,啮合点是在不断变化的,即使输入的瞬时流量一定时,齿轮液压马达的输出转数和输出转矩也是脉动的,所以齿轮液压马达的低速性能不好。齿轮液压马达和齿轮泵的结构基本一致,但由于齿轮液压马达需要负载起动,而且能够正、反向旋转,所以,齿轮液压马达在实际结构上与齿轮泵还是有差别的。

齿轮液压马达的结构特点如下:

1) 进、出油通道对称,孔径相同,以便正、反转时性能一样。

2) 采用外泄漏油孔。一方面因为齿轮液压马达回油时有背压;另一方面,当液压马达正、反转时,进、回油腔也互相变化,如果采用内部泄油,容易将轴端密封冲坏。齿轮液压马达与齿轮泵不同,必须采用外泄漏油孔。

3) 轴向间隙自动补偿的浮动侧板必须适应正、反转时都能工作的结构。

4) 产生困油现象的卸荷槽必须是对称布置的结构。

5) 应用滚动轴承较多,主要是为了减少摩擦损失,改善起动性能。

（2）摆线转子液压马达。摆线转子液压马达像摆线转子泵一样，也是一种特殊齿形的内啮合齿轮液压马达，又称摆线内啮合齿轮液压马达。摆线转子液压马达和摆线转子泵的主要区别是外齿圈固定不动，变成定子。摆线转子液压马达的主要缺点是效率低，最高工作压力一般为 10~12 MPa。

五、汽车起重机的液压系统

1. 起重机液压系统的组成

如图 3—15 所示为 QY8 型汽车起重机的液压系统原理图，它主要由以下几部分组成：

（1）动力机构。采用双联齿轮泵，用以将发动机的机械能转换成油液的压力能。其中 2 号泵（P_2）主要向支腿系统和回转系统供给压力油，1 号泵主要向变幅系统、伸缩系统和起升系统供给压力油。

（2）支腿系统。由前、后支腿伸缩液压缸，前、后支腿升降液压缸及液压锁等组成。用以将起重机支起呈工作状态。

（3）回转系统。由液压马达、双向缓冲阀和制动操纵阀、回转中心接头等组成。用以驱动上车部分绕起重机回转中心做回转运动，达到在水平平面内搬运货物的目的。

（4）变幅系统。由变幅液压缸、平衡阀等组成。用以改变起重机吊臂的幅度，以扩大起重机的作业范围。

（5）起升系统。由液压马达、起升制动器、平衡阀和起升离合器、重力下降操纵阀等组成。是使货物产生升降运动的机构。

（6）伸缩系统。由伸缩液压缸、平衡阀等组成。是通过调节起重臂长度来改变起重机工作幅度和起升高度的工作机构。

（7）操纵机构。由手动操纵阀（支腿）、手动操纵阀（上部）、合流操纵阀和安全溢流阀等组成。用以控制液压油的流向、流量及压力，并通过液压缸及液压马达的有序动作满足起重作业的需要。

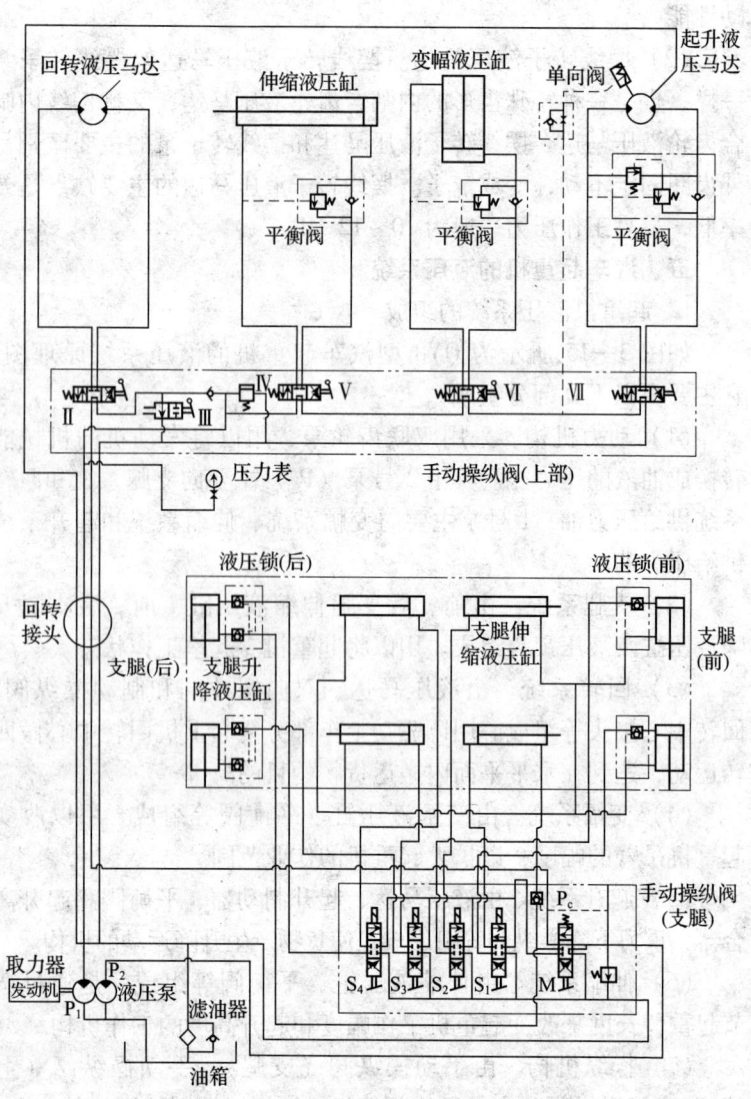

图 3—15 QY8 型汽车起重机的液压系统原理图
Ⅱ—回转操纵阀 Ⅲ—合流操纵阀 Ⅳ—溢流操纵阀 Ⅴ—吊臂伸缩操纵阀
Ⅵ—吊臂变幅操纵阀 Ⅶ—起升操纵阀

(8) 辅助装置。包括油箱、滤油器、油管和接头以及油压表等。

2. 起重机支腿机构稳定器的工作原理

汽车式起重机的底盘是由通用车辆的底盘改装而成的，其前桥、后桥与车体多以钢板弹簧悬架机构弹性连接。在进行起重作业时，为保持工作的稳定性，应用支腿系统将全车支起，当支腿支地时前桥和后桥将被卸载，在桥身自重的作用下，钢板弹簧的弯曲度将加大，使轮胎很难离地。若欲使轮胎完全离地，如不采取必要的措施，支腿升降液压缸就需要很大的行程，全车的重心也将会提高，不利于起重机的稳定工作。为此，汽车式起重机在原车底盘后桥两侧的钢板弹簧上部加装了稳定器，在进行起重作业时，靠稳定器将后桥与车体构成刚性连接，以避免上述现象的发生。

支腿稳定器的结构是：在钢板弹簧卡座上有一方孔，拉钩以销轴铰接在车架上，并以闸线拉索拉住，闸线前端与汽车驻车制动器摇臂相连接。在起重机支腿前，只要拉紧驻车制动器操作手柄，便可通过闸线拉动拉钩，使拉钩钩端钩住钢板弹簧卡座，从而使后桥在支起支腿时因被钩住而不能向下运动。起重机行走时，只要放松驻车制动器操作手柄，拉钩便被弹簧拉出，后桥便与车架恢复弹性连接。

第七节　企业内机动车辆的工作装置

工作装置是企业内机动车辆进行各种作业的直接工作机构。例如，叉车货物的叉取、升降、堆码都靠工作装置来完成。叉车常用工作装置的主要部分包括货叉、叉架（滑架）、门架、链条和滑轮等。起升液压缸是叉架的驱动部分，倾斜液压缸使门架前、后倾斜，以满足工作需要。为了做到一机多用，提高机器效能，除货叉外，叉车还可以配备多种工作属具。

一、叉车的工作装置

1. 叉车工作装置的特点

为了满足货物装卸作业对起升高度的要求，同时减小叉车自身的高度尺寸，以便通过较低的门道，如仓库门、车库门、船舱、火车车门等，叉车的门架都是做成可伸缩式的。门架的伸缩是靠液压缸来实现的，起升液压缸的下端固定在外门架下横梁上，液压缸柱塞或活塞杆的上端与内门架上横梁连接，这样内门架就可以随液压缸柱塞或活塞杆而伸缩，在外门架内上下移动。链轮装在活塞杆上端或内门架两侧的立柱上部，链条的一端固定在外门架上部的横梁上，绕过链轮，另一端与滑架相连接，当液压缸柱塞上下移动时，带动内门架及链轮上下移动，通过链条带动滑架上下移动。货叉装在滑架上，用来叉取货物。外门架的下部铰接在车架或前桥上，在倾斜液压缸活塞杆的带动下，外门架可绕其铰销前后摆动一定的角度，以便于货叉的叉取、堆码，确保在搬动过程中货物的稳定性。

按门架的数量不同，叉车的工作装置分为两节门架、三节门架和多级门架三种。在不改变叉车外形尺寸，保持其具有较高的通过性能的前提下，由三节门架组成的工作装置在装卸货物时起升高度可达 $7\sim 8$ m。按门架有无自由起升和自由起升量不同，叉车的工作装置可分为无自由起升、有部分自由起升和全自由起升三种。如图3—16 所示的叉车工作装置为无自由起升工作装置；叉架在内门架中做部分移动时，内门架不产生移动，叉车的总高度不改变，这种工作装置就是有部分自由起升的工作装置；在全自由起升的门架中，在叉架沿内门架移动的全部行程中，内门架静止不动，叉车总高度不变，因此称为全自由起升。

2. 门架系统的构造

门架升降系统根据要求的起升高度与车辆最低结构高度的限制，可做成二级嵌套（只有内门架和外门架），称为二级门架；也可做成三级嵌套（包括内门架、中门架和外门架），称为三级门架，但不管几级门架，其嵌套构造的方式是类似的。在一个完整的二级门架升降系统中，除内门架和外门架外，还包括货叉、叉架、起升液压缸、倾斜液压缸及链条。

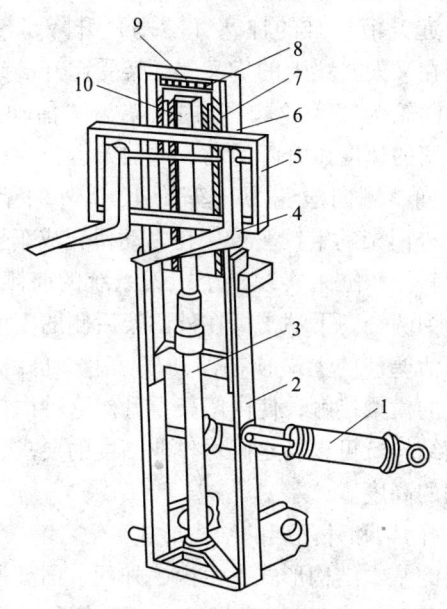

图 3—16　叉车工作装置的结构
1—倾斜液压缸　2—外门架　3—起升液压缸　4—货叉　5—叉架
6—内门架　7—链条　8—链轮　9—链轮架　10—活塞杆

具有自由起升性能的叉车，其装卸作业要靠自由提升门架系统来完成。该叉车在内门架顶端不伸出外门架顶端时货叉提升，货叉水平上表面距地面的最大高度适合在低矮的仓库、船舱内进行作业。

货叉是直接承载的叉形构件，叉车就是由于具有货叉而得名的。叉车一般配有两个货叉，货叉装在叉架上，货叉间的距离根据作业需要进行调整。为使叉车能根据作业对象方便地装卸，可利用其他取物装置（称为叉车属具）取代货叉，扩大作业范围。

门架的升降机构是由起升液压缸、链轮和链条等组成的，链条的一端与叉架相连接，另一端在绕过起升油液压头部的链轮以后，固定在缸筒上部的法兰或外门架上。门架系统的运动和零部件的关系是：起升液压缸的柱塞（活塞）升降，带着浮动梁和链轮运动，挂在叉架横梁上的货叉和叉架受起升链条的牵引，以其纵向、侧向滚轮为"车轮"，以内门架为"活动导轨"，以两倍于液压缸活塞的速度做升降运动；内门架也会受起升液压缸的顶推，以其纵向、侧向滚轮为"车轮"，以外门架为"固定导轨"而升降；外门架的下铰座铰接在驱动桥壳或车架上，中部靠两个并列的倾斜液压缸来实现整个门架系统的前倾和后倾动作。起升液压缸分为两个，下端支撑在外门架后侧的支座上，上部与外门架连接，活塞杆的上端顶在浮动横梁上，自由提升结束后，即与内门架上的横梁接触，使内门架上升。这种内门架和外门架嵌套成的伸缩结构既可以满足码垛作业高度的要求，又可以减小叉车自身结构的高度。

3. 叉车内门架和外门架的结构形式

叉车门架的基本结构形式是由内、外两节门架所组成的。内门架和外门架各用 2~3 根横梁焊接成一个框架结构，外门架的立柱多为槽形截面，内门架的截面形式较多。

内门架和外门架各有两根立柱，立柱既是门架承载的主要构件，又是叉架或内门架做升降运动的导轨。立柱截面有槽型、工字形和其他异型形状，材料多为低合金钢。左、右两立柱通过 2~3 根横梁连接，构成框架结构，然后嵌套在一起，可以做相对的伸缩运动。

根据内门架和外门架的排列形式不同，叉车门架分为滑动式和滚动式两大类，其中滑动式门架的内、外门架叠合在一起，内门架在外门架内滑动，故也称为叠式门架。

根据内门架和外门架的相对位置不同，滚动式门架又分为并列式和综合式两种。凡内门架和外门架并列的，称为并列式门架；凡内门架和外门架并列，但有部分相互重叠的，称为综合式门架。

滚轮是门架系统中起支撑作用及引导运动的部件，分纵向和侧向两组，各有四个滚轮，分别对称地布置在门架左、右立柱上。纵向滚轮以立柱翼缘板为导轨，承受垂直于门架平面内的作用力，是主要的承载传力滚轮。侧向滚轮以立柱腹板为导轨，承受门架平面内的侧向力，作用力小，直径也小。

立柱的截面尺寸由强度来决定。高度尺寸要满足起升高度的要求，为了最大可能地降低整车结构高度，必须使内门架和外门架的高度相同。通常的做法是先确定门架的理论高度，然后参考现有类型相同、规格相近的产品或根据工作经验，确定相关零部件的构造尺寸和最终门架实际高度。

4. 叉架

叉架又名滑架，它的作用是安装货叉或其他工作属具，并带动货物一起升降。根据叉架在门架系统中的相关位置，货物的质量是靠叉架传给起重链条的，货物质量产生的力矩通过它传给门架，当链条带动它升降时，叉架要可靠地沿着门架导轨运动。根据这些作用，决定了它在构造上是一个垂直运动的承载小车。一般叉架由两部分构成，前部是一个焊接框架结构，主要用于安装货叉及其他属具；后部是两列装有导向滚轮的滚轮架，与前部框架焊接构成一体，由链条牵引，沿门架导轨垂直升降。根据货叉的形式和它在框架上的安装方式不同，叉架有板式和滑杆式两种形式。

当货叉为挂钩型时，采用板式滑架。板式滑架的框架有多种形式，它可由钢板焊接而成，或由整块钢板按所需结构进行切割，挖去多余部分以减轻质量。货叉的上钩挂在框架的上横梁上，货叉的下钩钩住框架的下横梁。挂钩和叉架间的安装尺寸已经标准化，各种属具均具有与货叉相同的挂钩。板式叉架能方便地更换属具，因此，焊接板式结构应用广泛。货叉或其他属具可从叉架侧面装上或卸下，当叉架上装有挡货架时，侧面不便于装拆，在叉架下横梁中间开一缺口，可以方便地装拆货叉。为了使货叉或其他属具在叉架上定位，在框架的上横梁上对称地加工出若干定位孔或定位凹槽，在货叉上端的挂钩上装有带弹簧的定位销。根据货物的尺寸，货叉可以在叉架上滑动，以调整两货叉的间距，并定位在合适的位置上。目前广泛使用的是焊接式叉架结构。货叉对称地装在叉架的上横梁上，横梁上开有定位槽，货叉由弹簧压入槽内起定位作用。上横梁和下横梁通过竖板与滚轮架焊接成一体，滚轮架的两个外侧装着纵向滚轮和侧滚轮，是叉架沿内门架立柱翼缘运动的导向轮。叉架的上横梁和下横梁两端装有挡货架，为装拆货叉方便，在下横梁的中部下缘开有缺口。起升链条固定在滚轮架和下横梁的连接处。

挡货架是安全部件，当货物在货叉上叠放较高，而门架后倾的情况下，可防止货物向后滑落，以免伤害驾驶员的人身安全。叉架上的滚轮用于把货物的重力以力偶矩的形式传递给内门架。因为滚轮是固定间距，对门架立柱的作用力大，应合理布置。侧向滚轮用于承受叉架的侧向力，由于货物在货叉上放置位置不对中，或在倾斜的路面上运行等都会产生侧向力，为防止叉架对内门架正常的运动不被卡住，装设侧滚轮是必需的。

5. 货叉和属具

（1）货叉的构造。货叉是叉车最基本和最通用的取物装置，一般叉车都装有两个同样的货叉。货叉装在叉架上，它的外形是一个L形杆件，分为水平段和垂直段两部分。货叉的水平段和垂直段做成整体的，称为整体式货叉。有的小吨位叉车货叉的水平段和垂直段分别制成，用销轴连接起来，水平段既可平置，又可以向上折叠起来与垂直段靠拢，称为折叠式货叉。折叠式货叉使叉车在空车时长度小，便于运输，但制造比较麻烦。一般用的都是整体式货叉。

在叉车叉取货物时，货叉的水平段用来插入货物或托盘的底部,叉起后,用来承载货物。因此,货叉水平段的上表面必须水平,水平段前端的下表面略有斜度,叉尖处厚度较薄,前端逐渐变窄,叉尖两侧带有圆弧,这样便于货叉插入货物底部叉取货物。

货叉的垂直段用来与叉架相连接,根据连接的形式不同,分为挂钩型和铰接型两种。挂钩型货叉垂直段的背部上、下各有一个钩,分别钩在叉架的上、下水平横梁上。这种形式货叉的制造过程是先锻造成长条坯,然后弯成 L 形,再焊接上、下两个钩,之后进行热处理。这种货叉制造较容易,也便于安装和拆卸,适用于中、小吨位的叉车。

为了在叉架上定位货叉,在上部挂钩上设置定位销,插入叉架上横梁的凹槽中,以防止货叉任意移动。调节时,往上提起定位销,克服弹簧力,销轴脱离叉架上横梁的凹槽,便可移动货叉,改变间距。

铰接型货叉的垂直段上端较厚,中心为销轴孔,货叉通过此孔安装在叉架的支撑光轴上,允许绕轴转动,在重力的作用下,货叉垂直段下部背面支靠在滑架的下横梁上。这种货叉安装及拆卸不太方便,中、小吨位的叉车用得较少,主要用在大吨位叉车上,当货叉需要在叉架轴上移动时,常使用液压缸推动。货叉是叉车的重要构件,受力大,要求截面积小,质量小,因此,需要用低合金钢、中碳钢等材料制造,还须经适当的热处理,以增加水平段的表面硬度,提高耐磨性能。

(2) 叉车属具。货叉是叉车配备的标准取物装置,它能适用于许多货种的装卸作业,但对有些货种的作业并不方便。为扩大叉车的用途,使其能适应某些具有特殊形状(如散粒物料等)货物的装卸作业,除货叉外,还可以配备其他各种属具,如铲斗、起重臂和桶夹等。由于属具往往适用于特定种类货物的装卸,是非标准的取物装置,与货叉相比,载荷中心距会发生变化。设计合适的属具来取代货叉,既要保证安全,还要便于拆装,这样才能安全、高效地进行装卸作业。常见的属具分类如下:

1) 套盘类属具。如叉套可套装在货叉的水平段，以增大货叉的长度，用于装卸轻质、大体积物品。

2) 专用托盘。可在车间中用来盛放螺母、螺钉等小零件，搬运时，用货叉直接托起托盘。这类属具结构简单，相当于货叉的延伸，安装与使用特别方便，对货物的适应性较强。

3) 简单属具。如用来吊装货物的起重臂、装卸盘条的串杆等。这类属具自身没有动作，构造比较简单，可直接取代货叉使用。其安装方式与货叉完全相同，更换也比较方便。

4) 单自由度属具。这类属具只有一个动作，一般通过液压缸来实现，这样液压系统就必须有相应的管路与控制阀来为其服务。例如，只有横向动作的平夹（抱夹器）、桶夹；可以卸货的倾翻叉、推出器；用来装卸散粒物料的铲斗；用来搬运啤酒瓶的稳压器等。

5) 双自由度属具。这类属具除了有平移动作外，还有旋转动作，使用起来比较方便。但属具内部必须有两个液压缸，构造复杂，自重大，成本高，所需的外部配套设施多，装换也不方便。

6) 专用属具。如集装箱叉车用的集装箱吊具、环卫部门倾倒自卸式垃圾箱用的属具等。这类属具的功能专一，对安装是否方便的要求不高。

属具本身就是特殊的，只要装卸工作需要，就可以研制新的属具。设计时要符合对属具的一般性要求。有的装置，如侧移叉等是一种不可更换的特殊叉架，可将其看成是具有特殊性能的叉车的一部分，而不将其作为属具。

二、起重机的工作装置

1. 起重机工作装置的组成部件

现代汽车式起重机是一种具有伸缩式起重臂的全回转液压汽车起重机。其工作装置称为起重机上车部分，安装在通用汽车底盘或专用汽车底盘上。起重机工作装置的基本构成如下：

（1）液压发生系统。它由油箱、用于产生上车压力油的1号油泵、用于产生支腿压力油的2号油泵、用于上车的手动控制阀、用于支腿的手动控制阀、中心回转接头、连接管路等构成。

（2）支腿系统。它由前、后支腿，前、后支腿升降液压缸，前、后支腿伸缩液压缸和支腿液压锁等构成。

（3）回转系统。它由液压马达、回转减速器、回转支撑、回转中心接头等构成。

（4）变幅系统。它由变幅液压缸、变幅平衡阀等构成。

（5）起升系统。它由液压马达，起升机构（如起升减速器、卷筒、钢丝绳、吊钩等），起升离合器，起升制动器以及起升平衡阀等构成。

（6）伸缩系统。它由吊臂（包括基本臂、主臂、副臂），伸缩液压缸以及平衡阀（装在伸缩液压缸上）等构成。

2. 起重机的油门操纵系统及取力机构

起重机各工作机构的工作速度取决于液压油的流量，而液压油的流量由油泵的转速控制，油泵的转速又取决于发动机的转速。为操作方便，在起重作业驾驶室内的支腿机构操纵阀下方设置有节气门操纵机构，并与汽车底盘的原节气门操纵机构共同组成节气门操纵系统。QY8型汽车起重机的节气门操纵系统如图3—17所示。

液压传动起重机采用取力器从变速器取出动力，传递到液压泵产生压力，通过控制阀驱动液压马达或液压缸工作。QY8型汽车起重机取力机构的工作过程如下：当变速器在空挡时，其中间轴二挡齿轮与取力器的齿轮常啮合，操纵手动气阀时，气压到达汽缸内，推动活塞连同拨叉向右移动，使滑动齿轮与接合齿轮啮合，从变速器传来动力，经齿轮输出轴及传动轴传到液压泵，再由液压泵输出压力油。当操纵手动气阀放掉取力器汽缸中的气压时，汽缸中的弹簧推动活塞左移，通过拨叉使滑动齿轮与接合齿轮脱开，动力被切断。

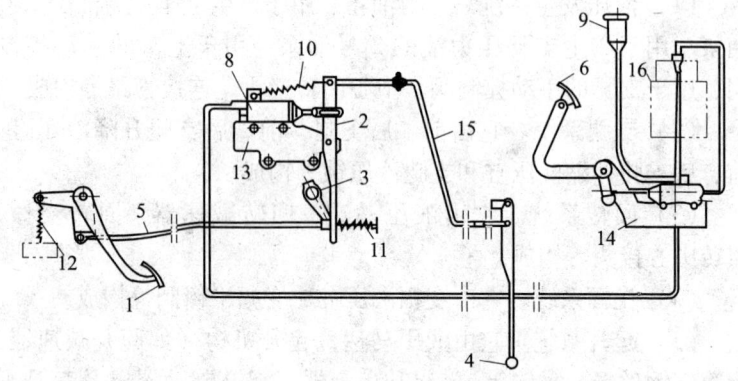

图3—17 QY8型汽车起重机节气门操纵系统
1—加速踏板 2—机械杠杆系统 3—节气门摇臂轴 4—节气门操纵手柄
5—拉杆 6—起重作业驾驶室中的加速踏板 7—主动泵 8—作用缸（分泵）
9—补油杯 10，11，12—弹簧 13，14—支架 15—闸线拉索 16—中心回转接头

三、装载机的工作装置

装载机与叉车各部分的构造基本相似，其区别主要是工作装置不同。

1. 装载机工作装置的作用及组成

工作装置是装载机的重要组成部分。装载机的铲装、翻斗、提升以及卸料都是通过工作装置的有关运动来实现的。在一般情况下，装载机的工作装置是由铲斗、动臂、摇臂、连杆（或托架）以及铲斗液压缸和动臂液压缸等组成的。铲斗是铲装物料的容器，具有两个铰点，一个与动臂铰接，另一个通过连杆、摇臂或托架与转斗液压缸连接。操纵转斗液压缸，即可使铲斗翻转或卸料。动臂与车架铰接，操纵动臂液压缸即可举升或降落动臂或铲斗。

2. 装载机工作装置的结构形式

铲斗是直接用来铲装、收集物料的工具，它的斗型是否合理，直接影响装载机工作时的插入能力和生产效率。在一般情况下，根据装载物料的斗容量，铲斗常做成以下三种类型：正常斗容量的铲斗用来装载容重为 1.4~1.6 t/m³ 的物料（如沙、碎石、松散泥土等）；增加斗容的铲斗，其斗容量一般为正常斗容量的 1.4~1.6 倍，用来铲掘容重为 1.0 t/m³ 左右的物料；减少斗容的铲斗，其斗容量为正常斗容量的 60%~80%，用来装载容重大于 2 t/m³ 的物料（如铁矿石、岩石等）。

装载机工作装置的结构形式有两种，即有铲斗托架式和无铲斗托架式。

（1）有铲斗托架式。在这种工作装置上，动臂、连杆、铲斗托架和车架构成了近似平行四边形的连杆机构。这种机构基本上能保证当动臂升降时，铲斗在空间只平移升降，而无倾斜和转动，这就能防止物料撒落。ZL35 型装载机便采用这种工作装置。

（2）无铲斗托架式。在这种工作装置上，动臂、连杆、铲斗等构成了"反转六连杆机构"。这种机构由于无托架，故铲斗的起重量可增大，且视野较好。同时，又因铲斗附近无液压缸、油管，所以，在装卸过程中撒落的物料不会对设备造成影响。ZL20 和 2L30 等型号的装载机均采用这种结构。

3. 装载机工作装置的安全要求

（1）动臂液压缸、转斗液压缸不得泄漏（内泄漏和外泄漏），橡胶件不得老化、变形，活塞杆全长弯曲应不超过 0.15 mm。

（2）连杆与摇臂铰销、连杆与铲斗铰销的装配间隙为 0.08~0.21 mm，磨损后允许最大间隙为 0.80 mm。动臂与铲斗铰销、动臂与摇臂铰销、动臂与车架铰销、动臂与动臂液压缸铰销、动臂液压缸与车架铰销的装配间隙为 0.10~0.25 mm，磨损后允许最大间隙为 0.80 mm。当超过允许值时，须更换销轴或轴套。

（3）额定载荷时，操纵分配阀的动臂阀杆，使动臂提升到最高位置时所需时间应不大于 8 s。

（4）额定载荷时，发动机和液压系统在正常操作温度下将动臂举升到最高位置，分配阀置于中间位置，发动机熄火，动臂液压缸活塞杆的沉降量应小于 40 mm/h。

4. 装载机工作装置的液压系统

在装载机工作装置的液压系统中，由柴油机带动齿轮泵产生压力油，供给系统进行工作。动臂升降及铲斗的翻转动作分别用液压缸推动，用换向阀控制。本系统是串联回路，动臂与铲斗不动作时，油泵输出的油液通过换向阀直接返回油箱，这时油泵输出的油液压力很低（回油阻力），油泵处于卸荷状态，减少功率损失。采用该回路翻转铲斗时，铲斗回路的回油不流向提升回路，直接返回油箱，所以不能提臂。反过来，在提臂时也不能转斗，因此，工作装置中各液压缸仅能分别动作，所以各液压缸推力较大。

方向控制阀是双联滑阀式换向阀。通过控制换向阀的开度大小，可使铲斗液压缸和动臂液压缸获得不同的工作速度。铲斗液压缸换向阀为三位六通阀，它可控制铲斗前倾、后倾和保持在某一位置三个动作。动臂液压缸换向阀为四位六通阀，它可控制动臂上升、下降、保持和浮动四个动作。动臂浮动位置可使装载机在完成铲堆作业时，工作装置能随地面的状况自由浮动，这样可提高作业效率。在铲斗液压缸的油路上并联装有两个双作用安全阀，它由安全阀和单向阀组成。其作用是在动臂升降过程中，使铲斗液压缸自动进行少量的泄油或补油。由于工作装置的杆件不是平行四边形结构，例如，在动臂提升中，由于杆件运动的不协调，会迫使铲斗液压缸的活塞杆往外拉，使铲斗液压缸前腔压力升高，这时安全阀打开，压力油流回油箱。在铲斗液压缸活塞杆被往外拉的同时，前腔受压容积减小，后腔容积增大，造成局部真空，此时，后腔通过双作用安全阀中的单向阀进行补油。相反，当动臂下降时，迫使铲斗液压缸活塞杆往里推，此时，后腔压力升高，打开安全阀而使油流回油箱。前腔压力下降，通过单向阀向前腔补油。从而避免液压系统因出现真空而产生爬行现象。

四、推土机的工作装置

1. 推土机工作装置的功能及组成

推土机是土石方工程施工中的主要施工机械之一，它具有拖、拉、铲、运、压、裂、装、填等多种功能。推土机的工作装置主要由推铲、动臂和操纵机构等组成。其主要功用是推移土壤，平整场地，也可在推土机倒退行驶时利用推铲刮平场地。

（1）推铲。推铲的形式分为固定式直铲、U形直铲、可调直斜铲和角铲等。

（2）操纵机构。根据操纵机构的形式不同，可分为动力绞盘操纵和液压操纵两种方式。用钢丝绳操纵的推土机的动力绞盘采用一个单绞盘。目前使用的推土机大多数是属于液压操纵的。

2. 液压操纵机构的组成及工作原理

液压操纵机构由油箱、液压泵、调压阀、分配阀、液压缸、油管路杠杆系统等组成。液压式推土机的操纵是靠液压泵产生的油液压力来升降推铲的。操纵杆有上升、固定、下降和自由四个操纵位置。

（1）上升位置。分配阀将上升油路与液压泵接通，液压缸顶部与油箱接通，此时油泵输出的压力油经上升油路而充满液压缸的下部，迫使活塞带动活塞杆上移，而液压缸上部的油液经回油管排回油箱，使推铲上升。

（2）固定位置。分配阀将液压缸上部和下部的油路关闭，将回油路接通，油泵的油液经回油路流入油箱。液压缸上部和下部的油液压力平衡，活塞杆不能移动。此时推铲固定。

（3）下降位置。分配阀将油泵与液压缸上部的油路以及液压缸下部与油箱的油路同时接通。液压缸上部产生压力，迫使活塞带动活塞杆下移，而液压缸下部的油液经回油管排回油箱。此时推铲在油压的作用下强制下降。

（4）自由位置。分配阀将油泵与油箱的油路以及液压缸上、下部的油路同时接通，此时推铲可因外力的作用任意移动。这个位置可使推土机利用倒行来完成刮平地面的工作。

五、挖掘机的工作装置

1. 工作装置的形式及组成

挖掘机在各种土石方施工中具有挖掘、采掘、堆砌、装载、平整场地等功用，通过改装还可进行装卸、安装、打桩和钻孔等作业。液压挖掘机是在机械传动挖掘机的基础上发展起来的。工作装置是单斗液压挖掘机的三个重要组成部分之一。根据工作装置在水平面内可回转的范围不同，分为全回转（360°）挖掘机和非全回转（小于270°）挖掘机。根据工作装置的结构不同，又分为铰接式挖掘机和伸缩式挖掘机。前者主要用于土方工程的挖掘作业，后者则主要用于平整边坡和清理作业。铰接式工作装置应用较为普遍，这种挖掘机的工作装置是靠各构件绕铰点的转动来完成作业动作的。铰接式工作装置一般包括动臂、斗杆、作业机具、液压缸和辅助零件（如拉杆和支架以及一些用于更换作业机具的辅件）。

（1）动臂。动臂是工作装置中决定总的结构形式和其他特征的主要构件。挖掘机的动臂大致可分为四种形式，即整体单节动臂、双节可调动臂、天鹅颈形动臂和伸缩式动臂。

（2）作业机具。单斗液压挖掘机可以换装多种作业机具，以扩大挖掘机的使用范围。其作业机具包括反铲斗、正铲斗、装载斗、V形斗、抓斗、过滤斗、岩石斗、吊钩、抓具、平土板、推土板等。正铲斗用于在停机面以上进行挖掘作业。卸料方式多用铲斗倾翻，也有用液压缸启闭斗底的，即底卸式铲斗。底卸式铲斗很适合给料斗、矿车、载重汽车和带式运输机等装料。反铲斗是液压挖掘机中最常用的作业机具，通常用于在停机面以下进行挖掘作业。反铲是单斗液压挖掘机工作装置的基本形式。液压挖掘机工作装置由动臂、斗杆、铲斗、液压缸和转斗连杆机构组成的。动臂与斗杆通常都是箱形结构。斗杆上面安装有带连杆机构的转斗液压缸。在转斗液压缸的作用下，斗杆可相对于动臂转动。用铲斗挖掘时，靠斗杆上的铲斗液压缸绕铲斗与斗杆的铰点回转来完成。用斗杆挖掘时，则操纵斗杆液压缸，使其绕斗杆与动臂的铰点回转。

2. 操纵系统

在挖掘机作业操纵系统中，绝大部分采用三位轴向移动式滑阀来控制油流的方向，实现正、反作业动作。而作业速度则根据操纵系统的形式（定量或变量）、阀的开度大小等，由操作人员控制或者通过辅助装置来控制。根据推动主分配阀动力源的形式不同，作业操纵的基本形式可分为机械杠杆式、气压式、液压式和电气式等。

（1）机械操纵。机械操纵是由各自的控制手柄通过杠杆与主分配阀相连接来实现的。这种机械操纵方式的主要优点是简单、可靠。为减少驾驶员换手时间和增加复合动作的机会，现代挖掘机均已采用双手柄操纵系统，即四个作业动作用两个手柄来操纵。

（2）气压操纵。气压操纵可以大大减轻驾驶员操作的劳动强度，其操纵装置结构简单。不过，压缩空气在工作过程中会析出水分，用于严寒地区时容易冻结，以至于堵塞通道，使操纵失灵。此时，必须采取必要的防冻措施。

（3）液压操纵。液压操纵是指依靠液体压力来推动主分配阀的阀杆。液压操纵的油路可以是独立的油路，也可以从主油路系统中引出油路。目前，不仅在大型液压挖掘机上，而且在中、小型液压挖掘机上都已采用液压操纵。

（4）电气操纵。电气操纵是指用电磁铁来推动主分配滑阀的移动。它分为电磁阀操纵和电液阀操纵两种，但用电液阀操纵的居多。电液换向阀由电磁换向阀和液动换向阀组合而成（即用电磁换向阀来控制液动换向阀，使油路换向）。

3. 回转机构

(1) 回转机构的传动方式。回转机构的传动方式基本有两种,即低速传动和高速传动。低速传动是指采用径向柱塞式低速大转矩液压马达直接驱动,它省去了减速装置,结构较简单。高速传动是指采用轴向柱塞式高速小转矩液压马达,并配以行星齿轮减速器来驱动。

(2) 回转滚盘。根据回转滚盘的结构不同可做以下分类:按滚动体形式不同分为滚珠式、滚柱式(包括锥形和鼓形滚动体);按滚动体的排数不同分为单排式、双排式和多排式;按滚道形式不同分为曲面(圆弧)式、平面式和钢丝滚道式。

交叉滚柱滚盘大体上与单排轻型滚珠滚盘类似,通过圆柱形或圆锥形滚柱传递动力。相邻滚柱是以轴线交叉排列的。交叉滚柱滚盘的优点是:结构紧凑,工艺简单,质量轻,高度小,从而降低回转部分的重心,增强整体稳定性,能同时承受较大的轴向力、径向力和倾覆力矩。由于交叉滚柱滚盘具有上述优点,目前在单斗液压挖掘机上使用较广泛。

六、前置翻斗车的工作装置

前置翻斗车发动机采用小功率柴油机,底盘部分与货运汽车基本相同,由于前置翻斗车的轴距小,轮距也较小,所以,前置翻斗车的纵向稳定性和横向稳定性相应较差。因此,行车时一定要注意控制载荷和车速。前置翻斗车多采用两驱动轮装有制动器的结构,因此一定要注意前置翻斗车的制动性能。由于前置翻斗车翻斗的锁止机构一般采用简单的机械锁止,所以要经常检查锁止机件是否齐全、有效。锁止机构的开启、锁止应灵敏、可靠。锁销、挂钩应无裂纹和变形。

第四章　企业内机动车辆的电气系统

企业内机动车辆的类型复杂，品种多，但从总体看，电气系统主要与车辆的驱动方式有关。对于普通以内燃机为动力的车辆，其电气系统主要用于车辆的起动和照明，用电设备主要有起动机、点火系统、照明及信号设备、空调设备、仪表设备等。因此，这类电气装置所用的电气元件较少，构造相对简单。而对于以电瓶为牵引动力的车辆，如电瓶叉车、电瓶搬运车等，其电气设备主要用于牵引电动机以及照明、信号设备等。电气系统是车辆作业的动力源和控制中心，涉及的电气元件多，构造复杂，对于企业内机动车辆的驾驶及操作关系密切，因此，了解和掌握它十分必要。

第一节　企业内机动车辆的电气系统与电气元件

一、机动车电气系统的构成

1. 以内燃机为动力的车辆电气系统

以内燃机为动力的车辆电气设备主要围绕发动机的起动和信号、照明组成。一般包括发电机、电压调节器、蓄电池、起动机及开关、仪表和照明装置等。这些电气元件采用单线制连接，常用的额定电压为直流 12 V 或 24 V。其主要组成部件的作用与要求如下：

（1）发电机。发电机是车辆补给电能的重要部件。通常使用硅整流交流发电机，工作时发出三相交流电，通过装在发电机内的六个硅二极管进行全波整流后输出直流电压，它必须与FT系列电压调节器配合使用。为保证发电机的正常工作，特别要注意两点：一是发电机负极搭铁，绝对禁止正极搭铁，以免将其烧毁；二是发电机运转时不允许正极输出线开路，以免空载电压击穿硅二极管。

（2）电压调节器。电压调节器的作用是当发电机转速变化时，自动将发电机的输出电压调节至正常工作范围。调节器如需调整，应由专业人员操作，调整铁心间隙可改变轻载和重载时的调整电压差值，调整调节弹簧（即触点间隙）可变更调整电压的上限和下限值。

（3）蓄电池。蓄电池与发电机并联工作。在正常情况下，当发电机电压高于蓄电池电压时，蓄电池被充电；反之，蓄电池放电供给整个电气系统。由于车辆起动会消耗蓄电池大量电能，使其电压降低，因此，起动后蓄电池应能得到发电机的充电。若蓄电池电量补充不满，则必须检查发电机与调节器的工作状况，并对蓄电池进行外部充电；否则，不但不能正常起动发动机，还会损坏蓄电池。

（4）起动机。起动机为带有齿轮啮合机构的四极短时额定工作制串励直流电动机。起动机上装有电磁开关和多片式摩擦离合器。当装在仪表架上的起动开关使电磁开关的继电器电源接通时，电磁开关动作，带动有关机构推出齿轮与发动机齿圈啮合，从而使起动机电枢转动，起动发动机。

2. 以电瓶为牵引动力的车辆电气系统

以电瓶为牵引动力的车辆，其动力和控制系统均由直流电动机及各种电气元件（如接触器、熔断器、主令控制器、行程开关、电阻器等）组成。这些元件由导线连接起来，成为一个完整的系统，以完成所要求的工作任务。虽然电瓶车辆的电气元器件多而杂，但从组织生产方面看，都是按照其功能模块配置的，这样既便于成组连接及装配，又方便维护和检修。电瓶车辆的电气系统由行走电动机、油泵电动机、控制箱、配电箱、电阻箱、限位开关、蓄电池组等构成。

行走电动机和油泵电动机是整车的动力驱动件，它们消耗蓄电池组的电能，产生车辆工作的机械能，使车辆以一定的速度运行，并可实现门架系统的升降及装卸作业。控制箱是车辆工作的指挥中心，根据作业需求，它不断地控制电动机频繁起动、分断、调速与换向。配电箱实现对供电电压的监测，并能对电路的短路和过载进行保护，紧急状态还可切断电源。另外，通过配电箱可对蓄电池组充电。电阻箱和限位开关分别用于直流电动机的调速与运动机构行程的控制。

二、蓄电池

1. 蓄电池的结构及原理

蓄电池又称电瓶，是一种储存电能的装置，能实现电能和化学能的转换，电瓶充电时，把电能转为化学能保存起来；而当车辆工作时，电瓶放电，再把化学能转为电能，驱动电动机等运转。

蓄电池有两大类，一类是酸性蓄电池，又称铅蓄电池；另一类是碱性蓄电池。铅蓄电池的优点是制造费用低，内阻小，能提供强大的电流。因而在电动类车辆中普遍使用。

铅蓄电池的构造如图 4—1 所示。蓄电池主要由存放在容器中的电解液和插入电解液中的正、负电极板组成。铅蓄电池的电解液为稀硫酸，正极和负极之间用隔板隔开。为了使蓄电池的容量便于增减，通常按一定容器生产标定电压为 2 V 的单格电池，然后根据需求进行串联。

（1）极板。极板由栅架上涂上活性物质制成，分为正极板和负极板。正极板上的活性物质是二氧化铅，呈棕红色；负极板上的活性物质是海绵状的纯铅，呈灰色。活性物质具有多孔性，便于电解液的渗透。为了增加蓄电池的容量，将许多片极板分别用横板连成极板组。装配时正极板和负极板互相嵌合，并在正极板和负极板之间插入隔板，组成单格电池。极板的片数越多，容量越大。在同一单格内负极板数总比正极板数多一块。极板的构造方式影响蓄电池的体积和质量的大小，现在流行的蓄电池的正极板采用玻璃丝管式结构，负极板仍用传统的栅格涂膏式。这种蓄电池容量大，质量小，使用寿命长。

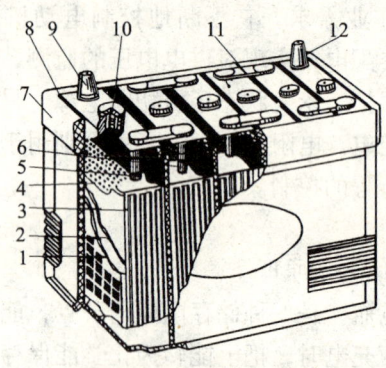

图4—1 铅蓄电池的构造

1—负极板 2—隔板 3—正极板 4—防护板 5—单极电池正极板组连接柱
6—单极电池负极板组连接柱 7—蓄电池壳 8—封料 9—负极接线柱
10—加液孔螺塞 11—连接单格电池的横铅条 12—正极接线柱

（2）隔板。为了减少蓄电池的体积和内阻，正负极板靠得很近，因此，必须防止它们之间互相接触而短路。为此目的，在正极板和负极板间用绝缘的隔板隔开。隔板具有多孔性的结构，以便使电解液自由渗透，并使内阻减小。常用的隔板有木隔板、细孔橡胶隔板、细孔塑料隔板和玻璃丝棉隔板。装配时应使隔板的沟槽直立并面向正极板，以便在充电时所产生的气泡沿沟槽上升，极板上脱落的活性物质沿沟槽下沉；同时，正极板的化学反应比负极板剧烈，沟槽的空隙也能使正极板更多地接触电解液。木隔板不耐腐蚀，不耐高温，使用寿命短。因此，广泛使用的是由细孔橡胶、细孔塑料、玻璃丝棉和玻璃纤维浆等材料制成的隔板。

(3) 容器和电解液。电瓶容器多用硬橡胶制成。要求耐酸、耐热、耐振性好。电瓶的电解液是用化学纯度的硫酸和蒸馏水按一定比例配合而成的溶液。其比例大小通常用相对密度来衡量,相对密度为 1.24~1.31。电解液的相对密度对蓄电池的使用寿命有很大的影响。气温高的地区使用的电解液相对密度要小一点,气温低的地区使用的电解液相对密度要大一点;冬季使用的电解液相对密度较夏季稍高出 0.02~0.04。为了检查和加注电解液,电瓶盖上都备有加液孔。

(4) 外壳。用来盛装电解液和支撑极板,用硬橡胶或塑料制成,壳内分成几个单格,每个单格内放入极板组,组成单格电池。每一个单格电池上有盖子,盖上有三个孔,两边的孔供横板上的极桩穿出盖外,中间的孔用来加注电解液,加液孔上有一个塑料小盖,盖上有通气孔。

(5) 蓄电池的容量。蓄电池的容量与放电电流的大小及电解液的温度有关;另外,还与充电电流、电解液的相对密度和纯度有关。因此,蓄电池出厂时,其标定容量是在一定的放电电流、一定的终止电压和一定的电解液温度下取得的。

蓄电池的容量与各影响因素之间的关系如下:

1) 极板的活性物质越多,蓄电池的容量就越大。极板的尺寸越大,片数越多,则与电解液接触的面积越大,蓄电池容量也就越大。在活性物质数量相等、质量相同的情况下,极板越薄,蓄电池容量越大。因为对于薄型极板,电解液容易渗透到活性物质的内部,使较多的活性物质参与化学变化。活性物质多孔性越好,电解液易渗透,因而容量就越大。

2) 电解液的温度对蓄电池的容量影响很大,温度降低,蓄电池容量减小;反之,容量增大。这是因为温度降低时,电解液的黏度增加,渗入极板较慢。但温度不得超过 40℃,否则将使活性物质松软而脱落。

3) 电解液的相对密度越大,容量增加。电解液的相对密度不得超过规定；否则，极板的使用寿命缩短。若电解液相对密度过大，黏度升高，其容量反而降低。

4）充电电流和放电电流的大小对蓄电池容量有较大的影响。当蓄电池用强电流充电时，化学变化不能扩展到板层的内层，这样，不能将所有的硫酸铅变成二氧化铅和海绵状铅，仅有表面一层发生变化，使之不能恢复原来的容量。放电时，放电电流越大，则蓄电池容量越低。

2. 蓄电池的充、放电特性

（1）蓄电池的放电特性。放电时，蓄电池的端电压是用电压表在两极上测量出来的电压值。当开关断开时，试灯熄灭，电路中没有电流流过，所以此时蓄电池的端电压和电动势相等。在恒定的放电电流下，蓄电池进行放电时，电解液的相对密度随着放电时间的延长逐渐下降，电动势与电解液的相对密度成正比。所以，电动势也随着放电时间的延长而逐渐下降，蓄电池的内阻则随电解液相对密度的下降而增加。

蓄电池是否放电终止，通常用下列两个标准进行判断：一是单格电池电压降到放电终止电压；二是电解液的相对密度降到最小许可值，牵引型蓄电池电解液相对密度的最小许可值为 1.15 g/mm^3。

（2）蓄电池的充电特性。充电时，电源的正极接蓄电池的正极。为了使充电电流保持恒定，在充电电路中串联可变电阻。充电时不断调节可变电阻，以保持充电电流不变。由于电路中流与放电时相反，这时蓄电池已不是电源，而是发电机的负载，端电压等于电动势与内阻电压降之和。

判断蓄电池确实充足电的现象是：蓄电池端电压达到 2.7 V，保持 3 h 不变；蓄电池内部产生大量气泡，电解液呈"沸腾"状态；电解液的相对密度达到规定值（1.25~1.26）后，继续充电 3 h 不再升高。

3. 蓄电池组的选用

将若干单体蓄电池串联起来，便构成蓄电池组。选取蓄电池组需要确定额定电压和额定电流两个技术参数。为便于电动机和电控设备的生产，我国标准规定蓄电池组额定电压分别为24，48和72 V。电压高，功率大，但蓄电池个数多，体积和质量均增加，将增大车辆外形尺寸和功率消耗。因此，蓄电池组的额定电压应根据车辆的载质量来选择。对于小型装卸、搬运车辆，要求尺寸小，质量小，需要的功率也小，一般采用24 V；起重量为1~2 t的电瓶叉车一般采用48 V；重型车辆采用72 V。

蓄电池组的容量与单体蓄电池的容量是不一致的。容量根据所需功率或平均电流来选择。对电瓶搬运车，所需功率就是运行功率。

（1）蓄电池极性的识别。极桩上刻有"＋"号或涂红色的是正极；刻有"－"号或涂绿、黄、白等色的是负极。靠近厂牌一边的极桩是正极；反之是负极。正极桩色深呈棕红色；负极桩呈灰色。用高率放电计识别时，指针偏转的一边为正极。

（2）蓄电池的连接。几个蓄电池可以连起来使用，连接的方式有串联和并联。将一个电池的正极与另一个电池的负极连接，这种异极相连的方式叫做串联；将两个以上的电池正极与正极连接、负极与负极连接，此种方式叫做并联。

铅蓄电池的优点是制造简单，效率较高，放电特性好，每个电池的电压较高，应用较广泛。其缺点是极板活性物质容易脱落，怕振动；容易自行放电；不易长期停用；对电解液质量（硫酸和水的纯度）要求高；充电时会产生腐蚀性的硫酸蒸气。

三、交流发电机及其调节器

常见的交流发电机是机动车上的重要电源，它与发电机调节器配合工作。其主要任务是对除起动机外的所有用电设备供电，并向蓄电池充电。交流发电机解体图如图4—2所示，它主要由定子、转子、整流器和外壳组成。外壳由前、后两个端盖组成。

前端盖叫做驱动端盖，后端盖叫做整流端盖。后端盖上装有三个负极二极管，一个电刷架，架内有两个电刷，电刷受弹簧的压力而与转子的滑环接触。电刷的引线分别与后端盖上"接地"接线柱和"磁场"接线柱连接。交流发电机是一种新型车用电源，实际上是一个三相同步交流发电机，通过硅二极管整流后向外输出直流电，因此又称为硅整流发电机。它具有体积小、质量小、功率大、结构简单、维修方便、使用寿命长、低速充电性能好等优点。

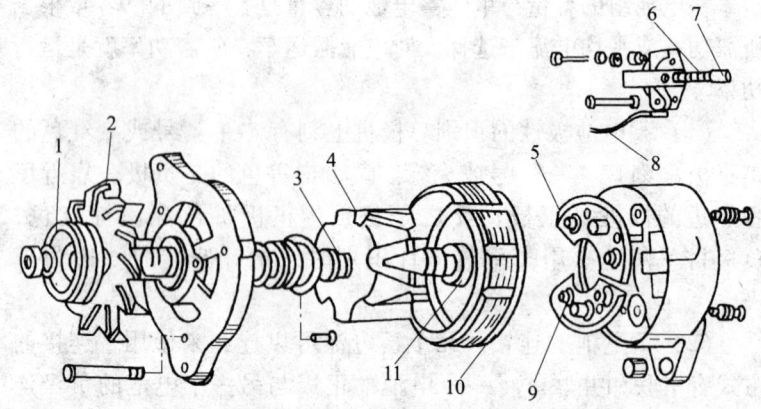

图4—2　交流发电机解体图
1—带轮　2—风扇叶片　3—封套　4—转子组件　5—整流器　6—弹簧
7—电刷　8—接线　9—整流器　10—定子组件　11—轴承

交流发电机的定子总成是产生感应电动势的部分，也是它的电枢部分，它由有槽的定子铁心和定子绕组组成。电枢发出的三相交流电经装在发电机后端盖中的整流器变成直流电输出，"电枢"端为正极（外壳为负极）。在三相绕组的公共端有一引线，即"中性点"，"中性点"对外壳的电压始终是发电机输出电压的一半。交流发电机的转子总成是发电机产生磁场的部分，它由磁爪、磁轭、励磁线圈、轴以及集电环组成。

交流发电机发电的基本原理是电磁感应原理，它与发电机调节器配合工作,当发电机达到一定转速后输出电流,向用电设备供电,并向蓄电池充电。由于交流发电机的电枢绕组阻抗大,能自动限制最大输出电流,二极管的单向导电性能防止蓄电池的电流倒流入发电机。所以交流发电机不需要节流器和断流器,只需要电压调节器。当发电机转速低时,蓄电池电流通过发电机磁场线圈进行励磁,产生磁场。当外电路通过电刷使励磁绕组通电时,便产生磁场,使磁爪被磁化为 N 极和 S 极。当转子旋转时,磁通交替地在定子绕组中变化,根据电磁感应原理可知,定子的三相绕组中便产生交变的感应电动势。发电机转速升高时,输出电压高于蓄电池电压,蓄电池不再供电,磁场线圈电流由发电机自行供给。当发电机电压超过限额电压时,铁心产生的吸力克服了活动触点臂的弹簧拉力,使触点 K_1 断开。于是在磁场线圈电路中,由于触点 K_1 断开而自动将电阻接入,磁场电流减小,磁场削弱,使发电机输出电压略为降低。当输出电压降低时,铁心线圈电流减小,铁心吸力减弱,触点 K_1 在弹簧拉力下又闭合,磁场电流不经过电阻而又得以增大,磁场增强,输出电压再次升高。达到工作电压后,触点 K_1 又断开,如此重复上述情况,使输出电压保持稳定。发电机转速高时,由于电压继续升高,铁心吸力增大,把活动触点臂吸得更低,使触点闭合。此时,原来通过磁场圈的电流因触点搭接而被短路,直接流回电枢线圈。

四、汽油机点火系统

点火系统的作用是将电源的低压电变成高压电,并按发动机的工作顺序,适时地送入汽缸点燃混合气,使发动机工作。点火系统由点火线圈、分电器、火花塞、高压线、点火开关等组成。

1. 点火线圈

点火线圈的功能是将低压电变为高压电。触点断开的瞬间,低压线圈中的电流立即消失,使磁场中的磁力线突然收缩并切割高压线圈,使高压线圈产生很高的互感电压,这个高电压经分电器送入火花塞产生电火花。

2. 分电器

分电器的作用是按发动机的工作顺序切断点火线圈的低压电流；同时将点火线圈产生的高压电分配给各缸的火花塞。它由分电器壳、分电器轴、断电器、配电器、电容器及点火提前调节装置组成。

（1）分电器壳。分电器壳是分电器各部分的基架，上部装有两个固定分电器盖的卡簧，下部有铜质衬套，分电器在衬套内旋转。分电器轴的下端有联轴器插入机油泵传动齿轮中，由凸轮轴带动旋转。

（2）断电器。断电器用于接通和切断低压电流，把直流电变成断续变化的电流，使点火线圈产生高压电。它由一对触点、托板和一个凸轮组成，底板固定在分电器壳上，触点装在底板上。活动触点装在具有胶木顶块的断电臂上，并经弹簧片与绝缘接线柱相连接；固定触点经底板搭铁。触点在弹簧片的作用下保持闭合，凸轮凸角顶到顶块时，触点断开。触点断开的间隙是 0.35~0.45 mm，间隙不当时可扳动底板上的偏心螺钉进行调整。触点串联在低压电路中，断电器的凸轮装在分电器轴上。

（3）配电器。配电器用于把点火线圈产生的高压电按发动机的点火顺序分配到各缸，它由分电器盖和分火头组成。分电器盖和分火头都是用胶木制成的。分电器盖在分电器壳上，盖内的中间有中心电极，其内座中装有带弹簧的小炭棒，弹性地压在分火头的导电片上。盖内的周围有与汽缸相等的旁电极，中心电极和旁电极都分别与盖上的插孔相通。分火头装在分电器轴的顶端，其中有铜质导电片。当分火头随轴旋转时，导电片在距旁电极 0.25~0.80 mm 处擦过。当断电器触点断开时，导电片总是正对着分电器盖内的某一旁电极，高压电自中心电极经孔中的炭棒和导电片以火花形式跳到旁电极上，再经高压导线送至汽缸内的火花塞。

（4）电容器。电容器与分电器触点并联，其功用是增强高压电路的电压，防止触点被烧坏。它由两条铝箔中间隔上绝缘的蜡纸，卷制成筒形，放置在金属壳内制成。

（5）点火提前调节装置。点火提前调节装置的作用是调整点火提前的时间，使发动机获得最大的动力和良好的经济性。分电器装有离心式、真空和人工三种不同的点火提前调节装置。离心式调节器是随发动机转速的变化自动调节点火提前角的，转速越高，点火提前角越大；反之，转速越低，点火提前角越小。真空调节器是随发动机负荷的变化而调节点火提前角的。当节气门开度不大，或发动机因负荷减小而转速提高时，节气门下方真空度增大，通过真空管吸动膜片，克服弹簧张力，拉杆拉动安装触点的扇形托板，逆分电器轴旋转方向转动一定角度，触点提前角被凸轮顶开而提前点火。节气门下方真空度越大，点火提前角越大；反之，当发动机负荷加大时，真空度降低，点火提前角减小。人工调节器随所用燃油辛烷值的不同，由人工改变初始的点火提前角。

3. 火花塞

火花塞是将高压电引入燃烧室，跳过它的电极间隙而产生火花，点燃混合气。它由火花塞壳体、中央电极、旁电极组成，外壳上面是六面体，便于拆装；下部有螺纹，用以旋入汽缸盖中。壳内装有瓷质绝缘体，中心电极固定在绝缘体中。旁电极固定在外壳下端。两电极间隙为 0.6～0.8 mm，间隙的大小可通过扳动动旁电极来调整。

4. 点火开关

点火开关用来控制点火系统电源的断开或接通。其构造种类很多，常用的有两接柱、三接柱和四接柱。分别与电源、点火线圈、仪表及其他用电设备相连接。

五、起动机

任何发动机不可能由静止状态自行转入工作状态，它必须先靠外力转动发动机曲轴，使汽缸内吸入（或形成）可燃混合气并燃烧膨胀，工作循环才能进行。曲轴在外力作用下开始转动到发动机开始进入怠速运转的全过程称为发动机的起动。机动车发动机是靠外力起动的，常用的起动方式是电力起动。电力起动机（简称起动机）起动操纵轻便，起动迅速、可靠，又具有重复起动的能力，所以为机动车广泛采用。CPQ10型叉车用ST811型起动机的结构如图4—3所示。

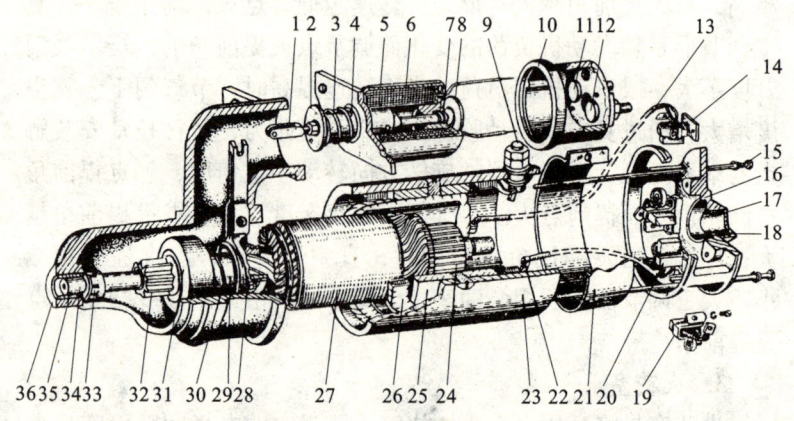

图4—3　CPQ10型叉车用ST811型起动机的结构

1—调整螺杆　2—特种垫圈　3—回位弹簧　4—顶杆及铁心　5—拉动线圈
6—保持线圈　7、30—弹簧　8—接线片　9—磁场线圈接头　10—外壳
11—接线柱（接蓄电池）　12—接线柱（接磁场线圈）　13—电刷
14—磁场线圈电刷绝缘板　15—拉紧螺钉　16—电刷端盖　17—铜套
18—垫圈　19—电枢线圈电刷　20—磁场线圈电刷　21—防尘箍
22—磁场线圈出头　23—外壳　24—换向器　25—磁场铁心
26—磁场线圈　27—电枢线圈　28—拨叉和滑环
29—导向筒　31—单向离合器　32—齿轮
33—定位螺母　34—电枢轴
35—铜套　36—驱动端盖

起动机一般由三部分组成：一是直流串励式电动机，用于产生转矩；二是啮合机构，在发动机起动时，将起动机转矩传递给

发动机曲轴；三是起动开关，用来接通或切断电动机与蓄电池之间的电路。按传动机构不同，起动机可分三类：一是惯性啮合式起动机，其啮合小齿轮借助惯性力自动啮入飞轮环齿，起动后，小齿轮又靠惯性力自动与飞轮环齿脱开，此结构可靠性差，很少采用；二是电磁啮合式起动机，它是靠起动机磁极磁通的电磁力使电枢沿轴向移动，从而使小齿轮啮入飞轮环齿的；三是强制啮合式起动机，它是靠人力或电磁力拉动杠杆，强制小齿轮啮入飞轮环齿的。

六、机动车的电气设备、仪表与灯具

电气设备是机动车的重要组成部分，主要包括蓄电池、发电机、调节器、起动机、照明设备和仪表等。

例如，叉车的电气系统分为两类，一类是内燃叉车的动力源控制的电气系统，即汽油机点火系统（或柴油机的起动、熄火控制系统）以及灯具、充电装置等的电气系统，它与以柴油机或汽油机为动力的汽车基本相同；另一类是电瓶叉车的电气控制系统，这一类又分为电阻调速和晶闸管调速两种。

1. 内燃叉车的电气设备

内燃叉车的电气系统由起动机、发电机、电压调节器、喇叭、灯、传感器、燃油表、蓄电池等组成。由于内燃叉车有两种动力源，故电气系统稍有差别：汽油机叉车电气系统有点火线圈、分电器、火花塞，而柴油机叉车电气系统有预热塞、预热按钮（起动与预热开关）。

电气系统的控制电压多为 12 V，电气设备多为单线制，负极搭铁。整个电线束、仪表板、各类灯均采用接插件连接。如图 4—4 所示为起重量为 2 t 的柴油机叉车电气系统原理图。图中主要元件说明如下：

起动电动机的型号为 2Q2CA，电压为 12 V，最大输出功率为 1.86 kW，是串励式直流电动机，起动电动机与柴油机飞轮齿圈的啮合是用电磁开关控制的。在起动开关接通电路后，电磁开

关使齿轮与飞轮齿圈啮合,同时接通起动电动机电路,从而驱动飞轮。发动机起动后,应立即关闭起动开关电路,铁心在弹簧的拉力作用下,起动齿轮退回原处。起动电动机一次连续使用时间不得超过5 s,两次起动的间隔时间为2 min 以上,连续三次不能起动应检查并排除故障。

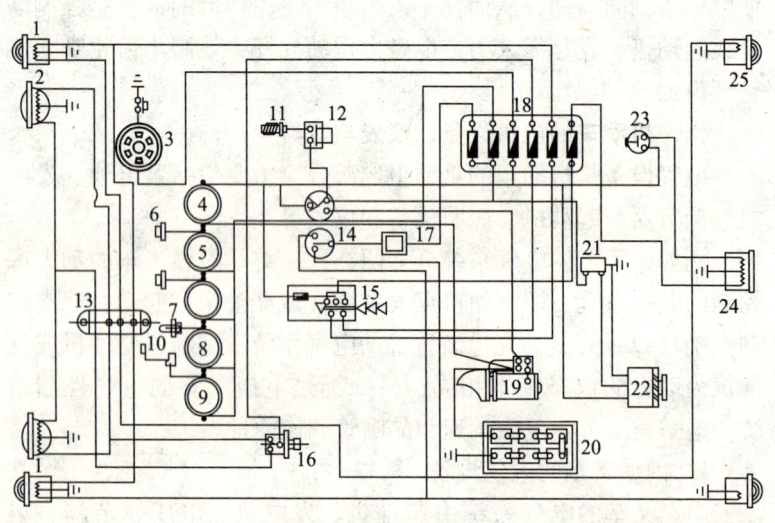

图4—4 起重量为2 t 的柴油机叉车电气系统原理图
1—前小灯 2—前照灯 3—喇叭 4—电流表 5—机油表 6,10—传感器
7—水温传感器 8—水温表 9—燃油表 11—预热塞 12—起动与预热开关
13—接线板 14—转向灯开关 15—照明灯开关 16—变光开关
17—断续器 18—熔断器 19—起动电动机 20—蓄电池
21—电压调节器 22—发电机 23—制动灯开关
24—制动牌照灯 25—转向灯

发电机的型号为JF—11A,电压为14 V,输出电流为25 A,额定功率为350 W,是硅整流交流发电机,内装六个硅整流元件,经整流后直流输出,并与FT—111 型电压调节器配合使用。使用及维护时应特别注意:发电机为负极搭铁,绝对禁止将蓄电池正极搭铁,以免烧坏发电机。发电机转动时,不允许将发电

正极输出线开路，以免损坏发电机。平时维护发电机时需保持风道畅通，电刷与集电环应接触良好。在使用一年后，可卸下发电机进行清洁，更换润滑油，检查或更换电刷和整流二极管等。

电压调节器的型号为FT—111。调节器的技术参数如下：半载时调节电压为13.8～14.5 V，衔铁与铁心间隙为1.4～1.5 mm。在调节器发生故障时，应首先检查触点是否被污染而不通，不得轻易调节衔铁与铁心间的间隙和触点间隙（调弹簧）。如确需调节，应使用仪表校核。调节铁心间隙可以变更低载和重载时的电压调整差值，触点间隙的调整可改变调整电压的上限和下限值。调节器的两接线柱绝不能短接，即使瞬时短接，也会烧毁接地触点。

蓄电池型号为6—Q—120，电压为12 V，容量为120 A·h。

起动与预热开关及其运用：起动前将电门开关由"0"位置转至"1"位置（顺时针），电路接通，然后旋至起动位置（顺时针），即能接通起动电动机电路，起动柴油机。

电热塞是为了解决柴油机不易起动而设置的。预热起动是指利用电热塞体在燃烧室被通电加热后引爆混合气，以促成柴油机点火起动。起动开关无论在起动或运转位置，均通过电压调节器接通发电机磁场线圈。应当注意：在发动机停止工作时，应立即关闭电路（置于"0"位置），以切断蓄电池向发电机磁场线圈放电的回路。

其他电气元件：熔断器分为四挡，即R_1，R_2，R_3，R_4，每挡容量均为电流10 A。R_1——用于前照灯和示宽灯以及晚上修车用的工作灯；R_2——用于转向灯和制动灯；R_3——用于喇叭；R_4——用于仪表。如因电气设备和线路故障引起熔断器烧断，必须排除故障后重新换上同规格的熔断器。双金属片熔断器（电流为20 A）置于仪表板左下侧，若熔断器动作，应立即查明原因，排除故障，再用手按动按钮即可复位。

倒车蜂鸣器和滤油警告灯：在换向操纵杆置于倒车位置时，

即接通倒车开关,使倒车蜂鸣器工作,发出蜂鸣声。如在库房内作业不需要蜂鸣器发出倒车蜂鸣声时,可用脚踩控制开关来控制。滤油器滤油回路堵塞时,红色滤油警告灯亮,此时应立即清洗滤油器,排除故障。

1 t 汽油机叉车的电气及点火系统图如图4—5所示,图中仅示出汽油机起动部分,照明设备、仪表、开关等未示出,这部分与柴油机叉车的电气系统相同。其原理与普通汽车相同。

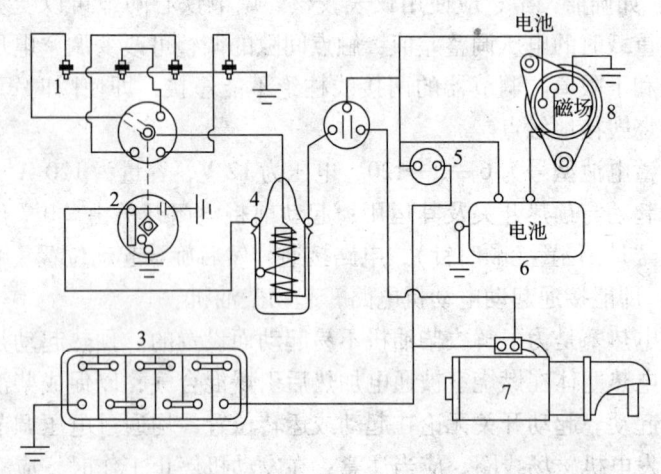

图4—5　1 t 汽油机叉车的电气及点火系统图
1—火花塞　2—分电器　3—蓄电池　4—点火线圈　5—电流表
6—电压调节器　7—起动机　8—交流发电机

2. 机动车的仪表与灯具

机动车的控制指示仪表多而杂,主要包括机油压力表、挂挡压力表、水温表、油温表、油量表、电流表及车速里程表等。它们全部安装在仪表板上。

(1) 机油压力表。该表为直接感应式压力表,用于测量发动机润滑系统的油压。正常行驶中,必须保证发动机对机油压力的要求。

(2) 挂挡压力表。该表为直接感应式压力表,用于测量液力传动车辆的换挡离合器操作油压,对机械传动车辆不设此表。

(3) 水温表。该表为直接感应式,用于测量汽缸水套的水温。正常水温应为 80~90℃。

(4) 油温表。该表为直接感应式,用于测量液力传动变矩器的油温。正常油温应在 100℃以内。

(5) 油量表。该表为电磁遥控式,由位于仪表板上的燃油指示表及装在燃油箱上的燃油传感器所组成。燃油表刻度盘上有 0、1/2 和 4/4 三个数,分别指示燃油箱的油量为"空""半"和"满"。该表能近似地指示燃油箱内燃油的储存量。为了使用户能准确地了解到燃油储存量,在燃油箱上特意增加了一条燃油量刻度尺。

(6) 电流表。该表为电磁式,其刻度盘为中央零点式。在表盘上有"+"和"-"标记。该表串联在蓄电池的充电电路中,用以测量蓄电池的充电或放电电流值。表针指向"+"端表示充电,反之为放电。

(7) 车速里程表。机械传动式里程表用于标明叉车的行驶速度及累计车辆正车、倒车总里程。

(8) 开关与照明装置。开关装置包括车灯总开关、转向灯开关、倒车灯开关、制动灯开关和脚踏变光开关等。其中除倒车灯开关装在变速器的操作阀体上,制动灯开关装在制动总泵上,脚踏变光开关装在仪表架下面的脚踏板上之外,其他开关都装在仪表架上。照明灯具与电瓶车辆的灯具相同。

第二节 电动车辆

由于电动车辆在行驶中无废气排出,不会污染环境;与内燃机车辆相比,电动车辆能源利用总效率较高,电动车辆所用的电能可以通过各种各样的方法发电而获得，也可以利用剩余的深夜电力，从而使发电设备的利用率提高；电动车辆振动及噪声小。因此，电动车辆在企业内得到了越来越广泛的应用。

一、电动车辆动力部分的结构

电动车辆的动力部分主要由充电器、蓄电池、调节器及电动机等组成。

工作时，电动车通过充电器将电能储存在蓄电池中，然后蓄电池经调节器向电动机供电。

来自加速踏板的信号输入调节器，通过调节器控制电动机输出的转速和转矩。加速踏板由驾驶员操纵。电动机的动力输出，经车辆传动系统驱动车轮。

企业内机动车辆上广泛采用低压直流电动机，除用来驱动行走机构外，还分别驱动工作装置的液压泵和动力转向油泵等。

驱动行走机构的电动机称为牵引电动机，它采用直流串励电动机。这是由于串励电动机具有软的机械特性，能适应车辆运行的要求，且比较经济。这种电动机的励磁绕组与电枢绕组串联，电枢电流增大时，磁极的磁通也增加，电动机的转矩不仅由于电枢电流的增大而提高，同时也由于磁通的增大而提高，在磁极磁通未饱和的情况下，电动机转矩几乎与电枢电流的平方成正比。因此，可在电枢电流较小（与其他励磁形式的电动机相比）的情况下获得较大的转矩。这对减小蓄电池的放电电流，充分利用蓄电池容量也有好处。

直流电动机将电能转换为机械能；反过来，把机械能转换为电能的直流电动机叫做直流发电机。两者的能量转换过程正好相反，结构基本相同。

二、电动车辆的电气系统

电动车辆又称蓄电池车（含电瓶牵引），它是由若干个每个电压为 2 V 的单体蓄电池组成的，其电压为 24, 36, 48 V 等多种。牵引用蓄电池的基本型号表示如下：如 DG—330 表示为牵引用蓄电池，5 h 放电率的额定容量为 330 A·h。

直流电动机是一种直流电能和机械能相互转换的装置。在内燃机叉车中，直流电动机被用做起动机，直流发电机用于给蓄电池充电和给其他用电装置提供电能。在电瓶叉车中，直流电动机被用做运行电动机（驱动叉车运行机构的原动机）、驱动液压泵电动机（驱动叉车液压泵的原动机）、转向电动机（驱动叉车全液压转向液压泵的原动机）。

直流电动机的固定部分称为定子，它包括主磁极、换向磁极、机座、端盖和刷架几个分部件；转动部分称为电枢，它包括电枢铁心、电枢绕组、换向器、风扇和转轴几个分部件。

直流电动机的励磁方式分为并励、串励、复励和他励。叉车用直流电动机的励磁方式通常为串励或复励。串励电动机的励磁绕组与电枢绕组串联。复励电动机的主磁极上有两个励磁绕组，一个与电枢绕组并联称为并励绕组，另一个与电枢绕组串联称为串励绕组，主磁通由这两个励磁绕组中的电流共同产生。电瓶叉车运行电动机的励磁方式多为串励，由于串励电动机电枢电流和励磁电流相同，当电枢电流变化时，每极磁通也将随之变化，而电磁转矩既与电枢电流成正比，又与主磁极磁通成正比，这样电磁转矩将近似与电枢电流的平方成正比。因此，串励电动机就有较大的起动转矩和过载能力。当机械负载增大时，电枢电流增大，磁通增强，电磁转矩增大，绕组上的压降增加，转速急剧下降，这种当转矩增大而转速显著下降的特性称为软特性。这种特性很符合叉车运行的要求。随着新工艺、新材料的采用，电动机的过载能力大大提高，最大电流对额定电流的比值从原来的 2~2.5 提高到 3，最大转矩对额定转矩的比值提高到 4.5，从而大大提高了叉车的牵引（爬坡）能力。液压马达和转向电动机的励磁方式为串励或复励。两种励磁方式的电动机在电瓶叉车上都有应用实例。电瓶叉车用直流电动机的主要规格见表 4—1。

表 4—1　电瓶叉车用直流电动机的主要规格

型号	额定功率(kW)	额定电压(V)	额定电流(A)	额定转速(r/min)	励磁方式	定额(min)	质量(kg)	用途
ZXQ—65/48	6.5	48	158	1 800	串	15	77	液压马达
ZXQ—45/48	4.5	48	112	1 300	串	60	82	运行电动机
XQ—5—1	5	45	139	1 480	串	60	95	运行电动机
XQD—6	6	45	166.7	1 700	复	15	85	液压马达
XQD—0.55	0.55	45	17.5	2 000	复	60	11	转向电动机

电瓶车辆的操作主要是通过主令电器来接通和分断控制电路的，它包括转换开关、行程开关和按钮等。转换开关能对电路进行多种转换，由于转换的线路较多，用途又广泛，所以又叫做万能转换开关。行程开关是利用机械部件的位移而动作的电器，如电瓶叉车控制油泵电动机即采用微动式行程开关。当操作分配阀手柄移到某位置时，行程开关可控制电动机的工况。

虽然电瓶车辆的控制电路复杂，但在驾驶室除控制操作手柄外，仪表盘上的指示仪表相对于内燃发动机驱动的车辆要少得多。因为依靠电瓶驱动，只需要一个工作电压指示表和行驶速度表的指示即可。电压表可以指示电瓶的充电、放电过程，速度表可以指示车辆的行驶速度。在目前电瓶车辆使用的晶体管脉冲调速控制系统中，还设有电池过放电时自动切断电动机电路的放电指示器，以及电动机碳刷磨损监控器。

车辆使用的灯具有前照灯、前小灯、制动灯、转向灯、倒车灯等。车辆灯具要求安装牢固，对灯泡要有保护装置，不得因为车辆正常工作时的振动而松脱、损坏、失去作用。所用灯具开关要可靠，开启、关闭应自如，也不得因车辆的振动而自行开启或关闭。

三、电动叉车的结构特点及技术性能

电动叉车是指以电力（大多数都是蓄电池）驱动进行作业

的叉车。电动平衡叉车是以直流电源（电瓶）为动力的装卸及搬运车辆，其产品外形大多采用了流线型设计，造型更加美观。电动叉车由于其操作、控制简便、灵活，其操作人员的操作强度相对于内燃叉车而言要轻得多，其电动转向系统、加速控制系统、液压控制系统以及制动系统都由电信号来控制，大大降低了操作人员的劳动强度。近年来，电动叉车的耐用性、可靠性和适用性都得到了显著提高，完全可以与内燃机叉车相抗衡。下面介绍典型的四支点电动平衡叉车的结构特点。

1. 车体

车体是叉车的主体结构，一般都是由厚度在 5 mm 以上的钢板制成的，其特点是无大梁，车体强度高，可承受重载。就电瓶在叉车车体上的放置位置而言，有两种不同的制造技术，即电瓶安置于前桥和后桥之间或后桥之上。这两种技术代表了叉车设计的两种最优选择，且各有优缺点，稳定性好。但车体内的可利用空间较小，因此限制了电瓶的容量，这对于载质量不超过 3 t 的叉车并不突出，但对于那些运动情况复杂，8 h 工作时间内电瓶容量要求高的大吨位叉车来说，问题就变得严重了。

采用大容量电瓶，以延长电动叉车的持续工作时间，从而扩大电动叉车的使用范围，这是各叉车制造商共同追求的目标。

当电瓶布置在叉车后桥上时，叉车的重心提高了，整机稳定性受到影响，由于叉车的高度增加，驾驶员的座位提高，因而驾驶员在操作时视野更开阔，特别是搬运体积大的货物时就更适用了。当电瓶安置在后桥上时，电动机和液压泵的维修更方便，因为拆走电瓶和脚踏板后，电动机和液压泵便一目了然。目前，国内企业生产的电动叉车大多采用的是这种技术，而国外企业则两种情况都有。

2. 门架

目前，电动叉车大部分已经采用宽视野门架，起升液压缸由中间放置改为两侧放置。液压缸的放置位置有两种，一种是液压缸位于门架后面；另一种是液压缸位于门架外侧。门架一般分为标准型、两节型和三节型。国内叉车的起升高度一般在 2~5 m 之间，且以 3 m 及 3 m 以下的居多，而国外电动叉车的起升高度一般在 2~6 m 之间，由于仓库的立体化程度高，因此，国外起升高度在 3 m 以上的电动叉车的需求量比国内高得多。

3. 驾驶室

由于多数电动叉车用于室内搬运，因此一般没有封闭的驾驶室，只安装起防护作用的护顶架。世界上比较先进的电动叉车，按先进的人机工程学原理研发，采用舒适的液压减振悬挂式座椅，能够根据驾驶员的身高和体重进行调整。双踏板加速系统在叉车改变行驶方向时无须转向，转向盘立柱的倾角可根据驾驶员的要求进行调节。中心液压操纵杆集门架的升降和前后于一体。所有这些设计都大大地减轻了驾驶员的劳动强度。

4. 驱动系统

驱动系统是电动叉车的关键部位之一。各种叉车在驱动系统的结构上存在很大的差别，有的单电动机在布置形式上也存在差别。由于多是双电动机驱动，加速和爬坡性能好，牵引力大。采用电子调速系统，使用性得到了很大的提高。

5. 液压系统

电动叉车一般都采用单独的电动机带动齿轮泵，从而为其门架工作系统的提升和倾斜提供液压动力。品牌电动叉车多采用了先进的液压脉冲控制技术，液压泵脉冲控制器能够根据液压回路的反应自动平衡电动机速度与用油量，从而节约电能，这种控制的优点是电源利用率高，无电压峰值，液压系统的噪声低，液压元件的磨损也低，从而大大地提高了整车的可靠性，并延长其使用寿命。

6. 制动系统

一般的电动叉车主要采用机械式驻车制动系统和液压式行车制动系统。电动叉车制动系统装有真空增压器，可保证任何时候都有足够的主动压力，既增加了制动的安全性，又减轻了驾驶员的劳动强度。有的电动叉车还采用动力辅助制动,使电瓶叉车的制动能量再生成为可能。能量再生过程也就是一个电子制动过程。当轻轻踩下制动踏板时,牵引电动机将变成一台发电机,将电能补送回电瓶,而不像一般叉车制动时那样将能量白白地浪费掉。只有在进一步制动时,液压制动才真正起作用。这种制动系统的优点是延长了每次充电后的工作时间,减少了制动系统及传动元件的磨损,也减少了维修的停工时间。

平衡叉车都采用后轮转向,且工作范围小,转向频繁。如果采用机械转向,则驾驶员的工作强度会很高。如果采用液压动力转向,则劳动强度会大大降低。因此,现在市场上销售的叉车基本上实现了动力转向,当电动叉车的转向盘不动时,则转向电动机不工作。此功能不但节约能量,还延长了再次充电后的可工作时间,缩短了转向电动机的空转时间,因此也减少了电动机和液压泵的磨损。

7. 电气控制及液晶显示系统

电气控制是显示电动叉车技术水平的一个重要因素。因此,随着电子技术的发展,电动叉车的电气控制功能也日趋完善。电动机控制器的发展主要经历了以下阶段:电池直接启动,仅靠复杂的调整或电池的放电控制;电阻器启动,控制能量损失大,只可有限地分解速度;晶闸管控制器(旧称可控硅控制器)控制,它使可靠性大大提高;双极晶体管控制,与晶闸管相比,使用更加简单,但是电路的可靠性要求比较高;MOS 场效应管控制,并联控制特性好,正向电压降较小,开关损失降低,MOS 场效应管比双极晶体管的控制特性更好。由于减少了元器件,并采用全封闭装置,可靠性大大提高。通常 SCR(可控硅)控制器的插座电压为 1~1.5 V,而 MOS 场效应管控制器的插座电压为 0.25 V。MOS 管场效应管的工作效率更高,允许的最高速度更大,操作噪声更低,保护措施更强,用户电源都有防短路保护装置,并且具有独特的安全保护措施,即软件自动保护、硬件自动保护和硬件自我诊断保护措施。

四、电动叉车常用的电动机

1. 串联直流电动机

串联直流电动机是最古老、最传统的电动机。串联直流电动机的励磁绕组与电枢绕组串联后,再接于直流电源,这种直流电动机的励磁电流就是电枢电流。电流输送至转子,并通过碳刷传到定子。所有的电流必须经由碳刷来输送,性能取决于碳刷的物理尺寸及磨损情况。电动机碳刷作为易损件必须定期更换;否则,会极大地影响电动机的使用寿命。考虑到这一点,许多厂商都会在叉车上配置侦测磨损并发出警告的装置,这一装置增加了叉车的成本。所有的电动机都会发热,但在直流电动机中,热量主要产生于电动机的内部部件,因此,大多数的直流电动机都会同时配备一个风扇用于散热。

2. 他励电动机

他励电动机是一种较为先进的直流电动机,定子及电枢的能量分别输入。他励直流电动机的励磁绕组与电枢绕组无连接关系,而由其他直流电源对励磁绕组供电。他励电动机分为串励和并励两种。与串联电动机相同,这种技术已应用了相当长的时间。新技术的使用分为激发的并励磁场与电枢,使电动机的性能控制比串联电动机要好得多。

3. 三相交流电动机

从技术上来说,三相交流电动机是结构最为简单的一种电动机。其原理是将三相交流电输送给固定的线圈,产生旋转的磁场感应短接转子上的电压。交流电动机没有碳刷,也没有直流电动机通常对最大电流方面的限制,这意味着电动机在实际使用中可以产生更大的制动力,于是可以更快的速度运转。在交流电动机中,热量主要产生于电动机外壳部分的定子线圈,便于冷却与散热。如果需要的话,转子可以被密封。交流电动机没有需要定期更换的易损件,同时,它比直流电动机更高效,更耐久,成本也更低。

4. 电动叉车使用交流驱动系统的优势明显

近年来，随着交流感应电动机变频技术的进步，以及大功率半导体器件和微处理器速度的大幅度提高，使感应电动机交流驱动系统与直流电动机驱动系统相比，具有效率高、体积小、质量小、结构简单、免维护、易于冷却和使用寿命长等优点。该系统调速范围宽，而且能实现低速恒转矩、高速恒功率运转，很好地满足了电动车辆实际行驶所需的转速特性。可以说，正是半导体技术的突飞猛进催生了交流电动机的技术革命，使交流电动机的控制能力大大增强；而且随着电子元件价格的不断降低，交流电动机控制器的成本得以降低，从而为交流驱动系统的大规模推广应用奠定了基础，创造了条件。

电动叉车采用交流驱动系统，整体性能显著提高，故障及元件更换率明显降低，可靠性大大增强；生产效率更高，操作及维护成本更低，将给用户带来非常显著的效益。交流驱动系统成为电动叉车技术发展的趋势与方向。其优势主要体现在以下方面：

（1）运行与维护成本低，交通电动机终生免维护。交流电动机无须换向接触器（前进、后退换向），节省了部件。更为重要的是，交流电动机无碳刷和换向器，不仅电动机的体积更加小巧，运转速度提高了，而且彻底摆脱了定期检测和更换碳刷的麻烦。由此带来的最大好处是：电动叉车电动机几乎终生不需要维护，极大地增强了叉车的可靠性与稳定性；同时，在设计电动叉车时不用考虑预留电动机维修空间，甚至可以将电动机密封起来，使叉车结构设计更加紧凑。

（2）采用再生制动，减少机械磨损。再生制动是一种非接触性制动，比传统的制动系统大大简化。不论驾驶员通过踩制动踏板制动，还是转换行驶方向制动，电动机均会处于发电机状态，其电磁转矩将成为制动性质的转矩。这意味着制动片的磨损降至最低。而机械磨损大大下降，也就减少了叉车维护费用，使运行成本更低。同时,交流电动机在行驶与制动上的效率都更高。制动或换向时会有再生能量产生,制动越强烈,再生的能量越多。交流驱动系统的蓄能装置则会在制动或换向时自动启动,将能量送回蓄电池,使电池工作时间延长,使用寿命也更长。

(3) 生产效率提高。交流电动机最高转速比直流电动机提高很多,动力更强劲。而且,交流电动机可以将获得的再生能量送回蓄电池,既延长了电池的使用时间,又可以将这些能量用于提高叉车的整体性能。其结果是叉车在行驶中起动更快,加速、减速性能大大提高,缩短了达到最高速度的时间与行走距离。

(4) 易于编程,控制能力大大增强。随着半导体技术的飞速发展,变频调速技术取得了突破性发展,可以实时控制交流电动机的运转,使交流电动机的控制能力大大增强,获得了同直流电动机一样的调速性能。交流驱动采用速度力矩控制,控制的灵敏度提高,可以提高叉车操作效率;采用加速踏板释放制动功能(即叉车行走时节气门稍一松,再生制动就会起作用),由前进过程转为倒车时可以平衡过渡,提高了叉车的稳定性与可靠性。同时,采用 CAN 总线,分布式节点不受安装位置的限制;采用模块化结构,系统拓展容易,可实现功能特性的无缝添加或修改;实现了总线接口标准化,使系统集成更简单,单元设计更灵活。

(5) 叉车操作更加舒适。交流驱动系统在提高叉车驾驶员操作舒适性方面所起到的作用与众不同。由于交流电动机比直流电动机小巧、轻便,这使得叉车的设计相对更灵活。例如,利用这一灵活性,丰田叉车公司采用独特的低重心设计,从而开发出驾驶舒适、性能优越的 7FB 系统电动叉车。

电动叉车动力的发展趋势是交流系统。由于交流叉车具有高性能、高可靠性、免维护等优点,电动叉车正在从直流技术向交流技术转换,目前很多叉车厂都在开发交流叉车。随着我国叉车市场逐渐与国际市场接轨,交流驱动叉车也呈现出加速发展势头,市场潜力巨大,前景看好。

第五章　企业内机动车辆的安全驾驶和使用

企业内机动车辆是物流机械化系统中的重要设备。在现代化企业生产过程中，企业内机动车辆装卸、运输工作已具有越来越重要的地位。企业内机动车辆装卸、运输工作的迅速发展既可以提高企业的劳动生产率，增加企业的经济效益，又可能导致更多的企业内机动车辆伤害事故。

企业内机动车辆的安全使用直接关系到职工生命和国家财产安全。正确、合理地使用企业内机动车辆，才能使这些设备发挥最佳的效能。为了保证机械设备始终处于正常的运行状态，消灭误操作，去除不安全因素，达到安全生产及作业的目的，就需要驾驶人员全面了解企业内机动车辆的结构特点、安全使用常识、驾驶操作规程和防火安全与自我防护措施。

第一节　企业内机动车辆的结构特点及安全使用常识

企业内机动车辆的驾驶是一种不仅对驾驶者本人，而且对他人和周围设施的安全具有潜在危害因素的作业。驾驶人员是否具有熟练的驾驶技术，对其安全驾驶的影响是很大的。一个驾驶技术很熟练的驾驶员，即使在意外情况下遇到险情，也能采取得当的措施而化险为夷；相反，驾驶技术不熟练，尽管行车条件较好，也可能因操作不当或遇意外情况缺乏应变能力，导致事故的发生。

企业内机动车辆能否发挥最大的效能,在很大程度上取决于严格的管理、正确的驾驶、合理的保修以及良好的作业环境。因此,驾驶员应熟知所驾驶车辆的技术性能、结构特点、操作技能以及机动车辆在各种条件下作业的安全使用和操作方法,从而确保在作业时的人身和设备安全。

一、叉车

1. 叉车的基本结构与功能

叉车的种类很多,但其构造基本相似,主要由发动机、底盘(行走机构)、车体、工作装置、液压系统及电气设备等组成,其结构如图5—1所示。

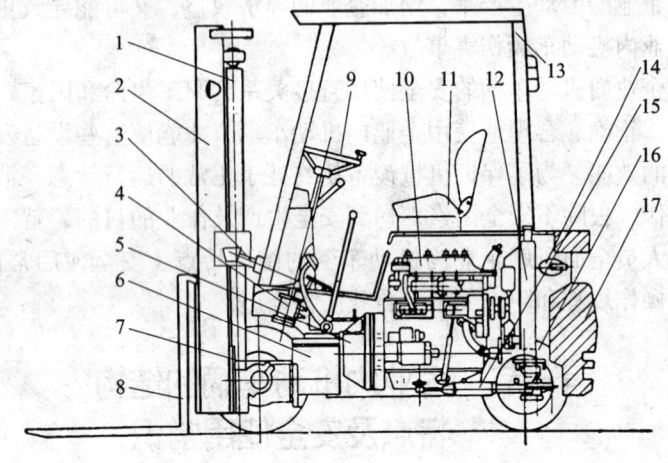

图 5—1 叉车的结构

1—起升液压缸 2—门架 3—倾斜液压缸 4—全液压转向器 5—离合器
6—变速器 7—驱动桥 8—货叉 9—转向盘 10—发动机
11—驾驶员座椅 12—散热器 13—护顶架 14—排气管
15—转向液压缸 16—转向桥 17—车架及平衡量

(1)发动机。它是内燃叉车的动力装置。它将燃油产生的热能转变为机械动力,通过底盘的传动系统和行驶系统驱动叉车行驶，并通过液压系统驱动工作装置，完成装卸货物的任务。

（2）底盘。它用来支撑车身，传递发动机发出的动力，使叉车产生运动，并保证叉车能够正常行驶。它由传动系统、行驶系统、转向系统和制动系统组成。

1）传动系统。传动系统将发动机发出的动力传递给驱动车轮。它由离合器（液力变矩器）、变速器（动力换挡变速器）、万向传动装置和驱动桥等组成。

2）行驶系统。行驶系统把叉车各总成、部件连接成一个整体，并支持全车，使之适应行驶和作业需要。

3）转向系统。转向系统用以保证叉车能按照驾驶员所操纵的方向行驶。它由转向器和转向传动装置组成。

4）制动系统。制动系统用以根据行驶和作业需要降低车速，以至停车。它由制动器和制动传动机构组成。

（3）车体。叉车的车体与车架合为一体，由型钢组焊而成。置于叉车后部、与车型相适应的铸铁块为配重，其质量根据叉车额定起重量的大小而确定，在叉车载重时起平衡作用，以保持叉车的稳定。

（4）工作装置。叉车工作装置是叉车进行装卸作业的工作部分，承受全部货重，并完成货物的叉取、升降、堆放和码垛等工序。它由货叉，货叉架，内、外门架，起重链条，滚轮，滑轮，起升液压缸和倾斜液压缸等组成。

（5）液压系统。叉车的液压系统由油箱，齿轮液压泵，多路换向阀，限速阀，液压缸，高、低压油管等组成。它是利用工作液体传递能量的传动机构，即通过油液的压力使工作液压缸产生推力，使货叉升降、门架前倾或后倾并驱动液压传动的属具或叉车转向机构等，以达到装卸、堆码货物或转向的目的。

1）升降液压缸。其柱塞顶端与升降门架紧固在一起，控制货叉的起升或降落。

2）倾斜液压缸。其柱塞顶端与门架铰接，控制门架的前倾或后倾。

3）液压泵。可以是叶片泵或齿轮泵。液压泵输出高压油，驱动升降液压缸和倾斜液压缸。

4）液压分配阀。它由阀体、升降液压缸阀芯、倾斜液压缸阀芯和安全阀组成。其作用是按货叉升降和倾斜的工作需要，通过操纵手柄控制升降或倾斜液压缸阀芯动作，将高压油输入升降或倾斜液压缸。安全阀的作用是当系统中油压超过一定值时，使油液从回油管流回油箱。

5）节流阀。装于升降液压缸的管路中。其作用是增大油液的流动阻力，当升降液压缸泄压时，保证货叉缓慢下降。

（6）电气设备。叉车的电气设备由电源部分（包括蓄电池、发电机和发电机调节器）、用电部分（包括起动机、汽油机的点火系统、照明装置和信号装置）组成。

2. 发动机的起动和停车

发动机起动前，将变速器操纵手柄置于中间位置（空挡），驻车制动器应处于制动状态，将化油器的节气门暂时关闭，以得到浓的混合气。如果发动机停放过久，可扳动汽油泵手柄向化油器内泵油，以补充化油器中因汽油的蒸发或渗漏所带来的损失。踩下离合器踏板，以减轻起动发动机的负荷（液力传动叉车的变速杆置于空挡）。转动点火开关的钥匙，置于起动的位置，以起动发动机，但是起动的时间不能超过 5 s，每次起动的时间间隔不得少于 15 s。

发动机起动后，应立即扳开点火开关钥匙，使钥匙自动回复到点火位置，并部分打开阻风门，随着发动机温度的升高，逐渐开大阻风门，直至全开位置。注意：不要过分地使用阻风门，以免进入过多的汽油，冲刷掉汽缸壁上的润滑油，增加发动机的磨损和燃油的消耗。如果三次不能起动发动机，应将阻风门和节气门同时打开，再次接通起动机，使发动机转动，以排出进气管及汽缸内凝结的汽油，再按上述方法起动发动机。如再经三次起动发动机仍不着火，应当查出原因并排除故障。

发动机在大负荷运转时，如要停车，应先降低速度运转 2~3 min，然后再关闭点火开关，停止工作。其目的是为了使发动机逐渐均匀地冷却，以免因急剧冷却而引起一些零部件的变形，并防止发动机产生自燃现象。

在寒冷季节应放去发动机的冷却液。放水时，应将散热器的加水盖打开，并打开散热器下部及汽缸体右侧的放水开关，将水全部放净。另外，最好是在放净水后再起动一下发动机，使之低速运转半分钟左右，将水泵内的水排净，以免把叶轮冻结住。

3. 货物的叉取和卸放

（1）叉车叉取货物

1）叉货程序。叉车叉取货物的程序可以概括为八个动作，如图 5—2 所示。

①驶近货垛。叉车起步后，根据货垛位置，驾驶叉车行驶至货垛前面停稳，如图 5—2a 所示。

②垂直门架。叉车停稳后，将变速杆放入空挡，将倾斜操纵杆向前推，使门架复原至垂直位置，如图 5—2b 所示。

③调整叉高。向后拉升降操纵杆，提升货叉，使货叉的叉尖对准货下间隙或托盘叉孔，如图 5—2c 所示。

④进叉取货。将变速杆挂入前进一挡，叉车向前缓慢行驶，使货叉的叉尖叉入货下间隙或托盘的叉孔。当叉臂接触货物时，叉车制动，如图 5—2d 所示。

⑤微提货叉。向后拉升降操纵杆，使货叉上升到叉车可以离开运行的高度，如图 5—2e 所示。

⑥后倾门架。向后拉倾斜操纵杆，使门架后仰至极限位置，如图 5—2f 所示。

⑦退出货位。将变速杆挂后倒一挡，解除制动，使叉车后退到货物可以落下的位置，如图 5—2g 所示。

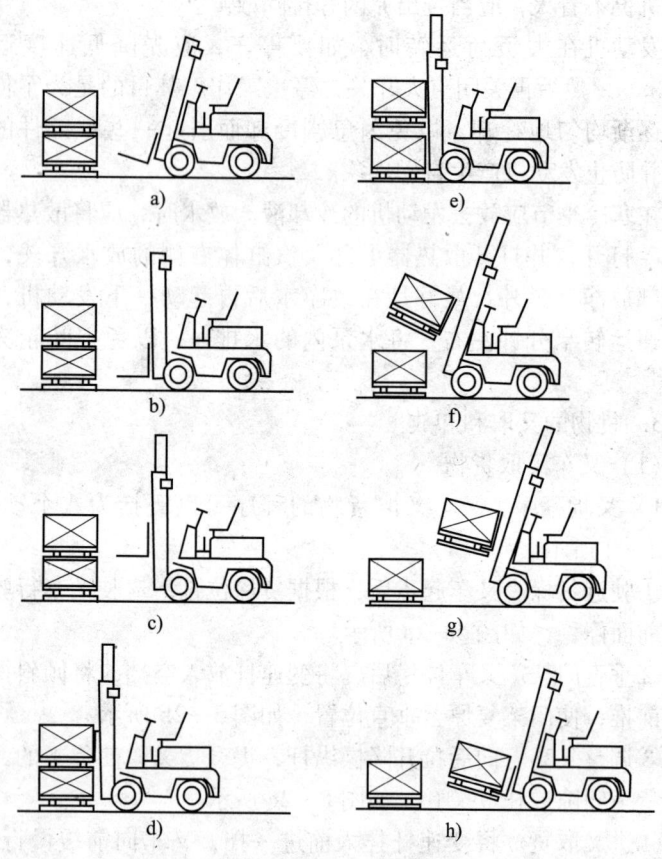

图 5—2 叉车叉货程序

⑧调整叉高。向前推升降操纵杆,下放货叉至距地面 200～300 mm 的高度。向后起动,驶向放货地点,如图 5—2h 所示。

2）操作要求。不管是倾斜门架还是调整叉高,要求动作连续,一次成功到位,切勿反复调整,以提高作业效率。进叉取货时,可通过离合器控制进叉速度。当货叉完全进入货下间隙或托盘叉孔后,停车制动,将变速杆放入空挡,然后完成其他动作。

叉车载货行驶时,门架一般应在后倾位置。当叉取特殊货物使门架不能后倾时,也应使门架处于垂直位置;否则,应采取捆绑等措施,绝不允许重载叉车在门架前倾的状态下行驶。

(2)叉车卸下货物

1)卸货程序。叉车卸下货物的程序可以概括为八个动作,如图5—3所示。

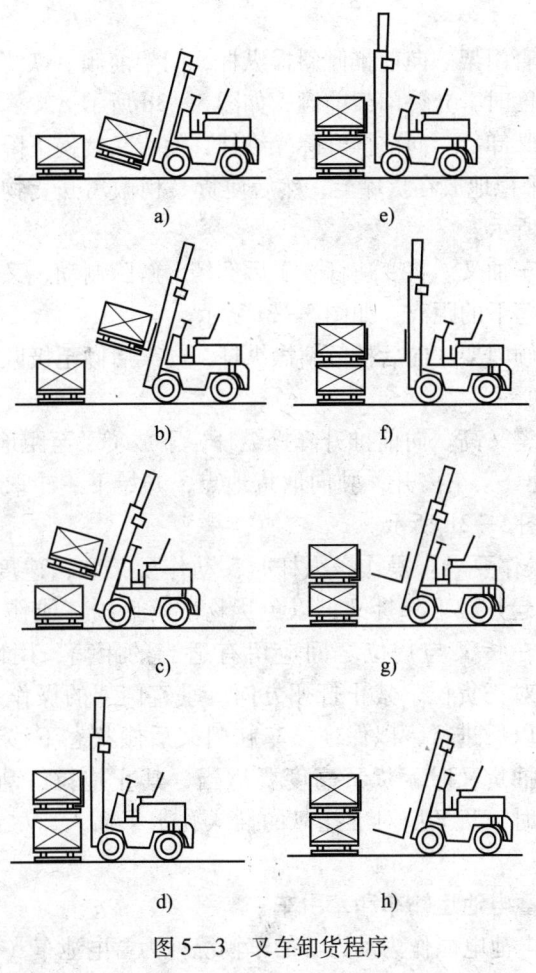

图5—3 叉车卸货程序

①驶近货位。叉车驶向卸货地点停稳，做好卸货准备，如图5—3a 所示。

②调整叉高。向后拉升降操纵杆，货叉起升并对准放货所必需的高度，如图5—3b 所示。

③进车对位。将变速杆置于前进挡，叉车缓慢前进，使货叉位于待放货物（托盘）处的上方，停车制动，如图5—3c 所示。

④垂直门架。向前推倾斜操纵杆，门架前倾，恢复至垂直位置。有坡度时，允许门架前倾，如图5—3d 所示。

⑤落叉卸货。向前推升降操纵杆，使货叉缓慢下降，将货物（托盘）平稳地放在货垛上，然后使货叉稍微离开货物底部，如图5—3e 所示。

⑥退车抽叉。将变速杆置于后倒挡，解除制动，叉车后退至能将货叉落下的距离，如图5—3f 所示。

⑦后倾门架。向后拉倾斜操纵杆，门架后倾至极限位置，如图5—3g 所示。

⑧调整叉高。向前推升降操纵杆，下放货叉至距地面200～300 mm 处，叉车离开，驶向取货地点，开始下一轮取货、放货作业，如图5—3h 所示。

2）操作要求。操作操纵杆时，动作要柔和，速度要适当，严禁突然起升或下降货叉，以免货物散落后损坏或伤人。对准货位时，在货叉与货位之间应留有适当的距离，用以微调叉车，使其对正货位，禁止打死方向。垂直门架的操作一定要在对准货位以后进行，以保证叉车在门架后倾状态下移动。落叉卸货后，抽货叉时，货叉高度要适当，禁止拖拉、刮碰货物。叉取托盘时，货叉应对准托盘的插入孔水平插入，尽量避免碰撞。

二、蓄电池运输车和牵引车

以蓄电池电能作为动力源的车辆统称为蓄电池车（俗称电瓶

车)。电瓶车虽然种类、型号繁多,但都是以蓄电池输出的电能作为动力源的,其工作原理和基本结构都相似。

电瓶车和汽车的总体结构相类似。由于电瓶车具有结构简单、操作容易、起动平稳、机动性强、起步快、无噪声、无排污等优点,现已广泛应用在码头、车站、仓库、企业,成为企业内部重要的运输工具之一。

1. 电瓶车的分类

电瓶车的结构比较简单,其分类方法有以下两种。

按货物平台能否升降划分,有定台式及升降式两种,后者可配合一定的托盘进行自动装卸。

按操纵方式的不同,可分坐式驾驶型和立式驾驶型两种。

目前企业内应用最广泛的是坐式电瓶车,因为它在路面较差的场所比立式电瓶车安全、可靠。

在驾驶立式电瓶车的过程中,驾驶员可以按需要改变站立方向,始终面向前方进行操作,不需要掉头作业,特别适用于通道狭窄的场所。

2. 电瓶车的构造及工作性能

电瓶车由车体、前桥、后桥、转向器、制动系统、电气设备等主要部件组成。

车体是用钢板、角钢、槽钢弯制、焊接而成的,设有驾驶室和操作台、蓄电池箱架、货箱架等,用以承受载荷。

前桥是转向桥,桥体通过板簧与车体连接,由各转向节与转向器组成转向系统。

后桥是驱动桥,桥体通过板簧与车体连接,如图5—4所示。电动机直接驱动后桥减速器,经过两对斜齿圆柱齿轮传动到差速器,通过半轴转动车轮而行车。

制动系统通常为机械式或液压式,液压式制动机构近几年被采用,但是大部分车上装置机械制动机构。这种机构可分行车制动和驻车制动两种,行车制动供一般正常行驶使用,驻车制动供停车用。机械式制动机构是一套机械杠杆机构,由脚踏板、连杆、抱闸、制动盘等组成。制动盘装在行驶电动机轴的尾部,行驶电动机装在后驱动桥上并与减速器连接,所以,采用这种利用行驶电动机尾部安设制动盘的制动方式时,不能过猛紧急制动;否则容易导致减速器轴断裂,造成机件损坏和制动无效。制动机构上装有联锁开关,当制动时,联锁开关则能切断电动机的电源,并使制动信号灯亮。

图 5—4 驱动桥

电气设备由直流串励式电动机、蓄电池、照明及信号指示灯、喇叭、电气线路、控制系统等组成。电气主回路由直流串励式电动机、直流接触器、可控电阻器(铸铁电阻片)、电容、蓄电池、粗导线连接而成。电气控制系统包括脚踏主令控制器、开关箱中的接触器、启动电阻及仪表板内的换向开关等。灯光、喇叭及其他电气辅助装置与机动车相同。直流电动机正转、反转、启动、停止、调速,即电瓶车的正转行驶、反转行驶、起动、停车、调速,是由可变电阻器有级调速控制系统来完成的。通常由换向开关控制主回路的正、反车接触器,主令开关控制分别接入调速电阻的三个接触器,使励磁绕组改变直流电动机的转速,实现正、反车及一、二、三挡车速的控制。

3. 牵引车

牵引车是一种重要的企业内机动车辆,属中、低速车辆与平板拖车配合使用,主要适用于港口、机场、货场、转运站等场所的短距离货物运输作业，同时也适用于牵引港区内其他设备（如非自行式轮胎起重机）。

牵引车又称拖头，是一种用来牵引平板拖车或其他装运物资机械的以内燃机为动力源或以蓄电池为动力源的机车。它是一种高效能的工业车辆，主要应用于库房、火车站台与库房之间或从库内到库房门口装卸台之间的物资运输。

牵引车有不同的分类形式，按其动力源不同，可分为内燃牵引车和蓄电池牵引车；按车轮与地面的接触形式不同，可分为有轨牵引车与无轨牵引车；按其操作方法不同，可分为人工驾驶与无人驾驶（自动导向）两类；按传动形式划分，可分为机械传动牵引车和液力传动牵引车。目前，以内燃机械（液力）传动形式最多，最大牵引力为 15～45 kN 的牵引车约占 90%。

牵引车主要由动力装置、传动系统、行驶系统、转向系统、制动系统、操作系统、电气设备与仪表、牵引装置等组成。驾驶员在使用牵引车之前，必须详细阅读供应商提供的使用说明书，按照操作规程进行操作。

为了保证牵引车的高效工作并延长牵引车的使用寿命，应注意以下几点：使用与维护发动机、蓄电池组时应查阅有关说明书。燃油箱、机油箱、变矩器油箱应按要求加满油液，按规定对润滑部位加注足够的机油、齿轮油及润滑脂。按规定检查冷却液液面、蓄电池电解液液面及轮胎气压。检查全车螺栓、螺母等紧固情况。起动发动机（或驱动电动机运行）检查并消除油、水、气的渗漏现象。新车应按规定磨合 50 h。检查制动器、变矩器、转向手柄工作是否正常，必要时应予以调整。检查电气系统有无接触不良或短路现象（包括电动机接线柱）。新车在最初行驶 10～15 km 时，应检查变矩器、主传动器、制动器等处是否有高热和不正常声响，若有异常应立即停车检查并排除。

在正常使用期，每天行车前应检查水位、发动机润滑油油位、燃油油位、蓄电池电解液液位（电压）以及各种油液位是否正常；轮胎气压是否正常、转向盘、制动踏板的自由行程是否正常；储气筒压力是否达到起步气压；加速踏板、怠速控制旋钮（柴油机）、阻风门控制拉钮（汽油机）是否灵活、正常，熄火拉杆是否正常（柴油机）；各紧固件有无松动，蓄电池是否有电。

起动发动机时，应将换挡手柄置于空挡位置。每次接通起动电路时间不得超过 5 s，两次起动之间应间隔 10 s 以上，数次起动不成功时，应检查供电系统和点火系统是否有故障，待排除故障后再行起动。刚开车行驶时，应试验和保证行车制动和驻车制动的性能良好、可靠。空载时可以用直接挡的车速行驶，满载时只允许以低速挡行驶；上坡时应该接入低速挡（电动牵引车加速踏板踩到底），下坡时可空挡滑行，但不得切断点火电路。非紧急情况下，行车制动不应过急过猛，以免轮胎拖滑磨损。牵引车行驶过程中，应注意倾听有无不正常声响，严禁高速行驶时急转弯。

牵引车较长时间停放不用时，应放尽冷却液及燃油，各润滑点应保证良好润滑，外露部件应做好防锈保护，将蓄电池卸下充电保存，并定期检查发动机。此外，需用千斤顶抬起后配重，以防止轮胎长期承载变形。冬季时，水箱内应加防冻液或把车停在温度适宜的库房内，以防止冻裂发动机有关部件。

三、固定平台搬运车

1. 固定平台搬运车的功用、型号及技术要求

（1）固定平台搬运车的功用及型号。固定平台搬运车俗称"电瓶车"，或称"平板车"，它是指载货平台不能起升的搬运车辆，它工作在车间、企业内以及码头、车站、机场及仓库等场所，用于短途搬运货物。

固定平台搬运车一般以蓄电池和内燃机为动力源，额定载质

量一般为 0.5~3 t。

根据机械行业标准《固定平台搬运车 基本参数》（JB/T 3811.1—1999）的规定，它的型号表示方法如下：

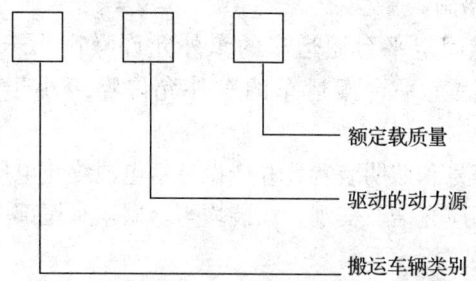

例如，BD3 表示固定平台搬运车，以蓄电池为动力，额定载质量为 3 t。

（2）固定平台搬运车的技术要求

1）固定平台搬运车的基本参数应符合规定，其牵引蓄电池电压为 24，48 和 72 V。

2）发动机的设计功率应采用 15 min 额定功率。牵引电动机采用 1 h 或 30 min 定额。

3）转向应灵活、可靠。车辆满载时的转向力不得超过 50 N，转向盘在极限位置时的转向力不超过 100 N。转向盘空行程转角不得大于 20°。以最大速度直线运行时，不得出现明显的摆动（蛇形）。

4）固定平台搬运车应有运行制动装置和停放制动装置，并应有独立的操纵机构，但可以在同一制动器上起作用，停放制动装置必须是机械式的，并能保证其在规定的坡道上可靠停车，当满载制动初速度为 10 km/h，踏板力不超过 700 N 时，制动距离应不超过 2.5 m。无载滑行距离应符合规定。

5）电气控制部分动作应正确、可靠，电气系统应保证绝缘良好。蓄电池的绝缘电阻应不低于 50 kΩ，其余电气设备冷态绝缘电阻应不低于 0.3 MΩ。

6) 蓄电池箱必须有适当的通气孔,蓄电池箱中极柱的上方应有不小于 30 mm 的空间;否则,必须采取保证蓄电池不发生短路的可靠措施。

7) 内燃固定平台搬运车的车外允许噪声小于等于 88 dB(A);电动固定平台搬运车的车外允许噪声小于等于 75 dB(A)。

8) 有信号和照明装置,并应设有蓄电池终止电压示警装置。

9) 表面应光洁、美观、涂装均匀。搬运车尾部应装有安全、可靠的牵引装置。

10) 坐式驾驶室的加速踏板、制动踏板、离合器应按规定布置。

2. 电动式固定平台搬运车的系统组成

固定平台搬运车按动力源不同可分为电动式与内燃式,常见的是电动式固定平台搬运车。

电动式固定平台搬运车由蓄电池组、电动机、传动系统、制动系统及电气系统组成。它采用前桥转向,后桥驱动,桥与车架之间为弹性连接。

(1) 蓄电池组

1) 蓄电池组的型号。例如,6—DG5—0 表示本组蓄电池由六个单体电池组成,是牵引用蓄电池。它采用管式正极板,5 h 的持续放电率为 50 A·h。

2) 动力源。电动式固定平台搬运车以牵引用铅酸蓄电池作为动力源,其工作特点是连续放电时间长,放电电流比较均匀。

(2) 直流电动机

1) 电动机的型号。表示为 XQ—数字—数字。例如,XQ—5—1 表示直流牵引电动机,额定功率为 5 kW,第一次改进。

2) 常用电动机类型。电动式固定平台搬运车一般采用直流串励电动机，它的特点是机械特性较软，能适应道路运行的要求，且比较经济，1 min 的最大电流可达额定值的 3 倍，相应的最大转矩是额定转矩的 4.5 倍。

（3）传动系统。固定平台搬运车的传动系统由电动机、转动轴、减速器、差速器、驱动桥组成。

（4）转向系统。固定平台搬运车的转向系统多为机械转向单梯形结构，由转向盘、转向器、直拉杆、转向节、车轮组成。

（5）制动系统。固定平台搬运车的制动系统（与平衡重式叉车的工作原理基本相同）为一套机械杠杆机构，可分为行车制动和驻车制动两种。

3. 内燃式固定平台搬运车的系统组成

内燃式固定平台搬运车一般由内燃机、传动系统、转向系统、制动系统和电气系统组成。

系统的结构基本与内燃叉车对应的机构相类似，只是内燃式固定平台搬运车的转向系统多为机械转向，且为单梯形结构。车架与前桥、后桥的连接为弹性连接，一般为前桥转向，后桥驱动。

4. 固定平台搬运车的使用

（1）安全操作固定平台搬运车的注意事项。在使用固定平台搬运车之前，首先要认真阅读《使用维护说明书》，尤其要注意说明书中的技术参数、警告、警示以及贴在车体上各部位的符号、警告、标志、注意事项、操作说明，操作者应是受过培训的合格驾驶员。安全操作固定平台搬运车的注意事项如下：

1）首先要熟悉驾驶室内各仪表及各操纵机构的布置、功能及使用方法。

2）在驾驶作业之前检查车况：各紧固件是否松动；各灯光、开关是否正常、正确；两制动器松紧是否一致，制动是否安全、有效，驻车制动是否可靠；各润滑点是否有润滑油，各部位是否渗油；蓄电池的电压是否符合要求；轮胎气压是否符合要求。

3）在上述检查过程中，如发现不良情况，应及时检修，待故障全部排除后方可进行驾驶作业。

（2）驾驶固定平台搬运车。确认车况符合《使用维护说明书》的要求后，便可操作及驾驶了。一般的驾驶步骤为：先合上电源开关，闭合电锁开关，松开驻车制动器，双手握转向盘，右脚踩下加速踏板，车即开动。

需停车时，右脚抬起加速踏板，踩下制动踏板。车停稳后，拉紧驻车制动器，断开电源开关，断开电锁开关，取出钥匙，锁好车门。驾驶过程中，不能超负荷承载和牵引；车辆不准带"病"作业；不是防爆的固定平台搬运车，禁止驶入有易爆、易燃气体及空气中含有粉尘的场所。

四、机动翻斗车

企业内运输机械有平板货车、自动倾翻车和翻斗车。平板货车和自动倾翻车与汽车的特性基本相同，机动翻斗车（亦称送料车）类型很多，其结构和功用大致相同。以下简述机动翻斗车的特性和安全使用方法。

1. 机动翻斗车的特点及用途

企业内常用的机动翻斗车如图5—5所示，它具有结构紧凑、轻便、机动灵活、行驶稳定、爬坡性能好、转弯半径小、制动可靠、操作方便、能自动卸料等特点。适于在建筑工程、国防施工、矿山、基本建设工地以及筑路、公路养护、企业、码头、城市修建中做短途运输，能装运混凝土、矿石、煤炭、泥沙、肥料、粮食、零件毛坯、切屑等各种散装物料。

2. 机动翻斗车的结构

机动翻斗车的结构如图5—5所示。它以前桥驱动，后桥后轮进行转向，多采用位于车辆中后方的柴油发动机提供动力，前桥和后桥负荷分布合理，无悬架装置，车架以三点定位，装有四个充气车轮,前桥与车架为刚性连接,后桥用销轴与车架铰接。车架上装有柴油发动机、变速机构、传动装置、翻斗和翻斗锁紧机构、制动装置、驾驶室以及灯、喇叭、点火开关等电气设备。

3. 翻斗及锁紧机构

如图5—5所示的机动翻斗车采用V形料斗。卸料采用重力自动倾翻,弹簧储能器自动复位锁紧。翻斗载重后,重心即偏向前方,此时就依靠翻斗后面的锁紧装置锁紧料斗。卸料时,只需扳动锁紧柄,料斗即能因重力作用自动倾翻卸料。料斗完全翻过来时,同时压缩两侧储能器中的弹簧,料卸完后,储能器压缩弹簧释放能量,使料斗自动复位。

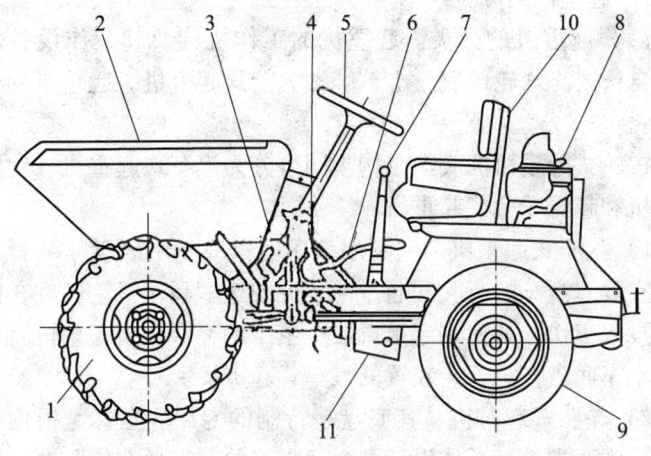

图5—5 机动翻斗车
1—前轮 2—翻斗 3—转向机构 4—行车制动踏板 5—转向盘
6—驻车制动杆 7—变速器手柄 8—发动机 9—后轮
10—座椅 11—变速器

储能器中的弹簧预紧力可按不同性质的物料进行适当调整。调整时,只需卸下圆螺母,调整弹簧杆头上的锁紧螺母,至适当锁紧即可。为了消除空车行驶时料斗的响声，在料斗下方装有两根拉杆和缓冲弹簧，当锁紧后可适当调整螺母。

五、轮式起重机

轮式起重机操作方便，机动灵活，用途广泛，是一种能适应各种作业的起重设备。

常用的 QL3—16 型轮胎式起重机是桁架式起重臂全回转自行式起重机，它的驱动方式为柴油机→直流发电机→多电动机分别驱动。最大起重量为 16 t，最大起升高度可达 20 m，且可吊重 7.5 t，最大行驶速度为 18 km/h。它用于港口、车站、货场的装卸工作以及工业建筑中的吊装工作。对于经常要求起重在 10 t 以下又兼有 10～16 t 起重工作的场合使用最合适。

1. 起重机的分类及结构

（1）起重机的分类。起重机的工作机构及其工作设备均安装在自行式充气轮胎底盘上，统称为轮式起重机。起重机的分类如下：

按轮式起重机的底盘结构不同可分为汽车式起重机、轮胎式起重机和越野轮胎式起重机。

1）汽车式起重机。它利用汽车底盘或专用底盘作为行走装置。它具有汽车的行驶和通过性，行驶速度高，机动性好，能快速地投入工作。如北京起重机器厂生产的 QY8E 型起重机就是以东风汽车底盘作为行走装置的汽车式起重机。

2）轮胎式起重机。其底盘是特制的专用底盘，是根据起重机的特殊要求进行总体设计及合理布置的。它具有轮距宽、稳定性好、轴距小、车身短、转弯半径小、能在 360°范围内工作、也可带部分载荷等特点，很适合于狭窄的工作场所，但机动性不如汽车式起重机。如 QLY2OB 型起重机，它的底盘就是根据特殊需要而设计的专用底盘。

3）越野轮胎式起重机。它的底盘也是专用底盘。这种起重机具有较大的牵引力和较高的行驶速度，越野性能好，并可全轮驱动,机动灵活,特别适用于条件苛刻的工作场所。

轮式起重机按起重量的大小可分为小型、中型、大型和特大型四种。起重量在 12 t 以下者为小型;在 16~40 t 之间者为中型;大于 40 t 的为大型;起重量为 100 t 以上的为特大型。

(2) 起重机的总体构成。轮式起重机一般由上车部分和下车部分两大部分组成。轮式起重机的上车部分由起升机构、回转机构、变幅机构、伸缩机构等组成,它们都安装在回转平台上,与下车部分共用一台发动机。而大型汽车式起重机则在回转平台上还另装有一台发动机。

轮式起重机的下车部分由动力装置、传动系统、运行系统、转向系统和制动系统等组成,这些系统与汽车的底盘相似(轮胎式起重机的下车部分,即底盘,是专门设计、制造的,与汽车的底盘有一定的区别)。此外,在下车部分还设有支腿机构、稳定器和取力机构等。如图 5—6 所示为起重机的总体构成。

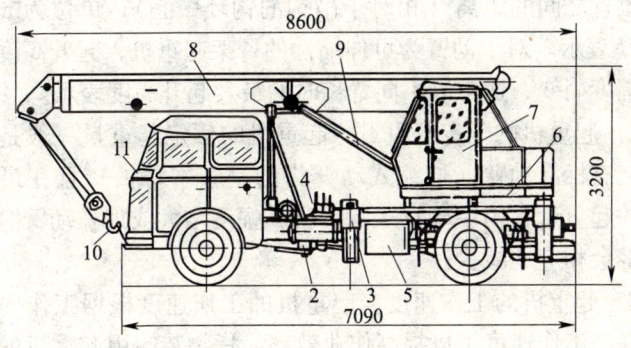

图 5—6　起重机的总体构成
1—汽车底盘　2—取力机构　3—支腿　4—支腿操纵阀组　5—油箱
6—回转平台　7—起重作业驾驶室　8—起重臂
9—起重臂变幅油缸　10—吊钩　11—汽车驾驶室

(3) 起重机的型号。轮式起重机的型号用汉语拼音字母和数字组成的字符串来表示。用字母 Q 表示汽车式起重机,字母

QL 表示轮胎式起重机；用字母 Y 表示液压传动，字母 D 表示电力传动，不标字母时表示机械传动；字母后面用数字表示起重机的吨位；在型号的末尾还用字母 A，B，C，E 等表示该起重机的设计序号。例如，QY8 表示起重量为 8 t 的液压传动汽车式起重机；QLD16B 表示起重量为 16 t，电力传动、第二代设计产品的轮胎式起重机。

（4）起重机术语

1）起重机的幅度。起重机的幅度是指回转平台的回转中心到吊钩中心之间的水平距离，用字母 R 表示。起重机的最大幅度 R_{max} 是动臂在最低位置时的幅度（指在一定臂长条件下）；而最小幅度 R_{min} 是动臂被举升到最高位置时的幅度（在动臂一定的条件下）。轮式起重机的起重能力是随起重机幅度的变化而变化的。

2）起重机的起升高度。起升高度是指从地面到取物装置的上限位置之间的距离（相对于吊钩的钩环中心），单位为 m，通常用 H 表示。对于动臂为可伸缩性的臂架起重机，起升高度随臂长和幅度而变，通常以不同臂长时的最大起升高度表示。

3）起重机的额定起重量。起重机的额定起重量一般是指起重机装有标准动臂（伸缩式动臂指的是基本臂长）且在最小幅度时的起重量，用字母 Q 表示。当其幅度增大或加长动臂时，起重量都会相应地减少。

4）起重机的工作速度。起重机的工作速度根据工作要求而定，提高工作速度可以提高作业效率。货物装卸用起重机的工作速度较高，安装用的起重机的工作速度较低。其中工作速度包括货物的起升速度、变幅速度、回转速度、臂架伸缩速度和支腿伸缩速度等。

5）起重力矩。起重力矩是起重量和起重幅度两参数的综合参数，也是轮式起重机的主要参数，起重力矩通常是一常数。

(5) 汽车式起重机与轮胎式起重机的区别。汽车式起重机是把工作装置安装在标准或特制的汽车底盘上的起重机。通常把底盘以上的部分叫做上车部分，起重机的底盘称为下车部分，它是上车部分的基础，同时也是整个起重机的运行机构。在大型起重机上，一般上车部分和下车部分各有自己的发动机和驾驶室；而在中、小型起重机上只有一台发动机，安装在下车部分。汽车式起重机的外形尺寸等都要符合公路的行驶要求，能直接与汽车编队行驶，速度一般为 40~80 km/h。因此，汽车式起重机也是社会上保有量最多的品种之一。

轮胎式起重机是把工作装置安装在特制的底盘上的起重设备。其发动机和驾驶室一般都安装在上车部分，并在上车部分操纵整机的作业与行驶。该起重机不论大型、中型、小型，均只采用一台发动机，且发动机的功率较小。其作业场所较为固定。轮胎式起重机的底盘构造不同于汽车式起重机，不适宜长距离运行，时速通常不超过 30 km/h。但它可不打支腿进行吊重作业，并可在平坦地面上吊重行驶，而汽车式起重机通常是不允许吊重行驶的。

2. 轮胎式起重机的总体结构特点

轮胎式起重机的上车部分与汽车式起重机相似。但下车部分区别较大，它的底盘经过专门设计和制造，轮距和轴距配合适当，横向尺寸较大，故稳定性好，能四面作业。它的悬架采用的是刚性结构，可以不打支腿进行吊装作业和带重行驶。但这类起重机的运行速度较慢。

QL3—16 型轮胎式起重机的总体构造如图 5—7 所示。

整机的结构特点是：行走装置采用双轴八个充气轮胎，前轮转向，后轮驱动的形式，有良好的行驶性能和不打支腿的起重作业能力。行走底盘与回转平台之间采用双排滚柱式支撑连接。在回转平台的后部布置的 4135C—1 型柴油机和 ZQFL—45 型直流发电机组成的柴油机组中，分别布置着起升、变幅和回转机构。桁架式起重臂连接在回转平台的前端，起重臂由四节组成，每节 5 m，可根据使用要求分别组装成 10，15 或 20 m 的起重臂。各机构用直流电动机分别驱动，具有良好的调整性，并采用了低压（24 V）电气控制系统，所以操作灵活、轻便、安全、可靠。

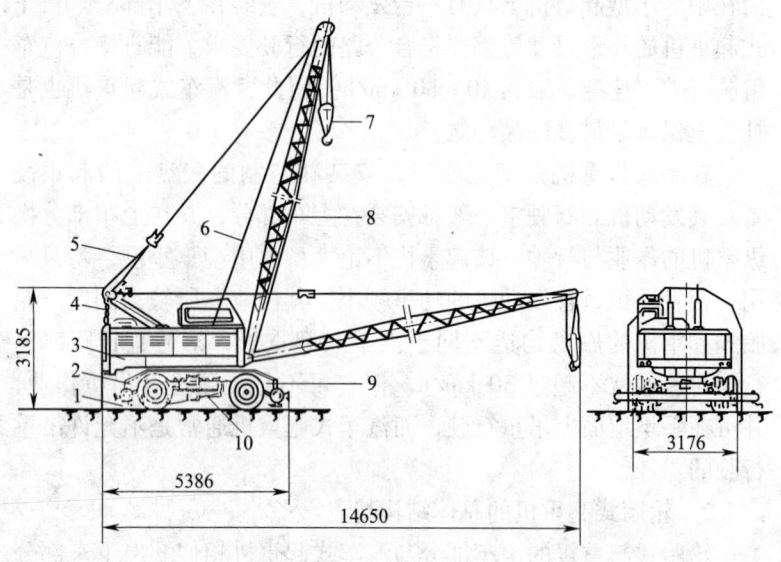

图 5—7　QL3—16 型轮胎式起重机的总体构造
1—支腿　2—行走架　3—回转平台　4—人字架　5—变幅绳　6—起重绳
7—吊钩滑轮　8—起重臂　9—行走轮胎　10—行走传动机构

QL3—16 型轮胎式起重机的动力装置是柴油发电机组，即柴油发动机通过弹性柱销联轴器带动直流发电机，发电机发出的电流分别供给各工作机构的直流电动机。改变柴油机的转速即可改变发电机的输出电压，从而控制各机构电动机的转速，以实现无级调速。

起升机构的电动机为 ZZKL—32 型直流串励电动机，其额定功率为 20 kW，额定转速为 1 000 r/min，电动机轴通过带制动轮的联轴器使动力经传动轴和圆柱齿轮减速器驱动起升卷筒工作。变幅机构的电动机为1台JZL—22型串励直流电动机,其额定功率为7 kW,额定转速为650 r/min,经蜗轮、蜗杆减速器带动变幅卷筒工作。回转机构的电动机与变幅机构的电动机一样,也是JZL—22型,电动机经联轴器和蜗轮、蜗杆带动小齿轮转动。小齿轮与固定在行走底架上的大齿轮啮合,驱使转台回转。以上机构均安装在回转平台上。行走传动机构安装在行走底架上,由两台ZZKL—32型直流电动机分别经一级圆柱齿轮减速器和链传动机构驱动左、右驱动轮。

六、装载机

1. 装载机的功用与分类

装载机按行走装置不同可分轮胎式和履带式两种,国内使用和生产的绝大多数是轮胎式装载机(简称轮式装载机),这两类装载机除行走装置不同外,其他系统和构造大体相似。

轮式装载机是工程机械的主要机种之一。它广泛用于建筑、矿山、水电、铁道、公路和料场等国民经济各个部门。它主要用来装卸散状物料,清理场地以及进行物料的短距离搬运,也可进行轻度的土方挖掘工作,更换作业装置后还可用来吊装、叉装物体和装卸圆木等。近几年来,随着轮式装载机向大型化发展,已越来越多地与自卸汽车配合,如用于装卸爆破后的矿石等,表现出机动灵活和高效的优点。

随着城市建设步伐的加快,港口码头及企业对装卸散状物料的小型设备的需求日益增加,近几年对斗容量在 $0.75 \mathrm{~m}^3$ 以下的小型轮式装载机的需求量也不断增加。由于轮式装载机的用途广泛,已成为我国发展最快的工程机械之一。

2. 轮式装载机的结构

轮式装载机的发动机布置在后部,驾驶室在中间,这样整机的重心位置比较合理,驾驶员视野较好,有利于提高作业质量和生产效率。工作装置由动臂铰接在前机架上,动臂的升降和铲斗的翻转都是通过相应的液压缸活塞杆的运动来实现的。为增大铲斗的插入力,轮式装载机都采用四轮驱动。如图 5—8 所示为厦门 ZL50 型装载机的几何尺寸及外形。

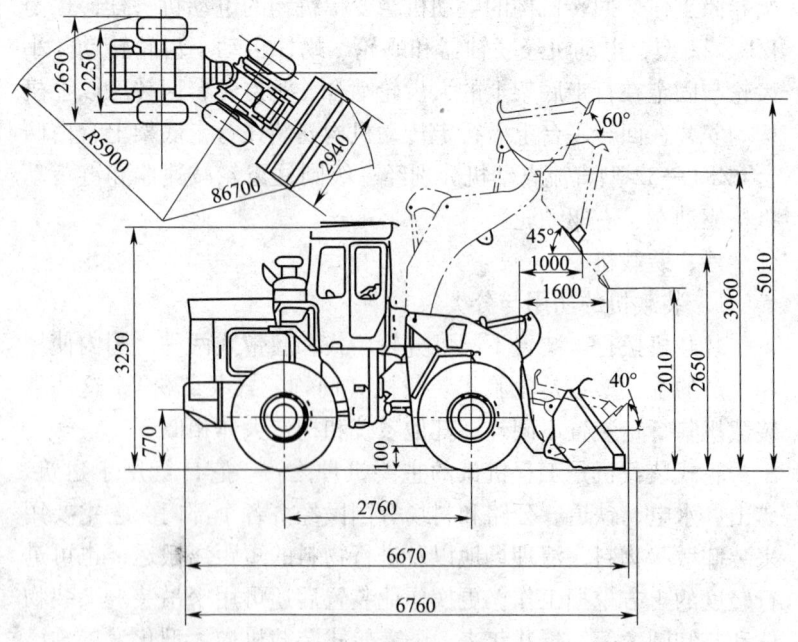

图 5—8　厦门 ZL50 型装载机的几何尺寸及外形

(1) 轮式装载机的动力传动系统。轮式装载机动力传动系统的功用主要是把发动机的动力传给行走系统,保证装载机有足够的牵引力和合适的行驶速度,以及在不同使用工况下实现速度的变换。另外,利用空挡,可以使发动机空载起动和在不熄火怠速运转情况下实现停车。目前,国内斗容量在 0.5 m³ 以下的装载机有的采用机械式动力传动系统,其他各种斗容量的装载机绝大多数采用液力机械式动力传动系统,随着液压技术的发展,全液压传动的装载机会越来越多地被采用。

1) 机械式动力传动系统。SDZ10 型装载机的机械式动力传动系统同汽车、拖拉机的传动系统一样，是由干式离合器，普通变速器，分动箱，传动轴和前、后驱动桥以及轮边减速器等部件组成的。

2）液力机械式动力传动系统，简称液力传动系统，该系统由液力变矩器，动力换挡变速器、传动轴，前、后驱动桥以及轮边减速器等组成，发动机的动力经变矩器传给动力换挡变速器，再经传动轴分别传给前、后驱动桥。为进一步增大转矩，驱动桥半轴输出的动力经过轮边减速器减速后，再传给轮胎。另外，为了防止具有前、后驱动桥的装载机在好路面上高速行驶时产生寄生功率（这是一种由于前、后轮线速度有差异而造成的附加阻力所消耗的功率），在变速器内设有可以切断后驱动桥的后桥脱开机构。

3）全液压式动力传动系统。全液压式动力传动系统实际上是液压机械式动力传动系统，除了工作装置和转向系统采用液压传动外，车轮的行走也靠液压传动与机械传动相结合，故称为全液压传动装载机。目前国产全液压传动装载机大致有两种形式，一种是采用滑移式转向的全液压装载机，该系统由变量泵、定量高速液压马达、减速器齿轮、减速器链轮、车轮等组成。它的动力传动方式是：发动机带动双联的变量泵，产生的压力油又分别输送给左、右定量柱塞式液压马达，这两个液压马达又分别经过一级直齿轮减速和两级链轮链条传动减速，分别驱动左边两个车轮和右边两个车轮转动（左边两个车轮与右边两个车轮分别同步转动），当分别通过操纵杠杆改变左、右两个变量泵的排量时，使左、右两个定量液压马达转速不同，从而使左、右两边车轮转速不同，就形成了转向运动，甚至可以原地自转，叫做滑移转向。这种装载机结构非常简单而紧凑，转弯半径最小，但由于采用滑移转向，轮距和轴距比较小，故稳定性很差。

全液压传动装载机的另一种形式是采用铰接车架，该系统由变量泵、定量高速液压马达、齿轮减速器、传动轴、前桥、后桥以及轮边减速器等组成。

变量泵可直接装在发动机动力输出端,液压泵产生的压力油经油管引到高速液压马达后,压力能又转化为机械能,再经过一级圆柱齿轮减速,将动力传给前桥,同时又经传动轴将动力传给后桥,最后都经轮边减速器进一步降速并增加转矩,带动轮胎旋转。其车速的变化依靠改变变量泵的排量来实现,整车的前进与后退也靠改变变量泵的输入与输出方向实现。车辆的转向是靠一独立的转向系统控制转向液压缸活塞杆的运动推动前车架实现的。

(2) 轮式装载机的转向系统。轮式装载机的转向系统是用来控制装载机行驶方向的机构。由于轮式装载机作业时的转向阻力很大,且转向频繁。因此,为减轻驾驶员的疲劳,轮式装载机均采用液压动力转向系统。目前,国产轮式装载机的液压动力转向系统一般可分为液压助力式动力转向系统和全液压式动力转向系统。

1) 液压助力式动力转向系统。转动转向盘的操纵力已不再是直接迫使车轮或车架偏转的力,而是使转向助力器的转向阀(或称随动阀)进行动作,靠转向液压缸活塞杆的伸出与收缩去偏转车轮或车架,实现动力转向。

2) 全液压式动力转向系统。本系统采用转阀式换向阀的液压机构,转向盘与转向器(一种转阀式换向阀,它由转向阀与计量马达组成)相连接,两根油管将转向器所控制的压力油按转向的要求输送到转向液压缸相应的油腔,而转向液压缸又与前、后车架相连,以实现左、右转向。

(3) 轮式装载机的制动系统。制动系统是用以使正在运行的装载机降低行驶速度或停止行驶的装置,它还用来使车辆在坡道上停歇,以及紧急时制动。因此,制动系统包括行车制动系统、驻车制动系统和紧急制动系统三个分系统。每种分系统均由制动器和制动器驱动机构两部分组成。

1）行车制动系统。行车制动系统是在车辆行驶中用来减速、制动的系统。它的制动器装在四个车轮上，用脚踏板控制，其制动器的结构有蹄片式、钳盘式和多片湿式三种，国内外轮式装载机多采用钳盘式制动器。行车制动系统的驱动机构大都是助力的，即采用空气制动、液压制动、气推油综合制动等不同的结构。由于气推油综合制动能获得较大的制动力，所以在大、中型轮式装载机上得到广泛的应用。

2）驻车制动系统。驻车制动系统供车辆在坡道上停歇制动用，它装在装载机变速器后输出轴上。制动器的结构形式分为蹄片式、钳盘式和带式三种，驱动机构均采用手操纵机械传动形式。有的装载机的驻车制动器兼作紧急制动器用。

3）紧急制动系统。通常装在变速器后的传动轴上，具有独立的驱动机构。它是供紧急情况下或行车制动发生故障时备用的。国产轮式装载机很少采用，而国外轮式装载机多设置此系统。

3. 装载机的主要技术规格

标志装载机性能的主要技术规格有铲斗斗容量、额定载质量、发动机的功率和转速、整机质量、行驶速度、轮胎规格、整机外形尺寸、最大牵引力、最大掘起力、轴距、轮距、最小离地间隙、最小转弯半径、最大卸载高度、最大卸载距离、动臂升降时间、转斗时间以及各主要部件的型号和规格等。

（1）铲斗斗容量。是指装载机所配备的铲斗的最大几何容积，通常用"m^3"来表示。

（2）额定载质量。是在保证装载机稳定工作的前提下铲斗的最大承载能力，单位为"t"。

（3）发动机功率。是表明装载机作业能力的七项重要参数之一。分为有效功率与总功率，有效功率是在发动机飞轮上实际的功率（亦称飞轮功率）。国产装载机上所标的功率一般是指总功率，即包括发动机有效功率和风扇、燃油泵、润滑油泵、滤清器等辅助设备所消耗的功率。用总功率（即发动机的额定功率或标定功率）乘以 0.9~0.95 的系数，即可求得有效功率的值，单位为"kW"。

（4）机重。装载机的自重关系到使用的经济性、可靠性和附着性能，单位为"t"。

（5）最大行驶速度。指前进和后退的最大速度，它影响生产效率和施工方案的安排，单位为"km/h"。

（6）最小转弯半径。是指自后轮外侧或铲斗外侧所构成的弧线至回转中心的距离，单位为"m"。

（7）最大牵引力。是指装载机驱动轮缘上所产生的推动车轮前进的作用力。装载机的附着质量越大，则可能产生的最大牵引力也越大，单位为"kN"。

（8）最大掘起力。是指铲斗绕固定铰点转斗时，作用在斗口内 100 mm 处的法向力，单位是"kN"。

（9）最大卸载高度。是指铲斗倾斜角（一般在 45°~60°之间）在最大举升高度时，斗尖到地面的距离，单位为"m"。

（10）最大卸载距离。是指在最大卸载高度时斗尖到前轮前缘的水平距离，单位为"m"。

4. 装载机的使用要求

（1）添加的柴油必须纯净，柴油牌号应符合规定的质量要求。变速器、变矩器使用的液力传动油，液压系统使用的液压油必须清洁。按规定进行定期维护和润滑。

（2）发动机起动后，空运转待水温达到 55℃ 及气压表达到 441 kPa 后再起步行驶。

（3）气温在 5℃ 以下，发动机起动前，应用热水或蒸汽进行预热，待预热到 30~40℃ 以上再起动。

（4）山区行驶应接通起动操纵杆，以防止万一发动机熄火也能保证液压转向。拖起动必须正向行驶，不得将铲斗提升到最高位置运输物料，运载时应保持动臂下铰点离地 400 mm，以保持稳定行驶。

(5) 高速行驶用两轮驱动，低速铲装用四轮驱动。行驶中换挡不必停车，也不踩行车制动踏板，由低速变高速时，先松一下加速踏板，同时操纵变速杆，然后再踩下加速踏板；由高速换低速时，则加大节气门，使变速器输出轴与传动轴转速一致。

(6) 行车制动的同时自动切断离合器油路，制动前，不必将变速杆置于空挡。

(7) 当操纵动臂与转斗到需要位置后，应将操纵阀杆置于中间位置。

(8) 改变行驶方向要求在停车后进行；操纵变速杆必须在停车后进行。

(9) 柴油机出水温度达到55℃，机油温度达到45℃才允许进行负荷运转。作业时，发动机水温及机油温度应不超过90℃，变矩器油温应不超过110℃，由于重载作业油温超过允许值时，应停车冷却。

(10) 装载机所有柴油机的功率是随着海拔高度、环境温度和相对湿度的增加而降低的，为此，用户使用装载机时必须注意当地的环境情况，按柴油机使用说明书功率修正表中的要求，得出柴油机在当地状况下的实际功率，以便正确地使用装载机。

七、推土机

T180A 及 T200 型推土机是大型履带式液压操纵推土机。T180A 型推土机（见图 5—9）采用日本小松公司生产的卡明斯 NH220—C11 型 180 hp 柴油机，T200 型推土机采用上海柴油机厂配套设计的 6135AZK—3 型 200 hp 增压柴油机。推土机的传动部分主要由离合器、联轴器、变速器、中央传动机构（包括转向离合器）、最终传动机构等组成；行走机构由台车架、导向轮、单边支重轮、双边支重轮、托链轮及履带等组成；工作装置包括推土装置、松土装置、集材绞盘及牵引液压拖式铲运机等。

1. 大型履带式液压操纵推土机的特点

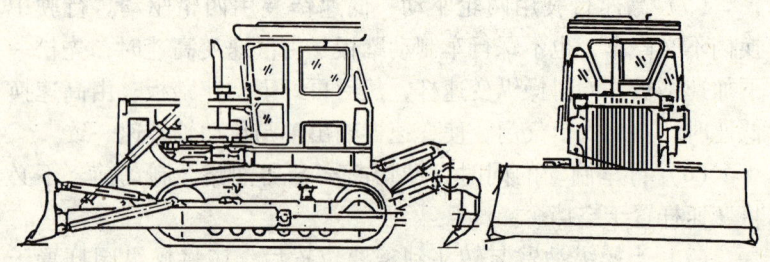

图 5—9　T180A 型推土机的外形

（1）主离合器为非经常接合的湿式离合器，强制润滑并有冷却系统。通过液压助力操纵，轻便、可靠。当液压系统不起作用时，也可靠机械力接合或分离。

（2）变速器采用滑套换挡的斜齿轮常啮合结构，强制润滑，操作轻便，可靠性良好。具有五个前进挡和四个后退挡。

（3）转向机构为多片湿式离合器，采用铜基粉末金属摩擦片，液力操纵。转向和制动有联动装置，只要操纵转向手柄即可实现转向和制动，操纵方便。同时有单独的行车操纵制动系统。

（4）最终传动机构采用二级直齿轮传动，浮动油封，链轮采用镶齿块式，拆装方便。

（5）行走机构的导向轮、支重轮、托链轮均采用浮动油封，可靠、耐用，大大减少维护时间，张紧履带采用油压调整，方便、可靠。

（6）推土装置分为角铲式和直倾铲式两种，可供用户选用。角铲式推土板在水平面左右可调成 25°倾斜角；在垂直面的倾斜量，左、右两刀角最大差可达 500 mm。直倾铲式推土板垂直面的倾斜量采用液压操纵，左、右两刀角的最大差可达 735 mm。推土液压缸的工作压力为 1 350 kPa，能强制切土。刀刃、刀角及弧形板均采用特制耐用材料制成，其使用寿命比一般耐磨材料大大延长。

(7) 松土器为四连杆机构,齿尖入土的切削角在任何深度都能保持最佳值。靠液压操纵,切土力强。齿尖采用特制耐磨材料制成。

(8) 驾驶室内备有风扇和取暖装置,视野开阔。座椅有减振器,并可根据驾驶员的身高和体重进行上下、前后及靠背角度的调整。工作舒适,不易疲劳。

2. 推土机的操纵杆及仪表

(1) 操纵部分

1) 主离合器操纵杆。用来控制主离合器的接合和分离,向后拉,主离合器接合;向前推,主离合器分离。

2) 左转向操纵杆。向后拉出约 70 mm 时,推土机就可以缓慢地向左转向,继续向后拉时,推土机可实现原地转向。松手后自动复位。

3) 右转向操纵杆。推土机向右转向时使用。

4) 节气门操纵手柄。向上时,降低柴油机的转速;向下时,提高柴油机的转速。

5) 松土器操纵杆。向前推时,松土器下降;向后拉时,松土器提升。

6) 推土铲操纵杆。向后拉时,铲刀提升;向前推时,铲刀下降;再向前推到底时,铲刀浮动。

7) 变速杆。用来控制变速器的挡位。

8) 进退杆。在中间空挡位置时;推土机不能行驶;向后拉到极限位置时,推土机前进;向前推至极限位置时,推土机倒退。

9) 停机制动手柄。当踩下右制动踏板,向上拉手柄时,可使右制动踏板保持住制动状态,长时间制动住推土机。当要开动推土机时,用力将锁住的右制动踏板再向下踩一些,然后把手柄向下推到原来的位置,踏板就回到原来制动状态的位置。

10) 加速踏板。在不改变节气门操纵手柄位置的情况下,踩下加速踏板可降低发动机的转速至怠速状态；放开踏板时，发动机就恢复到手柄所在位置的转速。

11）右制动踏板。用于紧急制动和当推土机停放需长时间制动住推土机时使用。或拉出右转向操纵杆，要使推土机原地转向，靠手的拉力觉得费力时，可踩下右制动踏板，即用脚的力来制动，以减轻手的拉力。

12）左制动踏板。其作用与右制动踏板相同，但无推土机需长时间停放时制动住推土机的装置。

13）发动机减压杆。向外踩下减压杆，可降低汽缸内的压缩力，则启动电动机时容易带动发动机转动，待发动机有一定转动惯性后再松开减压杆，这样发动机容易起动。

（2）仪表开关部分

1）柴油机停车提手。拉出提手，前照灯亮；将提手推回原位置，前照灯熄灭。

2）柴油机油压表。用于指示柴油机润滑系统中的机油压力，运转时正常压力为 196~394 kPa。

3）起动按钮。按下起动按钮，接通起动机动力线路；抬起时，线路断开。

4）电流表。用于指示电气系统中蓄电池充、放电情况。指针指向"-"方向，表示蓄电池放电；指针指向"+"方向，表示蓄电池充电。

5）电路开关。插入电钥匙顺时针方向旋转，电路系统与电池接通；反方向旋转则熄火。

6）仪表灯。供仪表照明使用。

7）水温表。用于指示柴油机冷却系统中的水温。正常运转时水温为 75~90℃。

8）后灯开关。供推土机不带驾驶室时用。带驾驶室时，后灯开关装在驾驶室的顶棚上。

9）仪表灯开关。拉出提手，两仪表灯亮；将提手推回原位，仪表灯熄灭。

10) 转速表。用于指示柴油机的转速,柴油机怠速为 500 r/min,最高转速为 19 500 r/min。

11) 柴油机油温表。用于指示柴油机曲轴箱内机油温度。机油温度不得高于 90℃。

3. 新车的磨合及运转

每台新车在最初的 100 h 内需逐渐增大负荷,以便磨合各种零件,如果在最初的使用阶段就满负荷甚至超负荷运转,就会提早损坏,缩短使用寿命。

(1) 磨合新车的注意事项

1) 柴油机起动后空转 5 min,使其在实际工作前进行适当的预热。

2) 必须避免重载或高速运转。不允许突然起动或加速,避免突然的制动和急转弯。

(2) 柴油机起动前的注意事项

1) 检查主离合器杆是否在分离位置,制动踏板是否锁定。

2) 检查推土板是否降落到地面,变速杆和进退杆是否在空挡位置。

3) 检查节气门操纵手柄是否放在柴油机低速位置。

(3) 起动时的注意事项

1) 按下起动按钮,电动机即带动柴油机起动,如在 20 s 内不能起动,应立即停止起动,在相隔约 2 min 以后再重新起动。柴油机起动后应立即松开起动按钮。

2) 当蓄电池电力不足或在较寒冷的天气下起动柴油机时,可先向外踩下脚前方的柴油机减压杆,待柴油机达到一定转动惯性后再松开减压杆,这样柴油机容易起动。

(4) 柴油机起动后的检查及注意事项

1) 让柴油机低速空转,检查机油压力表的指针是否在正常范围内。

2）使柴油机以中等转速空转 5 min。柴油预热运转后，检查所有仪表是否正常。

3）检查排放的废气颜色是否正常，有无任何噪声及振动。

4）检查机油、燃油及冷却液有无泄漏。

4. 履带车辆"四轮一带"的使用

以推土机为例，其"四轮一带"的维修费用约占推土机年维修费用的 60%，因此，正确地使用"四轮一带"有一定意义。履带的耐磨性是靠高锰钢履带板表面的冷作硬化效应实现的。如果在软岩地带使用岩石型履带板，就无法产生冷作硬化效应，硬度没有得到提高，磨损很快。此时最好选用软岩用单齿履带板，也可以用接近修理限度的履带板或焊修后的履带板。因此，履带要按照土壤类别和机械作业条件来选用。

在普通土壤条件（四级以下）下应选用单齿履带板，这种履带板齿廓尖锐，抓地牢固且牵引力大。如果用于岩石作业，因其强度不足，可能会弯曲或断裂。在岩石土壤条件下应选用岩石型履带板和长寿命履带板，这种履带板强度高，耐磨性好，在石方作业时，由于冷作硬化作用，履带板表层 2～3 mm 始终保持高硬度；此外，履带板、加强肋和相对较厚的齿截面厚度都使岩石型履带抓地不牢，但这种履带抗扭、抗弯强度高，履带螺栓拧紧度好，连接强度高。

进行装载和掘雪作业时宜采用半双齿履带板。其履带齿的高度介于单齿和三齿履带板之间，有两个不等高的履带齿，具有牵引力大和可阻止频繁转向的特点，这种履带齿厚度大，在重载下抗扭、抗弯强度高；缺点是在较硬的地面上乘坐舒适性差。在湿地、雪地上应分别采用湿地履带板和雪地履带板。湿地履带板的横截面为三段圆弧，接地面积大，浮力大，无齿尖，不会割断地面任何物体；两端有特别的弧形截面，可防止侧滑。缺点是强度低，易变形，除湿地外均不适用。雪地履带板有肋板，履带齿带台阶，可阻止侧滑，板面切去了后缘，易于挤出存留在履带板上的冰雪。如果用于普通土壤和岩石,履带易磨损或损坏。

在铺石路面和铺装的路面上可分别采用平履带板和橡胶履带板。前者无履带齿,螺栓头低于板面,行走或作业时不会损伤道路或地面;后者是把橡胶块固定在履带板接地面上,机器行走时不损伤路面,爬行时无噪声。缺点是它们的适用范围有限。

处理高温矿渣时应采用矿渣处理履带板,其特点是抗热性高、强度高、使用寿命长,也可用于石方作业。

操作时,应禁止不当的高速行车,以免履带行走机构的销套与驱动轮、履带节与导向轮、履带节与支重轮等在冲击负荷下互相撞击,造成驱动轮齿面、销套外圆、导向轮踏面、支重轮踏面、履带节踏面过早磨损,还会造成销套和履带板开裂、支重轮凸缘损坏、履带节销断裂;此外,冲击力还会使履带架和主车架的底盘零件产生裂纹、弯曲或断裂。应尽可能地避免在高速挡下急转弯。

不要使履带板在过载下打滑。如果履带板滑动,会引起燃料的无功损耗,缩短履带板的使用寿命。一旦履带开始打滑,就应减小过大的负荷。为避免底盘翘离地面,一定要控制松土量和掘土深度;并且机器转向时最好是慢转弯和转大弯。

不要长期让一侧履带承载。如果长期使大部分负荷作用在单侧履带下工作,行走机构的零件会因受力不均匀而过早磨损或损坏。应尽量避免跨越障碍物行驶。如果底盘斜驶在障碍物上,超过了平衡臂的摆动量,弯矩或推力将作用在履带架和行走机构的零件上,冲击负荷会使行走机构的零件和各种底盘零件出现裂纹、扭曲、断裂等损坏现象。

机械应停放在平地上,避免停放在斜坡上。如停在斜坡上,重力产生的静推力造成浮动油封变形、损坏,时间一长就会漏油。

八、履带式挖掘机

挖掘机是一种重要的工程机械,它广泛适用于矿山、冶金、筑路、水利工程、市政建设等工程中,随着我国加大对基础设施的投入和西部大开发战略的实施，它必将发挥越来越重要的作用。

1. 履带式挖掘机的分类

根据行走装置传动形式不同，履带式挖掘机分为全液压式和半液压式。根据不同的行走方式等又可分为履带式、轮胎式、汽车式和悬挂式。目前，以全液压履带式挖掘机应用最广泛，主要因其附着力大，接地比压小（软土或沼泽地可采用加宽和加长履带的低比压挖掘机），作业时不用支腿，越野性能和爬坡性能良好，行驶速度低，挡位数小，操作简单。

所谓全液压履带式挖掘机，是指其行走、工作装置动作、转台回转均采用液压传动方式。全液压履带式挖掘机的型号标记示例：如整机质量为 25 t 的履带式液压挖掘机为 WY25；整机质量为 12.5 t 的轮胎式液压挖掘机为 WYL12.5。

2. 安全技术要求及系统组成

（1）安全技术要求

1）产品标牌应固定在挖掘机机身的明显位置，且应包括制造厂名称、产品名称、产品型号、制造日期或出厂编号以及产品的主参数。

2）在挖掘机的明显位置应放置操纵指示标志、警告标志和润滑示意图。

3）制造厂应向用户提供产品合格证书、产品使用说明书、随机备件和随机专用工具的清单以及装箱单。

4）挖掘机正常工作时，液压油的温度不得高于80℃。

5）挖掘机的液压油清洁度不得低于规定值。

6）挖掘机的整机密封性在连续工作 3 h 后应检查渗漏量，10 min 内不得超过两滴。

7）在标准规定的条件下，动臂液压缸活塞杆因系统内泄漏引起的位移量不得大于 200 mm/h。

8）履带式挖掘机直线行驶的跑偏量不得大于行驶距离

的 7%。

9）液压挖掘机在设计坡道上行驶、起动和制动应可靠。

10）整机稳定性系数 K 不得小于 1。

11）挖掘机司机耳旁噪声不得大于 90 dB（A）。挖掘机的环境噪声应符合标准规定。

(2) 系统组成。挖掘机由转台及转台上部机构、底架及行走装置和工作装置三大部分组成。具体可分为发动机、液压系统、转台、行走架、行走装置、工作装置、操作系统、电气及仪表。挖掘机系统组成如图 5—10 所示。

1）发动机。发动机是将燃油燃烧后的热能转变为机械能的机器。挖掘机装用的发动机均为低速、大转矩发动机，其组成部件和原理与前述机动车相似。

2）液压系统。挖掘机采用双泵双路定量（或变量）液压系统，即指发动机驱动两个主油泵，分别向各自的分配阀组串联供油，实现对挖掘机的行走、转台回转及工作装置动作的控制。

工作原理（以 WY100 型挖掘机为例）如下：

油泵（A）经分配阀组向回转液压马达、铲斗液压缸、辅助液压缸和右行走马达供给压力油。油泵（B）经分配阀组向动臂液压缸、斗柄液压缸、推土装置液压缸和左行马达供给压力油。驱动每个油泵的执行元件组合是按照挖掘机实际作业工况的需要和提高作业效率的原则而设计的。当回转马达、铲斗液压缸、辅助液压缸和右行走马达不工作时，油泵的压力油可用于合流阀组，以加快动臂或斗柄的动作速度。挖掘机通过对行走马达的串联或并联供油，可获得两挡行走速度。

3）转台。转台是挖掘机三大结构部件之一，它用来安装发动机、液压系统元件、动臂、驾驶室、操作系统、回转液压马达等部件。转台的主要受力部分为纵向布置的两根箱形断面梁，它与回转滚盘的连接部分则采用铸、焊组合式结构。

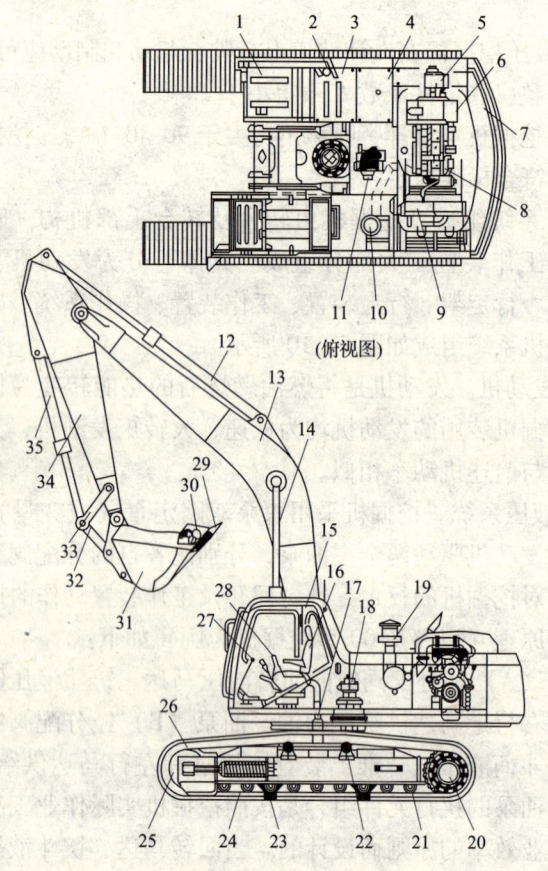

图5—10 挖掘机系统组成

1—电瓶 2—燃油箱盖 3—燃油箱 4—液压油箱 5—泵 6—消声器
7—配重 8—发动机 9—散热器和油冷器 10—空气滤清器 11—控制阀
12—小臂液压缸 13—动臂 14—动臂液压缸 15—驾驶室 16—座椅
17—中心接头 18—回转液压马达 19—预滤清器 20—行走液压马达
21—支重轮 22—托链轮 23—行走导向机构 24—履带调整器
25—导向轮 26—履带 27—行走杆 28—控制手柄 29—斗齿
30—边齿 31—铲斗 32—连杆 33—导向连杆
34—斗杆 35—铲斗液压缸

4）行走架。行走架由底架（支撑座和回转齿圈）、横梁和履带架组成，是转台以上部分的动、静载荷的承力部件，将动力经底架、横梁传给履带架。

5）行走装置。履带行走装置是整个挖掘机的支座，它由履带、驱动轮、导向轮、托链轮、支重轮及行走减速机构组成（俗称四轮一带）。

6）工作装置。反铲式挖掘机具有作业效率高，在切土工作时功率消耗最小，借工作装置的位能帮助做功，视野好等优点，所以被广泛地使用。它主要由动臂、斗柄、铲斗、液压缸等组成。

有些挖掘机还装有推土装置，除了可用它完成少量推土及平整工作外，在主工作装置作业时，还可放下推土板，以提高挖掘机的作业稳定性。

3. 新车的使用和操作

挖掘机符合有关标准并满足合同规定要求，即表明其固有质量合格，而违背使用说明书要求进行操作或不恰当地使用，却往往会导致车辆损坏，使用寿命缩短，甚至发生危险。因此，正确操作及使用对确保驾驶员、车辆本身及周围人身财产安全至关重要。

新车使用前，必须详细阅读供应商提供的安全使用说明书，并应特别注意危险、警告、警示等安全提示。只有经过培训和授权，熟悉安全操作规程的人员，才能操作设备或进行维护和检修。

新购挖掘机在投入正常使用前，应进行 50 h 磨合运行，在此期间发动机转速不得超过 80% 的额定转速，工作负荷不得超过 80% 的额定载荷。并做到：每天检查冷却液、机油、液压油是否泄漏；每天检查润滑液；注意仪表盘和各种仪表显示是否正常；检查工作装置是否正常；检查电线端子是否松动，电瓶液是否足够。

第二节　企业内机动车辆的安全驾驶操作规程

企业内机动车辆具有一定的行驶速度，它的主要工作场地是企业内的车间、仓库、站台和车厢等。这些地方都比较狭窄，对机动车的行驶和作业限制很大，而机动车装卸及搬运的又是比较贵重的成件包装货物。因此，企业内机动车辆作业时既要保证人身安全，又要使机动车和货物完好无损。

国家规定，企业内机动车辆驾驶作业是特种作业。企业内运输的安全管理要根据国家交通管理条例和国家标准《工业企业厂内铁路、道路运输安全规程》（GB 4387—2008）加以实施。结合企业内机动车辆运输安全工作的实际需要，为防止发生伤害事故，保障职工的人身安全和提高经济效益，企业内机动车辆装卸及搬运作业必须执行有关的安全规则。由于各企业的作业特点不同，道路情况和装运货物的种类及数量不同，因此，同类的车辆在不同的企业内，安全操作的注意事项也不尽相同。这里所介绍的安全驾驶操作规程是在各种情况下有普遍性的、通用的安全注意事项。

一、货运汽车和拖拉机的安全驾驶操作规程

1. 货运汽车安全驾驶的操作规程

（1）发动机未熄火前，汽车不得添加燃油。

（2）严禁用汽油擦洗车辆、清洗零件和烘烤车辆等。严禁用明火进行照明，以检查油箱的油量。

（3）严禁采取不经过汽油泵和滤清器而直接使用各种容器或其他自流方式向发动机上的化油器内加注汽油。

（4）严禁将各种盛装汽油的容器放在驾驶室内。在有汽油的地方应禁止吸烟，严禁火种。

（5）化油器回火时，应立即停车检查。严禁使用高压线"吊火"的做法。

(6) 汽车电线着火时，应立即关闭电门，迅速拆除蓄电池连线。

(7) 调整发电机传动带时必须关闭发动机。避免用手直接接触容易转动和产生位移的部位。

(8) 拆卸机件时不得使用不合适的工具。进行维护修理时，车辆应选择平坦地点停放，拉紧驻车制动器，并将变速杆放入空挡，而且前、后车轮应用三角木塞住，以防止车辆溜动而发生事故。

2. 拖拉机安全驾驶的操作规程

(1) 严禁用拖拉机牵引挂车超车、超高和高速行驶，以免发生翻车事故。转弯时须低速行驶。

(2) 下坡道之前，应根据拖载情况和坡度的大小选择适当的挡位，在陡坡行驶时不要换挡。在下陡坡时，应挂低挡，缓慢行驶，严禁空挡滑行，以免发生事故。下坡时不要猛踩制动器，以免发生拖拉机倾翻的重大事故。

(3) 牵引挂车行驶前，应把左、右制动踏板连在一起，并检查制动器是否有效，左、右制动踏板是否同步。挂车中不得坐人。

(4) 拖拉机挡泥板上不得坐人，以免行驶中掉下发生事故。

(5) 牵引车后部与挂车前部必须安装防护网、保护链及有效的制动器，以防止脱节。

(6) 挂接挂车时须用低速倒车，并随时做好停车准备。插牵引销时，必须在拖拉机停止时进行，以免伤人。

(7) 牵引平板车行驶时，不准在平板车上坐人，以免掉下发生事故。

(8) 行驶中应尽量保持匀速。起步、停车要稳，以免拖拉机和挂车产生撞击。

二、叉车的安全驾驶操作规程

1. 检查车辆

(1) 叉车作业前,应检查其外观,加注燃料、润滑油和冷却液。

(2) 检查起动、运转及制动性能。

(3) 检查灯光、音响信号是否齐全、有效。

(4) 叉车运行过程中应检查压力、温度是否正常。

(5) 叉车运行后还应检查外泄漏情况,并及时更换密封件。

(6) 电瓶叉车除应检查以上内容外,还应按照电瓶车的有关检查内容对其电路进行检查。

2. 起步

(1) 起步前,观察四周,确认无妨碍行车安全的障碍后,先鸣笛,后起步。

(2) 气压制动的车辆,制动气压表的读数须达到规定值才可起步。

(3) 叉车在载物起步时,驾驶员应先确认所载货物平稳、可靠。

(4) 起步时须缓慢、平稳起步。

3. 行驶

(1) 行驶时,货叉底端距地面高度应保持在300~400 mm之间,门架须后倾。

(2) 行驶时不得将货叉升得太高。进出作业现场或行驶途中,要注意上空有无障碍物刮碰。载物行驶时,如货叉升得太高,还会增加叉车总体重心高度,影响叉车的稳定性。

(3) 卸货后,应先将货叉降至正常的行驶位置后再行驶。转弯时,如附近有行人或车辆,应发出信号,并禁止高速急转弯。高速急转弯会导致车辆失去横向稳定性而倾翻。

(4) 内燃叉车在下坡时严禁熄火滑行。非特殊情况,禁止载物行驶中紧急制动。

(5) 载物行驶上下坡时,非特殊情况不得使用制动器。

(6) 叉车在运行时要遵守企业内交通规则,必须与前面的车辆保持一定的安全距离。

（7）叉车运行时，货物必须处在不妨碍行驶的最低位置，门架要适当后倾，除堆垛或装车时，不得升高货物。在搬运庞大物件时，若物体挡住驾驶员的视线，应倒开叉车。

（8）叉车由后轮控制转向，须注意车后的摆幅，避免新驾驶员驾车时出现的转弯过急现象。

（9）禁止在坡道上转弯，也不应横跨坡道行驶。

（10）叉车载货下坡时，应倒退行驶，以防止货物颠落。

4. 装卸

（1）叉载物品时，应按需要调整两货叉的间距，使两货叉负荷均衡，不得偏斜，物品的一面应贴靠挡货架，叉载物品的质量应符合载荷中心曲线标志牌的规定。

（2）载物高度不得遮挡驾驶员的视线。

（3）在进行物品的装卸过程中，必须用制动器制动叉车。

（4）货叉接近或撤离物品时，车速应缓慢、平稳。同时注意车轮不要碾压物品及垫木等，以免碾压物飞起伤人。

（5）用货叉叉取货物时，货叉应尽可能深地叉入货物下面，还要注意货叉的叉尖不能碰到其他货物或物件。应采用最小的门架后倾来稳定货物，以免货物向后滑动。放下货物时，可使门架少量前倾，以便于安放货物和抽出货叉。

（6）叉车作业时，禁止人员站在货叉上。叉车叉物作业时，禁止人员站在货叉周围，以免货物倒塌伤人。禁止用货叉举升人员从事高处作业，以免发生高处坠落事故。

（7）不准用制动惯性溜放物品。不准在码头岸边直接叉装船上货物。

（8）禁止高速叉取货物和用叉尖与物体碰撞。禁止使用单叉作业。禁止超载作业。

三、电瓶运输车和前置翻斗车的安全驾驶操作规程

1. 电瓶运输车的安全驾驶操作规程

（1）在行车前，先检查电源插销是否插紧，待插紧后再闭合电锁，并使制动机构处于松离位置，此时再将换向手柄扳至前进或后退位置，然后缓慢踩下主令控制器，则车辆开始行走。

（2）当脚离开控制器踏板时，由于回位弹簧的作用，主令控制器返回原位，车辆即停止行驶。

（3）车辆在起步前应观察四周，先鸣笛后起步，应由慢渐快地加速行驶。

（4）在坡道上行驶时，上坡坡度不得超过3%，下坡坡度不得超过8%。

（5）不准在机床、管道、加热炉、电气设备周围0.5 m范围内作业。不准在进行电气焊作业的5 m以内地段作业。

（6）不准用脚踩着主令控制器踏板进行换向。

（7）满载、全速行驶不得超过1 h，电动机温度升高不得超过80℃，必要时，应停车检查。

（8）严禁用电瓶车推顶其他车辆或用惯性碰撞其他硬物料。

（9）修车、维护或停车时必须切断电源，换向操纵杆置于空挡，关闭所有开关，拉好驻车制动器。

2. 前置翻斗车的安全驾驶操作规程

（1）检查燃油、冷却液、润滑油的情况。检查起动、运转及制动性能是否处于完好状态。

（2）车辆行驶时应随时观察压力及温度是否正常。

（3）起步前应观察四周，先鸣笛后起步。在坡道上或路面状况不良时一律一挡起步。

（4）严禁强行挂挡或换挡。下坡时不准高速行驶。严禁脱挡高速滑行，尽量避免紧急制动。

（5）在狭窄环境中行驶时，应注意四周的安全，转弯时不得碰撞其他物品。

（6）载物高度不得遮挡驾驶员视线。装载散装物料时不得有散落现象。

（7）在危险地带，如坑、沟边缘以及土质松软地段卸料时，应在坑、沟边缘处设置安全挡板，车辆应提前降低车速，行驶到安全挡板处倒料，不得超越界线。

（8）载运炽热炉灰时须冷却后再装运。

（9）黏结在翻斗内壁的物料应用人工刮除，禁止利用高速行驶制动的惯性卸料。

（10）卸料后，须将翻斗复位后再行驶。

（11）在高处作业施工现场行驶时，驾驶员须戴安全帽，不得擅自驾车出入安全封闭区域。

（12）装卸物料时翻斗的锁止机构开启、锁止应灵敏、可靠。

四、装载机的安全驾驶操作规程

1. 装载机出车前的检查与维护

（1）检查水箱水位；检查燃油箱油量；检查发动机油底壳机油量。

（2）检查各油管、水管、气管及各部位附件的密封性；检查蓄电池接线。

（3）检查液压工作油油量；检查液压系统管路、附件的密封性。

（4）操纵工作装置，检查其动作情况；低速运转中倾听发动机工作是否正常。

（5）工作装置接合后，检查各挡运行情况是否正常。

2. 装载机每天作业后的检查与维护

（1）检查燃油储量情况；检查发动机油底壳油面及清洁状况，若发现油面过高并且变稀，应找出原因并予以排除；检查各油管、水管、气管及各部位附件有无渗漏现象。

（2）检查变速器、变矩器、液压泵、转向器、前桥、后桥的固定密封以及有无过热现象。

（3）检查轮辋螺栓、传动轴螺栓以及各销轴的固定是否松动；工作装置情况是否正常。

（4）检查轮胎外观及气压是否正常；气温低于 -5℃时，应将冷却液放出。

3. 起动、停车和作业操纵注意事项

（1）起动。首先进行出车前检查，确认各部位均正常后进行起动。起动前应将变速杆、操纵阀杆置于中间挡位置，松开驻车制动器操纵杆，接通电源总开关，微踩加速踏板，按下起动按钮。一次按下按钮时间 5 s（起动机的连续工作时间应不超过 15 s）尚不能起动时，应立即释放按钮，待经过 1 min 后再进行第二次起动。如果连续四次以上仍无法起动，则应检查原因，待排除故障后再启动。起动后应在 600～700 r/min 进行暖机，并密切注意发动机仪表的指示。

（2）停车。发动机停车前，应先在 800～1 000 r/min 运转几分钟，以使各部位均匀冷却。冬季停车后，应及时拧开发动机所有放水阀，放完冷却系统中全部积水，防止将机件冻裂。

（3）拖起动。若蓄电池电压不足或低温情况下，可进行拖起动，拖起动的步骤是：用拖车拖动的钢丝绳长度应不小于5 m，将其拴在铲斗的铰接点上，装载机前方应有不小于 15 m 的开阔地。拖起动时不应急转弯硬扭转向盘，以防止损坏机件。按下拖起动杆，将变速杆置于空挡，踩下离合器踏板；拖车徐徐起步，带动柴油机起动。

4. 装卸方式和铲装作业

装载机作业时，按下驱动杆，接通四轮驱动。铲装物料时车速应降到 4 km/h 以下。清理作业场地，填平凹坑，铲除尖石等会损坏轮胎和妨碍作业的障碍物。

进行装卸作业时，载重汽车与装载机距离 10 m 停稳不动后，作业效率较高，装载机和载重汽车联合动作，连续运输较适合。以一挡向料堆前进，动臂下铰接点距地面 200 mm，铲斗与地面平行。距料堆 1 m 时下降动臂，使铲斗底接触地面，切进料堆。

踩下加速踏板，使铲斗全力切进料堆，当阻力很大时，采用配合铲装法，即同时间断地操纵铲斗上转及动臂上升，以达到满斗为止。当铲斗装满后，把动臂升到所需的高度，然后使动臂杆回到中间位置。

进行搬运作业时，在以下情况下可采用自行搬运：路面过软、未经平整的场地，不能用载重汽车时；搬运距离在500 m以内，用载重汽车浪费时间。搬运的车速应根据搬运距离和地面条件决定，为使搬运时安全、稳定且有良好的视线，应上转铲斗至极限位置并保持动臂下铰点距离地面400 mm左右。

5. 装载和推运作业

装载机往载重汽车或货场倾卸物料时，应将动臂提升到当铲斗前翻时碰不到车厢或货堆为止，前推斗操纵杆使铲斗前倾卸载，通过斗操纵杆的控制可全部卸载或卸去部分物料，卸载时要求动作缓和，以减轻物料对载重物的冲击。当物料黏附在铲斗上时，可来回扳动操纵杆，借助铲斗的弹震使物料脱落。卸载完毕，可利用铲斗自动放平机构将转斗杆后拉到后限位点，动臂杆前推至斗下降位置，以准备第二次作业。推运时，铲斗平贴地面，踩加速踏板向前推，推进中若发现阻碍车前进时，可稍稍提升动臂继续前进。操纵动臂升降时，操纵杆应在下降和上升之间转换，不可扳到上升和下降任一固定位置，以保证推运作业顺利进行。

6. 刮平和牵引作业

进行刮平作业时，铲斗翻转到底，使刀板触及地面。对硬质路面，动臂操纵杆应放在浮动位置；对软质路面则应放在中间位置。接通后退挡用铲刀板刮平地面。

进行牵引作业时，配置20 t拖平车进行牵引运输。良好路面用两轮驱动，路面差时用四轮驱动。将拖平车牢靠地连接在牵引销上，工作装置置于运输状态。起步和停车要求动作缓和，下坡前要注意检查制动系统，在坡度较大的道路上运输要注意设置拖平车制动,以保证行驶安全。

五、推土机的安全驾驶操作规程

1. 作业前准备

(1) 非正式推土机驾驶员不得驾驶推土机(如学员驾驶时也应有正式驾驶员在一旁指导)。

(2) 在使用推土机之前,驾驶员应先了解推土机的结构、维护方法,熟悉操纵机构,先试运转后才允许投入生产。

(3) 每一班开始工作之前应做以下工作:检查并拧紧外部紧固零件,按要求润滑推土机各部位;检查柴油机油底壳、主离合器、变速器、减速器、柴油箱及工作装置油箱油位是否正常;冷却系统应注入洁净的软水,冬季气温低于0℃时,柴油机机油及冷却液应预热后再注入,在严寒的冬季,冷却液应加防冻剂;柴油机的其他要求按柴油机使用说明要求执行。

(4) 推土机开动时,驾驶室地板上不准放任何物品,以免这些东西碰撞制动踏板,遇到紧急情况时影响操纵而造成事故。

2. 推土机的行驶

(1) 将主离合器操纵杆向前推到底,使主离合器彻底分离。

(2) 将变速杆及进退杆扳入所需要的速度位置。将铲刀提升至离地40~50 cm处。

(3) 踩下右制动踏板,使制动器锁定销松开,制动踏板回到原位。

(4) 压下节气门操纵手柄,提高发动机转速。

(5) 慢慢拉主离合器操纵杆接合主离合器,使车辆平稳起步行驶。

(6) 起步时为减少冲击,可踩下减速踏板,降低发动机转速。

(7) 如发生挂不上挡时,应将变速杆放回空挡位置,轻轻接合主离合器,以更换齿轮的位置,再扳动变速杆。千万不要强行挂挡。

(8) 当变速杆在五挡位置时,由于互锁机构的作用,进退杆不可能扳入后退挡位置,所以不要强行将进退杆扳向后退位置。

(9) 在陡峭的斜坡上起步时,必须低挡起步。踩下制动踏板,缓慢地拉主离合器操纵杆,听柴油机声音的变化,确认柴油机带上负荷后逐渐松开制动踏板,并同时将主离合器操纵杆拉到底,接合主离合器。

3. 推土机的换挡

推土机换挡时,应根据土质等外载荷的情况选择合理的速度挡位,使推土机尽量在满负荷下工作,以获得最高的生产效率和最低的油耗。换挡时,应先将主离合器操纵杆向前推到底,使主离合器轴停转,待机器停止后再换挡。

4. 推土机的转向

(1) 平地转向。如要使推土机向左转向,只要将左转向拉杆拉出一半就能使左边的转向离合器分离,推土机缓慢地向左转动;继续拉出左转向拉杆,会制动住左边的制动鼓,使推土机向左急转向。

(2) 下坡时的转向。推土机下坡行驶转向时,若要转向的对应拉杆拉出一半而推土机却向要转向的相反方向转向时,则迅速继续拉动转向拉杆,给要转向的一侧加以制动,迫使推土机向要转向的一侧转向。向左转向时,拉出右转向拉杆;向右转向时,拉出左转向拉杆,但此时转向拉杆只能拉出一半,这样只使转向离合器分离,使推土机失去发动机的制动作用,靠推土机的自重滑向要转向的一方。

5. 停车

(1) 向上推节气门操纵手柄,降低发动机转速。向前推主离合器操纵杆,使主离合器分离。

(2) 踩下右制动踏板进行制动,并向上拉住右内侧锁杆手柄,使制动踏板保持在制动位置。

(3) 把变速杆移入空挡位置；把铲刀降到地面并保持水平位置。

(4) 停止柴油机，例如，T180A 型推土机取出电钥匙；T200 型推土机拉出停车提手，取出电钥匙。

六、挖掘机的安全驾驶操作规程

1. 开始作业前的准备工作

每天开始作业前，应检查挖掘机的技术状态，主要包括以下内容：看是否有漏油、漏水、松动及调整不当处；检查仪表显示是否正常；上、下车时不得把控制杆作为拉手使用；加注燃油、机油、防冻液、液压油时，通风要良好，必须远离火焰及发热部件；发动机中速无负荷工作 5 min（天冷时还需先怠速运转 5 min），安全杆置于 ON 位置；工作装置无负荷低速运转 5 min（转台回转不少于三次，驱动轮向前、向后运转不少于两圈），使液压油温度达到 50~80℃；检查工作区域有无潜在危险，如土面坚实度、坡度、空中线路及障碍物等，确定工作计划。

2. 起步

(1) 起步前，应将铲斗放在车架上，收回长杆，插好平台与车架的固定插销，使支腿处于可靠的收回状态；插好连接平台与车架电路的插头，接通电源，确认各仪表指示正常。

(2) 起步时应先观察四周，先鸣笛后起步，以防止伤人。

(3) 挖掘机移动时，应注意观察前后环境状况，以防止碰到电线或其他设施。

3. 行驶

(1) 下坡行驶时，严禁发动机熄火滑行和空挡滑行。不得在斜坡路面上横向行驶。

(2) 严禁在铲斗内载人、载物行驶。

(3) 通过泥泞、冰雪、松软路面以及坡度较大的道路时，应使前桥、后桥同时驱动。

(4) 恶劣天气能见度在 5 m 以内或道路最大纵坡在 6% 以

上,能见度在10 m以内时,应停止行驶。

4. 进入作业现场

(1) 停机处的地面应平整、坚实可靠。铲斗回转半径范围内不应有其他设施妨碍铲斗作业。

(2) 严禁铲斗回转半径范围内有人员停留。

(3) 应尽量避免在高压输电线路下面作业。无法避免在高压输电线路下面作业时,铲斗与电线间的安全距离应符合有关规定。若需挖掘机边移动边挖掘时,应选择无碍安全的挖掘路线;否则,须采取安全措施后方可进行作业。

5. 挖掘作业

(1) 作业时应将支腿支稳、垫牢,后轮胎略微离地。将前轮、后轮制动,并将平台周围无关物品清除干净。

(2) 在开挖前应检查公用地下设施(如管道、电缆等)的位置。不允许挖掘机在还需要保留的地下设施附近作业。挖出的沟土不应抛到沟边,应随挖随将土运走。

(3) 如有两台挖掘机同时作业时,互相应保持一定的安全距离,以防止臂架相互碰撞。

(4) 在斜坡上作业时,要用绞盘钢丝绳将挖掘机拖住。

(5) 铲斗落地和升起操作不得过猛;平台的起动、回转、停止等操作应缓慢、平稳;卸料时,铲斗不得越过或停留在运输车辆驾驶室的上方,铲斗不得与车辆的任何部位接触。

(6) 挖掘机在挖比较深的基槽、地沟时,机身离边口应不少于3 m,并用坚木垫实机身,方可进行作业。

6. 正常使用过程中的安全注意事项

(1) 挖掘机上任何部位距离高压电线的距离不得小于3 m。在深坑、壕沟周围作业时要有良好的垫块支撑。在有桥梁、电话线或其他障碍物时,应有观察员和信号员。

(2) 在斜坡上工作时,应减小回转半径和速度,如果有滑动现象可落下铲斗。

(3) 任何情况下铲斗均不得越过载重汽车驾驶室。提升货物表面积大时,应特别小心阵风。

(4) 只有坐在座椅上并系好安全带时,方可操作挖掘机。

(5) 发动机运转时不得离开座椅或下车。挖掘机行走时,铲斗应保持离地 200~300 mm 的距离,不宜改变行走模式,不得操作工作装置控制杆。

(6) 较长时间工作时,应确保驾驶室通风良好,防止排放物对人的危害。

(7) 低温下作业时,应降低工作速度和负荷,以减轻振动和冲击。

(8) 禁止挖掘挖掘机支撑面下部,以防止塌陷。

(9) 不得试图利用回转移(拖)动物体,以免损坏结构件。不得将铲斗用于破碎坚硬的地面。

(10) 停机时,确认停车地面的安全性后将铲斗落地;锁定安全杆,抬起左侧控制台,将操纵杆置于中位;发动机空转 5 min 后关闭起动开关。

七、轮胎式起重机的安全驾驶操作规程

1. 起重作业前的准备

(1) 认真观察作业现场,场地的大小、地质的松软程度不得有碍吊车作业安全。

(2) 若支腿放下不平时,需用木块垫平。

(3) 臂架回转和吊车的顺车、倒车、掉头应不刮碰周围的其他设施。

(4) 应尽量避免在高压输电线路下面作业,若在高压输电线路下面作业时,臂架、吊具、辅具、钢丝绳及重物等与输电线的最小距离应不小于规定值。

(5) 按该车说明书中润滑图表的规定进行全车各润滑点的润滑。

(6) 检查起升制动器是否可靠,各部位零件是否紧固,吊具是否牢靠。

(7) 拉紧驻车制动器操纵杆，变速杆应放在空挡位置，然后起动发动机。

(8) 检查发动机的工作情况以及各种仪表是否正常。

(9) 检查液压油和油液是否充足。

(10) 空载运转各机构，观察有无漏油及异常现象。

2. 起重作业

(1) 吊物不得超过额定的起重量。

(2) 进行吊装作业时须有专人指挥，并应听从指挥。

(3) 起重臂下严禁站人。

(4) 吊具挂好，起重工离开后须试吊。

(5) 吊车不准边行驶边起升。

(6) 重物长时间停在空中时，应将卷筒制动，驾驶员不得离开操作室。

(7) 操作时应避免猛起、猛停，应缓慢地加速和减速。

(8) 吊重物时钢丝绳应垂直于地面，不得斜拉，严禁侧拉。

(9) 不要用起重机起吊埋在地下或冻住的物件。

(10) 吊重物时，钢丝绳在卷筒上的圈数在任何情况下得少于三圈。

(11) 任何情况下起重机不允许带载自由下放作业。

(12) 应尽量避免做带载降臂动作，以预防翻车事故的发生。

第三节　企业内机动车辆的防火安全与自我防护

一、企业内机动车辆的防火安全

企业内机动车辆在驾驶操作和维修过程中，由于操作人员违反安全操作规程、设备故障及缺乏相应的防火、防爆知识等原因，存在发生机动车的燃料和电气设备着火的可能性。因此，要求企业内机动车辆驾驶员必须掌握防火、防爆的基本知识，遵守防火规章制度，避免发生企业内机动车辆的火灾及爆炸事故。

1. 燃烧

燃烧是可燃物质与氧化剂发生伴有发光、放热的一种激烈的化学反应。燃烧必须具备的三个条件是可燃物质、助燃物质和火源。能与氧或其他氧化剂起剧烈反应的物质称为可燃物质，如木材、纸张、棉花、汽油、酒精、氢气、乙炔气、液化石油气等。能帮助和支持燃烧的物质称为助燃物质，如空气（氧气）、高锰酸钾等氧化剂。能引起可燃物质燃烧的热源称为火源，如明火、电火花、摩擦热、撞击热、化学能、聚焦的日光等。以上三个条件必须同时存在，相互作用，燃烧才能发生。

可燃气体、液体和固体（包括粉尘等）在空气中燃烧时，可以分成扩散燃烧、蒸发燃烧、分解燃烧和表面燃烧四种形式。扩散燃烧是指由于可燃气体分子和空气分子相互扩散、混合，当浓度达到燃烧极限时，在外界火源作用下形成火焰，并使燃烧继续下去的现象，如氢、乙炔等可燃气体从管口等处流向空气时所引起的燃烧。蒸发燃烧是指由于液体蒸发产生的蒸气被点燃着火后，形成的火焰温度进一步加热液体表面，从而加速液体的蒸发，使燃烧继续下去的现象，如酒精、汽油等易燃液体的燃烧；萘、硫黄等虽在常温下为固体，但在受热后会升华或熔化而蒸发，同样能够引起蒸发燃烧。分解燃烧是指在燃烧过程中伴随着热分解现象的燃烧，如木材、煤、纸张、油脂等高沸点固体可燃物的燃烧以及低熔点的固体烃、蜡等的燃烧均属于分解燃烧。表面燃烧是指可燃物表面与空气接触的部位被加热后发生燃烧，并将热量传送给可燃物下一层，使燃烧继续下去的现象，如炭、箔状或粉状金属铝、镁等的燃烧属于表面燃烧。

在生产过程中，凡是超出有效范围的燃烧称为火灾。例如，在企业内机动车辆维修过程中，利用电气焊修补油路管件或油箱渗漏时，高温电弧或金属熔渣将周围的可燃物（如汽油、柴油、油棉纱等）引燃，从而使企业内机动车辆烧毁，导致人员烧伤等，这就是超出了电气焊作业的有效范围。

2. 闪燃、燃点及自燃

闪燃是指易燃或可燃液体挥发出来的蒸发物与空气的混合物，遇火焰或炽热物体时发生瞬间火焰或闪光的燃烧现象。由于闪燃瞬间新的易燃或可燃液体蒸气来不及补充，其与空气的混合浓度还不足以构成持续燃烧的条件，所以闪燃瞬间熄灭。产生闪燃的最低温度叫做闪点。闪点越低的液体，其火灾危险性越大。因此，闪点是衡量可燃液体危险性的一个重要参数。几种常见液体的闪点见表5—1。通常把闪点低于45℃的液体叫做易燃液体，易燃液体比可燃液体的火灾危险性大，易燃液体与可燃液体又分别根据其闪点的高低分为两类四级，易燃液体和可燃液体的分类分级见表5—2。

表 5—1　　　　　　几种常见液体的闪点

液体名称	闪点（℃）	液体名称	闪点（℃）
标准汽油	<-20	二甲苯	25
丙酮	-17	松节油	30
苯	-14	煤油	28~45
甲苯	6	樟脑	66
甲醇	7	柴油	60~110
乙醇	11	桐油	239

表 5—2　　　　　易燃液体和可燃液体的分类分级

类别	级别	闪点（℃）	分级举例
易燃液体	1	$t \leq 28$	汽油、苯、甲醇、乙醇、乙醚、甲苯、丙酮等
	2	$28 < t \leq 45$	煤油、松节油等
可燃液体	3	$45 < t \leq 120$	柴油、乙二醇等
	4	$t > 120$	润滑油、甘油、桐油等

燃点是指火源接近可燃物质能够使其燃烧的最低温度,燃点也叫着火点,几种物质的燃点见表5—3。燃点低的物质比燃点高的物质容易着火。自燃是指可燃物质在外界火源直接作用时,常温中自行发热,或由于物质内部的物理、化学反应过程中产生的热量使其达到燃烧温度而发生自行燃烧的现象。

表5—3　　　　　　几种物质的燃点

物质名称	燃点（℃）	物质名称	燃点（℃）
黄磷	34~60	蜡烛	190
松节油	53	布匹	200
樟脑	70	棉花	210
煤油	86	豆油	220
橡胶	120	烟叶	222
纸张	130	松木	250
漆布	165	无烟煤	280~500

可燃物质在没有外界火源直接作用的条件下,能自行燃烧的最低温度称为自燃点,物质的自燃点越低,发生火灾的危险性越大,所以,掌握物质的自燃点对避免火灾具有重要的现实意义。

3. 爆炸

物质发生一种急剧的物理或化学变化,能在瞬间放出大量能量的现象称为爆炸。爆炸主要由化学反应或核反应引起,爆炸时,温度和压力急剧升高,产生爆破和推动作用。

爆炸分为物理性爆炸和化学性爆炸两大类。物理性爆炸是由于物理原因引起的爆炸,如蒸汽锅炉、受压容器或高压气瓶的爆炸。这类爆炸是由于设备内部物质的压力超过了设备所能承受的压力而引起的。化学性爆炸是由于物质发生迅速的化学反应,产生高温、高压而引起的爆炸。这类爆炸在化学变化的过程中伴随着物理变化,如产生高温、高压等。

化学性爆炸可分为以下五种:

（1）混合气体的爆炸。在可燃气体中，除了氢、天然气、乙炔气、煤气、液化石油气外，还包括汽油、苯、甲苯、乙醚等可燃液体的蒸气。在助燃气体中，除空气外，还有氧、氯、氟等气体。如果可燃气体和助燃气体在一定比例范围内混合时，遇火源就会引起混合气体爆炸。

（2）气体分解的爆炸。乙炔、环氧乙烷、乙烯等气体分子在分解反应时所产生的热量有可能点燃气体，导致气体分解的爆炸现象。

（3）粉尘的爆炸。如果可燃固体的粉尘或可燃液体的雾状飞沫分散在空气或助燃气体中，当其达到一定浓度时，就会像爆炸混合气体那样，遇火源发生爆炸。

（4）混合危险物品的爆炸。这一般是在强氧化性物质和还原性物质相混合时发生的，如黑炸药（硝酸钾、硫黄、木炭粉）和液氧炸药（液氧、炭粉）等，都是由氧化性物质和还原性物质混合组成的。

（5）爆炸性化合物的爆炸。这大多数是属于炸药的爆炸。

可燃物质与空气形成的混合物达到一定浓度时，遇到火源就会发生爆炸。这个混合物浓度范围叫做爆炸极限。该浓度范围的最低浓度叫做爆炸下限；最高浓度叫做爆炸上限。爆炸极限通常用可燃气体、易燃气体和可燃液体的蒸气或可燃粉尘在混合物中的体积百分比来表示，也可用每立方米或每升混合物中含有可燃物质的克数来表示。混合物只有其浓度在爆炸浓度范围以内（即在爆炸上限和爆炸下限之间）时，才有发生爆炸的危险。如果混合物的浓度低于爆炸下限或高于爆炸上限，遇到火源不会发生爆炸。一般来说，可燃物质的爆炸下限越低，爆炸极限范围越大，其危险性就越大。

4. 机动车燃料的使用特性

汽油是由多种碳氢化合物组成的液体燃料，国产企业内机动车辆常用的汽油有90号、93号和97号等。汽油的牌号是按辛烷值的高低来划分的,例如,90号汽油表示其辛烷值不低于90。为了使发动机能够正常地工作,汽油应具有一定的抗爆性、蒸发性、安定性和低腐蚀性。抗爆性是指汽油在汽缸内燃烧时避免发生爆炸的性能。汽油的辛烷值表示汽油抗爆性能的指标,辛烷值越高,即汽油号数越大,其抗爆性越好。汽油由液态转化为气态的性能称为蒸发性,汽油的蒸发性越好,发生气阻的可能性就越大。汽油抗氧化变质的能力称为安定性,它是表示汽油在使用和储存中氧化产生胶质倾向的指标。由于汽油在使用中不可避免地接触许多金属,因此要求汽油的腐蚀性要小。汽油着火后燃烧快,火势猛,浓烟大,温度高(可达1 200℃),辐射热强。汽油蒸气有扩散能力,会向四周扩散,当其与空气混合后,达到爆炸极限时,即形成爆炸性混合物,遇火星就会爆炸。所以汽油在储存中不能与爆炸物品、压缩气体和液化气共存。

　　柴油的牌号根据其馏程可分为轻、高两大类,轻柴油供高速柴油机使用,高柴油供低速柴油机使用。国产柴油分为0号、10号、20号、35号等,其牌号是按其凝点划分的,例如,0号柴油表示其凝点不高于0℃。为保证柴油在发动机中正常燃烧,柴油应具良好的燃烧性、适宜的低温流动性、合适的黏度、较好的蒸发性和安全性,并要求腐蚀性小。柴油的燃烧性是用十六烷值来衡量的。十六烷值越高,柴油燃烧性就越好,发动机越易起动;但十六烷值过高,会使油耗增加,且凝点也高,会给使用带来不便。柴油的低温流动性用凝点来表示。通过它能判断柴油适宜在什么样的气温下使用。柴油的黏度是指20℃时的黏度。黏度随着温度的变化而改变,它与柴油的流动性、雾化性、燃烧性和润滑性等有关。柴油的蒸发性以馏点和闪点来表示。蒸发性越好,其燃烧速度就越快。柴油的腐蚀性由含硫量、酸度、水溶性酸或碱以及腐蚀试验等指标表示。含硫量大的柴油燃烧后生成硬质积炭,加剧机件的腐蚀,且使润滑油老化变质。

　　车辆失火多是由于易燃品的燃烧引起的,企业内机动车辆使用的燃油是极易燃烧的液体物质，车辆的燃油或防冻液的失火又会引起车辆本身的可燃性物质——轮胎、涂料以及装载的货物的燃烧，从而造成车辆失火事故。

5. 企业内机动车辆的火灾事故及其预防

由于企业内机动车辆使用的燃料都是易燃物品，且经常装运各种易燃、易爆危险物品，所以其本身存在着不安全因素。如果燃料泄漏，当机动车点火线圈产生高压电火花，蓄电池外部短路产生高温电弧，或遇排气管的灼热高温和火星时，就会引起火灾或爆炸事故；同时，在使用和维护过程中，若有关人员违反安全操作规程或对装运的易燃、易爆危险物品管理不当，也会导致着火或爆炸事故。因此，预防企业内机动车辆火灾事故应当引起驾驶、维修和管理人员以及货物装卸人员的高度重视。

大量企业内机动车辆火灾事故表明，人为火源造成的机动车辆火灾事故最多。火灾责任人思想麻痹，缺乏经验，不懂防火常识是其主要原因。因此，为预防企业内机动车辆的火灾事故，驾驶员应做到以下几点：

（1）严禁在驾驶室内乱扔烟头、火柴，以免引燃坐垫或可燃物。

（2）在检修车辆、加注燃油或使用易燃油料清洗零件时，严禁吸烟或动用其他烟火，以免因引燃油料、油棉纱等易燃物而造成火灾。

（3）禁止用火柴、打火机等明火照明查看油箱存油量或查看漏油情况。

（4）不得在驾驶室内私自安装电炉丝、点烟器等可能引起火灾的装置。

（5）严禁用喷灯或点燃浇油的棉纱、木柴等方法直接烘烤发动机、油箱和燃油管道。

（6）禁止用各种容器盛装汽油放入驾驶室内或到处乱放，以防止因吸烟、划火柴、电火花或其他着火源引燃汽油而造成火灾事故。

企业内机动车辆上有许多电气设备，如果在工作中不能正确使用或设备发生故障不及时修理及排除，这些电气设备就可能成为车辆火灾事故的危险源。各种通电导线接头松动、脱落或短路等都可能产生电火花，引燃易燃油料或其他易燃物品而造成火灾事故。车辆电路熔断装置的熔丝是按规定的电流值选用的，如果任意加大熔丝的规格，或用其他金属丝代替，就可能烧毁电气设备和线路，严重时会造成导线燃烧，从而引发火灾事故。点火线圈、分电器、高压线、火花塞等漏电时，若不及时修理及更换，或使用高压线"吊火"或"烧缸"等错误做法，都可能引起火灾事故。车用蓄电池在工作时会分解出易燃、易爆的氢气，当这些气体累积到一定浓度时，蓄电池附近一旦出现火源，就可能发生蓄电池爆炸事故。

企业内机动车辆使用的易燃油料是造成火灾事故的主要易燃物质，不能正确、合理地管理和使用易燃油料是造成火灾事故的主要原因。车辆用易燃油料主要包括汽油、柴油及润滑油等，其中危险性最大的易燃油料是车用汽油，属一级易燃液体，其闪点低于 $-20℃$，自燃点为 $415\sim530℃$，爆炸极限为 $0.79\%\sim5.16\%$。车用汽油在常温下的蒸气压很高，当蒸气与空气形成爆炸性混合物时，如接触火星、灼热物体等着火源，就会发生燃爆。汽油燃爆后，火势猛，温度高，压力大，极易造成人员伤亡和财产损失，其破坏性和危害性较大。必须对易燃油料的不安全性给予高度重视。

易燃油料造成的火灾事故及预防措施是：车辆燃料供给系统发生故障，驾驶员错误地采用边发动车辆边使用容器或其他自流方式向化油器内加注汽油的方法，造成混合气比例失调，使化油器发生回火"放炮"，喷出的火焰点燃汽油造成火灾事故。

汽油在灌入油箱时，由于其与油箱摩擦和冲击而产生静电跳火，这种静电跳火将汽油点燃而引起火灾事故。所以，在加注油料的过程中要控制加油流速,减少对油料的搅动和冲击,加油管口要尽量靠近油面,尤其在加油开始和装油到容器 3/4 以后时,更要注意避免发生静电放电。此外,在高压电线下和有雷电时,应尽量避免给车辆加油,以防止发生火灾事故。

油料的渗透性较强,如易燃油料渗漏后滴落在灼热的排气管上或被喷出的火星点燃,就会发生火灾事故。除了需防止车辆本身易燃油料的渗漏外,还应注意车辆运载的易燃油料是否渗漏。因此,装运易燃油料时应做到平稳驾驶,避免颠簸,防止油桶撞击,发现渗漏的油桶要及时处理好。

车辆排气管位置靠近油箱,如点火时间校正不准,造成排气管回火,或由于排气管连接处密封垫不严,造成窜火,都有可能引发火灾事故。

若汽油箱(桶)发生渗漏,在施焊补漏时,有可能点燃汽油箱(桶)内的残余混合气而引起爆炸。为防止此类事故的发生,在施焊前应在渗漏处画上记号,放尽汽油,把油箱(桶)敞口放在通风处,时间不少于一天,然后在油箱(桶)内加注一半清水或碱水,反复摇晃,除去油污,再换水 2~4 次,每次加至水溢出为止,直至清除掉油箱(桶)中的残余汽油蒸气,闻不到汽油味时再进行焊补。施焊时,必须将油箱(桶)盖打开。

6. 车辆防火安全技术要求

(1)加注燃油防火安全技术要求。工作人员必须穿戴工作服,不准戴手套,周围禁止烟火。发动机熄火前不得加注燃油。加注燃油时不准检修和调试发动机,不准在注油容器附近进行锤击、磨削。应用扳手旋拧油桶螺塞,不准用铁器敲击和刮擦汽油容器。禁止在雷雨天气及高压电源线下加注燃油。

(2)检修车辆防火安全技术要求。搬运和安装蓄电池应平稳,以免电解液溅出;严禁用划火法检查蓄电池电压的高低。严禁用高压线"烧缸";严禁在汽缸外随意试火和"吊火"。严禁用短路法划火来检查电路导线的通断情况。严禁用明火照明检查油箱油量,在车辆周围应禁止使用各种火源。严禁使用各种容器或其他自流方式向发动机上的化油器内加注燃油。发动机上的化油器发生回火时,应立即停车检查及调整,故障未排除之前不得行驶。严禁用汽油擦拭车辆、清洗零部件和烘烤车辆。清洗后的废油不准随意乱倒,应倒入指定回收地点。清洗发动机时,必须切断电瓶线路。发现油路管道或油箱渗漏时,在紧急情况下可以用锡焊暂时补漏,一般情况下应把油箱或油管拆下,在排尽和挥发尽或清洗残余汽油后进行焊接。严禁将各种盛装汽油的容器放入驾驶室内。空气滤清器要紧固,以防止脱落的机油洒在进、排气管处引起火灾事故。车辆的各种导线要保持横平竖直,并用线卡固定好,不得随意拉线,以免绝缘破损引起火灾事故。车辆电气设备用线要采用标准规格合格产品,以防止因导线过细或其他质量问题造成导线过热,从而引起火灾事故。车辆发生事故时,在抢救被困在车内人员的同时,要及时采取有效措施切断电瓶电源,以免产生火花而导致车辆着火。

(3) 车库防火安全技术要求。车库应通风良好。车库内禁止吸烟。车库内严禁明火作业及明火照明,不得用明火炉直接取暖。必要时,可用暖气或火墙式火炉取暖。火墙式火炉取暖不得用于装载易燃、易爆物品车辆的车库。在停放装运易燃、易爆液体车辆的库房内,电气设备应符合防爆的要求。装载有漏油的桶装汽油、柴油或车辆油箱漏油时,车辆不得进入库内。车辆进入库房后,应检查未熄灭的火种并切断电瓶电源。车库内不应存放汽油、柴油。油棉纱或布头应集中放在加盖的铁桶内,并及时处理。库房内和库房外均应有醒目的安全标志及消防设施。坚持三级动火审批制度。

7. 火灾的扑救

车辆火灾绝大多数是先从易燃油料的燃烧开始的,由于易燃油料极易被点燃,而且其挥发性、渗透性和流动性都很强,所以，一旦发生火灾，其燃烧非常迅速，如果扑救不及时或采取的措施不当，就可能造成极大的损失。因而，扑救车辆火灾必须迅速、及时且采用正确的方法，尽可能防止火灾扩大蔓延，力争把火灾消灭在初起阶段，最大限度地减少火灾的损失。

常见的灭火基本方法有冷却法、窒息法、隔离法和化学中断法四种。冷却法就是利用灭火剂的作用降低燃烧物质的温度。冷却法有两种，一是直接将灭火剂喷射到燃烧物质上，使燃烧物质的温度降到燃点以下，使燃烧停止；二是将灭火剂喷射到燃烧物质附近的可燃物上，防止可燃物受辐射热影响而起火。窒息法就是阻止空气流入燃烧区域或用不燃烧的物质冲淡空气，使燃烧物质得不到足够的氧气而熄灭。隔离法就是将可燃物质与着火源之间隔开，并采取措施防止燃烧扩大蔓延。化学中断法就是使灭火剂参与到燃烧反应过程中去，使燃烧的化学连锁反应中断，抑制燃烧，达到灭火的目的。上述灭火方法在灭火过程中不是孤立使用的，有时为了加速扑灭火灾，几种灭火方法交叉或联合使用。

发现燃烧起火时，驾驶员应沉着、冷静，首先要判明起火的部位和燃烧物质种类以及燃烧程度、范围，迅速、果断地确定扑救方法，积极、镇定地进行扑救。在扑救火灾的同时，应向周围呼救并向领导报告，必要时应立即向消防部门报警，报警时应详细说明起火的地点、燃烧的物质、单位名称及本单位的电话号码。报警后要派专人等待并引领消防车到达现场。在消防车到达前，扑救人员应根据火灾情况，确定正确、有效的灭火方法，选用合适的灭火器材，尽最大能力灭火。

起火现场必须指定专人负责，统一指挥，做到行动统一，协调一致，以防止出现混乱。如果火情严重，一般扑救不可能时，应及时撤出人员和疏散物资，以减少人员伤亡和物资损失。

车辆在车库、加油站、仓库等危险区域起火时，应在扑救的同时将着火的车辆推出或驶离危险区域，以避免造成更大的损失。装运易燃、易爆危险物品的车辆起火后，采用紧急灭火措施无效时，应密切注意车辆是否有发生爆炸的危险，如有爆炸危险，应立即撤离危险区域，以免造成更大的损失。如果着火的原因是由车辆载运的货物燃烧引起的，并危及车辆时，应把燃烧的货物从车上推下进行扑救，并使车辆远离火源。如果车辆着火危及车上货物时，应在扑救的同时迅速卸下货物。

车辆发生一般火灾时，驾驶员应立即切断油路，关闭电门，迅速转移车上的易燃物品，重点保护好油箱和其他易燃部位，防止火灾扩大蔓延。如果是易燃油料着火，严禁采用浇水的方法灭火，应用沙、土覆盖或专用灭火器材扑救。发生撞车、翻车事故引起较大火灾时，应首先抢救车内人员，并采取有效的扑救措施。当火灾危及周围房屋、设施和其他易燃物品时，应采取措施隔离火场，以防止火灾扩大蔓延。灭火后，要特别注意保护好火灾现场，并协助有关部门分析和查明火灾原因，同时，严格按"三不放过"（即事故原因分析不清不放过，事故责任者和群众没有受到教育不放过，没有防范措施不放过）的原则对事故进行处理。

8. 常用灭火器材的性能和使用方法

常用灭火器材主要有泡沫灭火器、二氧化碳灭火器、干粉灭火器、"1211"灭火器等。

泡沫灭火器是通过筒内酸性溶液与碱性溶液混合后发生化学反应，喷射出泡沫，使燃烧物表面与空气隔绝而达到灭火目的的。由于泡沫的密度一般小于常见可燃、易燃物质的密度，泡沫浮于或黏附在燃烧物的表面，形成一个既不能燃烧也不能助燃的泡沫覆盖层，隔离空气，使燃烧缺氧窒息而熄灭；同时还具有一定的降温冷却作用。泡沫灭火器适用于扑救汽油、煤油、柴油、涂料、香蕉水、松香水及一般固体物质的火灾。但对可溶解于水的易燃液体（如丙酮、甲醇、酒精等）的灭火效果较差。不适用于扑救电气火灾和忌水性化学物品引起的火灾。

泡沫灭火器主要由筒身、瓶胆、喷嘴、提把等组成。筒身内悬挂玻璃或聚乙烯塑料制成的瓶胆，内装有酸性溶液，筒内装碱性溶液。瓶胆用瓶盖盖上，以防止蒸发和溢出。

干粉灭火器以高压二氧化碳气体为动力，适用范围广泛，灭火速度快，灭火能力强。

干粉灭火器灭火时靠加压气体的压力将干粉从喷嘴喷射出，形成大量的粉雾喷向燃烧物，当干粉与火焰接触时，便产生一系列的物理、化学反应，中断燃烧的连锁反应，使火焰熄灭。同时，粉雾包围了燃烧物，能够构成阻碍燃烧的隔离层，粉末受热还会分解出不燃性气体，降低燃烧区域内的含氧量，加速火焰的熄灭。干粉灭火器适用于扑救石油及其产品、可燃气体和电气设备的初起火灾。

手提式干粉灭火器筒身外部悬挂充有高压二氧化碳气体的钢瓶，钢瓶与筒身通过螺母连接，钢瓶头部有一穿针，当打开保险销，拉动拉环时，穿针即刺穿钢瓶口的密封膜，使钢瓶内的高压二氧化碳气体沿进气管进入筒内。筒内的干粉在高压二氧化碳气体的作用下沿出粉管经喷管喷出。MF 型手提式干粉灭火器新的系列产品有 MF1，MF2，MF4，MF8 四种型号，其主要技术性能见表 5—4。

表 5—4　　MF 型手提式干粉灭火器的技术性能

型号	充装的干粉质量（kg）	喷粉时间（s）（常温下）	喷射距离（m）	灭火参考面积（m^2）	适应温度（℃）	绝缘性（kV）
MF1	1	≤8	≥2	0.8	-10~45	10
MF2	2	≤11	3~4	1.2	-10~45	10
MF4	4	≤14	4~5	1.8	-10~45	10
MF8	8	≤20	≥5	2.5	-10~45	10

使用时，打开保险销，一手握住胶管，把喷嘴口对准火源，拉动拉环，干粉即可喷出灭火。使用时要由近及远，向前平推，左右横扫，使火焰不易窜回。扑灭油类火灾时，喷粉不要冲击油

面，以防止油滴飞溅，导致灭火困难。

"1211"灭火器灭火速度快，使用方便，绝缘性能良好，用途广泛、轻便、高效。

"1211"是卤化物二氟一氯一溴甲烷的代号，是卤代烷灭火剂的一种。卤代烷灭火剂主要通过抑制燃烧的化学反应使燃烧连锁反应迅速中止，从而达到灭火的目的。"1211"灭火器适用于扑灭易燃液体和气体以及精密仪器、电气设备、图书、文物、档案等贵重物品的初起火灾。

"1211"灭火器主要由筒身（钢瓶）和筒盖两部分组成。筒身由无缝钢管或钢板滚压焊接而成。筒盖一般用尼龙塑料或铝合金制造，由压把、压杆、喷嘴、密封阀、虹吸管、安全销等构成。灭火剂装量大的灭火器还配置有提把和橡胶导管。

使用时，先拔出保险销，握紧压把开关，压杆就使密封阀开启，"1211"灭火剂即在氮气压力作用下通过虹吸管由喷嘴喷出。松开压把时，压杆即恢复原位，阀门关闭，停止喷射。使用"1211"灭火器时，应垂直操作，不可放平和颠倒使用，喷嘴要对准火源根部，并向火源边缘左右扫射，快速向前推进，要防止回火复燃。如遇零星小火可点射灭火。

二、驾驶员的自身安全防护

1. 车辆救助与驾驶员的防护

驾驶员行驶中如遇到险情，一要有冷静的头脑，及时判明情况，采取正确的避让措施，千万不可惊慌失措，以防止加剧险情；二要先顾人、后顾物，先保证人员的安全；三要选轻避重，避开损失或危害较大的一方；四要先方向、后制动，以免车辆失去避让或机动余地；五要先人后己，应首先想到他人的安危，先抢救伤者，不得保全自身而不顾他人。当车辆起火或有爆炸危险时，驾驶员应奋不顾身地迅速将车驶离人群、车间、货场，再设法灭火。

2. 机动车驾驶员预防中暑和冻伤

中暑是指驾驶员在高温及烈日暴晒下长时间驾车作业，引起体温调节障碍而发生的一种急性病。一般来说，机动车驾驶员工作条件恶劣，运行速度低，人坐在发动机上方的座椅上，夏日天气炎热，上有烈日，下有高温，如果不注意预防，很容易中暑。防止中暑的措施是：保证充足的睡眠时间和休息，以保持精力充沛。多饮清凉饮料，设置驾驶室凉棚。作业中经常注意休息，一旦出现头晕、无力等中暑症状时，应立即休息或诊治。

机动车驾驶室一般不易保温，在冬季严寒气候下长时间驾车作业时容易发生冻伤。冻伤的一般原因是：遭遇潮湿和冷风，接触冷物，局部血液循环障碍，饥饿，疲劳，睡眠不足及衣服单薄等。防冻措施是：驾车作业前注意饮食，保证身体有足够的热量。身上衣服要穿够，戴手套驾驶，以防止冻伤手指，穿戴既要轻便又要保暖。经常下车活动身体。发现冻伤应下车急救或诊治处理。

3. 车辆维修中的自身安全防护

（1）防止静止车辆的纵向滚动。在坡路或不平场地检修传动机构或进行车下其他作业时，应将发动机熄火（蓄电池车应切断电源），拉紧驻车制动器，用三角木将车轮塞住，以防止车辆纵向滚动。手摇起动发动机时，一定要拉紧驻车制动器，确认变速器在空挡，以防止发动机突然起动，纵向滚动伤人。

（2）提高车辆支架的稳定性。架车地点应平坦、坚定、可靠。使用的架车工具要适宜，禁止用小吨位的千斤顶来顶大吨位的车辆。顶的部位要平稳、坚固、可靠。须单桥或单轮支起时，应先把不支桥的车轮用三角木双向塞住；须全车支起时，应先支起一个桥后再支另一个桥。用吊车帮助支车时，在未用车架垫稳前，不得进行车下作业。支车托架的跨度、高度、强度、抗弯性要适宜。车辆支起后，在确认没有倾覆危险的情况下方可进行作业。

（3）碰伤的预防。在车辆维修的过程中，运动着的部位或工具与人体相撞所造成的伤害称为碰伤。对于运动着的部位和容易发生转动、移动的部位，不得用手直接接触。尽管碰伤的种类复杂，产生的因素也很多，但是只要以科学的态度认真对待，并采取积极有效的防护措施，碰伤事故是完全可以避免的。

1）防止手摇柄反转伤人。手摇起动发动机前要认真检查和核对点火时间，应适当推迟点火时间，摇车时应两腿分开，站稳，身体略偏向左侧，右手五指应在同一平面上握紧手摇柄，由下往上提拉。若感觉人力能量足以克服汽缸压缩力时，再用力向上提拉起动；若感觉反力太大，应推迟点火时间，以免手摇柄反转伤人，切勿强行起动。

2）防止轮胎锁环飞脱伤人。分解轮胎时要先将胎内的压缩空气放净，再撬取锁环。在组装前，一定要认真检查外胎、轮辋、挡圈是否完好。在组装过程中一定要认真检查锁环是否安装到位。在充气时，最好将轮胎置于防护罩内或采取其他防护措施，以防止充气过程中锁环脱出。当给轮胎充气时，应先检查锁环的牢靠情况。

3）防止紧固和拆卸螺钉时伤人。选用扳手等工具要适当，不要突然猛烈用力；使用扳手时应采取由外向里或由下往上拉动的方法。切勿由里向外推，以免螺钉突然松动或滑脱时手臂被碰伤。在使用机械拆装机时，要注意防护装置是否齐全、有效，同时要谨防触电。

4）装卸蓄电池车的蓄电池时，应使用专用吊具，要支稳、支牢，以防止其滑落而砸伤维修人员。

5）进行车下修理作业时，不得横卧于车轮的前后，人体的头部、胸部要避开车辆的最低点，以防止车辆移动而被碰伤。

4. 化学伤害的预防

（1）防止乙二醇—水防冻液中毒。发动机常用的乙二醇—水防冻液是一种有毒的液体。加注乙二醇时，绝对禁止用嘴吸取，操作后一定要彻底洗手。

(2) 防止废气中毒。发动机排出的废气对人体可产生中毒、窒息以至死亡的危险。为此,起动车辆要尽量在室外进行;在室内进行时,要使室内通风良好且应尽快离开。若发现中毒,可按一氧化碳中毒进行抢救。

(3) 防止电解液烧蚀。蓄电池的电解液是硫酸的水溶液,故能烧坏棉线衣服和人的皮肤。在配制电解液时,一定要穿戴防护眼镜、防酸手套、胶皮围裙、胶皮靴等防护用品。一定要遵守把硫酸慢慢倒入水中,边倒边搅拌的操作规程,切不可违反,以防止硫酸及沸水爆溅伤人。搬运、装卸蓄电池时要平稳轻放,以免电解液溅出伤人。一旦电解液溅洒在衣服或皮肤上,应立即用碱性溶液或大量流水冲洗。

5. 驾车进出作业现场的安全

(1) 防止货垛坍塌。车辆驶近货垛时,要注意观察货垛的高低、堆码的稳固情况,以及车轮能否碾动垛底托盘等物,以防止货垛坍塌伤及驾驶员或其他人员。叉车在码垛时不得超高或堆码不稳固,以免留下隐患。

(2) 防止土方坍塌。进出土建施工工地时,要尽量远离地坑、地槽行驶,必须注意地面土质松软程度,以防止车轮压塌土方而造成翻车事故。在断壁取土现场铲、运土方时要注意土方的疏软程度,以防止断壁土方坍塌伤人。

(3) 防止高空坠物。进出有高空作业(如建筑施工、车间内有天车运行等)现场时,要留心观察高空坠物能否落到行车路线范围内,以防止被高空坠物伤害。进出这样的现场须有防护措施,如戴好安全帽,尤其是开放式驾驶室(上边无护顶盖),还应采取遮挡措施。按指定的安全通道行驶,服从现场指挥人员指挥,严禁冒险行驶。吊车为运输车辆吊物装车时,运输车驾驶员应离开躲避到安全区域。

6. 预防触电

企业内机动车辆,尤其是吊车、铲车、叉车在举升操作时极易挂撞架空电线或其他架空设施,所以在进入作业现场时,应首先观察现场空间环境,查看吊杆、铲斗、门架回转时能否触及电线等物。当然,应尽量避免在电线下作业,或应留有足够的安全距离。除注意上空,也不应忽视地面。如某单位吊车在完成起杆作业时,由于吊车右后轮压在地沟盖上塌陷,使吊车倾斜,吊杆触电。一旦遇到车辆触电,驾驶员应沉着冷静,尽快将车移开,脱离接触后再下车,否则会造成驾驶员触电伤害。

第六章 企业内机动车辆的维护与故障检修

企业内机动车在行驶作业中，由于车辆内部机构的变化和受到外界各种运行条件的影响，其机构、零件必然逐渐产生不同程度的松动、磨损和机械损伤、变形及积污结垢等现象，甚至会出现损坏或断裂，从而出现故障或事故。如不及时进行维护，车辆的动力性、经济性、可靠性必然随之变化，特别是在使用中会发生故障，这就需要驾驶员对故障进行诊断。驾驶员通常采用简易可行的直观诊断方法，即通过眼看、耳听、手摸、鼻子嗅以及试车等，将故障现象、特征等进行分析而确定故障，并迅速、有效地排除，以提高设备的安全使用性。

第一节 企业内机动车辆的维护

机动车的维护工作是保证机动车技术状态良好，完成装卸、运输任务的关键之一。机动车在运行过程中，由于零部件的磨损、变形、疲劳、蚀损、老化或操作不当等原因，会使机动车的性能恶化，以及引起故障和损坏。为预防和消除机动车的故障，保持其技术状态完好，提高机动车的完好率和运用效率，延长机动车的使用寿命，对机动车进行定期维护和计划修理是必要的。

一、机动车维护的目的和意义

做好机动车的定期维护和计划修理工作，必须有一个统一的、科学的而又经济的检修技术规范，使检修工作有一个切实可行而又较为先进的标准,从而提高检修质量,延长机动车的使用寿命,降低修理成本,缩短检修工期,以保证机动车更好地为装卸、运输服务。

为了减轻机动车各部分机件的磨损,防止早期损坏和在运行中发生故障,机动车的维护是一件非常重要的工作。在机动车使用过程中,只有掌握车辆技术状况变化的规律,正确地检查,合理地维护,及时地修理,才能减轻机件的磨损,防止机动车故障或事故的发生,使机动车不"带病运行",以延长其使用寿命。正确地使用与操作机动车,除需掌握操作技术外,还应掌握必要的维护技术,即日常的清洁、定期的维护与润滑以及检查。这样既可以延长机动车的使用寿命,又可减少机动车的故障,增加使用者的效益。

机动车的定期维护就是针对上述情况,在以"预防为主"的思想指导下,做到有计划地执行定期维护。其意义在于:使机动车经常保持完好状态,随时可以出车,以发挥最大效能;在合理使用的条件下,不至于因出现异常损坏机件而停驶;在日常使用中不至于因机件工作失灵而影响运行安全或发生机动车事故;使整个机动车各部总成的技术状况尽可能保持均衡状态,以增加机动车大修间隔里程;并在运行中使燃料、润滑油料、配件及轮胎达到最低的消耗;以及减少机动车噪声和排放对环境的污染。

在制定和执行机动车计划预防维护制度时,必须结合本企业的机动车结构、当地运行条件等,摸清机动车各总成和零部件的磨损规律,合理安排维护周期里程和作业项目,既要保证机动车行驶操作安全、可靠,又要尽量降低保修费用,以获得最大的经济效益。

二、机动车机械零件磨损规律

影响机动车机械零部件磨损的因素很多,除设计与制造的原因之外,一般与使用、维护有关。虽磨损形式很多,但仍有规律可循,此规律也称"磨损特性"。车辆的磨损特性大体分为三个阶段，一是新车（或大修车）磨合磨损阶段：这期间由于新配合的机件表面具有一定的平面度误差，配合面磨损较快，一般称为磨合期磨损；二是自然磨损阶段：零件经过磨合期后，其磨损速度减慢，磨损量较稳定，并在长期内保持均匀增长，这一时期称为正常工作期，这段时间的磨损称为自然磨损；三是崩溃磨损阶段：零件的自然磨损增长到磨损极限点后，由于间隙增大，油膜无法维持，润滑条件变差，冲击开始产生，磨损急剧加速，零件便很快丧失工作能力，直至损坏。这段时间称为配合件的修理间隔期或修理期，也称为崩溃磨损期。

实践证明：机械零件的磨损都要经过磨合磨损、自然磨损和崩溃磨损三个阶段。如果平时使用、维护工作做得很好，可使磨合期磨损量相应减少，修理间隔期便会延长，从而使机件的使用寿命延长；反之，若是驾驶操作不良，使用不当，都会直接影响到零件的使用寿命，甚至造成车辆的早期异常损坏。

三、企业内机动车辆的维护项目和内容

企业内机动车辆的维护是一项预防性的作业，其主要内容是清洁、紧固、润滑、调整和防腐蚀。

1. 例行维护

企业内机动车辆的例行维护是以清洗和紧固为中心的每日进行的项目，是车辆维护的重要基础。其工作主要包括：清除车上的污垢、泥土和尘埃；检查并添加发动机冷却液、润滑油及燃油；低温（无防冻液的）冷却系统放水；检查机动车辆各部位连接件的紧固情况等。

2. 一级技术维护

企业内机动车辆的一级技术维护是以清洗、紧固、润滑为中心的定期进行的项目。其工作主要包括：紧固车辆外露螺栓、螺母；按规定给润滑部位加注（或更换）润滑脂（油）；检查汽缸压力或真空度；检查并调整气门间隙；检查换向阀、升降液压缸、倾斜液压缸和齿轮泵的工作是否正常；检查变速器换挡工作是否正常；检查并调整驻车制动器、行车制动器的制动间隙；更换油底壳内的机油，检查曲轴箱通风接管是否良好，清洗机油滤清器和燃油滤清器；检查发电机及起动机安装是否牢固，其导线接头是否清洁、牢固，碳刷和整流子有无磨损；按照润滑表进行润滑；维护之后对车辆进行路试，观察各部位零部件工作是否正常；制动应无跑偏、蛇行，陡坡上拉紧驻车制动器能否可靠停车；发动机工作正常，无异响；路试一段里程后，检查制动鼓、变速器、后桥壳及齿轮泵有无过热现象。每工作 100 h 左右要进行一次维护。

3. 二级技术维护

企业内机动车辆的二级技术维护是以检查、调整、防腐蚀为中心的定期进行的项目除完成一级维护的项目之外，还要增加以下工作：拆卸水箱及油冷却器，清除外部灰尘、油垢与内部水垢；拆卸水泵，检查轴、轴承、水封及叶轮是否良好；拆卸缸盖，清除燃烧室、活塞顶部及气门座上的积炭，必要时研磨气门，更换缸垫或更换活塞环；拆卸机油泵，检查轴、齿轮及壳体是否良好，并检查其配合间隙是否合适；拆卸离合器，检查其分离杠杆端部平面与压盘工作面的平行度，调整分离杠杆高度；清洗变速器、后桥、转向节以及制动蹄摩擦片表面的积垢，调整制动间隙等。机动车辆的二级技术维护一般每季度进行一次。

4. 工业车辆磨合期内的使用及维护

工业车辆（工程机械）出厂后，一般规定有 60 h 左右的磨合期，这是制造企业根据工程机械使用初期的技术特点而规定的。磨合期是保证工程机械正常运转，降低故障率，延长其使用寿命的重要环节。但目前来看，部分用户由于缺乏工程机械的使用常识或是因为工期紧，或是想尽快获得收益，而忽视新机磨合期的特殊技术要求。机器在磨合期内就长时间超负荷使用，导致机器早期故障频繁发生，这不仅影响了机器的正常使用，缩短了机器的使用寿命，而且还因为机器损坏影响了工程进度。因此，对工程机械磨合期的使用与保养应引起充分重视。

(1) 磨合期的特点

1) 磨损速度快。由于新机器的零部件加工、装配和调整等因素的影响,其摩擦表面粗糙,配合面接触面积较小,表面的承压状况不均匀。机器在运行过程中,零件表面的凹凸部分相互嵌合摩擦,磨落下来的金属碎屑又作为磨料继续参与摩擦,更加速了零件配合表面的磨损。因此,磨合期内容易造成零部件(特别是配合表面)的磨损,磨损速度快。这时,如果超负荷作业,则可能导致零部件的损坏,产生早期故障。

2) 润滑不良。由于新装配的零部件的配合间隙较小,并且由于装配等原因,很难保证配合间隙的均匀性,润滑油(脂)不易在摩擦表面形成均匀的油膜以阻止磨损,从而降低润滑效能,造成机件的早期异常磨损。严重时会使精密配合的摩擦表面划伤或发生咬合现象,导致故障的发生。

3) 产生松动。新加工并装配好的零部件存在着几何形状和配合尺寸的偏差,在使用初期,由于受到冲击、振动等交变载荷,以及受热、变形等因素的影响,加上磨损过快等原因,容易使原来紧固的零部件产生松动。

4) 发生渗漏现象。由于机件的松动、振动和机器受热的影响,机器的密封面以及管接头等处会出现渗漏现象;部分铸造、加工等缺陷在装配及调试时难以发现,但由于作业过程中的振动、冲击作用,这种缺陷就被暴露出来,表现为漏(渗)油(水)。因此,磨合期容易出现渗漏现象。

5) 操作失误多。由于对机器结构、性能的了解不够(特别是新的操作者),容易因操作失误而引起故障,甚至引发机械事故。

(2) 磨合期的使用与维护要点

1) 由于工程机械是特殊车辆,操作人员应接受生产厂家的培训、指导,对机器的结构、性能应有充分的了解,并获得一定的操作及维护经验方可操作机器。生产厂家提供的产品使用维护说明书是操作者操作设备的必备资料,在操作机器前,一定要先阅读使用维护说明书,按说明书的要求进行操作及维护。

2)注意磨合期的工作负荷,磨合期内的工作负荷一般不要超过额定工作负荷的80%,并要安排合适的工作量,以防止机器长时间连续作业所引起的过热现象的发生。

3)注意经常观察各仪表指示,出现异常应及时停车并予以排除,在原因未找到及故障未排除前,应停止作业。

4)注意经常检查润滑油、液压油、冷却液、制动液以及燃油油位和品质,并注意检查整机的密封性。在检查中若发现油、水缺少过多,应分析原因。同时,应强化各润滑点的润滑,建议在磨合期内每班都要对润滑点加注润滑脂(特殊要求除外)。

5)保持机器清洁,及时调整、紧固松动的零部件,以防止因松动而加剧零部件的磨损或导致零部件丢失。

6)磨合期结束,应对机器进行强制维护,做好检查和调整工作,同时注意油液的更换。

工程机械在磨合期内的使用及维护要求可归纳为:加强培训、减轻负荷、注意检查、强化润滑。只要重视并按要求实施对工程机械磨合期的维护,就会减少早期故障的发生,延长其使用寿命,提高作业效率,使机器带来更多的收益。

四、企业内机动车辆的润滑

1. 机动车润滑的概述

润滑对相互摩擦的运动机件具有减摩、降温、清洁、除锈和吸振等作用。机动车上的润滑一般包括压力润滑、飞溅润滑、浸浴润滑和定期润滑等形式。由于润滑直接影响机件的磨损,所以必须正确选用润滑剂,这也是企业内机动车辆日常维护中的一项重要内容。

机动车各机构的润滑部位要定期润滑,它将直接影响到机动车的使用寿命。为了不使灰尘与污垢黏附在已润滑的零件上,在润滑后必须将外溢的油脂擦去,以免润滑油与污垢混在一起进入零件,引起零件的剧烈磨损。新车或长期停止工作的机动车,在开始使用的两周内,对于应进行润滑的轴承,在加油润滑时,应利用新油将陈油全部挤出,并润滑两次以上。润滑前应清除油盖、油塞或油嘴等上面的污垢,以免污垢落入机构内部。用润滑枪压注润滑剂时,应压注到各部位的零件接合处,直到挤出润滑剂为止。在夏季或冬季应更换季节性润滑剂(如机油等)。

发动机用润滑机油品种很多,使用时要根据机型和季节的变化来选用。选用指标是机油的黏度,它随温度的变化而变化。一般温度高时黏度低;温度低时黏度高。冬季应选用黏度低的机油,而夏季应选用黏度高的机油。

传动用润滑油(黑油)一般可分为普通车辆齿轮油和重负荷车辆齿轮油两种。齿轮油常用于变速器、差速器等总成。重负荷车辆齿轮油只能用于高温、高压和高速下工作的双曲线齿轮传动装置上。黑油是根据地区(季节的气温)和齿轮类型进行选用的。气温低宜用黏度低的牌号;反之,则选用黏度高的牌号。

润滑脂适用于低速、重载或高温、工作环境潮湿、密封条件差的摩擦机件,其主要质量指标是滴点和针入度。润滑脂按针入度大小编号,号数大表示针入度低、较稠。实际选用时,冬季宜用号数小的润滑脂;速度低、负载大的机件应选用号数大的润滑脂。

常用的制动液有醇类、矿油型及合成型,应按地区及季节不同选用。醇类制动液沸点较低,不宜在高速机械以及严寒和炎热地区使用。矿油型制动液对制动皮碗有腐蚀性,使用时需换用耐油橡胶皮碗。合成型制动液易吸水,易溶解涂料,使用时应注意避免滴洒在车身上,还应注意各种制动液不能混用。

2. 发动机机油的正确选用

发动机是车辆的心脏,内部有许多相互摩擦的金属表面,这些部件的可靠润滑是发动机正常工作的必要条件,随着发动机的不断强化，热负荷也明显提高，对机油品质也提出了更高的要求，只有严格按照发动机使用说明书选择的机油，才能满足恶劣工况下发动机的长期高效运转。

(1) 正确选择和使用机油前必须了解机油的相关知识。机油是由基础油和添加剂两部分组成的。基础油是从石油中提炼的精选成分，具有最基本的黏度特征，但是单靠基础油并不能满足发动机机油诸多的性能要求，而添加剂是化学物质，可以改善和提高机油的品质。

基础油可以是矿物油，也可以是合成油。所谓矿物油，即直接从石油精炼出来的用于制作润滑油的物质；而合成油是利用原油或煤炭中较轻的乙烷、丙烷等裂解成乙烯，再经过复杂的化学变化将它们重组而成的物质，其物理、化学性能稳定，杂质较少，与矿物油相比具有许多优点。

黏度表示机油在发生相对运动时层与层之间分子内摩擦力的大小，常用的单位是 m^2/s（$1\ m^2/s = 10^6\ cSt$），黏度通常是以该机油在100℃时的运动黏度数值来表示的。

黏温关系是指黏度随温度变化的关系，机油的黏度随着温度的升高而降低，随着温度的降低而提高。黏度指数是指机油黏度随温度变化而改变的程度，随温度变化黏度变化大的机油其黏度指数较小，而随温度变化黏度变化小的机油则具有较高的黏度指数。因此，选择机油时应选择具有高黏度指数的机油，以减小温度变化对机油黏度所造成的影响。

(2) 合适的发动机机油需具备和满足的要求

1) 高黏高指数。黏度指数是衡量机油黏度随温度变化而变化的数值。其数值越大，黏度的变化随温度的变化就越小，从而能够适应更广阔的工作温度范围。

2) 低挥发性。在高温运转的时候，低挥发性可降低润滑油耗量，从而减少添加润滑油的次数。

3) 清净分散性。通过加入的清净剂及分散剂，机油能有效地防止活塞环卡滞,并且可预防油泥在活塞环和汽缸内积聚。

4）良好的过滤性。避免润滑油对过滤器的阻塞,从而能够提供顺畅的油路循环系统,保持机油的洁净性及良好的冷却性能。

5）抗泡沫特性。避免在润滑油中形成泡沫而使油膜丧失,从而防止非正常的磨损。同时,良好的低温流动性能、抗氧化性、热稳定性、抗磨损性能、防腐蚀性、抗锈蚀性能也对发动机的正常润滑起着至关重要的作用。

（3）机油的评定指标。衡量机油通常有两个指标,一个是机油的品质分类标准,另一个是黏度分类标准。

发动机机油的品质分类标准,国际上普遍采用的是 API（美国石油学会）的标准,API 把车用机油分为商用型和加油站供用型。商用型指柴油机机油,用 C 表示;加油站供用型指汽油机机油,用 S 表示。在字母 C 或 S 后面加上 A,B,C 等字母顺序代表机油品质的发展,字母越往后表示品质越高。目前,汽油发动机的最高品质标准是 SL,柴油机机油由最早的 CA 级发展到目前的 CHH—4。如果机油罐上同时印有 S 和 C 的字样,则表示既可用于汽油发动机,又可用于柴油发动机。

发动机机油的黏度等级分类通常按照 SAE（美国汽车工程师学会）标准,我国的国家标准也是参照美国 SAE 标准制定的。符合国家标准的油品也符合国际标准。它共分为 11 个等级。SAE 后面的数字代表机油的黏度等级,数值越大表示黏度越高。黏度等级和黏度是两个不同的概念,但黏度可以参照对应的黏度等级查找出来。如果在 SAE 后面的数值中有 W,则表示该机油有较好的低温起动性能,这种复式黏度机油在高温下仍具有充分的黏度,可使发动机各运转部位得以充分润滑。SAE 黏度分为单级和多级两种。单级适用于一个季节或温度变化不大的多个季节;多级可以适应不同季节甚至全年所有季节使用。在多级中,以 10 W/40 为例,10 W 是指低温下机油的流动性,W 前的数字越小，低温流动性越好，低温冷起动越容易；40是指高温时的流动性，数值越大，高温时润滑油的黏度越高，对高温下工作的发动机的保护越好。

（4）机油的选用原则。应优先选用多级机油。基于前面的分析，多级机油具有更广泛的适应性，适用于多变工况下发动机的保护。

应优先选用合成油。合成油是利用从石油中衍生出的低分子量复合油为原料研制的基础油调配而成的。这种基础油是人工合成的，它的分子结构被控制且很均匀，从而可以达到预期性能且杂质很少。因使用了人工合成的基础油，经过了极其复杂的化学程序调配，所以合成油的性能更出色。

合成油黏度指数高，黏度不受外界温度的影响；而以矿物油作为基础油须添加大量的增黏剂。温度变化时合成油的黏度保持稳定，在发动机更需要润滑的冷起动和高温工作时，可提供最好的保护。合成润滑油的抗氧化性能更好，可延长发动机的使用寿命。

柴油机和汽油机应分别选用不同规格的牌号和油品，不可替代，除非标明为柴油机、汽油机通用机油。应选择不低于发动机使用说明书上推荐的质量等级的油品。应严格按照机器工作环境温度选用适合牌号的油品。

3. 工程机械用液压油的选择及使用

正确、合理地选择及使用液压油，对提高液压设备运行可靠性，延长元件和系统的使用寿命，保证设备安全，防止事故的发生具有重要意义。

（1）选择工程机械用液压油的依据

1）液压件。不同的元件对所用的液压油都有一个最低的配置要求，因此，选择液压油时应注意液压件种类及其使用的材质、密封件和涂料等与液压油的相容性。以保证各运动副的润滑要求，使元件达到设计寿命，满足使用性能要求。液压泵是对液压油的黏度和黏温性能最敏感的元件之一，因此，常将系统中液压泵对液压油的要求作为选择液压油的重要依据（有伺服阀的系统除外）。

2）系统工况。如果对执行机构速度、系统压力和机构动作精确度的要求越高，则对所用液压油的耐磨性和承载能力等的要求也越高。根据系统可能的工作温度、连续运转时间和工作环境的卫生情况等，选油时须注意油的黏度、高温性能和热稳定性，以减少油泥等的形成和沉积。

3）油箱大小。油箱越小，对油的抗氧化安定性、极压抗磨性、空气释放性和过滤性的要求就越高。

4）环境温度。针对工程机械在室内、室外、寒区或是处于温度变化大的严寒区，以及附近有无高温热源或明火等环境温度特点，应合理选用液压油。若附近无明火，工作温度在60℃以下，承载较轻时，可选用普通液压油；如果设备须在很低的温度下起动时，须选用低凝液压油。

综上所述，若液压油的质量合格，系统执行机构的运动速度很高时，油液的流速也高，液压损失随之增大，而泄漏相对减少，故宜选择黏度较低的油；反之，当油的流速低时，泄漏量相对增大，将对工作机构的运动速度产生影响，这时宜选择黏度较高的油。通常，工作压力高时，宜选用黏度高的液压油，因为解决高压时的泄漏问题比克服其黏阻应更优先；当工作压力较低时，宜选用低黏度的油。环境温度高时，应采用黏度较高的油；反之，应采用黏度较低的油。

5）液压油的最后确定。液压油初步选定后，还须注意核查其货源、黏度、质量、使用特点、适用范围以及对系统和元件材料的相容性，看各项指标是否能完全满足使用要求。

6）经济性。要综合考虑液压油的价格、使用寿命以及液压系统的维护、安全运行周期等情况，选择经济效益好的品牌。

(2) 影响液压油质量的因素

1）水。油中水分的含量按照国家标准《矿物油型和合成烃型液压油》(GB/T 11118.1—94)的技术标准，经试验其质量指标应不大于痕迹。如果油中水分超标，则必须更换；否则，不但会损害轴承，还会使钢件表面生锈，同时，因有氧气，会加速生锈的进程。进一步的危害是液压油乳化、变质和生成沉淀，妨碍冷却器的导热，阻滞管道和阀门，减小了滤油器的有效工作面积，增加了油的腐蚀作用。

2）油的氧化。一般工程机械液压油的工作温度为30～80℃，液压油的使用寿命与其工作温度密切相关，根据实际经验，当工作油温超过60℃后，每增加8℃，油的使用寿命就会减半，即90℃油的使用寿命是60℃油的10%左右。其原因是油被氧化，氧气和油中的碳氢化合物进行反应，使油慢慢氧化，颜色变黑，黏度升高，最后可能严重到氧化物不能溶解于油中，而是以棕色黏液层沉积在系统某处，极易堵塞元件中的控制油道，使滚动轴承、阀芯、液压泵的活塞等磨损加剧，影响系统正常运行。另外，氧化还会产生腐蚀酸液。氧化过程开始慢慢地进行，当达到某种阶段后，氧化速度会突然加快，黏度会跟着突然升高，结果导致工作油温升高，氧化过程更快，累积的沉淀物和酸液会更多，最后使油液无法再使用。

3）杂质。杂质不仅能磨损各相关的运动件，而且一旦被卡在阀芯或其他运动副中，将影响整个系统的正常运行，导致机器产生故障。

4）空气。若液压油路中含有气体，当气泡溢出时，会对管壁和元件产生冲击，形成气蚀，使系统不能正常工作，时间稍长还会导致元件损坏。

5）理化反应。油箱内未清理干净的涂料等会导致油品化学性质变化。

(3) 油液的检查与维护

1）检查水。放出少许油到一个试管中，静置几分钟使气泡消失，然后对油加热（如用打火机等），同时在试管口顶端注意倾听是否有水蒸气轻微的"嘭嘭"声，如有，则说明油中含有水。工程机械一般都在野外作业，几乎没有条件进行系统油液含水量的检查，最简单的查验办法是待整机设备静置一夜后，将油箱底部的放油螺塞拧开，放出少许到一个容器里，现场观察油液中是否含有水分。

2）检查气味与外观。将未用过的油和用过的油各取一份油样，在相同的温度和玻璃器皿中进行比较，如果油的颜色差别很大或有特殊的气味，说明用过的油已变质，需更换。如果两种油样的颜色和气味无明显差别，此时可将两种油样同时放置一个晚上，若装有已用过油的容器底部出现沉淀，则系统中的油液就必须经过细滤油器过滤并应清洗油箱。另外，还应注意以下用油事项：

开机前检查油位，检查各油路的开关是否处于正确的待机状态。

急速 5 min 左右，检查液位计的油中是否有气泡存在。若是新车或新换的液压油，急速时液位计中出现气泡是正常的，待气泡消失后才能允许机器作业。

密切注意油的温度。当机器工作一段时间后，如果油温偏高，最好能停机休息，待油温正常后再重新工作，以延长系统与油的使用寿命。

应注意液压系统的各种参数值是否正常，还必须注意系统外部特征——声响。若系统中进气、有水或油路不畅等，都会发出异响，同时仪表的读数波动或显示值不正常，此时应及时停机进行排查。

定期过滤液压油，使油中杂质颗粒控制在规定的范围内。

按照机器使用说明书的要求，定期更换液压油，同时更换滤油器。有条件检测的，应根据其结果判定是否需换油，还可以根据机器使用场地和系统要求，制定换油周期，并将换油周期纳入设备技术档案。

换油时应注意：新油和旧油应尽量是同一牌号、同一规格，或使用系统中规定的油液牌号并符合规定的指标。换油前将旧油全部放完并冲洗合格。对阀体、液压缸等处放不出又冲洗不到的地方，可将回油管路拆开并将旧油放入临时油桶，加入新油后，用点动发动机的方式使新油将旧油置换出来。原则上，所加入的新油要经不低于系统过滤精度的过滤器过滤。若工地确实无条件，在加入新油运行 1 h 左右，更换系统中的过滤器。怠速运转后，再次检查油位，必要时续加新油。

在洗车或机器长期不用时应将油箱罩住，以防止空气中水分的进入。

4. 装载机上几种常用的油品及其选用

（1）液力传动油的作用及其选用。液力传动油是液力变矩器能量传递的介质；作为变速器的齿轮和轴承的润滑油；作为变速器摩擦离合器的液压油；作为变矩器、变速器的冷却液。液力传动油正常工作温度在 82~95℃ 之间，有时可达 120℃ 左右。因对液力传动油的油品有特殊要求，现无国家标准规定其质量等级及黏度要求，一般装载机采用的液力传动油为我国兰炼、大庆石化总厂企业标准中的 6 号液力传动油，它主要用于内燃机车和工程机械中。

（2）驱动桥用齿轮油。关于我国车辆齿轮油质量分类的国家标准《润滑剂和有关产品（L 类）的分类　第 7 部分：C 组（齿轮）》（GB/T 7631.7—1995）参照 API 的质量等级分类分为 CLC，CLD，CLE 三种，其中 CLE 相当于 API 分类中的 GL—5 级。一般装载机驱动桥用齿轮油建议采用 CLE 级。

（3）驱动桥制动油（刹车油）。装载机驱动桥刹车油（非全液压制动）一般采用国家标准《机动车辆制动液》（GB 12981—2003）中规定的 HZY3 合成制动液，它相当于 API 中规定的 SAE1703C 油。

（4）液压油。黏度是液压油的重要性能指标，因为黏度越低，动力损失越小，机械效率越高；而黏度低，容积效率也随之降低，所以最佳黏度应符合轴承和液压泵磨损最小的要求，同时也要考虑低温性能。国产液压油一般选择 GB/T 11118.1—94 中规定的矿物油型和合成烃型液压油。由于装载机工作条件恶劣，工作负荷大，液压油温度较高，一般采用高级抗磨液压油型号中的 L—HM32 和 L—HM46，低温条件下推荐使用低凝液压油型号中的 L—HV32 和 L—HV46。

（5）润滑脂。国外使用的是一种多用途润滑脂，它含有 1%~5% 的二硫化钼，并且还是一种合适的抗腐蚀剂。这种润滑脂适用于各种铰销、关节轴承、摆动架轴承、传动轴等，用途十分广泛。此润滑脂必须是高级锂基与 E.P. 添加剂的混合物，在整个工作范围内，具有化学性能稳定、不硬化、不泄漏或不滴落等特点。一般选用 NLGI（美国润滑脂协会）规定的 1 号或 2 号润滑脂，其适用的温度范围很广泛，并适用于温度很低的场合。

过去国内装载机常用 3 号或 4 号钙基润滑脂，现在这种润滑脂已不能满足在各种气候（高温或低温、潮湿多水等）条件下工作的装载机的要求，由于锂基润滑脂具有许多优良性能，其换油周期比钙基润滑脂长两倍左右，因此现在装载机常使用锂基润滑脂。

五、企业内机动车辆主要安全部位的维护

1. 机动车制动系统的维护

机动车制动踏板的全行程为 180 mm，自由行程为 8~15 mm，当发现制动踏板行程不足时，应检查油管是否漏油或有空气，自动调整机构是否失灵，制动蹄片与制动鼓的间隙是否过大。必要时应按技术规范进行调整。当调整行车制动器制动蹄片与制动鼓的间隙时，必须相应调整驻车制动器操纵手柄的行程，其方法是：支起车轮，用力拉紧操纵手柄，所拉出的长度为齿条的 5~8 个牙齿，此时用手旋转制动鼓应不能转动。若驻车制动器操纵手柄的行程过大时，应调整横拉杆的长度，使之适合行程的需要。在调整拉杆和横拉杆长度时，使之在放松驻车制动器操纵手柄时，还能保持连杆、下拉杆和拉杆有预紧力存在，但车轮必须能自由转动。

车辆使用中，当在 20 km/h 的速度下制动距离超过标准值或感到制动敏感性差时，应检查和调整制动踏板的自由行程，排放制动管路中的空气，调整制动鼓与制动蹄片的间隙，以及更换磨损过限的制动摩擦片。当感到驻车制动器失灵，车辆在 20% 的坡道上用驻车制动器不能停车时，应检查和调整制动蹄片与制动鼓的间隙，调整驻车制动器操纵手柄至适合行程的需要，必要时应更换已磨损到极限的制动摩擦片。

制动液采用植物制动液，不允许用其他油液代替；制动总泵液压缸的液面距离上盖 15~20 mm；要求液压管路不漏油，而且管内没有空气。当制动管路中存有空气，在更换新制动液时，以及在储油罐干底后添加制动液时，需要将制动管路、制动总泵以及制动分泵中的气体排出。

2. 叉车起重系统的维护

叉车起重系统的各个主要构件之间均有相对运动。其中，内、外门架组成一对运动副，货叉架与内门架组成一对运动副。为提高各运动副的运动精度，减小各运动件相互间的摩擦力，降低振动噪声，提高叉卸货物时整车的侧向稳定性，内、外门架及叉架上的侧滚轮均有调整垫片，用以调整货叉架侧滚轮与内门架之间的间隙。

装配链条时，两根链条的张紧力应相等，不能有扭曲现象，两链轮安装后应转动灵活。

配对的两货叉叉厚、叉长应大致相等。两货叉垂直段与水平段的夹角也应一致。两货叉装上叉架后，其上平面应保持在同一平面内。

每次进行一级技术维护时,应对内、外门架槽钢内和链条、链轮上加注润滑脂,以保证其良好的润滑,减小各运动副间的摩擦。

在宽视野起重系统中,两个起升缸(液压缸)的行程应相等,各自的进油管路应畅通。两液压缸柱塞杆上端面应与内门架、链轮支架同时接触。

在叉车作业过程中,若升降速度发生明显变化,且超出规定范围(满载最大起升速度)的量大于 21 m/min,最大下降速度小于 24 m/min,说明有故障。在下降过缓或过快的情况下,可检查安装在升降缸底座上的限速阀。限速阀的回位弹簧刚度低,阀与孔配合过紧,导致滑阀不能全开,造成升速过缓;若滑阀节流孔过大,则造成下降速度增大;节流孔被污物堵住也会引起下降速度过低。

若门架侧滚轮、主滚轮与门架配合间隙过小,会因摩擦力增大而影响升降速度,甚至货叉架被卡住而不能靠自重下滑,此时须调整侧滚轮垫片(侧隙)。

当起重系统满载、货叉下滑量及自倾角超过规范标准时,应检修升降液压缸、倾斜缸或多路阀内漏情况(通过更换密封件予以排除),并消除高压油管渗油现象。

若叉车紧固件松旷、脱落,会导致侧滚轮摩擦滚动间隙变大,从而出现剧烈振动和噪声,须将紧固件按规定装复(必要时应调整侧滚轮侧隙)。

进行日常维护时应注意检查叉车液压传动系统的管接头、升降液压缸、倾斜液压缸、油泵、全液压转向器、转向液压缸是否有渗漏或严重漏油现象;检查工作油箱内的工作油是否足够。进行一级技术维护时应清洗一次装在工作油箱内的滤油器滤网。在正常使用情况下,每次进行二级技术维护时,应将工作油箱中的油液更换一次。工作油液为 L—AN32 号全损耗系统用油,在个别情况下可用 40—1 液压油、L—AN46 号全损耗系统用油、22

号透平油代替，但不得将各牌号的油混合使用。

空气进入叉车液压系统会引起许多故障，如产生气穴和气蚀，使液压元件工作不平稳，产生噪声等，因此必须防止空气进入叉车的液压系统。在使用及维护中应注意做到：经常检查液压油油面高度，使之总能保持在油标刻线上；应尽量防止液压系统中各处的压力低于大气压力；同时应使用良好的密封装置，失效时应及时更换，油管接头及各接合面处的螺母都应拧紧；及时清洗油泵入口处的滤清器；设有排气阀的液压缸，应根据情况及时打开排气阀，但放气后应立即旋紧。

3. 履带车辆"四轮一带"的维护

（1）履带应保持适当的张紧度。如果张紧过度，导向轮弹簧张力作用于履带销及销套，销子外圆和销套内圆一直受到高挤压应力，运转时销子和销套产生过早的磨损；同时，导向轮张紧弹簧的弹力还作用于导向轮轴和轴套，产生很大的表面接触应力，这使导向轮轴套容易磨成半圆，履带节节距容易拉长，并且会降低机械传动效率，浪费发动机传给驱动轮和履带的功率。如果履带张紧过松，履带容易脱离导向轮和支重轮，而且履带无法正确地对中，使运行的履带波动、拍打、冲击，造成导向轮和托链轮的异常磨损。

履带张紧度的调整是通过给张紧缸注油嘴加注黄油或从放油嘴放出黄油，参照各机型的标准间隙进行调整。当履带节节距拉长到需要拆下一组履带节时，驱动轮齿面与销套的啮合面也会受到异常磨损，此时应在啮合状况恶化前进行适当处理，比如，将销子与销套翻面，更换磨损过度的销子与销套，更换履带节总成等。

（2）保持导向轮位置对中。若导向轮不对中，对行走机构其他零件有严重的影响，因此，调整导向轮导板与履带架之间的间隙是延长行走机构使用寿命的要点。调整时用导板与轴承之间的垫片来修正，如果间隙大，则拆去垫片；间隙小，则增加垫片。标准间隙为 0.5~1.0 mm，最大允许间隙为 3.0 mm。

（3）在适当时刻将履带销与销套翻面。在履带销与销套的磨损过程中，履带节节距被逐渐拉长，造成驱动轮与销套的啮合不良，导致销套破损和驱动轮齿面异常磨损，会引起蛇行、拍打、冲击，大大缩短行走机构的使用寿命。当通过调整履带张紧度仍不能恢复节距时，就需要将履带销和销套翻面，以得到正确的履带节节距。在现场有两种方法决定履带销与销套翻面的时刻，一种方法是查定履带节节距拉长 3 mm 的时刻；另一种方法是查定销套外圆直径磨损 3 mm 的时刻。

（4）及时拧紧螺栓和螺母。当行走机构的螺栓松动时，容易折断或丢失，从而引发一系列的故障。日常检修及维护时应检查的螺栓包括：支重轮和托链轮的安装螺栓、驱动轮齿块的安装螺栓、履带板的安装螺栓、支重轮护板的安装螺栓以及对角撑条头的安装螺栓。主要螺栓的拧紧力矩应参考各机型的使用说明书。

（5）及时润滑。行走机构的润滑非常重要，许多支重轮轴承"烧死"而导致报废，就是因为漏油而没有及时发现。一般认为以下五处有可能漏油：由于挡环和轴之间的 O 形圈不良或损坏，从挡环外侧与轴之间漏油；由于浮封环接触不良或 O 形圈有缺陷，从挡环外侧与支重轮（托链轮、导向轮、驱动轮）之间漏油；由于支重轮（托链轮、导向轮、驱动轮）与衬套之间的 O 形圈不良，从衬套与滚轮之间漏油；由于加油口螺塞松动或锥形螺塞密封的座孔损坏，在加油螺塞处漏油；由于 O 形圈不良，在挡盖与滚轮之间漏油。因此，平时应注意检查以上部位，并按照各部位的润滑周期定期添加、更换润滑油（脂）。

（6）检查裂纹。应及时检查行走机构的裂纹，并及时焊修、加固。

4. 起重机的维护

（1）起重机液压系统定期维护及检查的项目

1）液压油箱。有无松动和损坏；有无裂缝和漏油现象；油量是否达到规定要求，液压油是否被污染，黏度是否改变。

2）液压泵。有无松动和损坏，有无异常噪声、振动和发热；有无泄漏；吸油状态是否正常，是否吸入空气；输出压力是否符合要求；连接管路、接头有无松动，是否漏油。

3）操纵阀。操纵时动作情况是否灵敏、有效；是否漏油；紧固螺栓有无松动。

4）单向阻尼阀。功能是否良好、有效；是否漏油。

5）溢流阀。压力调定值是否正确。

6）液压管路。各部位连接处有无松动，是否漏油；管夹有无松动、损坏；软管有无老化、扭曲和损坏。

（2）起重机油泵驱动装置定期维护及检查的项目

1）操纵杆。操作状态是否良好。

2）取力装置。有无松动和漏油现象；有无异常噪声和发热现象。

3）传动轴。法兰盘和连接件有无松动；有无振动、划伤和磨损。

（3）起重机回转系统定期维护及检查的项目

1）转台。有无裂纹和变形。

2）减速器和回转轴承。减速器润滑油的数量和质量；减速器箱体有无裂纹、变形，是否漏油；减速器及回转轴承有无异响、振动和松动；液压马达的工作压力是否正常，管路和接头是否漏油。

3）回转接头。是否漏油；回转工作时有无异常噪声、振动和发热；碳刷和滑环的接触导电性能是否良好。

（4）起重机变幅系统定期维护及检查的项目

1）变幅液压缸。轴销有无严重磨损和损伤；轴销挡板螺栓是否拧紧；液压缸是否漏油；工作时有无振动和噪声；带载变幅液压缸有无爬行现象；软管有无变形、扭曲、老化现象。

2）平衡阀。阀体是否漏油，工作时有无脉动；油管及接头是否连接可靠。

（5）起重机起升系统定期维护及检查的项目

1）液压马达。有无松动和裂纹；是否漏油；壳体有无变形和裂纹；工作时有无噪声和振动；管接头是否松动和漏油。

2）减速器。安装螺栓有无松动现象；工作时有无噪声；箱体有无裂纹和变形；轴承是否磨损松旷；润滑油数量和质量，有无泄漏现象。

3）离合器。工作时是否打滑；回转接头有无松动、漏油和噪声；液压油管接头有无松动现象；蓄能器内氮气压力是否符合规定。

4）制动器。制动性能和衬套磨损情况；锁紧位置是否正确；管接头有无松动、漏油。

5）平衡阀。阀体是否漏油，工作时有无脉动；油管及接头是否连接可靠。

6）卷筒。有无裂缝及严重变形；有无乱绳情况。

7）吊钩和滑轮。吊钩转动情况；有无变形；横梁摆动是否灵活；横梁与吊钩的连接情况；绳挡是否弯曲；滑轮是否转动自如，有无噪声、异响；滑轮有无裂纹和磨损；滑轮支架和护罩是否弯曲、损坏；滑轮润滑是否良好。

8）钢丝绳。直径是否因磨损而减小，断丝情况；是否扭结、变形、锈蚀；绳套、楔子的位置是否正确；钢丝绳和绳套的连接情况；绳套和轴销与衬套有无磨损和裂纹；钢丝绳穿过滑轮是否正确。

9）吊钩防脱绳装置。与吊钩间的距离，有无变形和损坏。

（6）起重机主臂伸缩系统定期维护及检查的项目

1）主臂。有无裂纹、变形和损坏；主臂轴销挡板螺栓是否拧紧；滑动表面有无划痕；支点轴套有无磨损和损坏；滑动面的润滑是否良好；主臂支架有无裂纹和变形。

2）伸缩臂液压缸。动作是否正常，有无脉动和噪声，顺序是否正确；管接头是否松动、漏油；软管有无老化、扭曲和损坏；平衡阀的功能是否良好。

3）副臂。有无裂纹和变形。

4）钢丝绳。直径是否因磨损而减小；断丝情况；是否扭结、变形、锈蚀；润滑是否良好；张紧状态是否合适。

（7）起重机操纵机构、仪表、安全装置定期维护及检查的项目

1）操纵杆和踏板。功能是否齐全、有效，有无游隙。

2）作业灯。能否正常点亮，安装是否合格。

3）风窗刮水器。能否正常动作，刷片有无磨损或损坏。

4）室内照明灯。能否正常点亮。

5）蜂鸣器。功能是否齐全、有效。

6）过卷警报器。报警功能是否可靠；重锤的吊索有无损坏。

7）力矩限制器。功能是否可靠；精度是否符合规定。

8）载荷指示器。功能是否可靠；精度是否符合规定。

9）操纵室。各紧固螺栓、螺母有无松动；门锁开关功能等。

10）起动开关。功能是否有效、可靠；安装是否牢固。

（8）起重机支腿机构定期维护及检查的项目

1）升降液压缸。起重作业时的自然缩回情况；行驶中的自然下沉情况；管接头有无松动，各部位是否漏油；有无噪声或振动；液压锁的功能是否良好；支腿盘有无变形或损坏。

2）支腿箱、活动支腿、支腿伸缩液压缸。各部位有无变形、裂纹或损坏；活动支腿的固定销和销套有无损伤；有无噪声、振动；油管与软管连接部位有无松动现象，软管有无老化现象；是否漏油。

3）液压锁。功能是否良好、有效；管接头有无松动现象，是否漏油。

4）水平仪。外观有无划伤和变形；安装是否牢靠；气泡

状态。

(9) 起重机支架和附件定期维护及检查的项目

1) 支架。有无扭曲、弯曲变形和裂纹。

2) 附件。有无损坏或丢失。

(10) 起重机钢丝绳的更换条件。钢丝绳由直径为 0.2~2 mm 的钢丝捻成股，再由数条股围绕一个芯子捻成绳。钢丝绳按捻绕方法不同可分为顺绕绳和交绕绳，起重机上多用交绕绳。为了保证安全，当钢丝绳一个捻距内外层钢丝折断数目达到钢丝数的一定比例时，钢丝绳即应报废。钢丝绳的报废标准如下：

1) 对于交绕钢丝绳，当断丝数达总丝数的 10% 时，钢丝绳应报废。计算时每根粗钢丝按 1.7 根计算。

2) 当有一股折断时，应予以报废。

3) 当外层钢丝直径磨损达 40% 或绳径磨损减小达 15% 时，应予以报废。

4) 如果外层钢丝严重磨损但未达到 40% 时，应根据磨损程度，适当降低报废断损数量的标准。

六、企业内机动车辆电气设备的使用及维护

1. 蓄电池的维护

(1) 蓄电池的检测和维护内容。对于配用硅整流发电机的叉车，蓄电池必须负极搭铁，绝对不能弄错；否则，会因烧坏硅整流发电机的二极管而损坏发电机。蓄电池的隔板有木隔板、塑料隔板和玻璃纤维隔板等，它安装在正、负极板之间，防止正、负极板相碰而产生短路。电解液的相对密度对蓄电池的工作影响很大，当相对密度增大时，电解液的冰点降低，结冻危险减小；但相对密度过大，电解液黏度提高，渗透困难，且还会使木隔板加速炭化，极板硫化，缩短其使用寿命。使用时，可根据不同使用条件来选择不同相对密度的电解液。炎热夏季可调至 1.26~1.28；寒冬时应调至 1.27~1.30 为宜。电解液的相对密度可以用吸式密度计测量，测量时，应同时测量电解液的温度，并将测得的相对密度加入修正值，换算为标准温度（我国定为15℃）的相对密度。电解液应高出极板上部端面10~15 mm，不能低于极板。叉车作业中由于电解液中水分的蒸发和充电过程中水的分解，会引起液面降低，相对密度增高，所以要经常补充蒸馏水。添加蒸馏水一定要在其充电之前，或处于充电状态下进行；也可在发动机运转时，边让发电机向蓄电池充电边加蒸馏水，这样有利于加快电解液均匀混合。在放电过程中，不得向蓄电池内加注蒸馏水。

  叉车蓄电池是一种可逆性的直流电源，可以反复充电、放电，所以称为二次电池。充电过程是将电能转变为化学能储存起来，放电过程则是将化学能转变为电能。蓄电池最好经常处于充足电的状态，凡使用过的蓄电池每月最好充一次电，且存放期不宜过长，避免长期搁置。蓄电池的充电状态可根据电解液的相对密度和端电压（单格）来判断，用高率放电计测量蓄电池在大电流（接近起动机起动电流）放电时的端电压，可准确判断蓄电池的放电程度。一般技术性能良好的蓄电池，用高率放电计测量时，单格电压应在1.5 V以上，并在5 s内保持平稳；否则，表示该单格电池放电过多或有故障，应进行充电或更换。检查时还可用直流电压表测量其单格电压，正常值应在2.1 V以上；相对密度在1.27或1.29（寒区）为宜。充电时，每单格应以冒气泡呈沸腾状态为正常。

  常见叉车蓄电池早期损坏多发生在冬、夏两季。冬季气温低，混合气中汽油不易均匀雾化，而且机油黏度高，曲轴转动慢，蓄电池中电解液扩散或流动迟缓，因而其效率降低，显得电力不足。若起动困难而连续使用，蓄电池快速放电，由此导致电压下降，容量降低，极板损坏。夏天气候干燥，电解液蒸发，而且消耗过快，如果加之发电机端电压调得过高，经常会出现过充电。过充电电流越大，时间越长，电解液消耗量越大，液面高度下降越快，液面过低，使极板上部暴露在空气中产生氧化。因此需要做到勤检查,勤调整,勤维护,才能保持蓄电池的良好技术状况。

1) 蓄电池的日常检查项目

①液面。若电解液低于额定的液面,将缩短蓄电池的使用寿命,而且电解液太少将导致蓄电池发热损坏,因此,必须经常注意检查电解液是否足够。

②接线柱、导线、盖子。必须经常检查蓄电池接线柱接合处、与导线的连接处因氧化而引起的腐蚀情况,同时检查盖子是否变形,是否有发热现象。

③外观。蓄电池表面脏污将引起漏电,应使蓄电池表面保持清洁、干燥。

2) 蓄电池的维护项目

①加水。按规定的液面添加蒸馏水,不要为了延长加水间隔时间而添加过多的蒸馏水,加水过多会使电解液溢出,导致漏电。

②充电。充电过程中蓄电池会产生气体,应保持充电场所通风良好,周围应没有明火。同时,充电过程中产生的氧气、酸性气体将对周围产生影响。充电期间拔下充电插头会产生电弧,将充电器关闭后方可拔下插头。充电后在蓄电池周围滞留许多氢气,不允许有任何明火,应开启蓄电池上的盖板进行充电。

③接线柱、导线、盖子。接线柱、导线、盖子的维修必须由生产厂家指定的专业技术人员方可进行。

④清洁。若不太脏,可以用湿布擦干净;若非常脏,就要将蓄电池从车上卸下,用水清洗后使之自然干燥。

(2) 电瓶叉车蓄电池组的充电

1) 初充电。充电前,应检查电源、电表、电阻等充电设备及仪表。将蓄电池胶制螺塞旋下,戳穿逸气孔。蓄电池与蓄电池之间采用串联接法,即此蓄电池的正极与另一蓄电池的负极相连接。然后将第一个蓄电池的正极与电源的正极相连接,最后一个蓄电池的负极与电源的负极相连接，不要接错；否则，电流反充，会损坏蓄电池极板。在充电时，直流电流表指针的指示值必须与蓄电池充电所需的电流值一致。直流电源所需的电压应比蓄电池总电压稍高一些；否则容易发生反流现象。上述准备工作完毕即可开始充电。按照充电标准调节充电电流，在充电时的第一阶段，待单格电压升到2.4 V时，即应该用第二阶段的电流值继续充电。

在充电过程中，如电解液温度上升到45℃时，应将电流值减半。如温度继续上升，应立刻停止充电，等待温度降至35℃以下时，再以原来的电流值充电。在第二阶段中，电解液冒出大量细密的气泡，蓄电池单格电压上升至2.5~2.7 V，并稳定3 h不再上升；同时，电解液的相对密度也稳定3 h不再上升。计算充入的电量为蓄电池标称容量的5~6倍，就是充电完毕的现象。初充电完毕，测定电解液的相对密度，若不在1.250±0.005（+15℃）范围内，加入蒸馏水或相对密度为1.400的硫酸溶液进行调整，使液面高出极板10~15 mm。

为了保证蓄电池充电良好，加液后，依照第二阶段电流值继续充电半小时，使电解液均匀混合。此后，如电解液相对密度还有变化，可依上述方法再进行调整，至相对密度不变为止。将胶质螺塞旋上，将蓄电池表面及周围用干净抹布擦净，然后按照恒流连续放电标准投入使用。

2) 经常充电。正常使用的蓄电池，电压降到终止值，电解液相对密度降到1.180时必须按照经常充电的标准进行充电。此时，蓄电池与蓄电池之间采用串联接法，即此蓄电池的正极与另一蓄电池的负极相连接。然后将第一个蓄电池的正极与电源的正极相连接，最后一个蓄电池的负极与电源的负极相连接。判断充电完毕的情形与初充电相同。经常充电所充入的电量应为蓄电池上次放电时放出电量的1.2倍左右。但新的蓄电池在开始的10次中，可充入上次放电量的1.4倍左右。

2. 电瓶叉车电动机部件的维护

(1) 换向器。换向器应该保持光亮的圆柱形表面。在正常情况下,换向器应该没有擦伤和烧焦的痕迹,并应具有光泽的表面。换向性能良好的电动机经长期运转后,在换向器表面逐渐形成一层褐蓝色的坚硬薄膜,这层薄膜能够减少换向器的磨损,应当保存。

当换向器表面出现不规则的环带,或者由于表面粗糙而引起火花,以至于不能保证换向器正常换向时,允许将换向器研磨或者精车外圆。当电动机在运转情况下进行研磨时,只允许采用人造细粒油石或 00 号玻璃砂纸,研磨后用干燥的压缩空气吹净。如发现云母片经长期运转后突出,或者与换向器表面平齐,则必须将云母下刻 $1 \sim 1.5$ mm,随后须将换向器表面磨光,边缘处倒角,并清除片边的毛刺。必须注意:在研磨、下刻或车外圆时,要防止切屑和铜末落入电动机内部。当在车床上车外圆时,应将轴承安放在中心架上,以便使换向器的圆柱面轴线与电枢的旋转轴线一致。

换向器表面有炭粉时,可用干燥而柔软的非纤维抹布清除干净。当换向器表面有油脂时,可以在抹布上蘸少许汽油擦拭。当上述工序完成后,用干燥的压缩空气将换向器表面吹净。

(2) 电刷。电刷的整个工作表面应与换向器表面接触,且应光洁如镜。新安装的电刷,在运转之前,必须将其工作表面研磨至符合换向器表面的要求。如果只有少数电刷工作表面需要研磨时,可将细粒玻璃砂纸置于电刷与换向器之间且粗面朝向电刷,前后推动砂纸进行研磨。如果数量很多或全部电刷的工作表面需要研磨时,可以用细粒玻璃砂纸带(带的宽度等于换向器长度)包住换向器表面,砂纸的尾端互相重叠,或搭接的方向与电动机的正常旋转方向相同。然后,按电动机的正常旋转方向旋转电枢研磨电刷的工作表面,直到电刷的全部工作表面研好为止。

禁止使用砂轮或金刚砂纸研磨电刷的工作表面，因为金刚砂粒嵌入电刷后会擦伤换向器，使电动机产生火花。

电刷研磨完毕，要清除换向器或刷握上的炭粉，并用干燥的压缩空气仔细吹净电动机，但必须注意：勿将炭粉吹入电动机的内部。电刷研磨完毕，应使电动机在轻载下（1/4～1/2 额定载荷）运转至接触面成为镜面。当电刷磨损至无法继续使用时，须用同一牌号的备用品更换。

（3）轴承。轴承允许温升为 55℃，电动机正常工作时，轴承的声响是均匀的，如温升过高，或出现过大、不均匀的声响或啸声时，应对轴承进行检查。如轴承在清洗后并未改善上述情况，须用相同型号的轴承备用品予以更换。在电动机运转期间，每工作四个月，须用汽油清洗轴承，并更换润滑脂（封闭轴承除外）。

3. 仪表、传感器的安装及使用

在工程机械车辆中，仪表、传感器的作用是显而易见的，它可对整机及部件的工作状态进行有效的监控。如其不能正常工作，则无法将信息反馈给操作者，也就不能及时发现故障隐患。

（1）仪表使用及安装的注意事项。仪表必须与其配套传感器一起使用；导线应连接可靠，不得与其他金属导体相接触；安装与拆卸时不要敲打和磕碰。

电流表和电压表还应注意：电流表的正、负极性不可接反。电流表接线前应将垫圈、螺母、螺栓等接触面用砂纸打磨干净，安装螺母时，最好涂一点干净的机油，既可防止锈蚀，又便于拆装；平面绝缘垫圈应完好，且绝缘垫圈与弹簧垫圈之间应装一个平垫片并接牢，以免因接触不良而使线头发热，甚至烧坏仪表和线束。电流表与电压表接线时，应注意将整车电源关闭，以免造成短路。电压表上的"＋"极接蓄电池正极，"－"极接蓄电池负极，不可接错。

(2) 传感器使用及安装的注意事项

1) 油量传感器。油箱内浮子的移动应灵活,否则会因浮子与油箱隔板干涉而造成指示不准;油量传感器接地应可靠;动磁式油量表的可变电阻式传感器的电阻值会随着油箱内部油量平面的升高而升高。

2) 温度传感器。传感器接地应可靠,传感器的导线连接不得短路;动磁式水温表传感器的热敏电阻的阻值会随着温度上升而减小。

3) 压力传感器。动磁式压力表的可变电阻的阻值随压力升高而升高;安装压力传感器时不可直接拧外壳;如传感器有报警功能,那么传感器线与报警线不可接反。

4) 转速传感器。确保传感器底部与发动机齿顶间隙为 0.8 ~ 1.0 mm,否则会造成指示失准。正确的安装方法是:先将传感器拧到底,即传感器底部碰到发动机飞轮齿顶部,然后逆时针回旋 2/3 圈,再用锁紧螺母紧固。怠速时转速传感器输出的感应电压 $U > 1.0$ V。

第二节 企业内机动车辆的常见故障诊断及排除

一、企业内机动车辆常见故障的检修方法

1. 企业内机动车辆故障的常见症状

企业内机动车辆运行故障的常见外部症状有以下几方面:

(1) 工况突变。如发动机突然熄火后难以起动;行驶中制动突然失灵等。

(2) 声响异常。如发动机敲缸响,气门响,传动轴、变速器异响等。

(3) 渗漏现象。如漏水、漏油、漏气等。

(4) 过热现象。如发动机过热、制动鼓过热、电气设备过热等。

（5）油耗增多。由于发动机磨损和严重漏气，而使机油燃烧和燃油因燃烧不完全而排掉。

（6）排气异常。汽缸上窜机油时废气呈蓝色，燃料燃烧不彻底时废气呈黑色，燃油中有水时废气呈白色。

（7）气味特殊。离合器打滑严重、车辆制动拖滞、发动机过热等都会散发出一种异常气味。

（8）外观异常。车辆倾斜、扭曲、变形等，行驶不稳定、跑偏。

2. 机动车辆故障的常用诊断方法

机动车辆故障的常用诊断方法即直观诊断。其特点是不需检测仪器、设备和工具等科学手段，而是依靠人的感官——眼、耳、口、鼻、舌、手来诊断故障。当然，其诊断的准确性在很大程度上取决于诊断人员的技术水平。通常驾驶员遇机动车辆故障时大都首先采用此法。诊断时采取以下方式先弄清楚故障的症状，然后由简到繁，由表及里，逐步深入，进行推理分析，最后做出判断。

一问：就是调查。问明车辆技术状况、故障迹象、故障属突变还是渐变等。

二看：就是观察。例如，观察排气颜色，再结合其他情况进行分析，就可诊断其工作情况。

三听：就是凭听觉判别车辆声响，从而确定哪些是异常响声，它们是怎样形成的。

四嗅：凭借故障部位发出的异常气味来诊断故障。如燃烧焦味、不正常燃烧气味等。

五摸：用手直接触摸可能产生故障部位的温度、振动情况等，从而判断出配合副有无咬黏，轴承是否过紧等，可判断工作是否正常。

六试：就是通过试验验证。例如，诊断人员可亲自试车去体验故障部位，可用更换零件的方法来证实故障的部位，有时可结合路试来判断故障。

上述诊断方法应根据不同故障和具体情况灵活运用。

二、发动机常见故障的分析和排除方法

汽油机车辆在运行中的常见故障多是燃油和电路的故障。为了排除故障，必须首先检查发生故障的原因，并把检查中了解到的种种现象联系起来思考，加以分析比较，去伪存真，才能做出正确的判断。

1. 油路、电路的初步判断

发动机运转中经常发生的故障是发动机熄火，有的熄火后起动十分困难。此故障最常见的原因多是发动机的油路和电路发生了故障。实践中得知：若发动机逐渐缓慢熄火，通常是燃油的油路发生了故障；若是发动机突然熄火，大都是电路发生了故障。车辆在运行中突然熄火，尤其在不平路面因振动而熄火，而且拉阻风门拉钮不起作用，这种情况下应该按电喇叭，如果喇叭不响或声音微弱，为蓄电池极桩因振动而脱落；若喇叭声音洪亮，则应检查电路中的高压导线是否因振动而脱落。

2. 汽油机燃油油路故障

汽油发动机在运行中燃油油路发生故障，将造成不供油或发动机不能获得合适的混合气，引起发动机无力和燃耗量增加，严重时会引起发动机熄火。汽油机起动不良的故障现象、原因及排除方法见表6—1。

表6—1 汽油机起动不良的故障现象、原因及排除方法

故障现象	原因分析	排除方法
起动机不能带动发动机	1. 蓄电池容量不足 2. 蓄电池电极线或搭铁线松动 3. 起动机磁力开关故障	1. 进行补液或充电 2. 除去接头处的氧化物，紧固接头螺栓 3. 检修起动机

续表

故障现象	原因分析	排除方法
起动机良好，化油器不出油	1. 化油器针阀卡死 2. 化油器主量孔或泡沫管堵塞 3. 油管、汽油滤清器、汽油泵油管堵塞或漏气 4. 汽油泵故障	1. 用旋具柄部敲化油器针阀部位 2. 清洗并疏通主量孔和泡沫管 3. 检查并疏通油管，旋紧油管接头螺母 4. 检查手动摇杆是否在最低位置，拆检汽油泵
高压线无火花或火花微弱	1. 点火线圈中间插孔接触不良 2. 电容器损坏 3. 点火线圈损坏	1. 清除污物，将电路接通 2. 更换电容器 3. 更换点火线圈
高压线火花正常，分火线火花微弱或不跳火	1. 分电器盖漏电 2. 分电器盖中心触点与分火头接触不良 3. 分电器断电触点烧蚀或不能闭合	1. 更换分电器盖 2. 清洗触点 3. 清洗断电触点，用白金砂条修整断电触点，更换断电器
化油器回火	分火线线路接错	按1，3，4，2的顺序重新接分火线
其他	1. 进气歧管积油过多（造成第一次起动困难） 2. 燃油牌号不对	1. 多次起动 2. 使用规定的燃油牌号

（1）不供油或供油不畅。其现象为发动机发动不着；用汽油泵泵油，油充满化油器浮子室后，发动机能运转，但短时间就自行熄火；向化油器内注汽油能着火，但不能维持；发动机在运转中逐渐熄火。常见原因有：油箱内无油或油箱开关没打开；油管堵塞、破裂及接头松动、漏气；滤清器或化油器进油滤网过脏而堵塞；汽油泵失效；化油器主油道堵塞或进油针阀卡死不开等。

诊断时，首先检查油箱存油量和油箱开关是否已打开。接着卸下化油器进油管接头，用起动机转动曲轴，观察出油情况。若供油，说明故障在化油器。此时应检查化油器进油滤网、三角针阀、主油道是否畅通；如不供油或供油不畅，说明故障在汽油泵至油箱之间。然后用手泵动汽油泵观察出油情况，若供油正常，说明故障是油泵摇臂过度磨损或调整不当；若仍供油不畅或不供油，应卸下油泵进油管，将其放低吸油，看出油情况。若畅流说明故障在汽油泵，应分解汽油泵检查，看膜片是否破裂，弹簧是否折断或过软，阀门是否密封等。最后检查油管是否脱焊、漏气或堵塞；检查汽油滤清器是否漏气或堵塞；检查各油管和接头是否漏气或堵塞。通常采用清洗、疏通、维修、调整的方法来排除故障，必要时更换新件。

（2）混合气过稀。其现象为行驶中动力不足，加速困难，关阻风门有好转；加速时化油器回火；怠速不稳，容易熄火；发动机不易发动；发动机过热等。常见原因有：主量孔流量过小，配剂针旋入过多，或量孔堵塞；浮子室油面过低；汽油泵供油不足，油路供油不畅；进气系统漏气等。

诊断时，先将化油器阻风门拉钮拉出。若情况好转，说明混合气过稀；旋出主油针少许，若情况有所好转，说明主量孔供油不足；旋主油针无效时，应检查主量孔是否堵塞；浮子室油平面是否过低，必要时加以调整；检查进气系统是否密封不严而漏气；若属油路供油不畅，应按"油路供油不畅"故障进行诊断与排除。

（3）混合气过浓。其现象为发动机不易发动；发动后排气管排出大量黑烟并伴有"突突"的响声，有时放炮；怠速运转不稳；节气门轴及化油器衬垫处会向外流油，发动机动力不足，运转不稳，油耗增加；火花塞电极和燃烧室积炭使火花塞电极发黑，卸下火花塞会发现有潮湿的汽油。常见原因有：空气滤清器过脏，阻风门处于关小状态，增加了进气阻力，提高了化油器小喉管处的真空度；主量孔流量偏大；主量孔连接螺纹漏油；针阀卡滞、省油器漏油等。

诊断时，首先检查阻风门是否完全打开；检查空气滤芯是否过脏；再调小主量孔，看中、高速情况是否好转。然后检查浮子室油平面高度，过高时浮子室衬垫处向外溢油，用旋具柄部轻轻敲击化油器盖，若溢油现象消除，为污物卡住针阀，应清洗并检修其密封性。若主量孔油针拧死，仍有中、高速，应检查省油器是否漏油，主量孔连接螺纹是否松动和损坏等，应按技术规范予以修复。

3. 柴油机燃料系统故障

对柴油机的故障进行诊断和分析时，虽有许多方面可以借鉴于汽油机，但还须特别注意柴油机的工作特点，以利于迅速排除故障。

柴油机属压燃式发动机，要保证它能正常运转，就必须使之具备充分的压燃条件；否则柴油机就难以发动。压燃条件包括许多方面，如压缩压力、压缩温度、喷油量、喷油压力、喷油正时等，若不能满足一定的要求，均会导致发动机运转不良，甚至难以发动。此外，低温起动困难是柴油机独有的特点，这就要求柴油机低温起动的附属设备必须十分完好；否则，柴油机将无法发动。

柴油机的可燃混合气是在汽缸内形成的，形成时间短，混合气的质量难以保证。因此，对柴油机本身的性能、汽缸压力、喷油泵、喷油嘴等都要求很严；否则，柴油机将会出现工作无力、大量排烟、工作时剧烈振抖等故障。

柴油机的负荷调节取决于每个工作循环的供油量。要保证柴油机在各种负荷下的供油，必须使调速器的工作性能良好；否则，将会出现柴油机工作不稳，甚至导致"飞车"等故障。

在柴油机的燃料系统中，如喷油泵、出油阀、喷油嘴等都很精密，这就要求柴油机的燃料——柴油具有良好的质量。如果柴油的纯净度、流动性、润滑性等不符合规范，都会引起燃料系统中的断油故障。柴油机燃料系统常见故障的诊断与排除方法如下：

（1）常温时起动困难。起动机带动柴油机曲轴运转正常，但不能发动。常见原因有：燃料系统中进入空气；油路或柴油滤清器堵塞；输油泵不泵油；喷油过迟或过早，喷油压力低，各缸喷油不均匀；汽缸漏气，压缩力不足等。柴油机起动困难故障的分析如图6—1所示。

诊断时，首先应逐段检查并分析，予以排除，如疏通油路、排除油路中的空气等。对于喷油压力不足和喷油不均匀，则须上试验台进行检测；对雾化不良的检查，一般是不允许有眼能观察到的雾滴，不能出现单边喷雾和滴油现象。起动困难时还应分别检修输油泵、喷油泵和喷油嘴的工作情况，并按规范修复；若燃料系统均正常，则应考虑其他系统故障，如汽缸压力、机械性故障等。

（2）柴油机燃料系统中进入空气。其现象为空气进入柴油机燃料系统中以后，因为气体是可以压缩的，所以燃油管路中将会出现"气阻"现象，减少供油量，甚至中断供油，使发动机工作无力或熄火。此故障常见原因是：油路的管接头不紧密，衬垫损坏，柴油滤清器或沉淀杯不密封而进入空气，或油箱中缺油使油泵吸入空气。

诊断时，首先检查油箱中的存油量，如油少应加油后再检查。因柴油箱至输油泵的这段油路内，柴油的压力低于外界大气压力，所以此段漏气时应停车检查；否则，会使气体吸入燃油系统内。输油泵至喷油器这段油路中的空气可在发动机运转中排除。排除时，将手油泵上下往复拉动，并旋松柴油滤清器的放气塞，至放气处溢出的柴油内没有泡沫为止，然后旋紧放气塞；用同样的方法将喷油泵腔内的空气排净；再旋松高压接头，将供油齿条拉至最大供油位置，利用起动机转动发动机曲轴，至高压管接头处溢出的油内没有泡沫为止，再旋紧接头。

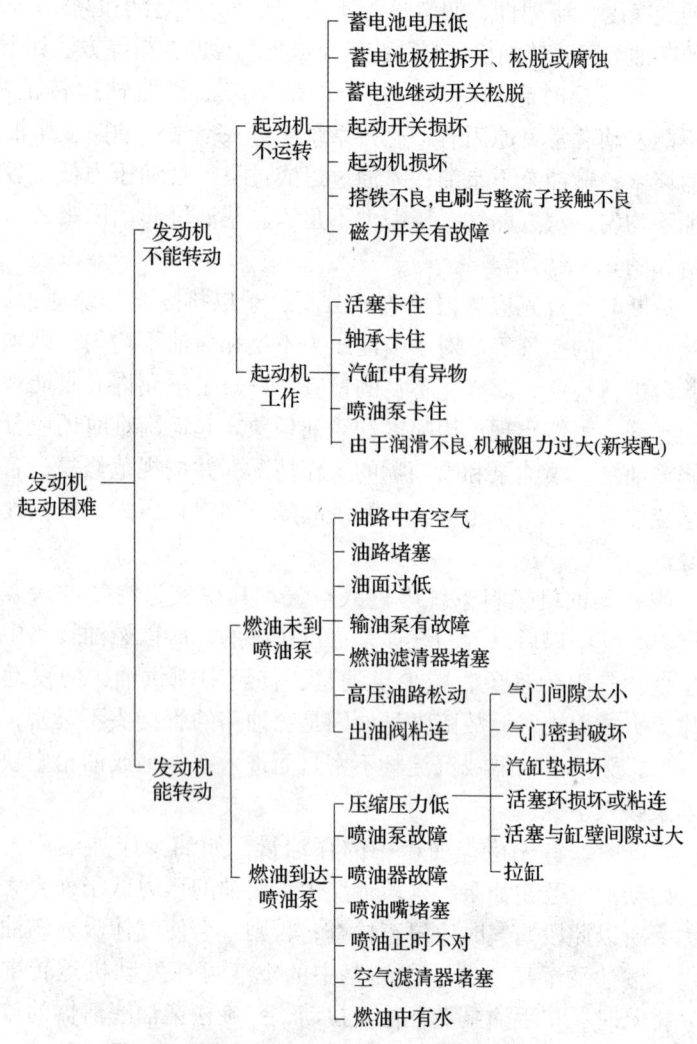

图 6—1 柴油机起动困难故障的分析

（3）发动机无力。其现象为发动机转速提不上去，发不出额定功率，运转不平稳，车辆行驶无力，排烟不正常。此故障一般是由于低压油路不畅通或漏油；油路中有空气或燃油中有水；

空气滤清器堵塞使进气不畅；输油泵供油不足；喷油泵喷油量不足或不均匀，喷油时间失准；喷油雾化不良以及最大供油量不足等引起的。诊断时，其方法基本上与"柴油机常温起动困难"故障的诊断方法相同，针对有关原因进行检查与排除。

（4）柴油机振抖。其现象为柴油机运转时剧烈振抖并伴有敲击声响。常见原因有：喷油时间失准；各缸喷油不均匀，甚至个别喷油嘴不喷油；喷油雾化不良；调速器失常，使转速时快时慢；燃油中有水或油路中进入空气。另外，发动机支撑不牢固，机件磨损、松旷等均会引起振抖或敲击声响。

诊断时，采用单缸断油法检查出不工作缸，再检查该缸的喷油嘴和喷油泵技术状况；用单缸断油法检查排气管排出的烟量，即可判断喷油是否均匀；若调速器怠速弹簧过软，会使发动机运转不稳定；如果油路中有空气，应予以排净；将油箱及柴油滤清器放污塞旋出，放出沉淀物和水。若发动机支撑不牢固，应予以紧固或更换胶垫；按规范调校喷油时间。

（5）柴油机排烟异常。柴油机作为工业车辆的动力系统，提供机械工作所需的动力，它一旦出现故障，将影响正常生产。所以，通过观察废气的颜色来诊断柴油机故障是十分重要的。

柴油机燃料完全燃烧后，正常颜色一般为淡灰色，负荷略重时为深灰色。柴油机在工作中偶尔会出现排黑烟、白烟、蓝烟等不正常的现象，它是判断柴油机故障的条件，具体分析如下：

1）排黑烟。柴油是复杂的碳氢化合物，喷入燃烧室内未燃烧的柴油受高温分解，形成炭黑，排气时随同废气一起排出而形成黑烟。它是燃烧室内燃料燃烧不完全的表现。其主要影响因素如下：

①活塞环、汽缸套等磨损。活塞环、汽缸套磨损后，引起压缩压力不足，使汽缸在压缩行程结束时混合气混合的正常比例改变，使燃油在无氧条件下燃烧，产生积炭。

②喷油器工作不良。喷油器不雾化或滴油，使燃料不能充分

地与汽缸内的空气混合，也不能充分燃烧。由喷油器工作不良引起的排黑烟现象在柴油机低速运转时较明显。因为低速运转时汽缸内进气涡流较弱，油滴或油束被气流冲散的可能性减少，并且停留的时间较长，更容易形成炭黑排出。

③燃烧室形状改变。燃烧室形状的制造质量不符合技术要求，活塞位置装错，都会使燃烧室形状改变，从而影响燃油与空气的混合质量，使燃油燃烧条件变差。

④供油提前角调整不当。供油提前角过大，燃油过早地喷入燃烧室内，由于此时汽缸内压力和温度较低，燃料不能着火燃烧，当活塞上行时，汽缸内达到一定的压力和温度，可燃混合气燃烧；供油提前角过小，喷入汽缸内的燃油过迟，一部分燃料来不及形成可燃混合气就被分离或排出，随废气排出的燃料受高温分解，就形成黑烟。

⑤供油量过大。供油量过大，使进入汽缸内的油量增多，造成油多气少的现象，燃油燃烧不完全。另外，工作负荷过重，燃油质量低劣，工作温度过低也会引起排气冒黑烟。

2) 排蓝烟。润滑油进入汽缸，受热蒸发后成为蓝色的油气。随废气一起排出蓝色烟雾，其主要原因有：空气滤清器堵塞，进气不畅或油盆内油面过高（油浴式空气滤清器）；燃油中混入润滑油；活塞环对口；在机体通向汽缸盖油道附近的汽缸垫被烧毁；活塞环、活塞、汽缸套磨损。

3) 排白烟。柴油机在刚起动或冷机状态时排气管冒白烟，是因为柴油机汽缸内温度低，油气蒸发而形成的，冬季尤为明显。若热机时排气管仍冒白烟，则判断为柴油机故障。其主要原因有：汽缸套有裂纹或汽缸垫损坏，冷却液进入汽缸，排气时形成水雾或水蒸气；喷油器雾化不良，有滴油现象；供油提前角过小；燃油中有水分和空气；喷油泵压力过低，或活塞、汽缸套等磨损严重而引起压缩力不足。

工作中，遇到柴油机排烟异常现象时，需查明原因并予以排除。诊断时，用单缸断油法检查各缸的喷油量。若检查缸不再冒黑烟且柴油机运转变化很小，为此缸喷油量过大，应检修该缸的喷油嘴或喷油泵。若各缸喷油量都大，应检查调速器调节齿杆的刻线位置是否正确，飞重块是否卡滞。当上述检查未发现异常时，应检查喷油时间是否失准，必要时应按规范给予调校。排白烟多是由于喷雾不良，使燃油得不到燃烧而呈白烟排出。仍可用逐缸断油法来检查，找出有故障的喷油器，调整其喷油压力。若排气冒白烟而且发动机无力，容易过热，则说明喷油过迟，应调校喷油时间。

4. 汽油机电路故障

（1）电路故障使发动机不易起动。电路出现以下故障会使发动机不易启动：

1）低压电路断路。打开点火开关，摇转曲轴，若电流表指针指示为"0"，不做间歇摆动，则证明蓄电池至分电器触点间有断路故障。先按喇叭，若喇叭不响，开灯不亮，检查蓄电池至电流表是否断路。可用导线在起动机接柱试火：有火为起动机至电流表间有断路故障；无火为蓄电池及其连接线有故障。如果按喇叭时喇叭响，显示电流表至固定托盘间断路。用旋具在点火线圈（通分电器）接柱试火：有火为点火线圈至固定托盘间断路。检查触点能否闭合，用旋具在活动触点臂与托盘间试火：有火是触点烧蚀。无火时再用旋具与分电器壳试火：有火为绝缘支架至分电器绝缘接柱导线断路；无火为分电器绝缘接柱至点火线圈间导线断路。用旋具在点火线圈接柱试火：无火为点火线圈至电流表间断路。用旋具试火时，有火点与无火点之间则为断路处。

2）低压电路搭铁。打开点火开关，摇转曲轴，若电流表指针指示放电3~5 A，不做间歇摆动，则为点火线圈"BK"接柱至活动触点搭铁。这时应检查触点能否张开，在触点张开的情况下，拆下分电器接柱导线做短路试火，有火时用其导线与电容器导线试火，如有火则为电容器短路。再与分电器接柱试火，有火则为接柱至活动触点间短路。拆下分电器接柱导线做短路试火，无火时，应拆下点火线圈接柱导线（通分电器）与该接柱试火：有火则其导线短路；无火为点火线圈短路。拆下点火线圈开关接柱导线与该接柱试火：有火则为该导线或附加电阻短路，开关接柱搭铁。

打开点火开关，若电流表指针指示为大量放电，说明点火开关至点火线圈电源接柱间（包括电源接柱至附加电阻短路开关接柱间）搭铁，或点火开关至仪表板导线搭铁。检查时关闭并拆下点火开关，打开点火开关，不放电则点火开关搭铁。若放电，再关闭点火开关后拆下通向点火线圈的导线，再打开点火开关：如放电，为至仪表板导线或起动机按钮导线搭铁；如不放电，为通向点火线圈或附加电阻短路开关导线及接柱搭铁。

3）高压电路故障。打开点火开关，摇转曲轴，若电流表指针指示放电 $3\sim5$ A，能做间歇摆动，说明低压电路一般良好，故障多在高压电路，这时拔出中央高压线试火：无火为中央高压线、高压线接柱漏电或高压线圈有故障，火花弱时再使触点张开。在活动触点臂与托盘试火，火花变强为触点烧蚀。火花仍弱时，将活动触点臂与分电器外壳试火，若火花仍弱，再拆下电容器试火。可断定点火线圈或电容器是否有故障。如果拔中央高压线试火，火花强时，检查各分线火花：无火为分火头、分电器盖及高压分线漏电；火花强时检查点火正时以及各缸火花塞工作情况。

（2）电路故障使发动机工作不正常。电路出现以下常见故障会使发动机工作不正常：

1）点火时间过迟。其现象是：发动机不易发动；发动机发"闷"、无力，温度容易升高；加速时，发动机转速不能随之提高；排气管有时放炮，化油器有回火现象。常见原因有：分电器断电触点间隙过小；分电器壳固定螺钉松动，壳体转动后引起点火时间过迟；点火提前装置工作失灵，使点火提前角不能提前。

诊断时，检查分电器壳是否松动，点火时间的调整是否过迟。如现象不严重时，应先检查触点间隙是否过小，并按规范予以调整。

2）点火时间过早。其现象是：摇转发动机曲轴发动时有反转现象；发动机在运转中，加大节气门开度时，汽缸内会发出金属敲击声；急速运转不均匀；发动机温度容易升高。常见原因有：分电器断电触点间隙过大；分电器壳固定螺钉松动而移位，使点火提前角提前；点火提前装置工作失灵，使分电器不能回位。诊断时，检查触点间隙是否过大，点火时间是否过早，并按规范予以调整。

3）点火时间错乱。其现象是：发动机不能发动；或者能发动，但发动或加速时会出现化油器回火，排气管放炮，发动机振抖等不良现象。常见原因有：高压线插错；分电器和分火头破裂或击穿而窜火。诊断时，检查第一缸高压分线位置是否正确，若正确，再按点火顺序检查各缸分线位置是否正确；用高压电检验法检查分电器盖插孔之间是否窜电，检查分火头是否损坏。

4）断电器触点容易烧蚀。其现象是：发动机不易发动；发动机能发动但运转不良、无力；断电器触点烧蚀。常见原因有：触点间隙过小或触点接触面过小；电容器工作不良或失效；调节器工作不良而使调节电压过高；附加电阻不介入工作，致使电流过大；分电器凸轮棱角顶点偏心或轴套松旷。诊断时，检查触点间隙是否过小，若过小，应加以调校；触点是否歪斜或偏移，而使接触面过小，必要时予以调整或磨合；检查电容器是否失效，针对上述触点烧蚀原因分别进行排除。

5）个别缸不工作。其现象是：发动机运转不正常，转速不稳，急速时抖动；发动机在运转中排气管排黑烟，并伴有节奏性的"突突"声。常见原因有：个别高压分火线脱落、漏电或插错；个别火花塞电极有油污、潮湿或积炭过多，使跳火不良，或绝缘体损坏而击穿；分电器盖上分火线插孔漏电、窜电，或锈蚀、有污物而导电不良；分电器轴套松旷等。诊断时，首先用单缸断火法查出不工作缸，然后用高压试火法（即高压分线试火）检验该缸高压电路的工作情况，若有火说明故障在火花塞，应检查火花塞是否积炭、有油污、潮湿以及绝缘体损坏而击穿等；若无火，说明故障在分电器。装复火花塞端的高压分线，然后将另一端从插孔中拔出少许，听辨跳火声：若有跳火声，说明该高压分线有短路漏电之处；若无跳火声，可进一步检查插孔座是否漏电。插孔座漏电多发生在分电器盖弹性固定夹处，诊断时应仔细查看有无旁路火花；再查看触点工作情况。必要时应检查机械故障（如气门关闭不严等）并予以排除。

三、起重机常见故障的判断和排除

1. 起重机液压系统常见故障的判断和排除

起重机液压系统的常见故障包括：压力不上升；液压泵有异常噪声；液压泵过热等。

（1）压力不上升

1）检查液压油箱。是否油位低（吸空），液压油是否变质或被污染，是否油温过高。视情况补充或更换液压油。

2）检查液压泵。转速是否正常，直接将溢流阀及压力表接到出油口试验液压泵，检查是否因零件磨损或损坏而使其容积效率降低。视情况予以修理。

3）检查溢流阀。是否由于调节螺钉松动而使调定压力降低，阀座表面是否损坏或有灰尘，阀门是否卡在打开位置，针阀是否磨损，弹簧是否变形或损坏。视情况进行调整或修复。

4）检查回转接头。密封圈是否损坏，套筒及中心轴是否损坏。视情况修理或更换。

5）检查压力表。是否不准确。

（2）液压泵有异常噪声

1）检查液压油箱。是否油位低（吸空），液压油是否变质、黏度太高或被污染，是否油温过高。视情况补充或更换液压油。

2）检查液压泵。安装螺栓是否松动，联轴器、驱动轴等是否连接松弛，内部零件是否磨损严重或损坏，进油管路是否吸入空气。视情况紧固或修理。

(3) 液压泵过热

1）检查液压油箱。是否油位低，液压油是否变质或被污染。视情况补充或更换液压油。

2）检查液压泵。是否由于磨损而使容积效率降低，是否由于磨损而发卡。视情况进行修理或更换。

2. 起重机支腿系统常见故障的判断和排除

起重机支腿系统的常见故障包括：支腿动作缓慢或不动；升降液压缸活塞杆工作时回缩；行驶时支腿伸出等。

(1) 支腿动作缓慢或不动

1）检查液压系统是否有故障（前面已叙述）。

2）检查溢流阀。是否由于调节螺钉松动而使调定压力降低，阀座表面是否损坏或有灰尘，阀门是否卡在打开位置，针阀是否磨损，弹簧是否变形或损坏。视情况进行调整或修复。

3）检查手动操作阀。阀杆是否磨损，阀内部是否损坏。视情况更换。

4）检查支腿液压缸。活塞是否卡住，活塞杆是否弯曲。视情况更换。

(2) 升降液压缸活塞杆工作时回缩

1）检查液控单向阀。阀座表面是否损坏或有灰尘，阀门或活塞是否卡在打开位置，弹簧是否完好，O形圈是否完好。视情况修理或更换。

2）检查支腿升降液压缸。密封O形圈是否损坏，液压缸内壁是否划伤。视情况更换或修理。

(3) 行驶时支腿伸出

1）检查手动控制阀（用于支腿）。液控单向阀阀座表面是否损坏或有灰尘，液控单向阀是否卡住，弹簧是否损坏。视情况修理或更换。

2）检查支腿升降液压缸。密封 O 形圈是否损坏或磨损，液压缸内壁是否划伤，视情况修理。

3. 起重机回转系统常见故障的判断和排除

起重机回转系统的常见故障包括：回转系统动作缓慢或不动；转台转不动；回转系统游隙过大等。

（1）回转系统动作缓慢或不动

1）检查液压系统是否有故障（前面已叙述）。

2）检查溢流阀。是否由于调节螺钉松动而使调定压力降低，阀座表面是否损坏或有灰尘，阀门是否卡在打开位置，针阀是否磨损，弹簧是否变形或损坏。视情况进行调整或修复。

3）检查手动控制阀。阀杆是否磨损，阀内部是否损坏。视情况修复。

4）检查回转减速器。齿轮或蜗轮、蜗杆是否损坏。视情况更换或修理。

5）检查液压马达。柱塞或轴承是否卡住，是否因磨损严重而失去效能，输出轴是否折断。视情况修复或更换。

（2）转台转不动。检查液压马达是否内部零件磨损。视情况更换。

（3）回转系统游隙过大

1）检查回转减速器的蜗轮、驱动齿轮是否磨损。视情况更换。

2）检查回转支撑齿轮是否磨损。视情况更换。

4. 起重机变幅系统常见故障的判断和排除

起重机变幅系统的常见故障包括：起臂或落臂时吊臂变幅系统动作缓慢或不动；落臂时有不规则振动。

（1）起臂时吊臂变幅系统动作缓慢或不动

1）检查液压系统是否有故障（前面已叙述）。

2）检查溢流阀。是否由于调节螺钉松动而使调定压力降低，

阀座表面是否损坏或有灰尘，阀门是否卡在打开位置，针阀是否磨损，弹簧是否变形或损坏。视情况进行调整或修复。

3）检查手动控制阀。阀杆是否磨损，阀内部是否损坏。视情况修复。

4）检查回转接头。密封圈是否损坏，中心轴及套筒是否损坏。视情况更换或修理。

（2）落臂时吊臂变幅系统动作缓慢或不动

1）检查液压系统是否有故障（前面已叙述）。

2）检查溢流阀。是否由于调节螺钉松动而使调定压力降低，阀座表面是否损坏或有灰尘，阀门是否卡在打开位置，针阀是否磨损，弹簧是否变形或损坏。视情况进行调整或修复。

3）检查手动控制阀。阀杆是否磨损，阀内部是否损坏。视情况修复。

4）检查变幅液压缸。活塞是否卡住，缸筒内壁是否划伤。视情况更换。

5）检查平衡阀。导向活塞或单向阀是否失灵。视情况修理或更换。

6）检查回转接头。密封圈是否损坏，中心轴及套筒是否损坏。视情况更换或修理。

（3）落臂时有不规则振动

1）检查平衡阀弹簧是否损坏。视情况更换。

2）注意操作时手柄动作不能太快。

5. 起重机起升系统常见故障的判断和排除

起重机起升系统的常见故障包括：卷绳动作缓慢或不动作；放绳动作缓慢或不动作；放绳时有振动；负载自行下落或跌落等。

（1）卷绳动作缓慢或不动作

1）检查液压系统是否有故障（前面已叙述）。

2）检查溢流阀。是否由于调节螺钉松动而使调定压力降低，

阀座表面是否损坏或有灰尘，阀门是否卡在打开位置，针阀是否磨损，弹簧是否变形或损坏。视情况进行调整或修复。

3）检查手动控制阀。阀杆是否磨损，阀内部是否损坏。视情况修复。

4）检查平衡阀及超载溢流阀。是否由于调节螺钉松动而使调定压力降低，阀门是否在打开位置卡住，弹簧是否损坏。视情况调整、修理或更换。

5）检查液压马达。是否因断裂、卡滞而失效，是否因零件磨损而使性能下降。视情况修理或更换。

6）检查起升机构齿轮。轮齿是否破裂。视情况更换。

7）检查起升制动器。调整是否合理。视情况重新调整。

8）检查回转接头。密封圈是否损坏，中心轴及套筒是否损坏。视情况更换或修理。

(2) 放绳动作缓慢或不动作

1）检查液压系统是否有故障（前面已叙述）。

2）检查溢流阀。是否由于调节螺钉松动而使调定压力降低，阀座表面是否损坏或有灰尘，阀门是否卡在打开位置，针阀是否磨损，弹簧是否变形或损坏。视情况进行调整或修复。

3）检查手动控制阀。阀杆是否磨损，阀内部是否损坏。视情况修复。

4）检查液压马达。是否因断裂、卡滞而失效，是否因零件磨损而使性能下降。视情况修理或更换。

5）检查起升机构齿轮。轮齿是否破裂。视情况更换。

6）检查起升制动器。是否调整不良。视情况重新调整。

7）检查平衡阀。是否由于柱塞或活塞上有灰尘、油孔堵塞等原因而失灵。视情况进行清洗。

8）检查回转接头。密封圈是否损坏，中心轴及套筒是否损坏。视情况更换或修理。

(3) 放绳时有振动。检查平衡阀是否由于柱塞或活塞上有灰尘、油孔堵塞等原因而失灵，视情况进行清洗；是否有空气进入，视情况排除。

（4）负载自行下落或跌落

1）检查液压马达。是否由于零件磨损而使性能下降，测量其漏油量。视情况修复或更换。

2）检查平衡阀。是否由于柱塞磨损、表面有灰尘等原因而使其性能下降，超载溢流阀调定压力是否下降。视情况修理、更换或调整。

3）检查起升制动器。调整是否符合规定。视情况重新调整。

6. 起重机伸缩系统常见故障的判断和排除

起重机伸缩系统的常见故障包括：吊臂伸出动作迟缓或不伸出；吊臂回缩缓慢或不回缩；控制手柄在中间位置时吊臂回缩等。

（1）吊臂伸出动作迟缓或不伸出

1）检查液压系统是否有故障（前面已叙述）。

2）检查溢流阀。是否由于调节螺钉松动而使调定压力降低，阀座表面是否损坏或有灰尘，阀门是否卡在打开位置，针阀是否磨损，弹簧是否变形或损坏。视情况进行调整或修复。

3）检查手动控制阀。阀杆是否磨损，阀内部是否损坏。视情况修复。

4）检查吊臂。是否弯曲，滑动表面润滑是否良好，滑板调整得是否适当。视情况更换、涂黄油、调整。

5）检查伸缩液压缸。活塞是否卡住，活塞杆是否弯曲。视情况更换。

6）检查回转接头。密封圈是否损坏，中心轴及套筒是否损坏。视情况更换或修理。

（2）吊臂回缩缓慢或不回缩

1）检查液压系统是否有故障（前面已叙述）。

2）检查溢流阀。是否由于调节螺钉松动而使调定压力降低，

阀座表面是否损坏或有灰尘，阀门是否卡在打开位置，针阀是否磨损，弹簧是否变形或损坏。视情况进行调整或修复。

3）检查手动控制阀。阀杆是否磨损，阀内部是否损坏。视情况修复。

4）检查吊臂。是否弯曲，滑动表面润滑是否良好，滑板调整得是否适当。视情况更换、涂黄油、调整。

5）检查伸缩液压缸。活塞是否卡住，活塞杆是否弯曲。视情况更换。

6）检查平衡阀。是否因阻流孔堵塞或者灰尘卡住活塞致使其工作不良。视情况进行清洗。

7）检查回转接头。密封圈是否损坏，中心轴及套筒是否损坏。视情况更换或修理。

（3）控制手柄在中间位置时吊臂回缩。检查伸缩液压缸，是否由于O形圈损坏而使内部漏油，焊接部分是否有缺陷。视情况更换或修理。

四、装载机常见故障的诊断

1. 装载机驱动桥的常见故障

装载机的驱动桥是装载机的重要部件，负责向外输出动力。由于装载机的输出转矩较大，结构较为复杂，如果维修中不严格执行修理规范或使用时违规作业，则容易出现故障。现介绍驱动桥几种常见故障的原因、现象及处理方法。

（1）异响。驱动桥的响声比较复杂，若零部件质量不合格，主传动机构在装配时安装和调整不当，以及使用中过度磨损等，都会使装载机在行驶和作业中出现响声。一般情况下，异响随机器速度的提高而增大。具体情况有以下几种：

1）主动齿轮与被动齿轮啮合间隙不当而发出的响声。其原因及现象有：主动齿轮与被动齿轮啮合间隙过大，引起轮齿间相互撞击，响声为无节奏的"咯噔、咯噔"声；啮合间隙过小，使轮齿之间相互挤压，响声为连续的"嗷嗷"声，并伴有驱动桥发热；啮合间隙不均匀时，响声是有节奏的"哽哽"声，严重时驱动桥会发生摆动。处理方法：拆下主传动机构，重新调整主动齿轮与被动齿轮的啮合间隙。

2）轴承间隙不当发出的响声。其原因及现象有：轴承间隙过小时，响声为"嘤……"的连续声；轴承间隙过大时，则发出杂乱的"哈啦、哈啦"的响声。处理方法：拆下主传动机构，加垫片重新调整轴承间隙；若轴承已损坏，应更换新件后再调整轴承间隙。

3）差速器异响。其原因及现象有：行星齿轮与十字轴卡滞时会发出"嘎巴、嘎巴"的响声，且多在转弯时出现；行星齿轮啮合不良的响声较复杂，当机器直线行驶时，是"嗯……"的响声，且机器速度越高响声越大，在转弯时还会出现"咯噔、咯噔"的响声。处理方法：拆下主传动机构，更换十字轴或行星齿轮。

（2）过热。过热现象及原因有：机器行驶或作业一段时间后，用手摸桥壳，若感觉烫手且不能忍受，就是驱动桥过热。驱动桥出现过热现象，主要是由于轴承间隙调得过小，主动齿轮与被动齿轮啮合间隙过小以及缺少润滑油造成的。处理方法：先检查是否缺少润滑油，如果不缺油应拆下主传动机构，检查并调整轴承间隙或主动齿轮与被动齿轮的啮合间隙。

（3）漏油。漏油现象及原因有：作业或停放时，在主传动机构与桥壳的接合处以及轮边减速器的内侧有齿轮油渗出。主传动机构与桥壳的接合处漏油，主要是由于螺栓松动或石棉纸垫片破损造成的；轮边减速器内侧漏油，主要是由于双唇骨架油封或O形密封圈破损造成的。处理方法：更换双唇骨架油封或石棉纸垫片。

使用中如果发现驱动桥有异响、发热及漏油，都应及时停车，查明原因并进行排除；否则，将会造成驱动桥或轮边减速器内部零件严重损坏，而一旦齿轮油泄漏到制动器，就会出现制动失灵。

2. 装载机传动系统典型故障及原因分析

(1) 柴油机工作正常，装载机却不能行走。首先检查变速器的油量限位阀和变速压力表，如发现缺少变速油，应添加新油，但不宜添得过多；否则会引起变速器发热，一般添至限位阀可流出油为止。然后检查工作装置能否起落，装载机能否转向，如果工作装置起落正常，整机也可转向，而装载机无法行走，则可肯定是因为变速泵损坏引起的。若工作装置不能动作，整机也无法转向，装载机不能行走，则多是变矩器的钢板连接螺栓被剪断，或者是弹性板破裂而造成的，必须更换或修复损坏件。

(2) 装载机只能前进，不能后退。首先检查变速压力表所指示的压力是否正常。如果挂倒挡时压力降低，就证明倒挡部分漏油太多，造成倒挡不能行驶。必须更换倒挡活塞环，检查摩擦片损坏的情况，将磨损较严重的摩擦片换掉，并将倒挡间隙调整至规定值。如果挂倒挡时压力不降低，就证明前进挡有卡死的现象，使倒挡摩擦片打滑，而造成倒挡时不能行走。必须检查一挡内齿圈上面的隔离环是否断裂，因为隔离环断裂能将一挡摩擦片卡死，使倒挡摩擦片打滑而不起作用，导致只能前进，不能后退。若是如此，可将隔离环取出，更换新件即可排除故障。

(3) 一挡驱动无力，其他挡位正常。首先检查变速压力表的压力，在一挡位置是否有降压现象，如果压力在 1 kPa 以下，一挡驱动必然无力。造成这些现象的原因是：一挡活塞环擦伤或磨损严重，使压力油泄漏过多，从而导致一挡压力下降，导致驱动无力；另外，还可能是因为一挡液压缸外部的 O 形密封圈损坏，造成大量的压力油泄漏，压力下降。如果是上述原因，必须更换损坏的活塞环或密封圈。如果变速压力表在一挡位置没有降压现象，则很可能是变速杆没有调整到位，致使一挡驱动无力，应重新调整变速杆，使其到达规定的位置。

(4) 装载机不能前进及后退。变速压力正常，动臂、转斗和转向都正常，但装载机仍不能前进及后退。排除这一故障时，应先检查变速器内是否缺油，进油管路是否堵塞，然后检查变速器油底壳和变矩器滤油器，如果发现有金属碎块等异物，可以肯定变速器内的超越离合器有零件损坏；如果发现变速器油底壳和变矩器滤油器内有铝屑，则可以肯定变矩器有零件损坏，必须拆卸并检查变速器和变矩器，修理或更换损坏的零件。排除上述原因后，若机器仍不能行走，则可能是中间轴上的齿轮脱落，导致动力无法输出。

（5）驱动无力，装载机时走时停。检查变速器旁边的油量限位阀，如发现缺油应添补新油。如果油量正常，则应检查变速压力表；若压力表指针摆动剧烈，表明供油不足，可依次检查进油管路是否堵塞，或者胶管是否因内层老化而起泡，变矩器滤油器是否堵塞，滤油器的滤芯是否堵塞。如果是上述原因，应清洗并用压缩空气冲洗堵塞的油管和滤芯，对内层起泡的胶管则要更换。检查变速器油底壳，观察滤网上有无金属块和铝屑等物，据此可判断变矩器和变速器内是否有零件损坏，如果发现有零件损坏，必须分解检查，更换损坏的零件。

3. 装载机工作装置的故障原因分析及处理

装载机的工作装置在装配和使用过程中主要存在两个问题，一是装配困难。部件装配不上或装配后铰接处转动不灵活，此时需要拆卸下来用火焰加热纠正或到胎具上校正，费工费时，影响装配的顺利进行；有时几个部件虽然能够装配起来，但由于装配间隙不均匀、尺寸误差和形位误差超出要求，容易造成局部磨损和干涉现象，留下质量隐患；二是整机装配出厂后使用一段时间出现质量事故，如摇臂弯曲、扭断，动臂变形，横梁开焊，铲斗拉斜、撕裂以及液压缸拉伤、漏油，活塞杆弯曲等。

主要原因分析：工作装置在制造过程中，由于焊接及装配精度不能满足要求，焊接过程中的变形以及加工中的操作不规范等原因，出现尺寸误差和形位误差，造成装配困难。使用过程中由于受力复杂，引起磨损及破坏。液压缸的尺寸误差和形位误差超出规定的范围，也是造成工作装置装配困难和破坏的重要因素。装载机工作装置损坏的主要原因集中在前车架、动臂和液压缸等部件上。

（1）前车架。前车架是工作装置的基础件，其他部件装配在它上面并与之形成一定的配合，因而其加工误差直接影响到工作装置的装配和使用效果。前车架上有动臂铰接孔、动臂液压缸连接孔和转斗液压缸连接孔，这些孔的同轴度、垂直度误差和铰接处的空当尺寸偏差超出规定要求时，就会出现装配困难以及动臂、动臂液压缸、转斗液压缸、摇臂与前车架之间的相互干涉现象，甚至造成液压缸的拉伤、卡死和活塞杆变形，使装载机不能完成各种正常的作业。

（2）动臂。动臂尺寸较大，焊接时的收缩变形大，将造成动臂在前车架上装配困难。动臂板焊后变形也很大，造成两动臂板不平行以及相对于中心线不对称，装配后将引起工作装置受力不平衡，铲斗也将出现歪斜现象，将动臂和连杆拉斜。另外，动臂强度低，在工作中由于转向、颠簸的冲击和作业中的载荷太大，容易造成动臂变形，引起动臂和其他部件的相互配合关系发生变化，使工作装置各部件脱离了正确的空间运动轨迹，造成各部件的磨损和破坏。

（3）液压缸。液压缸方面的问题主要有：缸体中心线与活塞杆中心线不平行，活塞在往复运动中偏磨，造成液压缸泄漏或损坏；液压缸两端连接孔中心线与活塞杆中心线不平行，活塞杆两端受力不在同一直线上，因而容易造成活塞杆受力后弯曲变形；液压缸两端中心线与连接孔中心线不平行，造成液压缸装配困难或工作中运行干涉；两个液压缸行程差别较大，造成工作装置单边偏顶、运动不同步而产生变形或破坏。另外，铲斗和连杆在焊接过程中的夹具不正，焊接变形和加工过程中的偏差也将造成铲斗、动臂、连杆和摇臂相互间的装配困难或作业中的干涉。

主要解决措施：对各种夹具进行了改进或新增设计，对各部件的焊接和加工过程进行严格控制，以保证各主要部件的质量满足要求。保证前车架重要尺寸和相关对称度，以满足设计要求。焊后进行严格的检测和矫正。减小焊接时和作业中的变形。严格控制各部件焊接和加工质量，遵守各种工艺和操作规程；对重要尺寸进行严格检查把关，不符合图样和工艺要求的绝不允许进入装配工序。增加液压缸的检测工具。对动臂液压缸、转斗液压缸等进行严格的质量控制，使液压缸连接孔、活塞杆和缸体间的平行度、垂直度及行程等要素控制在规定范围内。

4. 装载机转向沉重故障的排除方法

装载机采用的是流量放大转向系统，即由优先型流量放大阀与全液压转向器组成。转向沉重有两种情况，一是转向盘转动沉重；另一种情况是转向盘转动灵活、轻巧，而整机转向无力、沉重，引起这两种情况的原因是不一样的。

转向盘转动沉重一般是先导系统故障引起的，可以从以下几个方面检查分析：检测先导系统的压力是否符合要求；检查管路连接是否正确（主要针对正在修理或刚修理过的车）；检查管路接头是否堵塞。

若转向盘转动灵活、轻巧，而整机转向无力、沉重，一般是转向系统故障引起的，可以从以下几个方面检查分析：检查管路连接是否正确，吸油管路是否有进气、漏油的地方；检测转向系统的压力是否符合要求；检查液压缸是否内泄。

在进行系统压力的测定、调整前，要将整机停放在平整的地面上，放下动臂，放平铲斗，熄灭发动机，确保在操作过程中的安全。测量先导压力前，先将动臂放到最低位置，铲斗收到最大收斗角位置。先导压力的测压口在压力选择阀的接头块上，来自双联泵的油液经该接头块进入压力选择阀，测压口用 $M14 \times 1.5$ 的螺塞堵住。测量转向压力前，先将液压限位用的顶杆拆掉，此顶杆的作用是：当车转向到一定的角度（并未到机械限位状态）

时，此顶杆推动限位阀的阀芯移动，切断转向油路，使车停止转向。转向压力的测压口在前车架的接头块上用 M14×1.5 的螺塞堵住。

测量系统压力是否正常。测量先导压力的方法：拆下测压口螺塞，接上接头（M14×1.5 的螺纹），用量程为 10 MPa 的压力表测量先导系统的压力。正常的压力为：发动机在怠速节气门下先导压力不低于 2.2 MPa，发动机在高速节气门下先导压力不高于 5 MPa。

测量转向压力的方法：拆下测压口螺塞，接上接头（M14×1.5 的螺纹），用量程为 25 MPa 的压力表测量转向系统的压力，测量压力时，必须将车转向到最大转角，使其处于机械限位状态，并保持转向盘处于转向状态，发动机在高速节气门时转向系统压力达到 15 MPa。

如果测得的以上两种压力不符合规定值，需要重新调整。

调整压力的方法：调整先导压力的地方是双联泵后部的溢流阀，松开溢流阀锁紧螺母，用专用工具调整螺套，顺时针旋动时压力变大，逆时针旋动时压力变小。调整转向压力的地方在优先型流量放大阀的端部，将流量放大阀的阀盖拧下，通过调节调压螺杆进行压力的调整，往里调压力变大，往外调压力变小。

检查管路连接是否正确，这种情况主要针对旧车，已经拆掉管子修理过。此时要重点检查先导泵回油以及限位阀回油管路连接是否正确。如果回油管路接错，容易引起背压升高，操纵力重的问题。另外，还要检查吸油管路是否有进气、漏油的地方。

检查管路、接头是否堵塞。如果管路或接头因污物堵塞，容易引起背压升高，操纵力重的问题。这种情况时有发生。检查液压缸是否内泄。将转向液压缸活塞收到底，拆下无杆腔油管，使有杆腔继续充油。若无杆腔油口有较多的油液泄出，则说明活塞密封环已损坏，应更换。如果液压缸内泄，一般转向系统压力会降低，同时转向无力。

五、工业车辆液压系统故障的检修

叉车液压系统常见故障的原因及排除方法见表6—2。

表6—2 叉车液压系统常见故障的原因及排除方法

故障现象	可能原因	排除方法
系统压力不足，起升缓慢	1. 齿轮油泵零件磨损过大或损坏 2. 油量不足，油泵吸入空气 3. 滤油器堵塞 4. 液压油温度过高，油液过稀，致使系统效率过低 5. 多路换向阀内泄漏量大 6. 多路换向阀溢流阀弹簧失效，锥阀磨损或阻尼孔堵塞	1. 更换磨损件或油泵 2. 加足液压油 3. 更换滤芯 4. 停车降温，更换变质的油液，检查油温过高的原因并排除 5. 检查并更换密封件 6. 更换弹簧，重新研磨溢流阀的锥阀，清除污物
噪声过大	1. 油黏度过高，吸油阻抗大 2. 滤油器堵塞 3. 液压油不足，吸油管路漏气，致使油泵吸入空气	1. 更换合适的液压油，疏通吸油管路 2. 更换滤油器滤芯 3. 加足液压油，检查吸油管路并保证其密封性
滑阀在中间位置，起升液压缸下滑量大	1. 液压缸内Yx形密封圈破损 2. 多路换向阀阀体与滑阀磨损，间隙过大造成内泄漏量过大 3. 油管路渗漏	1. 更换Yx形密封圈 2. 修复或更换滑阀 3. 检修油管路
多路换向阀滑阀不能自动复位	1. 复位弹簧变形 2. 阀体与滑阀之间卡阻 3. 阀外操纵机构不灵活 4. 连接螺栓拧得太紧，使阀体变形	1. 更换复位弹簧 2. 清洗阀体及滑阀 3. 调整阀外操纵机构 4. 重新调整连接螺栓

1. 液压缸动作不良的诊断

液压缸属液压系统的执行元件,其运行故障的产生除液压缸自身的原因外,还与整个系统有关,所以,在排除液压缸运行故障时要认真观察故障的症状,采取逻辑推理、逐项排除的方法,由外到内仔细地分析故障原因,从而确定排除方法,避免盲目地大拆大卸。

液压缸动作不良大多表现为:液压缸不能动作;液压缸动作不灵敏(有阻滞现象);液压缸运动时有爬行现象。

(1) 液压缸不能动作。液压缸不能动作的现象往往发生在刚安装完毕的液压缸上。排除此故障时,首先应从液压缸的外部查找原因:液压缸执行运动部件的阻力是否太大,是否有卡死、楔紧或顶住其他部件等情况;进油压力是否达到规定值。排除了外部因素后,再进一步检查液压缸内在的原因,并采取相应的排除方法。现将液压缸不能动作的原因及排除方法分析如下:

执行运动部件的阻力太大。排除执行机构中存在的卡死等情况;改善运动部件的润滑状态。

进油口油液压力太低,达不到规定值。检查有关油路系统的泄漏情况并排除泄漏;检查活塞与活塞杆处密封圈有无损坏、老化、松脱等现象;检查液压泵、压力阀是否有故障。

油液未进入液压缸。检查油管、油路特别是软管接头是否已被堵塞,应依次检查从缸到泵的有关油路并排除堵塞点;检查溢流阀的锥阀与阀座间的密封是否良好;检查电磁阀弹簧是否损坏或电磁铁线圈是否烧坏;油路是否切换不灵敏。

液压缸本身滑动部件配合过紧,密封摩擦力过大,活塞杆与导向套间应选用 H8/f8 的配合。检查密封圈的尺寸是否严格按标准加工,如采用的是 V 形密封圈,应将密封摩擦力调整到适中程度。其中液压缸不能动作的重要原因是:进油口油液压力太低,即工作压力不足。造成液压系统工作压力不足的原因主要是液压泵、驱动电动机和调压阀有故障,其他原因还有:滤油器堵塞,油路通径过小，油液黏度过高或过低；油液中进入过量的空气；污染严重；管路接错；压力表损坏等。

（2）液压缸动作不灵敏（有阻滞现象）。液压缸动作不灵敏不同于液压缸的爬行现象。此现象是指液压缸动作的指令发出后，液压缸不能立即动作，需短暂的时间后才能动作，或时而能动时而又停止不动，表现出运行很不规则。此故障的原因及排除方法主要有以下几点：

液压缸内有空气。通过排气阀排气，检查活塞杆往复运动部位的密封圈处有无吸入空气，如有，则更换密封圈。

带缓冲装置的液压缸反向起动时，常出现活塞暂时停止或逆退现象。主要由于单向阀的孔口太小，使进入缓冲腔的油量太少，甚至出现真空，因此，在缓冲柱塞离开端盖的瞬间会出现上述故障现象。为此，应加大单向阀的孔口。

活塞运动速度高时，单向阀的钢球跟随油流流动，以至于堵塞阀孔，致使液压缸动作不规则。应将钢球换成带导向肩的锥阀或阀芯。

橡胶软管内层剥离，使油路时通时断，造成液压缸动作不规则。应更换橡胶软管。

（3）液压缸运动时有爬行现象。爬行现象即液压缸运动时出现跳跃式的时停时走的运动状态，这种现象尤其在低速运动时容易发生，这是液压缸最主要的故障之一。液压缸发生爬行现象既有液压缸之外的原因，也有液压缸自身的原因。

1）液压缸之外的原因。运动机构刚度太低，形成弹性系统。应适当提高有关组件的刚度，以减小弹性变形。

安装液压缸时位置精度差。应提高液压缸的装配质量。

相对运动件间的静摩擦因数与动摩擦因数差别太大，即摩擦力变化太大。应在相对运动表面之间涂一层防爬油（如二硫化钼润滑油等），并保证有良好的润滑条件。

导轨的制造与装配质量差，使摩擦力增大，受力情况不好。

应提高制造与装配质量。

2）液压缸自身的原因。液压缸内有空气，使工作介质形成弹性体。应充分排除空气，检查液压泵吸油管直径是否太小，吸油管接头密封是否完好，以防止泵吸入空气。

密封摩擦力过大。活塞杆与导向套间应采用 H8/f8 的配合，密封圈的尺寸应严格按标准加工；采用 V 形密封圈时，应将密封摩擦力调整到适中程度。

液压缸滑动部位有严重磨损、拉伤和咬死现象。产生这些现象的原因是：负载和液压缸的定心不良；安装支架的安装、调整不良。液压缸重新装配后应仔细找正，安装支架的刚度要足够。

液压缸的横向载荷大。应设法减小横向载荷，或提高液压缸承受横向载荷的能力。

缸筒或活塞组件膨胀，受力变形。应修整变形部件，变形严重时需更换有关组件。

缸筒、活塞之间产生电化学反应。应重新更换电化学反应小的材料或更换零件。

材质不良，易磨损、拉伤、咬死。应更换材料，进行恰当的热处理或表面处理。

油液中杂质多。应将液压系统清洗后更换液压油及滤油器。

活塞杆在全长内或局部地方出现弯曲。应校正活塞杆；对卧式安装的液压缸，若活塞杆伸出长度过长时应加支撑。

缸筒内孔与导向套的同轴度误差大，因而引起别劲现象，产生爬行。应保证两者的同轴度。

缸筒孔径直线度误差大（出现鼓形、锥度等）。应镗磨修复，然后根据镗磨后缸筒的孔径配活塞或增装 O 形密封圈。

活塞杆两端螺母拧得过紧，使其同轴度误差大。活塞杆两端螺母不宜拧得太紧，一般用手旋紧即可，应保证活塞杆处于自然状态。

2. 工业车辆机械液压系统泄漏的原因分析及措施

泄漏是目前液压机械普遍存在的故障现象，尤其是在工业车辆机械的液压系统中更为严重，主要是由于液体在液压元件和管路中流动时产生压力差及各元件存在间隙等引起泄漏。另外，恶劣的工况条件也会对工程机械的密封产生一定的影响。液压系统一旦发生泄漏，将会导致系统压力建立不起来，液压油泄漏还会造成环境污染，影响生产，甚至产生无法估计的严重后果。

（1）泄漏的分类。工业车辆机械的液压系统泄漏主要有两种，即固定密封处泄漏和运动密封处泄漏。固定密封处泄漏的部位主要包括缸底、各管接头的连接处等；运动密封处泄漏的部位主要包括液压缸活塞杆部位、多路阀阀杆等部位。从油液的泄漏上也可分为外泄漏和内泄漏，外泄漏主要是指液压油从系统泄漏到环境中；内泄漏是指由于高、低压侧的压力差的存在，以及密封件失效等原因，使液压油在系统内部由高压侧流向低压侧。

（2）影响泄漏的原因

1) 设计因素

①密封件的选择不当。液压系统的可靠性在很大程度上取决于液压系统密封的设计和密封件的选择，由于设计中密封结构选用不合理，密封件的选用不符合规范，在设计中没有考虑到液压油与密封材料的相容形式、负载情况、极限压力、工作速度大小、环境温度的变化等。这些都在不同程度上直接或间接造成液压系统泄漏。另外，由于工程机械的使用环境中有尘埃和杂质，所以在设计中要选用合适的防尘密封件，避免尘埃等污物进入系统破坏密封，污染油液，从而产生泄漏。

②其他设计原因。设计中没有全面考虑运动表面的几何精度和表面粗糙度，以及在设计中没有进行连接部位的强度校核等，这些都会在机械的工作中引起泄漏。

2) 制造和装配因素

①制造因素。所有的液压元件及密封部件都有严格的尺寸公

差、表面处理、表面粗糙度及形位公差等要求。如果在制造过程中超差,例如,液压缸的活塞半径、密封槽深度或宽度、装密封圈的孔的尺寸超差,或者因为加工问题而造成圆度超差、本身有毛刺或凹点、镀铬层脱落等,密封件就会有变形、划伤或压不实等现象发生,使其失去密封功能。这样将使零件本身具有先天性的渗漏点,在装配后或使用过程中发生渗漏。

②装配因素。液压元件在装配中应杜绝野蛮操作,如果过度用力,将使零件产生变形,特别是用铜棒等敲打缸体、密封法兰等。装配前应对零件进行仔细检查,装配时应将零件蘸少许液压油后轻轻压入。清洗时应用柴油,特别是密封圈、防尘圈、O形圈等橡胶元件,如果用汽油则使其易老化,失去原有弹性,从而失去密封功能。

3)油液污染及零部件的损伤

①气体污染。在大气压下,液压油中可溶解10%左右的空气,在液压系统的高压下,在油液中会溶解更多的空气或气体。空气在油液中形成气泡,在液压支架的工作过程中,极短的时间内压力在高、低压之间迅速变换,就会使气泡在高压侧产生高温,在低压侧发生爆裂。如果液压系统的元件表面有凹点和损伤时,液压油就会高速冲向元件表面,加速其表面的磨损,引起泄漏。

②颗粒污染。液压缸作为一些工程机械液压系统的主要执行元件,由于工作过程中活塞杆裸露在外,直接与环境相接触,虽然在导向套上装有防尘圈及密封件等,但也难免将尘埃、污物等带入液压系统,加速密封件和活塞杆等的划伤和磨损,从而引起泄漏,颗粒污染是液压元件损坏最快的因素之一。

③水污染。由于工作环境潮湿等因素的影响,可能会使水进入液压系统,水会与液压油发生反应,形成酸性物质和油泥,降低液压油的润滑性能,加速零部件的磨损;水还会

使控制阀的阀杆发生黏结,使控制阀操纵困难,划伤密封件,造成泄漏。

④零件损伤。密封件是由耐油橡胶等材料制成的,由于长时间的使用发生老化、龟裂、损伤等,都会引起液压系统泄漏。如果零件在工作过程中受碰撞而损伤,会划伤密封元件,从而造成泄漏。

(3) 泄漏的防治措施。造成工程机械液压系统泄漏是多方面因素综合影响的结果,以现有的技术和材料,要想从根本上消除液压系统的泄漏是很难做到的。只有从以上影响液压系统泄漏的因素出发,采取合理的措施,才能尽量减少液压系统泄漏。在设计和加工环节中,要充分考虑影响泄漏的重要因素——密封沟槽的设计和加工。另外,密封件的选择也是非常重要的,如果不在最初全面考虑泄漏的影响因素,将会给以后的生产带来无法估量的损失。选择正确的装配和修理方法,借鉴以往的经验,例如,可在密封圈的装配中尽量采用专用工具,并且在密封圈上涂一些润滑脂。在液压油的污染控制上,要从污染的源头入手,加强污染源的控制,还要采取有效的过滤措施和定期的油液质量检查。为了有效地切断外界因素(如水、尘埃、颗粒等)对液压缸的污染,可加一些防护措施等。总之,泄漏的防治要全面入手,综合考虑,才能做到行之有效。

六、履带式推土机"四轮一带"的磨损及预防措施

履带式推土机行走机构承载着推土机的全部质量,担负着推土机的行驶职能。其主要损坏形式是磨损,这一损坏形式集中表现在以下接触部位:驱动轮轮齿与履带销套外表面;导向轮与履带链轨节滚道面;支重轮与履带链轨节滚道面;托链轮与履带链轨节滚道面;履带销与销套接触面;履带板与地面等。

1. 履带的磨损

在干式履带(相对于润滑型履带和密封型履带而言)的行走机构中,履带没有润滑,致使在工作过程中使履带销与销套之

间因相对运动而产生磨损。履带中销子和销套间的磨损是不可避免的，也是正常的，但这种磨损会使履带的节距伸长，使履带过宽。若这一磨损情况继续下去，履带就会产生侧面移动，从而引起导向轮、支重轮、托链轮、驱动轮齿等零部件的磨损，同时也更加剧了履带销与销套的磨损。履带的磨损还表现在因履带板与地面接触而使履带的履刺高度减小，以及因履带链轨节滚道面与导向轮、托链轮、支重轮接触而造成的履带链轨节高度的减小。履带板磨损严重时将会造成推土机牵引力的损失。

2. 驱动轮的磨损

驱动轮轮齿的磨损常发生在轮齿的根部、前、后侧面、左、右侧面和轮齿的顶部。当推土机向前行驶，轮齿托起履带销套时，磨损发生在轮齿的前侧面；反之，当推土机向后行驶时，磨损发生在轮齿的后侧面。当履带太松，产生履带偏斜，轮齿冲击履带链轨节的侧面时，将造成驱动轮轮齿侧面的磨损。驱动轮轮齿的另一磨损形式是顶部磨损。顶部磨损发生在履带与驱动轮轮齿被黏性物质填塞，驱动轮轮齿与履带销套的啮合关系被改变时。当推土机向前行驶时，就会在驱动轮驱动侧齿背面的顶点和销套的侧面划下印痕。

3. 导向轮的磨损

导向轮的磨损是由于接触链轨节的滚道面而产生的，而导向轮轮体凸起宽度的磨损则是由于与链轨节的侧面接触而产生的。具体表现为：导向轮轮体凸起宽度的减小；导向轮轮体滚道面直径的减小；导向轮轮体直径的减小。

4. 托链轮的磨损

托链轮的磨损是由于接触链轨节的滚道面而产生的。具体表现为：托链轮凸缘宽度的减小；托链轮滚道面外径的减小；托链轮凸缘外径的减小。

5. 支重轮的磨损

支重轮的磨损同托链轮、导向轮的磨损一样，也是由于接触链轨节的滚道面而产生的。具体表现为：外凸缘直径的减小；滚道面直径的减小；双边内凸缘直径的减小；双边内凸缘宽度的减小；外凸缘宽度的减小。

6. 预防措施

针对履带式行走机构的磨损情况可采取以下措施：

如果推土机行走机构在早期就出现明显的磨损，应立即停止作业，检查导向轮、托链轮、支重轮、驱动轮中心与行走架纵向中心线的重合度；为了延长使用寿命，可将前、后支重轮掉换位置，但必须保持单、双边支重轮在行走架上原来的位置不变；行走机构各部件磨损至使用极限后，对于导向轮、托链轮、支重轮、驱动轮轮齿、履刺、链轨节等均可采用堆焊法进行修补或更换；对于履带链轨节节距因磨损而变长的情况，可反转链轨节加以补救或更换新的链轨节。

七、电瓶运输车和电瓶叉车的故障诊断

1. 电瓶运输车的故障诊断

电瓶运输车的故障多为电气控制系统发生故障，其主要表现及排除方法如下：

（1）打开电锁后电压表无指示，指示灯不亮。其原因为：电锁接触不良，导线脱落（焊），熔断器烧断，接触器控制线断开等。排除方法：用万用表欧姆挡对可能发生故障的部位逐个进行检查，对查出的故障进行修理、更换、连接等。

（2）电动机不转。踩下主控制器踏板后，接触器吸合，但电动机不转，全部接触器接触后，电动机仍然不转。其原因为：电动机损坏（绕组严重短路、断路），电刷卡住或接触不良，控制线路不通，接触器触点接触不良，换向片短路等。排除方法：更换电动机，修理个别部位，若触点接触不良，应清洁、修磨、更换、研磨并重新接线等。

（3）换向器不吸合。其原因为：主晶闸管损坏，导致断路或短路，继电器接触不良或损坏，接触器触点接触不良等。

排除方法：更换元件，修理或更换继电器，检查触点，整理导线。

（4）放松调速器踏板后车速不减。这种情况极易造成重大事故，遇此故障时，驾驶员应立即采取紧急制动，并切断电源开关。其原因为：对于电阻式调速车多因接触器触点灼烧严重，动触点与静触点粘连等。对于晶闸管脉冲式调速车，多因主晶闸管关不断所致。排除方法：用细锉将触点锉光，注意不要多锉，不要改变原来的形状，使接触面积达60%以上，并且处理得光滑、清洁，检查触发线路、触发回路有无故障，检查继电器是否失灵等。

（5）变速控制失灵。其原因为：主开关凸轮与微动开关错位，回位弹簧失效等。排除方法：调整凸轮与微动开关的位置，调整或更换弹簧，检查踏板有无伸长现象，若伸长应予以排除。

（6）加速或回复时跳闸。其原因为：接触器触点接触不良，导线接触不良，补充充电回路断路，无供电回路等。排除方法：检修触点，整修导线，接通补充充电回路和供电回路等。

（7）电动机运转速度慢。其原因为：电阻调速电动机的绕组短路、断路，接地或电刷位置不对，电压不符合，过载。晶闸管调速电动机的副晶闸管损坏，调速踏板转轴凸轮位置不正等。排除方法：检修电动机，检查接地线、电刷位置，检查电压值，更换副晶闸管，调整转轴凸轮位置，减载运行。

（8）乱挡（车速与操纵的不一致）。其原因为：主开关接触不良，直流接触器触点灼烧后接触不良，电阻片短路，主线路断路等。排除方法：整修主开关和微动开关、接触器、导线、电阻片等。

（9）电刷跳火。其原因为：电刷接触不良，换向器表面高低不平，云母片凸露，电枢绕组短路，绕组短路、断路或搭铁等。排除方法：检查各故障部位，逐个进行排除。

（10）电动机温度过高。原因为：超载运行，轴承及油封过紧或损坏，润滑系统工作不良，电枢与磁极摩擦，绕组短路、接地，电刷压力过大，电刷位置不正，整流子不良，电动机紧固螺钉松动，造成电动机轴与减速器主动齿轮轴轴线不重合。排除方法：减载运行，检修各故障部位。

（11）电动机运转时有异响。其原因为：轴承损坏，换向器表面接触不平，电刷振动、摩擦等。排除方法：更换轴承，检查各故障部位，逐个进行排除。

2. 电瓶叉车的故障检修

以 1DC 型电瓶叉车为例，其电气系统常见的故障分析和检修方法如下：

（1）油泵电动机不能启动。可能是分配阀上微动开关的问题，例如，弓架行程调整不当，微动开关不能接通。另外，也可能是由于熔断器烧断，接线脱落或电动机损坏。

（2）行驶电动机不能启动。原因可能是多方面的：例如，熔断器烧断；制动联锁开关弹簧损坏，触点不能闭合；电锁开关接触不良；电动机接线脱落或电动机内部损坏等。

故障的检查可从主回路和控制回路分别进行：通常先检查熔断器，然后再检查其他部分。如果接触器的动作正常，则故障发生在主回路；反之，如果接触器的动作不正常，应检查控制回路。

（3）接触器使用时间太长时，触点表面容易烧损。烧损的地方应补焊、磨平或更换银片。

1DC 型 1t 电瓶叉车常见故障原因及处理方法见表 6—3，其液压系统的故障原因及排除方法见表 6—4。

（4）电动叉车蓄电池常见故障与排除方法见表 6—5。

（5）电阻调速的电瓶叉车电气系统常见故障原因及排除方法见表 6—6。

表 6—3　1DC 型 1 t 电瓶叉车常见故障原因及处理方法

故障种类	产生原因	处理方法
内门架起升后不能下降或下降时产生噪声	1. 内门架变形 2. 回油管堵塞	1. 卸下后校正 2. 拆下回油管进行清洗
换向手柄在工作位置，电路钥匙未插入，叉车自动行走	行驶电动机电路短路，起动电阻搭铁	1. 清除起动电阻周围的灰尘和油垢 2. 用绝缘纸垫在起动电阻与车架之间增强绝缘
叉车不能起动	1. 制动踏板下的限位开关失灵 2. 行驶电动机换向器积尘过多，使电动机断路	1. 检修或更换限位开关 2. 清扫换向器，并调整碳刷弹簧压力
行驶时无快速挡	控制器传动杠杆行程不足，无法开到快速挡	调整控制器传动杠杆，增大行程
门架升降或倾斜动作失灵	1. 微动开关失灵 2. 分配阀阀杆行程不足	1. 检修或更换微动开关 2. 调整分配阀阀杆上的调节螺母，增大行程
转向盘转动沉重	1. 转向器蜗杆弯曲，破坏啮合 2. 转向器蜗杆间隙不当或轴承过紧 3. 转向节轴的轴承缺油 4. 转向拉杆球销缺油	1. 检查或更换转向器蜗杆 2. 检查并调整 3. 检查并加油 4. 检查并加油
转向卡住	转向节轴的轴承损坏	检查或更换轴承
制动无效	1. 制动总泵缺油 2. 总泵及分泵皮碗损坏 3. 制动管路破裂	1. 检查并加油 2. 检查并更换 3. 检查并更换

续表

故障种类	产生原因	处理方法
制动失灵	1. 制动总泵储油室盖通气孔堵塞 2. 制动总泵液压阀损坏 3. 制动系统内溢入空气 4. 踏板自由行程过大 5. 制动蹄片与制动鼓之间间隙过大 6. 制动带上沾有油污	1. 清除堵塞物 2. 检查或更换液压阀 3. 放气 4. 调整 5. 调整 6. 清洗
制动解除后，制动蹄片与制动鼓分不开	1. 制动踏板无自由行程 2. 总泵回油孔堵塞 3. 分泵皮碗涨大或活塞锈住 4. 制动带与制动鼓之间间隙过小	1. 调整 2. 检查总泵皮碗，清扫回油孔 3. 检查或更换 4. 调整

表6—4　1DC型1 t电瓶叉车液压系统的故障原因及排除方法

故障种类	产生原因	排除方法
油泵电动机转速正常，但不能起重	液压分配器上安全阀弹簧失灵或折断	检修安全阀，更换弹簧
油泵电动机工作正常，但起重能力差，速度慢	1. 油泵磨损 2. 分配器内部漏油 3. 油液黏度太低 4. 安全阀内部漏油	1. 检查油泵 2. 拆下分配器阀杆，测量阀杆，如外圆磨损，可表面镀铬后再磨外圆 3. 更换黏度较高的油液 4. 研磨阀与阀座
货物不能起升到最大高度	1. 油液不足 2. 安全阀压力太低	1. 加油 2. 调整安全阀压力为6 MPa

· 359 ·

续表

故障种类	产生原因	排除方法
货物起升悬空停止后慢慢下降	1. 分配器中操纵起重部分漏油 2. 起升液压缸输油管及其接头漏油 3. 起升液压缸油封漏油	1. 拆下分配器中操纵起重部分的阀杆并测量,如外圆磨损,可表面镀铬后再磨外圆 2. 上紧接头,如果无效则换新的 3. 旋紧油封压盖,必要时可更换新油封
液压缸内经常产生气体	1. 油液中含有水分 2. 油泵进油管接头漏气	1. 换新油,并检查油箱是否有进水之处 2. 检查并上紧接头
重物下降太快	分配器中起升液压缸出油口的节流器失灵	检查并拆洗
门架前倾、后倾速度缓慢	1. 分配器操纵门架前倾、后倾部分漏油 2. 倾斜液压缸活塞O形密封圈漏油	1. 拆下分配器中操纵前倾、后倾部分的阀杆并测量,如外圆磨损,可表面镀铬后再磨外圆 2. 更换新的密封圈
起升重物时,自动变更门架倾斜度	分配器内操纵门架前倾、后倾部分漏油	拆下分配器中操纵前倾、后倾部分的阀杆并测量,如外圆磨损,可表面镀铬后再磨外圆
当叉钩不在极限位置时,起升重物,门架倾斜度自动变更	分配器内泄漏。操纵起升与倾斜部分的油路相通	拆下分配器中操纵前倾、后倾部分的阀杆并测量,如外圆磨损,可表面镀铬后再磨外圆
起升液压缸漏油	1. 压紧螺母松动 2. 密封圈损坏	1. 拧紧 2. 更换

表6—5　　　电动叉车蓄电池常见故障与排除方法

序号	故障名称	定义	原因分析	排除方法
1	自行放电	蓄电池在存放过程中，容量自行减小的现象叫做蓄电池自行放电	电解液不纯净；电解液中硫酸的浓度不均匀，形成上、下浓度差，引起自行放电	将蓄电池完全放电；用蒸馏水将蓄电池清洗干净，再注入新的电解液，重新充电
2	极板硫化	蓄电池极板上出现粗大而坚硬的硫酸铅结晶体时叫做极板硫化	蓄电池长期充电不足，蓄电池经常过放电，电解液面过低；电解液相对密度过大	清洁蓄电池极板上的硫酸铅，并用蒸馏水冲洗干净；注入新的电解液，用常用充电方法充电
3	极板短路	由于蓄电池隔板变形，活性物质大量沉淀，使正、负极连通的现象叫做极板短路	极板严重变形；隔板损坏而使正、负极板相接触；堆积在电池槽底部的脱落物使正、负极板连通	根据情况，查明短路原因并进行修理
4	极板活性物质严重脱落	在蓄电池电池槽底部有大量脱落物的堆积现象叫做极板活性物质严重脱落	充电电流过大；放电电流过大；电解液相对密度过高；电解液不纯净；极板受到剧烈震动	更换极板
5	极板严重变形	蓄电池极板发生拱曲的现象叫做极板严重变形	充电电流过大；放电电流过大；极板活性物质的体积变化不一致	更换极板

续表

序号	故障名称	定义	原因分析	排除方法
6	电解液液面下降快	蓄电池电解液液面下降出乎寻常的现象叫做电解液液面下降快	蓄电池有漏液现象；充电电压太高，蓄电池出现过充现象	查明原因，修理并排除故障
7	蓄电池外壳破裂、变形	蓄电池由于外力或内力使其外壳破裂、变形的现象叫做蓄电池外壳破裂、变形	车辆振动或撞击引起；蓄电池发热，气体压力过大；电解液冻结膨胀引起	更换外壳

表6—6　　电阻调速的电瓶叉车电气系统常见故障原因及排除方法

故障现象	产生原因	排除方法
叉车不能运行	1. 控制电路的熔断器烧断或接触不良 2. 电锁接触不良 3. 接触器主触点未闭合 4. 制动联锁开关弹簧片损坏，内部接触不良，使有关线路断路 5. 主电路熔断器烧断或接触不良 6. 主电路线路松脱，地线（搭铁线）烧断 7. 主电路中各元件有故障	1. 更换或调整 2. 清洁或调整 3. 检查整个线路是否通电 4. 更换、清洁或检查是否断路 5. 更换或调整 6. 调整或更换 7. 检查或清洁
叉车不能起升	1. 液压马达的接触器主触点未闭合 2. 熔断器烧损	1. 清洁、修理或更换 2. 更换

续表

故障现象	产生原因	排除方法
叉车运行时无快速挡	1. 微动开关失灵 2. 接触器线圈及其主触点烧损 3. 蓄电池引线或运行电动机中有一线脱落或没有接牢 4. 蓄电池电压不足 5. 运行电动机故障	1. 修理或更换 2. 修理或更换 3. 调整或紧固 4. 充电 5. 检查运行电动机的电刷、换向接触器是否良好，修理电动机，将引线连接牢固
熔断器烧断	主电路中某处短路、超载	排除或减载
接触器触点烧损	1. 触点接触不良 2. 电压过低	1. 清洁、修理、更换 2. 检查或给蓄电池充电

(6) 电动机的故障检修

1) 起动时电动机不转。主要原因是：接线不正确，回路串断路，电源电压降得太低等。遇到起动不正常时，应立即切断电源，进行检查，消除故障。

2) 绝缘损坏或绝缘电阻降低。绝缘损坏的主要原因是：绝缘脏污或酸、碱蒸气及氯气等引起化学破坏；由于过热、振动引起绝缘老化。绝缘电阻降低的主要原因是：绝缘受潮，温度剧烈变化引起凝水等。消除办法：更换线圈（或绝缘）或将电动机进行干燥处理。

3) 电刷下发生激烈的火花。主要原因是：电刷工作面由于研磨不良，压力不够；电刷牌号不合适；换向器粗糙（不圆、不清洁），换向器片间云母突出、过载、振动及片间短路。

4) 电枢线圈匝间短路，主极线圈匝间短路。在电动机使用过程中，如发现换向器发黑及发生不能容许的火花时，应根据上述各点查找原因并排除。

5）电动机过度发热。若换向器过度发热，属于电刷牌号不对；电刷压力过大；电刷安装不当。解决办法：更换电刷，调整弹簧压力，正确安装电刷。若电枢过度发热，属于超负荷；电枢线圈匝间短路；换向器片间短路。解决办法：消除超负荷现象，修理或更换电枢。若励磁线圈过度发热，属于励磁线圈匝间短路。解决办法：修理或更换励磁线圈。

第七章　企业内机动车辆事故预防及安全管理

　　企业内机动车辆虽然只是在厂区内进行装卸及运输作业，但如果对其安全的重要性认识不足，思想麻痹，违章驾驶，车辆带病运行以及管理不善等，就会造成企业内机动车辆事故的发生。企业内机动车辆事故发生的原因是多方面的，要想预防事故，就必须对事故发生的原因进行认真的分析，从中汲取经验教训，举一反三，并采取相应的防范措施，达到避免类似事故发生的目的。

　　不断提高企业内机动车辆驾驶员的安全技术素质，经常保持企业内机动车辆良好的技术状况，对企业内机动车辆的运输安全加强管理，是企业内机动车辆安全装卸、运输的基本保障。保证企业内机动车辆运输的安全，不仅是企业搞好生产的需要，也是广大职工群众的共同愿望。因此，应加强企业内机动车辆驾驶的安全管理，提高驾驶人员的安全技术水平，增强其遵章守法的自觉性，找出发生事故的规律，预防事故的重复发生。

　　企业内机动车辆的安全管理是企业安全管理的重要组成部分。国家规定，企业内机动车辆驾驶作业是特种作业。为保证职工安全和国家财产不受损失，企业必须加强企业内机动车辆装运安全的管理。其内容主要包括装运安全生产的组织措施、技术措施、安全教育、安全检查、企业内交通管理、企业内机动车辆事故管理、企业内机动车辆驾驶员培（复）训及考核等。

第一节　企业内机动车辆典型事故案例分析与防范

一、企业内机动车辆伤害事故的常见形式

企业内机动车辆事故的形式复杂，主要因为企业内机动车辆类型多，并与生产状态有关。常见的企业内机动车辆伤害事故有以下几种形式：按企业内道路形式划分，有直路行车事故，交叉路口行车事故，弯道行车事故，坡道行车事故，窄路行车事故，车间、仓库、码头内行车事故等；从企业内机动车辆的运动形式看，有车辆起动、起步、运行、停车事故等；从多发事故看，有车辆装载事故、平交道口事故、牵引事故以及企业内特种车辆的起重伤害事故、触电事故、自翻伤人事故等。

1. 汽车起动伤害肇事

在发动机起动前应做好检查工作，即机油、燃油、水不能缺少，拉紧驻车制动器操纵手柄，并将变速杆放到空挡位置，以防止伤害事故的发生。发动机起动分为热车起动、常温起动和低温起动三种方法。

（1）常见的事故形式。发动机起动时常发生手摇起动反转伤人事故、挂挡手摇起动挤伤事故、手摇起动溜坡伤人事故、注油起动回火伤人事故、牵引起动伤害事故、溜坡起动伤人翻车事故等。

（2）经验教训和防范措施。加强车辆维护，使之经常处于完好状态，不带病行驶。严格执行各项规章制度，车在斜坡手摇起动时须拉紧驻车制动器操纵手柄；对于气压式制动的车辆，气压低于 392 kPa 时严禁溜坡起动。

（3）车辆起动的注意事项。加强车辆的维护，车辆起动一定要符合规程。用手摇柄起动时，应将点火时间稍微推迟。摇车人两腿要分开，站稳，身体略偏向左侧，握持手摇柄的五指应在

同一面。先将手摇柄转至稍经下止点位置，然后用力由下向上快提，当感到压缩力增大时更不要松劲，一直摇过上止点。切忌由上往下压，或两手抱持手摇柄摇车，以免发动机反转伤人。对于使用气压式制动的车辆，气压低于 392 kPa 时禁止溜坡起动。禁止直接从喉管注油起动。如采用此法诊断故障，也要谨慎操作，注意安全。牵引起动时最好用硬牵引，牵引索长度须在 5~7 m 之间，并要有专人指挥，防止牵引索绷断伤人，拖带速度不准超过10 km/h。牵引起动必须选择人少、车少、路面宽阔的安全地带进行。

2. 车辆起步肇事

机动车辆从静止状态经动力传递到行驶的过程称为起步，车辆起步应确保安全、平稳。车辆起步前必须检查车旁和车下有无人、畜和障碍物，检查仪表、灯光和转向装置、制动装置等安全设备是否齐全、有效，并关好车门。夜间、浓雾天气及视线不清时，须同时打开前照灯和后灯。其正确操作程序是：踩下离合器踏板，将变速杆移入适当的挡位，按喇叭，持续观察车前后、左右情况；放松驻车制动器操纵手柄；慢抬离合器，轻踩加速踏板，使车辆平稳起步。

车辆起步事故形式很多，主要有起步伤人事故、起步撞车事故、起步掉沟事故、起步撞自行车事故、起步并线事故等。驾驶员要树立安全第一的思想，严格按照起步操作程序工作。驾驶员与装卸人员、押运人员和乘车人员要密切配合，保证车辆的安全运行。

3. 交叉路口行车肇事

企业内交叉路口既是驾驶员的意向决定点，也是一个可能产生冲突的点。由于厂区范围较小，地形复杂，所以道路的交叉路口较多。车辆通过时，由于厂房、货垛、仓库和其他设施的影响，会使驾驶员的视线受到障碍，产生视线盲区；又由于企业内十字路口和T形路口所形成的冲突点和交织点，使企业内交通流更加复杂,事故频率很高。企业内交叉路口事故的形式主要有左侧来车相撞、右侧来车相撞、左转弯撞车、右转弯伤人、撞自行车等。企业内交叉路口一般没有交通管理人员和指挥信号,两路支线、干线不分,双方车速较快,观察瞭望不够,以及在同级企业内道路上违反右侧无来车优先通行的原则等,支线、干线互不相让发生事故。

企业内机动车辆驾驶员必须严格遵守《工业企业厂内运输安全规程》中通过企业内交叉路口速度不准超过 15 km/h 的规定。不准抢道通过路口。随车人员应提高安全意识,禁止违章乘车,禁止客货混载。企业内机动车辆在进入交叉路口前要控制行车速度,按规定不得超过15 km/h。遇到路面狭窄、视线盲区大的交叉路口,速度以 5 km/h 为宜。企业内机动车辆通过交叉路口时要加强瞭望,在确认路口内行人、车辆等安全无误后,方准驶入。车辆通过交叉路口需变道行驶时,应提前打开转向灯。车辆左转弯时不得占线,不得妨碍其他车辆行驶。车辆左转弯时,因道路上冲突点增多,要小心谨慎驾驶。车辆变道行驶应注意与车辆两侧的行人、车、物保持足够的横向安全间距。利用变道转弯的时机观察后视镜,防止发生后轮掉沟、撞建筑物或横切路口转角面以及车开到人行道上的撞人事故。

4. 会车肇事

企业内道路一般比较狭窄,会车时发生事故较多。主要原因是一侧或两侧车辆越过中心线所致。企业内机动车辆行驶时为了躲避障碍物,超越其他非机动车,弯道视线不良等经常借道行驶,企业内会车事故的发生多是由于强行借道造成的,这是严令禁止的。也有时通过非常狭窄的路段时出现会车刮碰事故。企业内会车常见的事故形式有会车相碰、拖带挂车会车相刮、会车中撞前方非机动车、右转弯占线(转大弯)会车相撞以及左转弯占线(转小弯)会车相撞等。

厂区道路狭窄,地域小,汽车在行驶时经常与迎面的车辆相会。会车时，要根据道路宽窄、视线好坏、行车速度的快慢、相距的远近等条件，选择会车地点进行会车。企业内会车要保持适当的侧向距离。车辆行驶在厂区狭窄道路交会时的最高车速为 3 km/h，侧向间距一般以 0.6~1.2 m 为宜。车轮至路边最短距离也以 0.6~1 m 为宜。窄路会车要降低车速，防止汽车侧向摆动较大而产生刮碰事故。当汽车前进方向有障碍物而两车相遇时，必须根据机动车右侧通行的原则，让对方没有障碍物的车辆先行，不准争道抢行。会车时如遇有要超越的车辆，应主动让车，使对方通过，避免横向拥挤。在冰雪或泥泞的滑路上会车时，车速要提前降到能够安全会车的较低速度，会车时不准使用制动装置，以防止侧滑。转弯会车时，视线受阻，两车要分别以大半径转弯和小半径转弯，严格从中心线分开。拖带挂车会车时，因挂车有一定的侧向摆动和位移，必须加大侧向间距。拖带挂车尽量不在转弯处交会。厂区内夜间会车时要注意灯光的使用，掌握好方向靠右慢行，应特别注意观察前方有无行人、障碍物等，以免发生事故。

5. 超车肇事

各种车辆在企业内道路上行驶时，由于车型、功率、负载状况、车辆技术状况以及驾驶员技术水平的不同，行驶速度不同，必然出现彼此超越现象。超车的特点有：超车车速较快；超车车距过近；超越车一方要占中线或左线借道行驶。企业内超车常见的事故形式包括：超车追尾事故；超车并行刮碰事故；超车占中线或左线撞自行车或行人事故；超车中翻出路外事故；超车后过早驶入被超车前撞车事故；超车时与迎面来车相撞事故；违章右侧超车被刮事故；过凸形路超车相撞事故；右边道路会合点超车相撞事故等。在企业内超车时应做好超车准备，执行超车程序（机动车超车前先按喇叭，夜间用断续灯光示意，待前车让路后从左侧超越，超越后在不影响被超越车辆行驶的情况下，再驶入正常的行驶路线），掌握好超车距离，一般离前车 20~30 m 处给出超车信号,距后车 20~30 m 再并线。尽量避免在迎面来车时超车,若时间控制不好容易出事故。被超越车遇前方有障碍物或禁止超越的目标时,应按喇叭(或用手势)示意。根据厂区、码头、站台等道路情况,下列情况禁止超车:厂区十字交叉路口或其他路口;车间、仓库、办公室等门口,货场或货垛通道门 5 m 以内的车行道,窄梁,陡坡,限制车速在 15 km/h 以内的地段;风沙、雨、雪、雾等天气和灰尘飞扬路段,道路结冰、泥泞路等;冬季风窗玻璃有冰霜或者是斜阳刺眼使视线不清楚时;拖拉损坏车辆前方有障碍物,前车不让,载运危险物,前车车辆正在超越其他车辆时,均不能超车。

6. 翻车肇事

企业内机动车辆翻车事故通常在转向行驶受较大横向力时出现。机动车转弯行驶时要产生离心力。根据力学原理,离心力的大小与车速的平方成正比,与车的质量成正比,同时与转弯半径的大小成反比。也就是说车速越快,离心力越大,车速增加到两倍,离心力增加到 4 倍;车速增加到 3 倍,离心力就要增加到 9 倍。车越重,转弯半径越小,产生的离心力越大。机动车行驶的离心力越大,受到的横向离心力也就越大。除离心力影响横向力之外,机动车前轮转向时的回转角度也对其有一定影响。机动车受其他的力,如横向风力、坡道行驶的重力分力等,也要产生横向力。所以车辆在高速行驶时,急转弯和下坡等情况下,如果驾驶员操作不当,容易出现横向翻车。

机动车高速行驶急转弯时,若转向不及时,在横向力的作用下,车辆易冲出道路外面或掉到路侧的沟里,从而造成翻车事故。车辆在光滑泥泞或冰雾路面转弯时,在横向力的作用下产生侧滑,使车辆直接滑到沟里,或者横滑时路面不平,有障碍物,从而造成翻车事故。在附着系数很大、道路良好的路面上,机动车重心很高,在较大的横向力作用下也可导致翻车。其他方面,例如,轮胎放炮和其他部件损坏,企业内机动车辆装载偏高或行驶中装载物滑向一侧以及企业内道路损坏等，也会出现横向翻车事故。

为防止企业内机动车辆翻车事故的发生，驾驶员必须遵守《工业企业厂内运输安全规程》中行驶速度的规定：最高行驶速度为 15 km/h，转弯时为 10 km/h，结冰、积雪、积水、泥泞道路为 5 km/h，厂区狭窄道路交会时的最高时速为 3 km/h。转向不能过急，转向时转弯半径不能过小，弯道行驶要做到减速，鸣笛，右侧行驶。企业内机动车辆禁止超载，车上货物装载不要过高，不要将料装偏斜，以免失去稳定性。装载易滑物质时要有防滑措施，以防止转弯或急转弯时货物滑向一侧而导致平地翻车。加强车辆技术维护，以防止轮胎突爆、机件失灵等翻车事故的发生。企业内特种车辆作业时，如叉车、装载机、吊车等，应认真执行本工种安全技术操作规程，保证安全作业，以防止翻车。车辆转向一般可分为三个阶段：开始阶段，转向半径逐渐变小，靠近中心线行驶；第二阶段为转向半径不变阶段，要控制车速；第三阶段为转向回正阶段，转向半径逐渐增大，此阶段转向回轮快，可减小横向作用力，对行车安全有利。

7. 倒车肇事

在车辆运行的过程中，当用前进挡不能行驶至需要的地方时（如装卸点、仓库厂房内等），就必须通过倒车来达到使用要求。企业内机动车辆运输距离短，往返频率高，因此增加了车辆的倒车次数；又由于倒车时视线盲区大，观察不方便，所以企业内倒车事故经常发生。

企业内机动车驾驶员倒车时必须做到以下几点：厂区道路复杂，倒车前必须选择好倒车地点和路线；倒车起步时应观察一下四周情况，确认安全后按喇叭起步，均匀、缓慢后倒；在厂房、料场、仓库、窄路、视线不良地区倒车时，必须有专人指挥倒车。企业内机动车辆在平交道口、桥梁、隧道和危险地段等不准倒车。保持企业内机动车辆技术状况良好，防止倒车起步时突然窜出。

8. 企业内停车肇事

厂区道路比较狭窄，若停车不当占道，很容易发生撞车伤人事故。若停在视距短或视线盲区的地方，很容易发生车辆相撞事故。驶入或离开路边时，若观察不周，也容易发生撞车伤人事故。

企业内机动车辆必须按照规定地点依次停放。临时停车应靠道路右侧，不得妨碍其他车辆通行。驾驶员离车前应拉紧驻车制动器操纵手柄，切断电路，锁好车门。企业内停车必须选择宽阔、平坦、坚硬的路面，视线要好，不影响其他车交会。企业内不准两车并停，不得逆向停车。特殊情况必须在弯道或坡道停车时，除必要的安全措施外，驾驶员不准离车。企业内道路下列地点不得停放车辆：距通勤车站、加油站、消防车库门口和消火栓 20 m 以内的地段；距交叉路口、转弯处、隧道、桥梁、危险地段、地中衡和厂房、仓库、职工医院大门 15 m 以内的地段；纵坡大于 5% 的路段；道路一侧有障碍物时，对面一侧与障碍物长度相等的地段两端各 20 m 以内。企业内机动车辆装载危险品时禁止停车。若确需停车时应避开人员稠密地带以及车辆、建筑物等，还须认真看守，以防止发生意外。

9. 企业内平交道口肇事

企业内的平交道口是事故的多发地点，它的事故特点包括：通过无人看守道口抢道；通过有人看守道口时思想麻痹及驾驶技术不佳，在道口上熄火；机动车技术状况不良，通过铁道口发生事故等。常见的企业内平交道口事故形式有机动车与火车相撞、通过道口横杆伤人、机动车过道口被吊钩吊起等。

企业内平交道口事故的发生很频繁，根据《工业企业厂内运输安全规程》规定，机动车行驶至平交道口时，必须遵守下列规定：提前减速；通过有人看守道口时，要做到"一慢、二看、三通过"，遇道口栏杆放下或发出停车信号时，须依次停于停车线以外，无停车线时应停在距钢轨 5 m 以外，严禁抢道通过；通过无人看守道口时，机动车驾驶员距道口 15 m 处应能看到两侧各 200 m 以外的火车；车辆占用一部分无人看守道口时，机动车不得通过；通勤客车与载人的货车应按指定的路线行驶，不得任意改线，并尽量避免通过无人看守道口，如必须通过无人看守道口时，在通行前应派人做好监护；机动车发生故障被迫停在无人看守道口时，乘车人员、驾驶人员应立即下车到安全地点，驾驶员应采取紧急措施设置防护信号，并使车辆尽快让开道口；在一定时间内，机动车频繁通过无人看守道口时，应由用车单位派人看守；车辆通过平交通口，有人看守时车速最高为 15 km/h，无人看守时最高为 10 km/h，不得超速抢行；通过平交道口的车辆应平稳供油，以防止熄火，禁止超车，不准换挡，不能踩下离合器踏板，更不准停车，跟随前车通过道口时，须待前车驶离铁轨 10 m 以外方可跟随通过；企业应加强对平交通口的管理，保持道口栏杆、灯光、声响、指挥信号等安全设施齐全、有效。

10. 企业内夜间行车肇事

企业内机动车辆为了适应企业生产状态的需要，常常需要倒班作业，夜间驾驶情况较复杂。由于夜间道路视界不清，视线不良，并失去空间观念，又由于企业内道路盲区多，进出厂房频繁，视力反差大，给安全行车带来很大的困难。此外，驾驶员打破了白天工作、夜间休息的习惯，容易产生疲劳。夜间会车时灯光照射瞬间炫目，以及夜间比较安静，驾驶员易超速行驶。遇突发情况难以处理，容易发生事故。

企业内夜间行车要注意控制车速。一般情况下，车速应比白天低一些，更不能超出《企业内运输安全规程》所规定的速度。行车中利用灯光照明来改变行车条件。如遇企业内灯光交错或雨天光滑沥青路面光线反射强烈，应打开前小灯（驻车灯）和夜行示宽灯，降低车速。随时注意从厂房出来的人，防止意外。夜间行车要注意安全礼让，厂区道路比较狭窄，会车时要注意车前行人及障碍物情况。一般情况下不要超车,同时注意前车转向灯和制动灯,以防止突然转弯和停车。夜间长时间驾驶易疲劳,拂晓前易打瞌睡,如果出现大脑抑制状态或半抑制状态时,绝不能勉强坚持,应停车适当休息后方可继续驾驶。

11. 吊车装卸作业肇事

吊车装卸作业肇事主要表现在作业地点变换大,作业环境不良,作业空间受限,驾驶员、起重工在不熟悉作业环境、安全防范措施不完善的情况下发生事故。

吊车装卸作业事故的常见形式是:在高压输电线下作业,吊臂杆起升,摆杆或运行吊车移位时,吊臂杆接触电线造成起重工(此时起重工往往手捧吊物钢丝绳)电击死亡。这类事故相当突出,并且有时还造成驾驶员伤亡。因为当驾驶员看到地面人员倒地后,忘记落杆或移车(吊车此时仍在带电)便慌忙下车,由于手没脱离车门脚却已着地,所以跨步电压造成驾驶员触电。

吊物悬空过程中,由于吊挂位置不当、绳索滑脱、吊具突然损坏(如钢丝绳和吊钩断裂)等,使吊物坠落砸伤人。在吊装过程中,吊钩歪拉斜拽吊物,当吊物突然离地时因悠摆撞挤伤人。在吊装过程中,由于车身突然倾斜造成吊具悠摆伤人和吊车翻车伤人。在吊物摆杆过程中,吊物撞碰人员或其他设施造成伤亡事故。

吊车装卸作业注意事项:吊车进入现场后,驾驶员、指挥人员应认真观察作业空间、场地环境,采取防范措施,创造安全作业条件,在吊装、吊卸过程中,驾驶员不但要服从指挥,还要加强起吊、摆杆、落物时的瞭望,严格遵守安全操作规程。尽量避免在高压输电线下作业,如若不可避免,应在能保证安全(如吊臂杆、吊具、吊物与电线有足够的安全间距,由专人指挥、专人监护等)的前提下作业,不得冒险蛮干。一旦吊车的某个部位接触电线,应立即采取有效措施防止人员触电。

在进行第一吊操作时,一定要进行试吊,确认起重量合适,车辆稳定,安全防护装置、指示装置均正常时方可继续作业。吊装、吊卸作业必须有专人指挥,指挥信号(手势等)应明确、统一。不准在无专人指挥或多人指挥的情况下进行装卸作业。监督起重工须按安全规程使用吊具及挂吊、摘吊。吊具、辅具、各种安全防护装置、指示装置以及车辆技术状况要保持完好、可靠。

汽车起重机支腿处地面应坚实,支腿垫块的面积、强度应符合要求,车身支立平衡、可靠。运行吊车左、右轮的行驶路面坚实情况应一致。在松软的沟、坑附近行驶时,应保证车轮下方路面不塌方,车轮不下陷。在吊装、吊卸作业中,集中精力加强瞭望,起吊、摆杆、落物操作应平稳。杜绝歪拉斜拽等违章操作,拒绝违章指挥。

12. 企业内机动车辆技术状况不良肇事

企业内机动车辆技术状况的好坏对安全行车起着重要的作用。随着生产的发展,企业内机动车辆逐年增多,但一般单位维修工作跟不上。有的企业领导往往认为车辆仅在厂区行驶,速度又慢,有些小毛病问题不大。这种认识是错误的,企业内机动车辆的技术状况需要加强,尤其是转向装置、制动装置的技术状况影响最大,其他如轮胎、灯光、刮水器、喇叭、后视镜等也必须齐全、有效。

根据《工业企业厂内运输安全规程》的有关规定,企业内机动车辆必须达到下列完好程度才允许行驶:企业内机动车辆,按交通安全管理部门规定的时间接受检验。机动车辆的制动器、转向器、喇叭、灯光、刮水器和后视镜必须保持齐全、有效。行驶途中如制动器、转向器、喇叭、灯光发生故障或雨雪天刮水器发生故障时,应停车修复后方可继续行驶。大型客车应有向驾驶员发送信号和开关车门的装置,保持完好、有效。企业内机动车辆安全技术标准可参照国家标准《机动车运行安全技术条件》(GB 7258—2004)执行。企业内机动车辆驾驶员必须对自己的车辆经常检查，认真维护，发现问题及时维修，使车辆处于完好状态。

二、企业内机动车辆装卸作业典型事故案例解析

企业内机动车辆装卸作业事故多发生在其装卸过程中，机动车辆装卸事故主要包括：装卸超载使车辆失去纵向平衡，发生前翻或突然移位伤人；叉载物品从货叉上滚落碰砸伤人；铲车铲斗伤人；装载退行伤人等。现用以下典型事故案例来给企业内叉车驾驶员敲一次警钟。

1. 叉车装载小锅炉，横放滚动人伤亡

某公司叉车驾驶员甲驾驶 3 t 平衡式叉车帮助木器加工厂进行小锅炉移位安装（锅炉直径为 1.5 m、长 2.3 m、钢板壁厚 16 mm），装卸工和起重工共五人手扶手推车等待装运。当甲把锅炉叉起后，第一次没落到中心，使手推车失去平衡，发生前倾。这时指挥装卸的班长乙赶紧喊停，又跑到料堆找来两根 1 150 mm×150 mm×150 mm 的木方横放在手推车上方，并叫其余四人在手推车两侧扶住小锅炉与木方，由他亲自扶住车把。当第二次叉车把锅炉放在手推车上时，叉齿往下放时锅炉稳定了一会，当叉车刚离开小锅炉的一瞬间，锅炉向车把方向滚动，乙因扶不住车把，被车把带动趴到车把上，锅炉从乙的身上滚过去，乙当场死亡。

该起事故的主要原因是叉车驾驶员甲和装卸工等不了解装卸物品的性能，违反规定蛮干（锅炉质量接近 1.5 t），用手推车横向搬运滚动物品造成的。但事后综合分析事故原因时发现，该起事故的原因是多方面的。有领导上的盲目指挥，当时厂长、调度员都在现场，也帮助出了主意，但没有制止。责任者（被害人）乙事故发生当天为了赶任务，中午没有休息，下午又连续作业。错误地认为只要掌握手推车的平衡，小锅炉是不会发生滚动的。实际上情况并非如此，乙自身的力量根本无法使手推车平衡，更难以控制锅炉的滚动。

2. 铲车将要后溜，冒险穿越受伤

某仓库铲车驾驶员甲驾驶铲车从地磅上铲边角料，升起铲臂以后，铲车沿斜坡倒溜 70 cm 左右熄火，甲便再次发动。水处理工乙喊道：车后面有人，等一下开车。甲未回头就挂挡，致使车辆往后倒，将乙的右腿夹在料架与车尾之间，造成骨折。

原因分析：驾驶员安全意识淡薄。第一次铲车倒溜 70 cm 熄火停车，始终没踩制动踏板，也没有向后瞭望；再次发动车继续后退，还是没有观察后方；乙明知铲车后溜，仍冒险穿越。

3. 汽车载货高速转弯，人员滑下当场砸亡

某厂驾驶员李某驾驶企业内机动车辆执行运输车床的任务。车开到装运机床的机修车间时，李因有事让跟车实习的驾驶员王某单独执行任务。装车时，因为是企业内运输，几分钟就到了，装卸工没在车床下面垫木板，也没用绳子固定。只是口头告诉王，慢一点开。装卸工甲站在车厢右后角，两名起重工乙和丙站在车厢右前角。车床长 3.17 m，高 1.36 m，重 4 t。因车床较长；车厢后栏板未关。汽车起步后，以 30 km/h 以上的速度行驶。当行至厂区中心十字路口时，忽然发现一辆自行车迎面而来。王急按喇叭，并迅速踩制动踏板减速，此时车速仍在 20 km/h 以上。这时，汽车已到十字路口，王在慌乱中急忙左转弯，车床受离心力的作用，撞坏右侧车厢栏板从汽车上甩下。装卸工甲同时被车床挤下地，头部被车床压碎，当场死亡。乙和丙同时从车上甩下。乙被车上甩下的铁棍击断三根肋骨，丙的脚被铁棍砸伤。

原因分析：实习驾驶员操作不当，不掌握企业内安全行车要求，盲目高速行车。转弯前没有提前减速，忙乱中临近转弯采取措施已来不及，造成高速转弯。实习驾驶员行车经验不足，不知汽车时速与离心力的关系。汽车转弯时没有减速，只是在处理情况时踩下制动踏板，造成离心力过大，以至于将车床和甲、乙、丙三人同时甩下车。装卸工思想麻痹，装车不牢。汽车车厢底铺有铁皮，很光滑，装车时未垫木板，又没有绑牢，埋下事故隐

患。驾驶员擅离职守，随意将车交给非正式驾驶员单独驾驶，以至于造成事故。

4. 推土机停车又前进，违章驾车铲断双腿

推土机驾驶员在煤场推煤结束后，本应将推土机开进车间内停放，但因当时停电，车间电动大门无法打开，故将推土机停放在车间门洞内。下午上班后，班长甲指派推土机驾驶员乙将车开进车间，由丙进行指挥（丙当时已在现场）。甲、乙两人一起来到车间门洞内，看到丁在丙的指挥下正向车间开推土机。推土机开进车间1 m多后，丙站在推土机前给丁停车手势，丁立即将车停下。丁下车前又一次踩下加速踏板，此时推土机猛然向前冲去，丙躲闪不及，被推土机顶于铁柱上，双腿从膝盖处被铲刃铲断，造成重伤。

原因分析：该推土机是本厂自行改装的，变速杆推到空挡位置后，如果操作不当，会造成摘挡不彻底，传动齿轮尚有小部分相接触。而丁非驾驶员，不掌握操作技术，不了解该车的性能，以至于造成事故。领导对安全不重视，对非驾驶员开车不加以制止；对丙指挥车辆所站位置不当也未加以提示，是造成事故的重要原因。

5. 履带拖拉机自溜，修理工忙乱中被轧腿

某安装工将东方红—76履带拖拉机开到厂房前，调好制动踏板后开至汽车库左侧10°～16°下坡场地上（路面较硬），准备加水冲洗和修理车灯。当时在拖拉机前4～6 m处停着一辆汽车。甲将变速杆移至空挡，将节气门调小，但没有熄火，就跳下车去取水管。不多时，有人发现拖拉机溜坡，就急忙高喊：车跑了。安装工听见喊声，看到拖拉机向前移动，怕撞坏汽车，急忙跑到车侧面，想爬到驾驶室内去抓转向盘，但未能上去。就急忙从旁边捡起一块砖垫在左履带下，砖被轧碎，拖拉机继续向前移动，安装工用肩膀抵住拖拉机水箱，但力不能及，失足滑倒，与此同时，在现场的另一工人也向右履带下投砖头、木块，方使车停止

移动，但拖拉机左履带板已将安装工的右腿轧住。救出安装工后急忙送往医院抢救。经检查右腿开放性骨折。

事故发生后，将拖拉机停在30°的斜坡上进行试验，证明制动可靠、有效。履带拖拉机操作者系安装修理工，没有经过正式培训，缺乏安全驾驶经验。斜坡停车虽在空挡，但未将拖拉机制动锁死，发动机又未熄火。车在斜坡上本来就有下滑分力，由于发动机运转时振动，必然引起整车振动，造成溜坡。安装工发现拖拉机下溜后，采取措施不当，是造成轧伤的直接原因。

6. 履带起重机超载，无证驾驶倾翻人亡

装卸工甲、乙、丁与15 t履带起重机驾驶员丙一起用起重机配合汽车吊卸钢材入库，工作进行得很顺利。下午，丙因另有任务，让装卸工丁驾驶起重机，甲、乙二人配合吊卸。丁操纵起重机将钢材吊起后，吊臂由东向南转，刚转动了1°多，起重机翻倒。站在汽车车厢上等着摘吊钩的乙突然发现吊着钢材的吊臂向自己所站的位置砸来。连忙跳车躲避，但由于跳车后未来得及离开危险区，仍被倾倒的吊臂顶端砸住了头部，经抢救无效死亡。

原因分析：事故发生后，对所吊钢材的质量进行了核算，达一万多千克，当时吊臂幅度为8 m，在使用说明书中规定：幅度为7.5 m时，起重量为7 200 kg；幅度为10 m时，起重量为4 800 kg。所以，幅度为8 m时，吊重一万多千克，起重机超过额定起重量一倍多，致使起重机失去平衡而翻倒。装卸人员对钢材质量估算错误，将10 t重的钢材估计为5 t左右，造成超载。起重机驾驶员失职，让非驾驶员操纵起重机。丁为装卸工，未经正式培训和考核，不懂操作技术。吊臂转向时，起重机因超载出现倾斜，丁错误地急忙使吊臂停止转向，由于制动时重物及吊臂的惯性更促使了起重机的翻倒。起重机作业时，装卸人员在危险区内等着摘钩，严重违章。

7. 汽车吊臂杆触电，同胞兄弟双双身亡

某厂吊车驾驶员甲为某单位吊装整包薄板（外形尺寸为

2 000 mm×1 000 mm×1.0 mm，质量接近 3 000 kg）。吊车作业现场的上空有架空输电线（220 V），地面不平坦。吊车驾驶员甲将车开至货位，由取货单位的汽车两装卸工（两人为同胞兄弟）挂钩。起吊后，吊车开至汽车尾部，将薄板包落放在车厢里。由于事先没有给薄板包底面设置垫块，所以薄板包所挂钢丝绳被压住，人力抽不出来，为此吊车驾驶员甲便进行倒车抽绳操作。在倒车的过程中，吊臂杆头部与两根架空输电裸线接触，致使站在汽车车厢上手扶钢丝绳的装卸工触电。装卸工见其弟弟手冒弧光，拽着钢丝绳倒在车厢上，便急忙上前用双手为弟弟掰手抽钢丝绳，结果也随即触电，在送医院抢救途中兄弟双双身亡。

原因分析：吊车进入作业现场，驾驶员应认真观察作业现场的地面、空间有无妨碍吊装作业的人、物或其他设施（如输电线等）。若有架空输电线，且需要在电线下作业，应使吊臂杆、吊具、吊物等与电线保持安全间距。在这起事故中，驾驶员甲进入现场没有认真观察现场的安全状况，没有注意到电线距地面高度和地面不平的情况，吊臂杆起升高度与架空电线没有安全间距。所以，吊车吊物经过电线时，由于吊车钢板弹簧、车轮轮胎负重（车身高度下降）使吊臂杆与架空电线略有间距。当吊车卸载后，吊臂杆高度回升，且两前轮压在地面凸起处，所以当吊车卸载时，吊臂与电线接触。吊车驾驶员作业前没认真观察作业现场安全情况，没使吊臂杆与电线保持安全间距，违章作业是造成这起事故的直接原因和主要原因。该起事故本不应该两人死亡，但由于见其弟弟触电倒下，哥哥便不顾一切扑上去直接用手相救。可见，缺乏电气安全知识，采取措施不当，感情用事是造成第二人死亡的直接原因。

三、企业内机动车辆多发事故的原因分析

1. 企业内机动车辆违章驾驶

（1）无证驾车。机动车辆具有较为复杂的力学性能，驾驶机动车辆前必须掌握一定的机械常识和驾驶技术，熟悉各项安全

操作规程，并能在实际驾驶中达到一定的熟练程度。为此，根据国家标准，企业内机动车辆驾驶员为特种作业人员，需经专业安全技术培训，考核合格并取得驾驶证后方可独立驾驶。而非机动车辆驾驶人员，由于没经过专门的学习和实践，不具备驾驶能力，不掌握机动车辆的力学性能，更不懂安全操作规程和安全规定。所以，无证驾驶车辆，严重危害国家财产和人民的生命安全，必须严格禁止。

(2) 人货混载事故。企业内机动车辆在执行运输任务时，由于运距短，经常出现人货混载现象。所以，人货混载事故经常发生。禁止人货混载是为了保障乘车人的安全，避免发生人身伤害事故。

人货混载的危害主要表现在以下几个方面：企业内机动车辆行驶时，路面情况复杂多变，当出现紧急情况时，驾驶员会紧急制动或转向，人和货物在车内不稳定，车辆产生的惯性力将使车内的人和货物产生碰撞、挤压，发生人身伤亡事故。企业内机动车辆在转弯或紧急转向时，由于惯性和离心力的作用，使人或货物在车厢内产生运动，从而造成人、货碰撞或把人和货物抛出车外的伤害事故。厂区内路面不良，车辆行驶时摇摆、颠簸，使车内人和货物产生运动，发生相撞而造成事故。

(3) 违章超车。企业内机动车辆类型复杂，速度也必然不同，经常出现超车现象。为了合理地使用道路，超车也是必要的。企业内道路比较狭窄，超车事故概率较高。为了防止发生超车事故，企业内机动车辆除遵守有关安全规定外，下列情况不准超车：经过交叉路口、车间仓库门口、货场或货垛通道口 5 m 以内的车行道、窄桥、陡坡以及限速 15 km/h 以内的地段；下雪，道路结冰，雨、雾视线不清，拖拉损坏的车辆，前方有障碍物；前车不让，载运危险物，前方车辆正在超越其他车辆。

(4) 酒后驾车。企业内机动车辆驾驶员由于在企业内工作，管理不严，饮酒现象时有发生。驾驶员饮酒后，由于酒精的作用,使人的神经由兴奋到抑制。当处于兴奋状态时,容易开"英雄车";当转入抑制状态时,使人精神恍惚,思维能力下降,反应迟钝,使驾驶员分析、判断或处理意外情况的能力下降,极易发生行车事故。

(5) 不按规定装载。例如,有的车辆装载超重、超高、超宽、超长,有的驾驶室人员超载,还有的车厢外、车顶、车门站人等,均属于不按规定装载。企业内机动车辆由于任务重,运距短,所以超重现象特别严重,必须严格加以限制。超重使车辆轮胎的负荷过大,变形严重,容易导致轮胎爆裂,造成行车事故;超重使车辆转向时离心力增大,操作困难;同时,超重使车辆的制动性能降低,制动距离延长,扩大了车辆的非安全区,增加了事故发生的可能性;超重会使车架变形,钢板弹簧折断,发生行车事故。

除了上述内容之外,还有不按规定试车;不按规定停车;有车超越时故意不让,在路中行驶,左右摇摆,或让车不让速。会车不减速,不按喇叭,在企业内狭窄地方不礼让三先(即先让、先慢、先停)。企业内机动车辆转弯时习惯上不开转向灯,不伸手示意,而是超速行驶,占线行驶,抢道行驶等。

2. 企业内机动车辆高速行驶

企业内机动车辆事故有 50% 以上与高速行驶有关。所谓高速行驶,是指超过企业内运输安全规程所规定的行驶速度。车速快破坏了车辆的操纵性和稳定性,延长了驾驶员的反应时间和机械反应时间内车辆所行驶的距离,以及车辆本身的制动距离,扩大了制动的非安全区,使驾驶员的正常思维能力受限,容易产生错误的判断和操作,导致事故发生。

3. 车辆技术状况不良

企业内机动车辆的安全技术标准要执行国家标准《机动车运行安全技术条件》(GB 7258—2004)。由于企业内机动车辆经常从事短距生产运输工作,特种车辆多,技术保修工力量不足。所以，企业内机动车辆由于技术状况不良引发的事故比例很大。据统计，由于防护装置缺乏、有缺陷，保险装置缺乏、有缺陷，车辆有缺陷，设计缺陷，信号缺陷，附件缺陷等原因引起的企业内机动车辆事故占有较大的比重。有时，管理者违章指挥，使企业内机动车辆带病行驶，不但不能保证行车安全，而且埋下了事故隐患。

4. 驾驶技术不熟练

有的驾驶员不熟悉车辆性能，不了解企业内道路行车特点，不能正确判断路面的复杂情况，缺乏安全行车知识，致使出现险情时惊慌失措。在企业内机动车辆伤害事故分析中，由于不懂操作技术和操作失误也是重要因素之一。所以，为了减少企业内机动车辆伤害事故，驾驶员的驾驶技术必须提高。

5. 企业内道路状况不好

企业内道路一般条件较差，由于厂房、仓库等建筑物的影响，视线盲区很多。企业内的视线盲区往往是事故的多发地段，尤其是企业内无人看守平交道口处的视线盲区，危害性更大。另外，由于企业内的交通标志及安全设施不完善，也容易发生事故。

企业内道路应符合《工业企业厂内运输安全规程》的要求，不符合要求的应立即整改，原有的永久性构筑物可在改、扩建时再解决，但必须装设明显的安全标志。由于企业内道路的特殊情况，车辆的速度限制较为严格。根据安全规程规定：企业内最高车速为 30 km/h。这为保证企业内安全行车创造了有利的条件。

四、企业内机动车辆事故的分析方法

大量的企业内机动车辆事故的统计分析表明，企业内机动车辆事故所占比例很大，这主要是企业内运输车辆不断增加的缘故。用企业内机动车辆运输代替了人力搬运，提高了生产效率，但是由于企业内机动车辆车种复杂，机动性强，道路环境条件较差，管理不善等原因，直接增加了企业内机动车辆的不安全因素。为了便于吸取教训，现将企业内机动车辆伤害事故的分析方法做概略介绍。

1. 交通事故的分析方法

车祸的发生有其各种各样的原因，涉及面广，错综复杂。

（1）分析交通事故原因的目的。根据分析结论，加强安全管理，改善交通环境；有针对性地对交通事故元素中的人进行教育；为采取行政、技术和教育方面的措施提供依据；最终确保交通安全，减少交通事故的发生。

虽然交通事故的现象千变万化，事故的原因非常复杂，但应通过对导致交通事故的人、车、路、交通环境等情况调查了解，进行综合研究及比较，在繁多的个性中找出共性，即规律，并分析主要矛盾及安全管理工作中的薄弱环节，以便采取防范措施，最大限度地减少一般事故，杜绝重大恶性事故的发生，以确保安全运行。

（2）交通事故的一般分析方法

1）统计分析法。是指依靠能够反映事实的数据资料（如次数、伤亡人数、时间、地点等）来客观反映事实，从而做出科学的推理和判断，揭示出其规律，进而采取防范措施。

2）分类法。分析交通事故时常采用按时间划分、按事故车辆划分、按道路划分以及按事故原因划分等分类方法。经过分类，把性质不同的数据以及错综复杂的交通事故原因划分清楚，理出头绪，给人一种明确、直观、有规律性的概念。

3）因果分析图法。把事故的原因尽可能客观、全面地画在图上，在分析原因时要从大到小，从粗到细，由表及里，寻根究底，直至能具体采取措施为止。

4）交通事故分析图法。即用事故状况和道路符号把实际发生的交通事故填在地图上，使人一目了然，便于查找原因。

2. 企业内机动车辆伤亡事故的状态分析

企业内机动车辆装卸、运输的生产状态分析主要包括生产秩序分析、生产均衡性分析和评价企业内运输物流。从系统工程学的观点出发，企业内运输物流的整体系统应包括人—车—路—法（如规章、法规管理等），信息—环境等子系统。在整体系统中，车辆子系统比人子系统可靠性高，因为车辆系统没有自由性，为了防止运输流的非正常流动，必须加强车辆的预防性维护。

人具有自由性，每个驾驶员的精神素质和心理特征不同，在完成企业内运输任务时是不稳定的，这就需要加强驾驶员的心理素质训练。它是指对驾驶员的心理过程和个性心理特征实施有良好标准的引导方法，使其在情绪、意志、思维等方面保持良好的心态，有强烈的责任心，有较强的注意力及控制力，能够冷静、果断地处理突发事件。驾驶员学习和应用健康驾驶心理知识，纠正不良的驾驶心理，是防止交通事故最重要的前提。

在运输生产现场，除了驾驶员的不安全行为和车辆的不安全状态原因造成事故之外，生产所用的原料、材料、半成品、工具以及边角废料等物质如放置不当，也会给车辆运输带来不安全因素，这就是运输作业环境的生产秩序问题。

要想保证企业内机动车辆运输的生产均衡，就必须使企业内运输流经常保持畅通。有时因指挥不当或生产过程的狭窄部分而使生产物质过于积聚，或因事故使运输流暂时中断，都会破坏企业内运输的生产均衡。而企业内正常运输生产状态被打乱之后，事故的发生尤为频繁。当前，对于多数企业的企业内运输的生产状态，由于运输流组织的不合理，物质搬运距离长，必须尽量缩短物质的搬运距离，这不仅可以提高生产效率，降低成本，而且能大幅度降低伤亡事故的频率。

五、企业内机动车辆事故的预防

"安全第一，预防为主"是企业运输管理的一贯方针。所谓安全第一，就是树立对国家和人民生命财产高度负责的精神，把安全工作当做头等大事，放在一切工作的首位。切实做到"先安全后生产，不安全不生产，抓安全促生产"。在运输生产过程中，为体现"安全为了生产,生产必须安全"的宗旨,强调做好事故发生的事前控制,防患于未然。

企业内机动车辆事故一般分为自然事故和人为事故两大类。自然事故(如洪水、地震、风暴等)只能尽早预测,采取防灾措施,缩小灾害程度。但所有人为车辆事故都是可以预先防止的。所以,必须从人为车辆事故是可以防止的这一基本原则出发,探求企业内机动车辆事故的特殊性与普遍性(即个性与共性),防止企业内机动车辆伤害事故的发生。

1. 构成企业内机动车辆事故的基本要素

从事故的分析中可以看出,各种类型的企业内机动车辆伤害事故都有一个共性,就是每一起车辆事故都是由人、车辆、路和环境四个基本要素构成的。

(1) 人。企业内机动车辆事故的发生基本上都与人有关。如领导违章指挥会造成管理上的缺陷;驾驶员的违章行为会构成车的不安全状态;行人的违规行为会给路上增加矛盾交织危险点,形成事故隐患。而人是有差异的,造成差异的原因是多方面的,如遗传的原因、社会的原因、生活习惯的原因等。人不同于机器,人是有思维的。驾驶员在判断行车过程中,就是大脑的思维在发生作用。但在完成某种既定的运动中,这种自由的思维反而成为弱点,使人的安全、可靠性比机器要差。从人的角度出发,预防企业内机动车辆事故,就是提高驾驶员驾驶车辆的安全可靠性。

(2) 车辆。车辆的固有属性及其所具有的潜在破坏能力表示行驶或工作的车辆处于不安全状态之中。这些不安全因素是随生产过程(即行驶过程)的存在而存在的。企业内机动车辆的不安全因素主要是带病行驶问题,这就使得潜在的破坏能力得以"发挥"。若车辆的故障不及时排除,无异于养虎为患,极易被这只铁虎吞噬。"行船漏水又不堵洞,岂有不沉之理"。车辆的不安全状态是客观存在的,它可以由一种形式转变为另一种形式。它转化为事故是有一定条件的。企业内机动车辆事故的预防就是要掌握这些转化条件,有的放矢地采取措施,消除这些转化条件。

(3) 路。道路是交通的必要基础,它的功能是供车辆行驶和人们行走。总的要求是安全、迅速、经济、舒适,其中安全是最重要的。根据国家标准《工业企业厂内铁路、道路运输安全规程》(GB 4387—2008) 的规定,道路必须保证有足够的视距,不得有妨碍驾驶员视线的障碍物。道路的质量、技术标准和事故有着直接的关系。若企业内道路弯道平曲线不合理,弯道外侧未设倾斜高度,致使车辆转弯时由于向心力过小而造成车辆侧滑和翻车事故。企业内道路竖曲线和凹形竖曲线不合理(半径小),就会造成车辆失重、操作失灵等事故。企业内道路平曲线(弯道)或竖曲线的视线盲区则易引发相撞事故。路湿或积雪,在紧急制动时车辆多发生侧滑、甩尾等行车事故。所以,要预防企业内机动车辆事故,加强企业内道路的维护与管理是必要的。

(4) 环境。任何车辆事故总在一定的环境中发生。环境条件影响人的因素、车辆的因素和道路因素。环境可分为社会环境、自然环境和生产环境。要预防企业内机动车辆事故,研究环境不利条件所带来的恶果是重要的。要想减少运输流的事故频率,必须减少人与车辆的接触机会。企业内运输机械化程度越来越高,这样虽然缩短了运输时间,有利于搬运工作安全,但事故类型也会随之发生质的变化。这就是由于人车混流,交通混乱,险象环生,因此造成了严重的安全隐患,事故处于增长的趋势。事故的严重程度处于增长的趋势。此外,随着运输距离的增长,企业内运输路线日趋复杂,这就与运输环境发生更密切的联系。这就要求对企业内的运输环境加强治理和整顿,以减少在企业内运输中因环境因素不良而导致的事故。

2. 企业内机动车辆事故的预防措施

企业内机动车辆事故的预防措施,从根本上说就是为了消除可能导致车辆发生事故的原因,要做到这一点,企业必须加强企业内机动车辆的安全管理。

(1) 工程技术措施。在企业内机动车辆管理中实施工程技术措施的目的是改善企业内机动车辆的作业环境,提高车辆安全技术状况和提高驾驶员的安全技术素质,保证全体职工的安全和健康。

改善企业内机动车辆运输作业环境,使企业内道路逐步达到《工业企业厂内运输安全规程》标准,减少视线盲区,提高夜间作业场所灯光照度。按国家标准《道路交通标志和标线》(GB 5768—1999)设置厂区交通安全标志。企业内机动车辆要定期进行检验,消除故障或隐患,要坚持按时维护,使车辆技术状况处于良好状态,按计划进行大修、中修,恢复车辆技术性能,按规定更新车辆,提高车辆的安全性和可靠性,严禁开带病车作业。要定期与不定期举办安全技术学习班,开展企业内机动车辆技术竞赛等,提高驾驶员安全技术素质。

(2) 安全教育措施。企业内机动车辆驾驶员从事的是特种作业,必须有针对性地进行安全教育和培训;否则,就很容易出现车辆事故。安全教育包括以下内容:一是安全知识教育。这是普及教育,把教材内容逐步灌输于人的大脑之中;二是安全技术教育。主要是安全技术操作规程教育。它需要进行多次反复训练直至形成生理条件反射,按顺序和要求去完成规定的操作;三是安全思想教育。树立"安全第一"的思想,清除头脑中那些不正确的知识和经验;四是典型事故案例教育。血写的教训带有普遍的教育意义,案例选择要有代表性。

(3) 管理措施。企业内车管安技部门应成为安全生产活动的组织者,例如,可开展安全宣传月、安全竞赛活动、安全技术革新运动、安全合理化建议活动、安全大检查、隐患整改、文明生产活动等。在企业车辆管理中推广和运用现代安全工程技术知识,如系统危险性评价、作业条件的危险性评价、车辆伤害事故发生可能性评价、故障树分析、生物节律原理在车辆运输安全管理上的应用等，以便做好事故的预测、预防工作。

第二节　企业内机动车辆和驾驶员的安全管理

一、企业内机动车辆和驾驶员安全管理的目的和措施

1. 企业内机动车辆和驾驶员安全管理的目的

明确运输安全管理的目的性：从宏观角度看，所谓运输安全管理，就是国家权力机关依据国家颁布的法规和标准，采取科学的措施和强制手段，对道路、车辆和行人的综合管理，其目的在于更好地发挥交通运输效能，提高道路通行能力，确保人民生命财产安全，促进社会主义建设。从微观角度看，即在企业内部应保证车辆和货运物资、人员安全到达，并在其行驶过程中不发生意外事故。运输安全工作的奋斗目标是：坚决防止重大恶性事故，最大限度地减少一般事故，安全、优质、高效、低耗地为社会主义现代化建设服务。企业内机动车辆和驾驶员安全管理的主要内容包括：保障企业内道路的畅通，提高道路的通过能力，尽量发挥企业内机动车辆的效能，提高企业经济效益；维护企业内交通秩序，减少企业内机动车辆的交通事故，保障国家和人民生命财产的安全；掌握企业内机动车辆的动态分布，配合有关部门组织和调度运输能力；为生产部门、物资供应部门以及运输部门提供有关情况；对企业内机动车辆的制造、改装、改造和保修以及在用车辆实行技术监督，以确保其经常处于良好的技术状况，延长企业内机动车辆的使用寿命。

2. 企业内机动车辆安全管理的基本措施

（1）建立健全机动车辆安全管理机构或设置专职人员，作为保证机动车辆安全运输的组织措施。

（2）认真宣传、贯彻并执行党和国家有关安全生产的方针、政策和指令。

(3) 认真执行企业内运输管理法规、法令、标准和技术规范，结合本企业工艺流程、物料的性质和运输量的大小，按照规程要求设置运输道路交通标志，选用运输方式等。

(4) 参照国家有关企业内运输的规程、法令、标准等的安全要求，结合本企业具体情况，制定厂区、车间、库房、堆站场的机动车行驶规则、货物装卸和搬运安全操作规程（或作业标准）以及企业内机动车辆的使用、检查、维修制度（规程或作业标准）等运输安全管理制度。

(5) 坚持日常安全教育和安全检查；认真对新驾驶员进行入厂三级安全教育和培训考核；对老驾驶员建立每年一次的定期复审制度。

(6) 对广大职工进行企业内交通安全知识和有关交通法规、制度知识的宣传教育。

(7) 对企业内机动车辆驾驶员定期进行身体检查，患有高血压、心脏病、色盲、耳聋、高度近视和精神病等禁忌驾驶者，以及患有其他妨碍安全驾驶疾病的驾驶员应及时掉换工作。

(8) 发放必要的个人劳动保护用品。

(9) 在努力做好预防事故发生的同时，对事故应认真做到"三不放过"，即事故原因分析不清不放过，事故责任者和职工未受到教育不放过；没有切实可靠的改进措施不放过。

(10) 认真管理企业内机动车辆技术档案（包括出厂合格证、审验表、安全评价检查表，以及其他有关的手续和技术资料）。

3. 建立健全各项规章制度

要确保企业内机动车辆装运安全，企业必须建立健全企业内机动车辆装运安全管理规章制度，使管理人员和企业内机动车辆驾驶员都有章可循。企业内机动车辆装运安全管理规章制度主要包括以下几点：

(1) 企业内机动车辆装运安全操作规程。

（2）企业内机动车辆驾驶员的安全教育制度。

（3）企业内机动车辆驾驶员的安全技术考核制度。企业内机动车辆驾驶员的考核、教育、培训、安全行车、违章、事故等情况应登记在各自的安全技术考核档案内。

（4）企业内机动车辆的检验制度。检查内容包括：企业内机动车辆驾驶员自检、企业定期及不定期检验、企业内机动车辆维护和修理后的检验等。

（5）企业内机动车辆的维护制度。企业内机动车辆应按使用说明书规定的维护周期、作业项目、作业标准等定期进行各级维护。

（6）企业内机动车辆的修理制度（大修、中修）。

（7）企业内机动车辆安全技术状况管理制度。企业内机动车辆的每次维护、大修、中修、检验、事故、主要技术特性等情况应登记在每辆车的档案内。

（8）企业内道路交通管理规则。企业应根据国家和上级主管部门颁布的有关法规，结合本企业情况制定对企业内机动车辆装运、行驶、道路、行人等的管理规则。

（9）奖惩制度（行政、经济的奖励和处罚）。

4. 安全技术措施

实施安全技术措施的主要目的是改善企业内机动车辆装运作业环境，维护好企业内机动车辆安全技术状况，保护操作者（驾驶员及装卸工）的安全和健康。

（1）改善车辆运输作业环境。采取措施减少驾驶员的视线盲区，尽力解决道路拥挤问题，提高夜间作业现场灯光照度，设置交通、安全标志牌等。

（2）努力提高企业内机动车辆的完好率。通过对企业内机动车辆的检验及时消除故障或隐患，坚持定期维护，使车辆技术状况处于良好状态；按计划进行车辆的大修、中修，全面恢复车辆各部位技术性能；及时更新、改造和报废老、旧车辆，提高车辆的安全性和可靠性,使车辆的完好率得以提高。

(3) 保护操作者的安全与健康。主要是改善操作者的作业条件和工作环境,及时消除车辆装运作业各环节的事故隐患,采取培训、考核等手段提高操作者的安全技术素质。

二、企业内机动车辆的安全规程

1. 车辆的安全规程

(1) 车辆必须安装车辆管理部门核发的号牌并随车携带行驶证,牌、证不得挪用、涂改、伪造。

(2) 车辆必须按车辆管理部门规定的时间接受检验。逾期未经检验的车辆不得行驶。

(3) 自制、改造和改装的车辆应有完整的技术文件和使用说明书。

(4) 建立车辆的安全技术档案,有计划地对车辆进行大修、中修、分级维护,及时排除运行故障,使车辆经常保持完好状态。新购、自制、改造、改装车辆须经试运转,待检验符合安全技术要求,并制定安全技术操作规程后方准使用。

(5) 自制、改造、改装车辆和维护、修理车辆以及在用车辆的路试检验须在指定的区域、道路,由正式驾驶员操纵。

(6) 机动车的制动器、转向器、喇叭、灯光、刮水器和后视镜必须保证齐全、有效,行驶途中,如制动器、转向器、喇叭、灯光发生故障或雨雪天刮水器发生故障时,应停车修复后方准继续行驶。

2. 机动牵引车和牵引挂车的安全规程

(1) 牵引车和挂车的连接装置必须牢固,并应挂保险链条。挂车的牵引架、挂环发生裂纹、扭曲、脱焊或严重磨损时,不得使用。

(2) 牵引车与挂车之间、挂车前轮和后轮之间应安装防护栏。

(3) 牵引车在空载情况下不得拖带载重挂车。

(4) 每辆牵引车只准牵引一辆挂车。

(5) 挂车应安装自动制动装置、灯光和显示标志。

(6) 挂车宽度超过牵引车时，牵引车的新保险杠两端应安装与挂车宽度相等的标杆，标杆顶端安装标灯。

3. 车辆装载的安全规程

(1) 调度人员在下达运输作业计划时，应事先掌握运输路线与货源情况。下达计划时，应将安全注意事项向驾驶员交代清楚。

(2) 车辆装载不得超过行驶证上核定的数量。

(3) 车辆载物应符合的规定

1) 机动车装载宽度不准超出车厢。

2) 机动车装载高度从地面算起，大型货车不准超过 4 m；大型货车的挂车和大型拖拉机挂车不准超过 3 m；载质量在 1 000 kg 以上的小型货运汽车不准超过 2.5 m；载质量不满 1 000 kg 的小型货运汽车、小型拖拉机挂车、后三轮摩托车、电瓶车不准超过 2 m。

3) 机动车装载长度，大型货运汽车前端不准超出车身，后端不准超出车厢 2 m，超出部分不准触地；大型汽车挂车和大型拖拉机挂车，前端不准超出车厢，后端不准超出车厢 1 m；载质量在 1 t 以上的小型货车，前端不准超出车身，后端不准超出车厢 1 m；载质量在 1 t 以下的小型货车、拖拉机挂车、电瓶车、后三轮摩托车，前端不准超出车厢，后端不准超出车厢 0.5 m。

(4) 载运不可解体货物的体积超过规定时，必须经企业交通安全部门批准，指派专人押车，按指定的路线、时间和要求行驶，并悬挂明显的安全标志。

(5) 货物装载必须均衡、平稳，捆扎牢固，车厢侧板、后栏板要关好、拴牢。货物长度超过后栏板时，不得遮挡号牌、转向灯、尾灯、制动灯。装载散状、粉状或液态货物时，不得散落、飞扬或滴漏车外。

(6) 载运炽热货物必须使用柴油车,油箱用石棉包扎严密,按指定路线行驶。

(7) 限于企业内行驶的机动车不得用于载人。

(8) 随车装卸人员应遵守的规定

1) 不得超过企业交通安全部门核定的人数。

2) 载运大、重货物未靠车厢栏板时,货前不得乘人。

3) 载物高度超出车厢栏板时,货上不得乘人。

4) 不得坐在车厢栏板上,车辆未停稳前不得上车、下车。

5) 机动车厢以外的任何部位或货运汽车的挂车、拖拉机的挂车、蓄电池车、超重车、罐车、平板车和轮胎式专用车不得载人。但安装有效锁止装置的自卸车和设有牢固护栏的起重车、平板拖车、垃圾车等,经企业交通安全管理部门核准,可附载装卸人员1~4人。

6) 车上人员的头、手、脚等肢体不得伸出车外。

(9) 装载易燃、易爆、剧毒等危险货物时应遵守的规定

1) 必须经企业交通安全管理部门和保卫部门批准,按指定的路线和时间行驶。

2) 必须由具有50 000 km和3年以上安全驾驶经历的驾驶员驾驶,并选派熟悉危险品性质和有安全防护知识的人担任押运员。

3) 必须用货运汽车运输,禁止用汽车挂车及其他机动车运输。

4) 车上根据危险货物的性质配备相应防护、消防器材,车厢两端上方插有危险标志。

5) 应在货车排气管消声器处装设火星罩。易燃、易爆货物专用车的排气管应装在车厢前侧,向前排气。车厢周围严禁烟火。

6) 装载液态和气态易燃、易爆物品的罐车必须挂接地静电导键,装载液化气体的车辆应有防晒措施。装有氯化钠、氯化钾

和用铁桶装运一级易燃、易爆物品时，不得使用铁底板的车辆。

7）装载剧毒品的车辆，用后应进行清洗、消毒。

8）不得与其他货物混装；易燃、易爆物品的装载量不得超过货车载质量的2/3，堆放高度不得超过车厢栏板。

9）两台以上车辆同向行驶运输危险货物时，两车最小距离为50 m。行驶中不得紧急制动，严禁超车。

10）途中停车应选择安全地点，停车或未卸完货物前驾驶员和押运员不得离开。

（10）车辆的货物装卸

1）驾驶员应负责监督装卸作业。用吊车装卸货物时，机动车驾驶员和随车人员应离开车辆。

2）装卸时，应按货物堆放顺序进行作业。

3）装载成件货物时，应确保靠紧、稳固；对能移动的货物，应使用支杆、垫板或挡板固定；对于高出车厢栏板的货物，应使用绳索捆绑牢固。

4）机动车装卸时的停车距离规定：多辆机动车同时进行装卸时，沿纵向前车和后车的间距应不小于2 m；沿横向两车栏板的间距应不小于1.5 m；车后栏板与建筑物的间距应不小于0.5 m。靠近火车直接装卸时，距铁路车辆的间距应不小于0.5 m；与货垛间的距离应不小于1 m，与滚动货物的间距应不小于2 m。不准在5%以上的坡道上横向起吊作业，如必须作业时，须将车身垫平。

4. 机动车辆行驶的安全规程

（1）车辆分道行驶的规定。道路上行驶的车辆一律右侧通过；在没有分道线的道路上，机动车辆在中间行驶，非机动车辆靠右侧行驶；同一车道行驶的车辆，低速车应靠右侧行驶。

（2）车辆行驶速度的规定。机动车辆在保证安全的情况下，在无限速标志的企业内主干道行驶时每小时不得超过30 km，其他道路每小时不得超过20 km。如需超过规定速度，须经企业主管部门批准。

(3) 机动车驶入下列地点、路段或遇到特殊情况时的限速规定。有人看守道口、交叉路口、装卸作业、人行稠密地段、下坡道、设有警告标志或转弯、掉头时,货运汽车载运易燃、易爆等危险货物时每小时不得超过 15 km。结冰、积雪、积水的道路,无人看守道口,恶劣天气能见度在 30 m 以内时,每小时不得超过 10 km。进、出厂房、仓库大门、停车场、加油站、上、下地中衡、经过危险地段、生产现场,倒车或拖带损坏车辆时,每小时不得超过 5 km,同时应加强瞭望,谨慎行驶。恶劣天气能见度在 5 m 以内或道路最大纵坡度在 6% 以上,能见度在 10 m 以内时,应停止行驶。执行任务的消防车、工程抢险车、救护车在保证安全的情况下不受规定速度的限制。车辆路试车速时,在指定区域内确保安全的情形下,可按技术检验规范的时速进行。

(4) 机动车辆停车的规定。车辆应停在指定地点或道路有效路面以外不妨碍交通的地点,不得逆向停车。驾驶员离车时,应拉紧驻车制动器操纵手柄,切断电路,锁好车门。

(5) 机动车辆倒车的规定。倒车时,须先查明周围情况,确认安全后方准倒车。在货场、厂房、仓库、窄路等处倒车时,应有人站在车后驾驶员一侧指挥。在平交道口和危险地段不准倒车或掉头。

(6) 机动车在冰雪路上行驶时,轮胎上应装有防滑链,缓慢行驶,禁止高速转弯和紧急制动。同向行驶的车辆,两车之间的距离应保持在 50 m 以上。

(7) 行驶中,车辆不得突然制动或突然停车,不得做之字形行驶,不准超过限速规定行驶。

(8) 履带或轮胎式的装卸机械,不准跨越铁路线行走和作业。推土机、装载机在铁路两旁推料转堆时,推铲距轨道枕木不得小于 0.3 m。

5. 机动车辆驾驶员的安全规程

(1) 驾驶员必须遵守的规定。接受企业安技、主管部门及其管理人员的监督、检查。驾驶车辆时，必须携带驾驶证、行驶证以及安全帽（无护顶驾驶室及进、出危险现场时），并不得转借、涂改驾驶证。不准驾驶与准驾车类不相符的车辆；不准将车辆交给无驾驶证的人驾驶；驾驶室内不准超额坐人；严禁酒后驾车，驾车时不得吸烟、饮食、攀谈或做其他有碍行车安全的活动。不准驾驶安全设备不全、机件失灵或违章装载的车辆。不准在身体过度疲劳或患病有碍安全行车时驾车。必须自觉遵守厂区内的各种安全标志，试车时，必须悬挂试车牌照，不得在非试车区域内试车。

(2) 驾驶员不从事驾驶工作（除担任车管工作外）时间为6个月至1年者，再从事驾驶工作时应经企业交通安全管理部门重新复试，一年以上者，应重新考核；未经复审、复审不合格和已过退休年龄者，不得从事驾驶工作。

(3) 培训学习驾驶员规定。学习驾驶员须在教练员坐在旁边指导的情况下持证学习准驾车类。教练车的前后须悬挂教练车的标志。在学习驾驶时，车上不准乘坐与教练员无关的人员或载运货物。实习驾驶员不得单独驾车载运易燃、易爆物品。

第三节 企业内机动车辆驾驶员的安全技术培训

一、企业内机动车驾驶员安全技术培训的目的和要求

为了贯彻"安全第一，预防为主"的方针，切实加强对企业内机动车辆的安全管理，控制和减少交通事故，保证企业内运输畅通，国家将企业内机动车辆驾驶列为特殊工种和特种作业。当前，一些厂矿企业内机动车辆事故仍然没有得到有效的控制，事故时有发生，从而影响了企业内交通安全和生产正常进行。有些企业对企业内机动车辆驾驶员缺乏安全技术培训，企业内机动车辆驾驶员安全技术素质较低；有些企业内机动车辆技术状况很

差，常见带病作业，也严重地影响了安全驾驶作业。因此，必须对企业内机动车辆驾驶员进行安全技术培训及企业内机动车辆驾驶实际操作技能考核，并按规定经全面考核合格后发给特种作业安全驾驶操作证，凭证上岗操作。

通过专门培训，使企业内机动车辆驾驶员从思想上认识安全生产的重要性，增强预防事故能力和自我保护能力。

从事企业内机动车辆驾驶的人员应具有良好的职业道德，热爱本职工作，遵章守纪，法制观念强。

从事（报考）企业内机动车辆驾驶的人员须年满18周岁，具有初中以上文化程度、安全和专业技术知识、独立驾驶作业的能力，身体健康，反应灵敏，无色盲、色弱、严重近视、耳聋、精神病、高血压、心脏病等妨碍从事本工种工作的疾病和生理缺陷；已超过退休年龄者不得从事此项工作。

企业内机动车辆驾驶员必须接受省（市）技术质量监督部门或其指定单位的专门培训和考试。通过培训，使之了解企业内运输特点、企业内运输事故发生的原因及其危害，熟知和掌握企业内运输安全规程，并在生产活动中做到令行禁止，自觉执行，搞好自我防护；使之掌握企业内机动车辆的驾驶作业安全要求，掌握熟练的驾驶作业和维护技术，掌握企业内机动车辆故障排除方法。

对已取得企业内机动车辆安全驾驶操作证的驾驶员，由上级主管部门每两年进行一次复审，复审不合格者，不得上岗作业。复审内容包括：进行体格检查，对事故责任者检查事故责任并总结事故教训；复试安全技术理论。

企业内机动车辆驾驶技术培训时间一般为 4~6 个月。培训期间，理科学习企业内机动车辆构造原理（机械常识）、交通安全常识（道路交通管理条例）、企业内机动车辆驾驶理论以及企业内机动车辆常见故障排除方法、维护规范等。术科先实车道路驾驶、场地驾驶及装卸作业驾驶。通过专门培训后，进行考试。

理科考安全驾驶常识和机械常识。术科考场内桩杆驾驶和堆垛作业驾驶（叉车）。

二、企业内机动车辆场内实际操作驾驶考试

1. 转向盘式企业内机动车辆场内驾驶考试

转向盘式企业内机动车辆场内驾驶考试图如图 7—1 所示。图例说明如下：

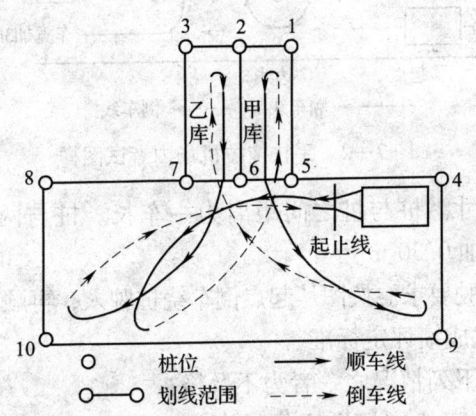

图 7—1　转向盘式企业内机动车辆场内驾驶考试图

4—5 桩和 7—8 桩各为 1.5 倍车长。4—9 桩和 8—10 桩各为 1.5 倍车长。

4—8 桩和 9—10 桩尺寸相同。4 桩至起止线为车长加 1 m。库长为车长加 2 m。

(1) 图中车宽的规定

1) 小型车辆、转向盘式拖拉机、专用机械车、蓄电池车等均为车宽加 0.40 m。

2) 大型车辆车宽在 2.20 m 以下（包括 2.20 m）为车宽加 0.4 m；车宽在 2.20 m 以上为车宽加 0.6 m。

3) 车长在 7.50 m 以上（包括 7.50 m）的大型车辆为车宽加 0.70 m。

(2) 行驶要求。车由起点顺车前进；按图 7—1 所示的路线

行驶,最后倒回原位。

2. 手扶拖拉机场内驾驶考试

手扶拖拉机场内驾驶考试图如图7—2所示。图例说明如下:

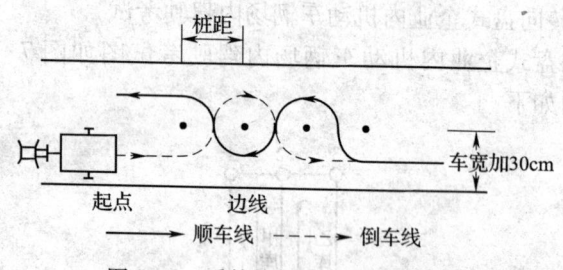

图7—2 手扶拖拉机场内考试图样

(1)尺寸。桩与桩之间距离为一车长。桩与两边边线的距离各为车宽加0.30 m。

(2)行驶要求。按图从起点倒车绕桩驶入,再顺车绕桩驶出。

3. 考试成绩评定标准

(1)有下列情况之一者为不及格:

1)不能正确掌握和运用转向盘,行车中方向不稳、不准,车轮跑出所画线之外者。

2)车辆前进或者后倒时撞杆,杆倒地者。

3)变挡时手脚配合不协调,挂挡时硬拉、强推,使齿轮造成严重响声,或车辆在行驶中不稳,并有严重闯动者。

4)车在行驶中,由于操作不当,油离配合不好,使发动机熄火者。

5)起步、停车后溜动30 cm以上;起步未松驻车制动器操纵手柄,停车后不拉驻车制动器操纵手柄者。

6)判断能力差,反应迟钝,违反操作规程,不能按实际情况调整车速,其情节严重或造成危险情况者。

(2)有下列情况之一者扣10~30分:

1)轮胎压线(无论前进或后倒),根据轮胎压线程度:压线轻者一次扣10分；压线较严重者一次扣30分。

2）车辆前进擦杆一次（杆未倒地）扣20分，倒车擦杆一次（杆未倒地）扣10分。

3）车在行驶或操作中不注意观察各种仪表者扣10分。

4）车辆起步或停车再起步不鸣喇叭者，或一次鸣喇叭时间过长者扣5分。

5）由于操纵不当或配合不好，发生较严重车闯一次或变速器齿轮发出较严重响声一次扣30分。

6）在行驶中判断失误，造成一次该行驶而不行驶，或不应停车而停车后再行驶者扣10分。

三、企业内机动车辆驾驶员复审

1. 复审的有关规定

（1）取得特种作业操作证的企业内机动车辆驾驶员，由市、地以上主管部门或其指定单位每两年进行一次复审。

（2）复审不合格者，可在两个月内再进行一次复审；仍不合格者，收缴其特种作业操作证。凡未经复审者，不得继续独立作业。

（3）企业内机动车辆驾驶员发生违章或责任事故时受扣证处分，期限未满及违章肇事后，未结案的不能复审，待处分期满或结案后方可办理复审。

（4）在特种作业操作证有效期内，脱离驾驶工作岗位连续超过一年的，如需继续从事驾驶工作，须按初考规定重新进行考核。

2. 复审的内容

（1）进行体格检查。经过两年的驾驶作业，由于年龄的增长或其他原因，驾驶人员的身体状况会发生变化，这时要进行体格检查。如果驾驶员患有企业内机动车辆驾驶禁忌证，如高血压、心脏病、精神病或外伤，影响了听力、视力等，就会危及驾驶安全。以上情况通过复审查出后，应调离其工作岗位。

(2) 对事故责任者的处理。如果企业内机动车辆驾驶员由于违章或责任事故,受到了警告、罚款或扣证处理,那么在复审时应该帮助其分析原因,使其吸取教训。对事故责任严重、认识不足或态度恶劣的,应视具体情况,确定其是否有继续从事企业内机动车辆驾驶工作的资格。

(3) 复试安全技术理论。巩固原来学到的企业内机动车辆安全操作规程;深入学习安全技术理论知识;补充新技术;提高安全思想、安全意识,防患于未然。所以,复试安全技术理论是必要的。

第四节 企业内机动车辆的技术检验

车辆的安全问题是所有车辆生产与使用部门都十分重视的问题。因此,对车辆的安全部件要进行经常性检查,尽可能把不安全因素消灭在萌芽状态。对此必须了解常用安全部件的技术性能与使用要求,这样才能使安全检查有明确的目的与针对性。

企业内机动车辆根据其用途与系统构成,安全部件主要包括:行驶过程中的转向器、制动器、轮胎;液压系统中的安全阀、高压油管;起升系统中的货叉、链条等。

一、企业内机动车辆的安全部件技术检验

1. 高压胶管

企业内机动车辆的液压系统一般都使用中、高压供油,高压油管的可靠性不仅关系车辆的正常工作与效率,而且一旦发生破裂将会危害人身安全。高压胶管的重要性能参数是它的允许工作压力,任何液压系统中油路的最大压力不得超过这一允许值。高压胶管作为液压元件必须符合国家标准《液压元件通用技术条件》(GB/T 7935—2005)等有关国家标准,同时针对不同的使用情况,还必须满足相应的要求,并通过相关的试验检测。

按照有关标准,根据胶管设计工作压力,从低到高,依次把同一公称内径的胶管分成1型、2型和3型。技术要求包括：爆破压力不得低于工作压力的3倍。对于公称内径为8~51 mm时，长度变化率应符合 -4% ~2% 的规定。进行脉冲试验时，对1型胶管脉冲次数不低于40万次；对2型、3型不低于60万次。进行挠曲脉冲试验时，脉冲次数不低于40万次。胶管内部污染颗粒量应不大于 0.06 mg/cm^3。

2. 货叉

货叉是叉车的基本取物装置，应用最为广泛。货叉尺寸应符合国家标准《叉车货叉的尺寸》（GB/T 5183—2005）和《叉车挂钩型货叉和货叉架的安装尺寸》（GB/T 5184—2008）的有关规定。还要对货叉进行必要的试验检测，以保证货叉使用时绝对安全、可靠。货叉设计起重量为 2 500 kg，载荷中心距为 400 mm 的标记为 2 500 × 400。

标准规定对新产品样品、老产品审验合格证时要进行下列试验：一是试验载荷。试验载荷应相当于货叉制造厂规定的设计起重量的3倍，并使试验载荷作用在设计的载荷中心距处；二是货叉的加载方式必须与叉车的使用工况相同。加载时必须无冲击并逐渐地加载到试验载荷，载荷应保持30 s 后卸载，然后再重复一次；三是在第二次加载的前与后必须对货叉进行检查。如发现货叉有永久变形，则为不合格产品；四是试验过程中还应当检查挂钩的变形以及挂钩焊缝是否开裂。

3. 链条

由于起重链条具有相对伸长率低，承载能力大，滑轮直径较小的优点，叉车起升机构上都用链条作为挠性件。叉车上使用的链条主要是板式链和套筒滚子链两种。板式链由于链片数目较多，其承载能力比套筒滚子链大，承受冲击载荷的能力强，工作更为可靠。因此，除在小吨位叉车上采用单排套筒滚子链外，在叉车上更广泛使用的是板式链。

板式链的链条两端是固定螺杆，链条是由链片和销轴铰接而成的。叉车起升机构一般采用双联滑轮组，即采用两套滑轮和两根链条，布置于起升液压缸的内侧。少数小吨位叉车也有采用单联滑轮组的，即一个滑轮位于液压缸的正上方，一根链条位于门架的中央，绕过起升液压缸的前方和后方，其优点是司机的视野较好；缺点是当载荷左右不平衡时，滑架容易发生偏斜，侧面导向滚轮的反力也随之增大，故用得较少。采用两根链条时，要求两根链条所受载荷尽可能均匀，为了消除两根链条安装长度不等或伸长不均匀的不良影响，链条的两端或一端装有调节螺栓，可用螺母进行调整，以使两根链条的工作长度均衡。叉车链条进行试验时，试件受拉链段至少为五个自由链节。链段两端同试验机夹头的连接应保证不在链段零件上产生附加应力，并连续、缓慢加载。试验如在与夹头连接的链段上破断，则试验无效。链条拉伸试验是破坏性试验，凡经过试验的链条均不应再使用。

4. 轮胎

企业内机动车的车轮是车辆的重要部件，车轮的滚动可实现车辆的运行。而车轮的重要组件是轮胎，轮胎承受整车的垂直载荷，承受路面的切向力（牵引力和制动力）及侧向力，从而保证车辆的牵引、制动和转向。为保证车辆的平稳运行，轮胎还要能吸收车辆的振动和冲击。

企业内机动车辆速度低，载质量大，要求轮胎强度高，承载能力大，耐磨，弹性好，并与路面有良好的附着性能等。常用的轮胎有充气轮胎、实心轮胎和高弹性实心轮胎三种。

（1）充气轮胎。充气轮胎是目前各类车辆使用的最广泛的轮胎，它能缓和与吸收不平路面所产生的振动和冲击。其中振动和冲击能量的大部分由轮胎内的压缩空气所吸收，少部分由轮胎的帘布层吸收。充气轮胎按其结构不同可分为有内胎和无内胎两种。无内胎轮胎的外观与普通有内胎的轮胎很相似，不同的是其外胎内壁、胎圈与轮辋接触处以及轮辋内表面处均涂有气密胶层，以防止漏气，从而代替了内胎。它虽有结构简单、工作可靠、散热好等优点,但对胎圈与轮辋的制造工艺要求较高,配合要严密,密封较困难,目前应用不广泛。

按胎体帘线排列不同,可分为普通轮胎、子午线轮胎和带束斜交轮胎三种。普通轮胎的帘布层间帘线交角为 48°~54°。子午线轮胎的帘线与胎圈的交角为 90°,它因很像地球的子午线一样而得名。子午线轮胎具有承载能力大、滚动阻力小、耐磨、附着性能及缓冲性能好等优点;但由于有胎壁薄、侧向变形大、侧向稳定性差、生产成本高等缺点,故目前在企业内装卸、搬运车辆上应用不多。带束斜交轮胎是一种帘布层间帘线交角介于普通轮胎与子午线轮胎之间的轮胎,应用很少。

充气轮胎按胎内的压力不同可分为高压胎、低压胎和超低压胎。企业内机动车辆大都采用承载能力大的高压胎,在轮胎尺寸一定的情况下,增加充气压力可以提高轮胎的承载能力。

充气轮胎按用途不同可分为汽车轮胎、拖拉机轮胎、工程机械轮胎及工业车辆轮胎。工业车辆(如叉车、电动搬运车、牵引车等)轮胎是随着企业内机动车辆的大力发展而在我国轮胎标准中新增加的一类轮胎,它具有直径较小、帘布层较强、胎内气压高、承载能力大的特点。

充气轮胎按轮胎断面形状不同还可分为标准断面轮胎、宽基轮胎和超宽基轮胎三种。标准断面轮胎又称普通轮胎,其断面近似圆形,断面高度与宽度之比 $H/B = 0.95 \sim 1.15$;宽基轮胎和超宽基轮胎的断面形状近似椭圆形,断面高度与宽度之比 $H/B = 0.65 \sim 0.82$。宽基轮胎具有承载能力大,接地压力低,在同样承载能力条件下轮胎直径小等优点。目前,宽基轮胎在大吨位工业车辆及工程机械上得到广泛应用。

根据车辆的使用工况和作业环境选用合适的轮胎,是保证车辆安全作业的必备条件。选用轮胎包括选择轮胎的类型及确定轮胎规格大小两方面的内容。原则上应选择适用于本种车辆的专用轮胎,因为各种车辆的专用轮胎在设计上都分别考虑了适应各种不同车辆的特点，以不同的轮胎结构及参数来满足各种车辆的技术要求，如叉车应选用工业车辆轮胎。当选不到相应的专用轮胎时，才考虑使用其他相类型的轮胎来代替。轮胎规格的大小是根据轮胎的受载情况来确定的。选用时，首先按车辆在水平路面上静止时的最大载荷计算出单个轮胎所需承受的最大垂直静载荷，然后根据最大负荷从轮胎产品目录中选用合适的轮胎。

选用时应尽量保证轮胎实际所需承受的最大负荷不超过轮胎的许用负荷，即不超载使用。因为轮胎若是经常超载使用，将会大大缩短其使用寿命。据资料介绍，若轮胎超载20%，则使用寿命缩短50%。超载严重时，不仅轮胎变形大，发热厉害，使用寿命大大缩短，甚至容易引起爆胎危险。

（2）实心轮胎。通常所说的实心轮胎是没有多少弹性的硬胶轮胎，也就是一个具有一定厚度的橡胶环，外表面做成交叉的凹纹，以改善轮胎与道路之间的附着情况。实心轮胎的优点是承载能力大，当承受相同的负荷时，实心轮胎的直径比充气轮胎小，结构简单，维护容易，无刺扎危险。但弹性小，吸振能力差，动力消耗大，橡胶易脱落，也易损坏路面。

（3）高弹性实心轮胎。现在广泛使用的实心轮胎是具有较好弹性和良好动力特性的高弹性实心轮胎，这种轮胎不是简单的硬质橡胶环，它的外层是一种耐磨的橡胶，在轮胎的内层是很厚的具有良好弹性的材料，它能比较好地吸收车辆的振动和冲击。目前，国内已有数家轮胎厂生产这种高弹性实心轮胎，但规格较少。这种高弹性实心轮胎具有与传统实心轮胎相同的优点，但克服了原来的缺点。不仅具有与充气轮胎非常接近的牵引特性，而且在驾驶平顺性方面还要略好一点。在美国等发达国家，20世纪80年代就开始批量生产和应用这种轮胎，经济效益十分可观。虽然叉车的速度较低，但因其负荷大，应尽可能选用满足最大静负荷要求的轮胎。

5. 安全阀

企业内机动车辆液压系统中可能由于超载或液压缸到达终点而油路仍未切断,以及油管堵塞等引起压力突然升高,从而引起管路及接头,特别是油泵等液压件损坏,增加漏损量。系统中必须设安全保护装置,最常用的就是溢流安全阀。溢流安全阀一般设置在油泵的出口,若采用共泵分流阀时,应将安全阀设置在分流阀之后,这样可以不影响分流阀的分流效果。安全阀的作用是当系统压力超过正常额定压力太多时,能自动打开回油阀,使压力油直接回油箱,从而保证系统元件不被破坏。

调定溢流安全阀系统工作压力时,应根据液压系统允许的超载最大工作压力设定,一般不超过系统额定工作压力的125%,且不得超过油泵所允许的最大工作压力。为使系统能安全地工作,必须经常检查溢流阀的工作压力是否正常,检查的方法可以通过正常的超载试验进行。

6. 护顶架

对于叉车等起升高度超过 1.8 m 的高起升工业车辆,设置护顶架是必要的。但护顶架仅是为保护驾驶员免受重物下落造成伤害而设计的,并非为防止质量等于工业车辆额定起重量落体的冲击而设计的。因此,护顶架对于过大的下落载荷不起保护作用。根据护顶架的作用,车辆在正常环境作业时,护顶架必须遮掩驾驶员的上方。

护顶架一般都是由型钢焊接而成的,其结构尺寸应保证驾驶员有良好的视野。根据国家标准《高起升车辆护顶架技术要求和试验方法》(GB/T 5143—2001)的规定:护顶架的顶部开口在宽度和长度两个尺寸中的任一尺寸不得超过 150 mm,驾驶员座椅面的最低点至护顶架顶部下侧的垂直距离不小于 1 000 mm。当然,生产厂可以根据用户要求,降低护顶架的正常高度,以便带护顶架的车辆能够在上方净空限制的地方工作。为了保证护顶架具有一定的安全承载能力,对护顶架要进行试验检测。检测时试验样品可以安装在与其设计的额定起重量相对应的车辆上,也可用模拟安装的方法进行检测。

7. 制动器

制动器作为所有机动车辆必备的行驶安全部件，不管其结构如何，都必须满足要求的制动性能。在有关车辆的国家标准中，都规定机动车辆必须装有行车制动器和驻车制动器，并有各自独立的操纵机构，但操纵机构可以对同一制动器起作用。而且驻车操纵机构必须是机械式的。

国家标准《机动工业车辆　安全规范》（GB 10827—1999）中分别对制动器的操纵力和驻车制动器的驻坡性能做了规定。对制动器操纵力的要求是：对于通过踩下制动器踏板才能制动的制动器，操纵力最大为 700 N 时，应能达到车辆制动性能的要求；对于靠制动踏板向上运动（将制动踏板放松）才能制动的制动器，则踏板完全放松时，应能达到制动性能的要求；对于靠手柄操纵的制动器，在手柄的握紧点上施加不大于 150 N 的力，应能达到制动性能的要求；对于靠握紧手柄制动的制动器，在制动手柄的中间位置施加不大于 150 N 的力，应能达到制动性能的要求；对于靠转向手柄操纵制动的制动器（如步行操纵的车辆制动器），当手柄处于最大行程位置时，在放松手柄或行程控制开关后，应能达到制动性能的要求。工业车辆必须装有驻车制动器，进行驻车制动时，装有额定载荷的车辆能够在它可行驶的最大坡度或下列坡度（两者中取小值）上停住，不需驾驶员帮助，具体规定为：内燃或电动的，坐式或站立操纵的停车坡度为 15%；操纵台可起升的车辆和侧面堆垛式叉车停车坡度为 5%；步行操纵的车辆停车坡度为 10%；窄通道车辆停车坡度为 10%。驻车制动器必须能把车辆制动在规定的坡度上，直到驾驶员将制动器松开为止。

车辆的制动性能是否满足制动能力的要求，需要进行试验检测，特别是新类型制动器必须进行试验。试验的目的是测定制动力和制动距离，以此检查行车制动和驻车制动是否合格。车辆的制动距离与制动初速度有关，机械行业标准《0.5~10 t 平衡重式叉车 技术条件》（JB/T 2391—94）中规定叉车的制动距离是：标准无载状态下，以 20 km/h 的制动初速度开始制动时，制动距离应小于等于 6 m；标准载荷状态时，以 10 km/h 的制动初速度开始制动时，制动距离应小于等于 3 m。测试制动器的制动力和制动距离必须符合有关标准的规定。

试验过程：一是制动器的磨合。除整车磨合行驶中的使用磨合外，在制动器试验前应进行 10 次强制动磨合，叉车呈标准无载运行状态，制动减速度为 3 m/s^2 左右，每次间隔 2 min 以上。二是测定叉车制动力。叉车呈标准无载和标准载荷状态，在叉车牵引钩与牵引拖车之间装置拉力传感器，将驻车制动器放松，将行车制动踏板踩到底，脚踏力不得超过 700 N，牵引拖车慢慢地拉紧传感器，平稳地增大牵引力直至叉车开始滑动。测开始滑动前的制动力。三是测制动距离。叉车呈标准无载运行状态前进，行驶车速为（20±2）km/h。叉车呈标准载荷运行状态前进，行驶车速为（10±1）km/h。试验开始，驾驶员用行车制动器进行紧急制动，脚踏力不大于 700 N，并脱开离合器。制动距离为开始踩下制动踏板的一瞬间时车辆位置至停车位置的距离。将实际制动距离与规定速度对应的允许制动距离比较，看是否超过规定值，不超过现为合格。

坡道停车制动试验：叉车分别呈标准无载和标准载荷状态，以不大于 300 N 的力拉紧驻车制动器操纵手柄，将叉车停在干燥、平坦、均匀的规定坡道上，停稳后观察 5 min。将叉车掉转 180°以同样的方法再试验一次。试验中不允许有向下滑移的情况。其他企业内机动车辆的制动装置与叉车对制动的要求有类似的规定，可参照相关的标准。

8. 转向器

转向器的种类很多，从操纵方式上分为机械转向器和动力转向器，机械转向器常用的又有球面蜗杆滚轮式和循环球式两种。

机械转向器的功用是增力和传递运动。增力是指将驾驶员作用在转向盘上的力矩予以放大,传递运动是指把转向盘的运动转换为转向垂臂的前后摆动。

为了保证车辆转向安全、可靠,不仅要求转向装置零部件有足够的强度、刚度和使用寿命,而且转向器应有一定的灵敏度和对路面的感应性。因此,要求机械转向器具有高的正向传动效率和较高的逆向效率,也就是说转向器具有一定的可逆性。这种可逆性转向器,当转向车轮由于某种偶然因素偏离中间位置以后,车轮的稳定力矩能够保证车轮和转向盘自动回正,这样不仅减轻了驾驶员的劳动强度,且提高了车辆行驶的安全性。

动力转向用得最多的是液力转向,液力转向装置构造简单,操纵轻便。它的控制核心部件是全液压转向器,通过转向盘操纵转向器转阀阀芯,用以控制压力油进入转向液压缸的流量,从而控制车轮的偏转角。为了使液力转向装置能够安全工作,液压转向器的性能必须得到保证,而且还要能实现人力转向,即转向器在无压力供油的工况下,靠人力实现转向。对此,工程车辆行业内部有关标准做了相应的规定。

(1) 性能要求。转向器要求满足动力转向性能和人力转向容积效率的有关规定。动力转向转矩是指当转向器处在压力供油情况下操纵转向器所需的转矩。终点转矩是指转向器通向执行元件的油口封闭的工况下操纵转向器所需的转矩。机械阻力矩是指转向器四个油口全打开的工况下操纵转向器所需的转矩。

(2) 耐久性要求。转向器必须经 20 万次动力转向和 1 000 次人力转向后达到以下要求:人力转向容积效率以标准规定值为准,下降不得超过 5%。压力振摆以标准规定值为准,增加不得超过 0.5 MPa。弹簧片拨销、联动轴不得断裂。

二、企业内机动车辆的安全技术检验标准

为了便于企业内机动车辆主管部门和技术人员、驾驶员评价在用车辆的安全技术状况,根据国家标准《机动车运行安全技术

条件》(GB 7258—2004)的基本要求,参照部分地方标准,按企业内机动车辆各车种通用部分和特殊部分分别提出企业内机动车辆安全技术检验标准,作为企业内车管安技人员、车辆维修人员以及驾驶员对车辆进行检查、评价的依据,以期达到车辆安全运行的目的。

1. 发动机

(1) 发动机动力性能良好,运转平稳,不得有异响,怠速稳定,机油压力正常。发动机功率不得低于原额定功率的75%。

(2) 发动机应有良好的起动性能。

(3) 化油器、消声器不得有回火、放炮现象。

(4) 柴油机停机装置必须灵活、有效。

(5) 发动机点火系统、供油系统、润滑统统、冷却系统的机件应齐全,性能良好,各线路、管路应卡牢,无漏电、漏水、漏油(机动车连续行驶大于等于10 km,停车5 min后观察,不得滴油)现象。

2. 转向系统

(1) 机动车转向盘不得设于右侧。

(2) 机动车的转向盘应转动灵活,操纵轻便,无阻滞现象。车轮转到极限位置时,不得与其他部件有干涉现象。

(3) 机动车转向轮转向后应有自动回正能力(带转向助力器不受此限),以保持机动车稳定地沿直线行驶。

(4) 转向盘的最大转动量从中间位置向左、向右各不得超过15°。

(5) 机动车在平坦、硬实、干燥和清洁的道路上行驶,其转向盘不得有摆振、路感不灵、跑偏或其他异常现象。

(6) 机动车在平坦、硬实、干燥和清洁的水泥或沥青路面上,以10 km/h的速度从直线行驶过渡到直径为24 m的圆周行驶,其施加于转向盘外缘的最大圆周力不得大于245 N。

(7) 机动车转向桥负荷大于4 t时,必须采用转向助力装置。助力器的工作油压值应符合车辆出厂规定值,且系统无漏油现象,工作状况良好、可靠。助力器失效时,仍具有用转向盘控制车辆转向的能力。

(8) 机动车最小转弯直径,以前外轮轨迹中心线为基线,测量其值不得大于 24 m;当转弯直径为 24 m 时,前转向轴和末轴的内轮差不大于 3.5 m。

(9) 机动车前轮定位值应符合该车整车有关技术条件的规定。

(10) 用侧滑仪检验前轮侧滑量,其值不得超过 5 m/km。

(11) 转向器不得缺油、漏油,固定托架必须牢固,转向节及转向臂、横直拉杆及球销应无裂纹和损伤,并且球销不得松旷。横直拉杆不得拼焊。

(12) 手把式三轮机动车前叉无变形、拼凑焊接、转向沉重、跑偏、阻滞现象,左、右减振器性能良好。

3. 制动系统

(1) 车辆必须设置行车制动和驻车制动装置。

(2) 行车制动器踏板的自由行程应符合车辆出厂要求。

(3) 行车制动系统最大制动效能应在踏板全行程的五分之四以内达到。

(4) 制动器产生最大作用时,踏板力不得超过 700 N,手握力不得超过 300 N。

(5) 对于气压式制动的车辆,制动系统不得漏气,管路不与其他机件摩擦,储气筒应设有放水、限压装置。在发动机起动 4 min(拖带挂车 6 min)之内,气压从零升至 0.4 MPa,停机 3 min,气压下降不得超过 9.8 MPa。储气筒容量应保证在停机的情况下连续 6 次全制动气压应不小于 0.4 MPa。

(6) 对于液压式制动的车辆,制动系统不得漏油或进入空气。在踩下制动踏板,保持 1 min 时,踏板不得有缓慢向底板移动的现象。

(7) 蓄电池车等机械制动联锁装置应齐全、灵敏、可靠。

(8) 在车辆运行过程中不应有自行制动现象；当挂车与牵引车意外脱离后，挂车应能自行制动，牵引车制动仍然有效。

(9) 行车制动器制动效能要求：车辆以 40 km/h 的速度（低速车用最高车速）行驶时，轻踩制动踏板，车辆无跑偏现象；最大制动能力要求，须在平坦、干燥、清洁、坚实的沥青或水泥路面上，根据不同车型按出厂性能指标检验。制动系统的释放时间不超过 0.8 s。双管路行车制动器部分管路失效时，仍应保持 30% 以上的制动效能。

(10) 驻车制动器制动效能要求：驻车制动器操纵装置的安装位置要适当，操纵手柄必须有一定的储备行程，一般应在操纵手柄全行程的四分之三以内产生最大制动效能，棘轮式制动器应在第三次拉动操纵手柄全程的三分之二以内产生最大制动效能。驻车时必须能通过机械装置把工作部件锁住，并且施加于操纵手柄上的力应不大于 500 N。在 20% 坡道上，空载车双方向均能将车停住，或符合有关国家、行业（部）标准。锁止装置灵敏、可靠。

4. 传动系统

（1）离合器应接合平稳，分离彻底，不得有异响、抖动和打滑现象。离合器踏板力、自由行程应符合本车型要求。

（2）变速器变速杆位置适当，自锁、互锁可靠（不跳挡、不乱挡），变速操作轻便、灵活，变速器、分动器不缺油，不漏油，无异响，换挡时，变速杆不得与其他部件相干涉。液力机械变矩——变速器的油压、油温和变速压力应符合车辆出厂规定值。

（3）传动轴、万向节、中间支撑、传动链条不紧、不旷，螺栓应齐全、紧固，装配角度正确，润滑良好，行驶中不抖动，无异响。

（4）主传动器、差速器装置工作正常，不松旷，无异响，半轴螺钉齐全、紧固，驱动桥不漏油。

5. 行驶系统

（1）车架不得有变形、开裂或锈蚀现象，螺母、螺栓、铆钉不得短缺、松动、锈蚀。

（2）同一桥上的左、右悬架弹力应一致，钢板弹簧整齐，卡子齐全，螺栓紧固，与转向桥、驱动桥和车架的连接牢固、可靠。减振器应完好、有效。

（3）前、后桥不得有变形和裂纹。

（4）轮毂锁止完好、可靠，安装松紧适度。

（5）轮胎的要求：同一桥上的左、右车轮应装用同型号、同花纹的轮胎；轮胎气压应符合规定；胎面中心花纹深度不得小于 2 mm，轮胎表面不得有硬伤及露线现象，转向轮不得装翻新轮胎；轮胎摆动和跳动量，大型车小于等于 5 mm，小型车、三轮机动车小于等于 3 mm；轮辋应完整、无损，螺母齐全、紧固。

6. 灯光、电气部分

企业内各种车辆安装的灯具，其灯泡应有保护装置，安装要可靠，不得因车辆振动而松脱、损坏、失去作用或改变光照方向。所有灯光开关安装牢固，开关自如，不得因车辆振动而自行开启或关闭。左、右两边装置灯的光色、规格须一致，安装位置对称。

（1）前照灯。企业内机动车辆应根据需要左、右两边各安装一只（或两只）前照灯。前照灯应有足够的发光强度，光色为白色或黄色。限速 30 km/h 以下的前照灯，可不设远、近变光装置。

（2）示宽灯。车辆前面左、右两边各安装一只示宽灯。示宽灯功率应为 3~5 W，显示面积应为 15 cm^2，光色为白色或黄色，示宽灯与尾灯同时点亮，并且在前照灯点亮、熄灭时均不得熄灭。

（3）车辆前面装设雾灯时，光色为黄色（前照灯为黄色的可不装)。

(4) 车辆后面左、右两边应各安装一只尾灯。尾灯功率应为 3~5 W，显示面积应为 15 cm^2，光色为红色。

(5) 制动灯。车辆后面应装设制动灯。制动灯功率为 15~25 W，显示面积大于等于 20 cm^2，光色为红色。制动灯启、闭受行车制动装置的控制。

(6) 转向信号灯。车辆前面和后面的左、右两边应各安装一只转向信号灯。若车身总长超过 9m（包括挂车），两侧前部还应装设侧向转向信号灯。在驾驶室仪表板上应设置相应的转向指示信号。转向灯不准安在示宽灯、尾灯的内侧。转向灯功率为 10~15 W，显示面积大于等于 20 cm^2，光色为黄色，以 60~120 次/min 的频率亮灭。

(7) 企业内机动车辆夜间作业时应设置倒车灯，光色为白色或黄色，倒车灯应能照清 15 m 以内的路面。吊车、装载机、挖掘机等作业灯应能照清吊钩、铲斗作业情况。

(8) 车辆应设置喇叭，且音量适度。

(9) 发电机技术性能应良好，蓄电池应保持常态电压，电气设备应完好、有效。所有电气设备的导线均须捆扎成束，布置整齐，固定卡紧，接头牢固并有绝缘封套（导线穿越洞孔时需装设绝缘封套）。

(10) 照明和信号装置任何一个线路如出现故障，不得干扰其他线路正常工作。

(11) 车辆必须装设电源总开关。

7. 车身

(1) 车身应周正。左、右对称部位高度差应小于等于 40 mm。两侧不准有超出车身外廓的突出物，车身外观整洁，各零部件应完好，连接紧固，无缺损，有正常的技术性能。

(2) 车辆的前部和后部应有适宜的装牌照的位置。

(3) 后视不良的车辆左、右两侧及驾驶室内应装后视镜。

后视镜安装位置、角度应适宜；镜面中的影像不得变形，应能使驾驶员看清车身侧后 50 m 以内的情况。

（4）车门、车窗启闭轻便，不得有自行开启现象，门锁牢固、可靠。行车时门窗无振响。货厢的栏板、底板平整。

（5）车辆的车轮应安装挡泥板和罩尾垂帘，挂车后轮应安装挡泥板。

（6）大型货车、挂车的前桥、后桥之间以及挂车之间车身两侧均应设置有效的安全防护装置；挂车与主车的连接装置应牢靠。牵引架对称并呈水平状态。

（7）蓄电池、燃油箱、液压油箱托架无严重腐蚀变形，安装牢固。燃油箱、蓄电池、排气管之间的距离大于等于 300 mm。排气管应从左侧或尾部向斜下方引出。

（8）货车车厢前部要安装比驾驶室高 100 mm 的安全架（自卸车除外）。车厢应整齐，车厢板无破损、变形；挂钩完好、有效，行驶中无松动、异响。

（9）燃油箱及管路应坚固并具有防护装置，不至于因振动、冲击而发生损坏及漏油现象。燃油箱加油口及通气孔应保证车辆晃动时不漏油。通气孔应畅通。

（10）封闭式驾驶室须装设有效的门锁；驾驶员座椅应舒适、牢靠、前后可调整。前风窗玻璃必须采用透明度良好的安全玻璃，不得有炫目的波纹、气泡等缺陷，不能使用有机玻璃。驾驶室应有通风、保暖、风窗除霜、遮阳装置。风窗玻璃左、右两边要装有灵敏、有效的自动刮水器。

8. 车辆仪表、指示灯及其他

（1）车辆仪表及指示灯应齐全、有效。

（2）采用气压制动的车辆，必须装设低压声响警报装置。

（3）车速表允许误差范围为 $-10\%\sim+15\%$。

（4）对用于易燃、易爆特殊场所和载运危险品的专用车辆，除符合有关安全规定外，车辆两侧及车后还应喷涂"严禁烟火"

或"注意危险"等字样。

9. 蓄电池车的特殊检验标准

（1）蓄电池。外壳无裂痕，加液口盖齐全，气孔畅通，各极柱与连接线的卡子应牢固、清洁，电解液液面高出极板上端 10~15 mm。

（2）电动机。电动机运转平稳、无异响，正转转速、反转转速和工作温度正常，电刷接触良好，防护罩齐全。电动机的悬挂装置与车架减速器、支座的连接必须可靠。

（3）电气控制系统。主令控制器的各种工作位置必须灵敏、可靠。外力消除后，主令控制器踏板应能迅速回位。各接触器的触点表面清洁，接触良好，动作灵敏、可靠。换向开关、制动开关、电压表灵敏、可靠，制动联锁保护、零位保护、失控保护、紧急断电装置应完好、有效。电气控制屏（箱）内应清洁、干燥，电气元件及接线端子应固定可靠。过流熔断器、熔丝（片）的规格应符合车辆出厂规定。

10. 轮式自行专用机械的特殊检验标准

（1）起重机构

1）门架与滚轮。门架不得有变形和焊缝脱焊现象；内门架与外门架、属具架与内门架相对升降平顺；门架与滚轮的配合间隙不得大于 1.5 mm，应滑动良好且无卡阻现象；滚轮转动应灵活，滚轮及轴应无裂纹、缺损，轮槽磨损量不得大于原尺寸的 10%。

2）链条与链轮。两根起重链条张紧度应均匀，不得扭曲变形，端部连接牢固；链节销轴与承孔的配合间隙不得过大。链轮转动应灵活，凹槽深度超过原尺寸部分应小于 0.5 mm。

3）属具架不得有严重变形及焊缝开焊现象。

（2）货叉（属具）。货叉表面不得有裂纹、焊缝开焊现象；货叉根角不得大于 93°，厚度不得低于原尺寸的 90%；左、右货叉叉尖的高度差不得超过货叉水平段长度的 3%；货叉定位应可靠，货叉挂钩的支撑面、定位面不得有明显缺陷；货叉与属具架的配合间隙不应过大，且移动平顺。

（3）工作液压缸。倾斜液压缸与门架、车架的铰接应牢靠、灵活，配合间隙不得过大。升降液压缸与门架的连接应牢靠；液压缸应密封良好，无裂纹，工作平顺，在额定载荷下，10 min 内门架自沉量不大于 20 mm，自倾角不大于 0.5°。

（4）液压控制系统。液压系统管路接头牢靠，无裂纹，与其他机件不碰擦。载荷曲线、液压控制铭牌应齐全、清晰。液压控制系统中的传动部件在额定载荷、额定速度范围内，不应有爬行、停滞和明显的冲动现象。

（5）多路换向阀。多路换向阀的铭牌应齐全、清晰，壳体无裂痕及渗漏现象。工作性能良好、可靠；安全阀动作灵敏，在超过设定压力 25% 时应能全开，调整螺栓的螺母应齐全、紧固。操纵手柄应能有效、迅速地开通或切断油路；手柄定位准确、可靠，不得因振动而变位。

（6）防护装置。高起升车辆的防护顶架、挡货架须齐全、有效。吊车的限位器、安全装置应齐全、有效。前置式翻斗车的翻斗锁止机构开启、锁止应灵活、可靠，锁止机件无裂痕、变形和严重磨损。

（7）汽车起重机的起吊装置

1）吊钩。吊钩在使用过程中一旦断裂，极易造成事故。所以吊钩必须定期检验。检验吊钩时，洗净钩身，用 20 倍放大镜或超声波探伤仪检查钩身是否有裂纹，如发现裂纹或探伤发现内部隐患应更换；危险断面磨损量达原尺寸的 10% 应予报废。钩尾螺纹退刀槽处因产生应力集中，易断，应检查有无裂纹。吊钩开口度比原尺寸增大 15% 应予报废，负荷试验产生永久变形应予报废。片式铆接吊钩不得有裂纹或铆钉松动现象。衬套磨损量超过原厚度 50% 时应更换，销子磨损量超过公称直径 3%~5% 时应更换。

2）滑轮。检查滑轮外观时应无裂纹，轮槽不均匀磨损量达 3 mm，壁厚的磨损量达原尺寸的 20%，因磨损使轮槽底部直径减少量达钢丝绳直轻的 50% 时应予报废。滑轮套松旷度应不影响安全使用。滑轮出现其他会导致钢丝绳损坏的因素时应予更换。轴承应无损坏，垫片应紧固。卷扬筒应无裂纹，支架应稳固，不开焊，无变形。在起重臂起到最大仰角和吊钩下落至最低位置时，卷扬筒上的钢丝绳应保留三圈以上。吊车起重臂应无开焊、裂纹、变形，挠度应符合标准。各支腿应无变形，销、轴不松旷，磨损不超量。

3）制动器。闸瓦摩擦衬垫厚度磨损达 2 mm 及闸带衬垫磨损达 4 mm 时应予更换。制动轮磨损达 1.5~2 mm 时必须重新车削并进行表面淬火，表面硬度应符合规定。通往电磁铁杠杆系统的空行程应不超过电磁铁行程的 10%。小轴及心轴表面要淬火，磨损量超过原直径的 5% 和圆度误差超过 0.5 mm 时应更换。杠杆或弹簧发现裂纹应更换。制动轮与摩擦衬垫间隙要均匀一致。闸瓦开度应不超过 1 mm。起重操纵手柄、仪表应正常，开关安装牢固；电气设备的导线须捆扎成束，布置整齐，固定卡紧。

4）钢丝绳。钢丝绳在使用之前应严格检查断丝、磨损情况，以确定报废标准。经常运输及吊装熔化金属，发热物体，含酸、碱蒸气等的物质时，遇有断损现象，应更换。

参 考 文 献

1. 吴宗宝等编写. 企业内机动车辆驾驶员. 北京：气象出版社，2002
2. 天津市劳动局主编. 厂内机动车辆驾驶员安全技术. 天津：天津科学技术出版社，1994
3. 肖永清编. 内燃叉车安全驾驶与维修技术. 北京：机械工业出版社，1993
4. 全国特种作业人员安全技术培训复审教材编委会编. 企业内机动车辆驾驶员（复审教材）. 北京：气象出版社，2003
5. 燕来荣，陆刚主编. 企业内叉车驾驶与维修安全技术. 北京：中国劳动社会保障出版社，2006
6. 王耀斌等主编. 物流装卸机械. 北京：人民交通出版社，2003
7. 周传兴编著. 物流装卸车辆. 北京：人民交通出版社，2001
8. 徐格宁，滕裕昌主编. 企业内机动车辆技术检验. 天津：学苑出版社，2001
9. 罗宗桥，高峰编著. 搬运机械的结构与使用维修. 北京：理工大学出版社，1997
10. 潘科第，童仲良编著. 装载机的结构与使用维修. 北京：机械工业出版社，1993